Max Lenz

Napoleon I.

Lenz, Max

Napoleon I.

ISBN: 978-3-86741-488-3

Auflage: 1
Erscheinungsjahr: 2010
Erscheinungsort: Bremen, Deutschland

© Europäischer Hochschulverlag GmbH & Co KG, Fahrenheitstr. 1, 28359 Bremen (www.eh-verlag.de). Alle Rechte beim Verlag und bei den jeweiligen Lizenzgebern.

Bei diesem Titel handelt es sich um den Nachdruck eines historischen, lange vergriffenen Buches aus dem Verlag Belhagen & Klasing, Bielefeld & Leipzig (1908). Da elektronische Druckvorlagen für diese Titel nicht existieren, musste auf alte Vorlagen zurückgegriffen werden. Hieraus zwangsläufig resultierende Qualitätsverluste bitten wir zu entschuldigen.

Napoleon

von Max Lenz

Mit 92 Abbildungen, 13 Faksimiles und 2 Karten
Zweite, verbesserte Auflage

„Die Nachwelt wird richten."
Napoleon auf St. Helena.

Am Jüngsten Tage — der Herr spricht zu Satan:
„Getraust du dich, ihn anzugreifen,
So magst du ihn nach der Hölle schleifen."
Goethe, Politica.

Kraft ist die Moral der Menschen, die sich vor anderen auszeichnen, sie ist auch die meinige.
Beethoven.

1908
Bielefeld und Leipzig
Verlag von Velhagen & Klasing

Vorrede.

Der Versuch, das Leben Napoleons einem weiteren Kreise zu erzählen, erscheint hier im wesentlichen in derselben Gestalt, in der er sich vor drei Jahren an die Öffentlichkeit wagte. Nur an einer Stelle habe ich, die Verbesserung kleinerer Versehen und wenige formale Änderungen abgerechnet, eine Einschiebung gemacht: bei dem Wiederausbruch des Krieges zwischen Frankreich und England im Frühling 1803. An keinem Punkte läßt sich die Auffassung der Politik Napoleons, die ich zur Geltung bringen möchte, besser bewähren als an diesem. Denn in ihm konzentriert sich wie in ihrem Brennpunkte die Frage, welche jede Seite seiner Geschichte beherrscht: ob seine Kriege und alles, was er schuf und niederbrach, nur der Ausfluß waren der wilden Machtgier eines von seinem Genie und seinem Glück berauschten Despoten — oder ob es in dem Umkreis, den seine Taten erfüllten, Kräfte gab, die vor ihm da waren und noch stärker waren als er, die daher seinem Wollen und Vollbringen Maß und Richtung gaben, und an denen er sich schließlich matt gerungen hat. Das größte Weltverhältnis aber, in dem sich Napoleon überhaupt bewegt hat, war der Kampf gegen England und der Zusammenhang desselben mit den kontinentalen Angelegenheiten; und in ihm fiel wieder die Krisis in das Jahr, in welchem der kaum errungene Friede dem neuen Kampfe wich, der erst mit dem Zusammenbruch des napoleonischen Systems und seines Trägers endigen sollte. Wenn wir also nachweisen können, daß nicht Napoleon, sondern England damals den Krieg gewollt hat, daß der Erste Konsul an dem Frieden, den er seiner durch ein Jahrzehnt innerer Zerrüttung und schwerster Kriegsgefahr ganz ermatteten Nation bei Marengo erobert hatte, persönlich interessiert gewesen und in den neuen Kampf durch die Engländer hineingezwungen worden ist, und wenn wir dies aus den Berichten des englischen Gesandten, der die Verhandlungen führte, selbst bestätigen können — so ist jenes Problem bereits in seinem Kern gelöst: dann waren auch diesem größten Welterschütterer seit Alexander von vornherein die Schranken gesetzt und der Schauplatz abgesteckt; die historische Welt, die ihn umgab, war dann nicht wie Ton in der Hand des Titanen, den er nach den Impulsen blinder Begierden hätte formen können: sondern auch sein Tun und Lassen muß dann aus der Geschichte Frankreichs und Europas, aus dem Zusammenhang der Jahrhunderte erklärt werden.

Auch die Verteidiger der entgegenstehenden Auffassung haben von jeher in jenem Moment den springenden Punkt für die Beurteilung Napoleons gesucht. „Napoleon konnte," so faßt Heinrich von Treitschke sein Urteil zusammen, „seit dem Jahre 1801 in Ehren den Frieden wahren und seinen Staat auf einer nie zuvor erreichten Höhe der Macht und des Ruhms erhalten. Sein Wille allein, sein Eroberermut trieb ihn weiter von Sieg zu Sieg, sein Soldatensinn hieß ihn ohne Not den Gang der bürgerlichen Ordnung durch militärische Standgerichte unterbrechen und das kaum aufsprießende freie volkswirtschaftliche Leben durch endlose Kriege ersticken." Und kaum anders Heinrich von Sybel, wenn er zwar den Sieg von Marengo und die Bändigung der revolutionären Faktionen durch Napoleon Wohltaten für Frankreich nennt, dann aber fortfährt: „Was aber hatte es mit Frankreichs Interessen zu tun, wenn er jetzt seine glühenden Begierden um die Beherrschung des Abendlandes, um einen Kriegszug nach Ostindien fliegen ließ? Frankreichs Wohl war ihm jetzt so gleichgültig, wie 1796 jenes der italienischen Völker."

So die beiden Historiker, welche in der zweiten Hälfte des neunzehnten Jahrhunderts auf das geschichtliche Urteil unseres Volkes am tiefsten eingewirkt haben. Und sie sprachen damit nur Ansichten aus, die von ihren Fachgenossen fast durchweg geteilt wurden. Es war aber kein Zufall, daß diese Auffassung in der Zeit aufs neue zur Herrschaft kam, als die napoleonischen Ideen selbst in Europa noch einmal zur Macht gelangt waren und unsere Nation auf ihrem Wege zur

Einheit der Eifersucht des zweiten französischen Kaiserreichs begegnete. Denn jene Historiker waren selbst die Führer in dem tausendstimmigen Chor, der in der Einheit das Heil unseres Volkes erblickte. Aus der Geschichte suchten sie die Wege dorthin zu deuten, ihre Wissenschaft machten sie ihren politischen Zielen dienstbar; danach wählten sie ihre Arbeitsgebiete, und die Empfindungen, welche die Gegenwart in ihnen erregte, durchdrangen ganz die Anschauungen, die sie von der Vergangenheit gewannen; die Neigungen und Abneigungen des Tages begleiteten sie dorthin und färbten ihnen Urteil wie Darstellung. Und so belebte sich ihnen von dem Gegensatz aus, in dem sie zu dem neuen Napoleon als dem Hort der Reaktion und dem Widersacher der deutschen Einheit standen, auch der Haß, den die Väter, die alten Kämpfer für Deutschlands Einigkeit und Freiheit, dem großen Napoleon gewidmet hatten.

Auch in Frankreich war damals der Streit um den gewaltigen Schatten aufs neue und in analogen Formen entbrannt. Wie Napoleon III. dem Gründer seiner Dynastie durch die sorgfältig ausgewählte Sammlung seiner Korrespondenz ein Denkmal errichtete und in jeder Weise das Andenken des Vorgängers mit der Größe und dem Wohle Frankreichs zu verbinden trachtete, so suchte auch die Opposition in den Arsenalen der Vergangenheit nach Waffen, um den neuen Cäsar zu bekämpfen, und nach urkundlichen Beweisen, um sein System als das Grab der Freiheit und der heiligsten nationalen Güter hinzustellen.

Heute liegt der Bonapartismus am Boden. Weder für Frankreich noch für Deutschland bildet er eine Gefahr. Uns hat der Sieg über das zweite Kaiserreich wirklich den nationalen Staat gebracht, und sein Sturz den Franzosen selbst den Weg frei gemacht zu der Staatsform, unter der sie heute leben, und die sich dauerhafter erwiesen hat, als jede andere seit ihrer großen Revolution, nachdem sie in heroischen Kämpfen gegen unsere Heere die Bluttaufe empfangen und ihre innere Festigkeit durch die Niederzwingung der Anarchie bewährt hat. Dadurch ist aber auch für die historische Betrachtung des gewaltigsten Phänomens der neueren Geschichte eine festere Grundlage gewonnen worden; sie braucht sich nicht mehr anzulehnen an Motive und Zwecke, die außerhalb ihres Gebietes und der ihr eigentümlichen Aufgabe liegen: die reine Anschauung der vergangenen Welt zu erreichen.

Man kann nicht leugnen, daß in Frankreich diese Einsicht schon weiter verbreitet ist als bei uns. Gerade die führenden Forscher — ich erinnere nur an Arthur Chuquet, Albert Sorel und Albert Vandal — bringen dort der Geschichte der Revolution und ihres großen Erben eine Ruhe des Urteils entgegen, die in Deutschland selten genug ist. Und doch brauchen wir auch an diesem Punkte nur zu dem Altmeister unserer Wissenschaft zurückzukehren, dessen Autorität, nachdem sie von jenen andern eine Zeitlang verdunkelt war, seit der letzten Generation auf allen Feldern seines immensen Arbeitsgebietes neu hervorgetreten ist, um die Unbefangenheit der Betrachtung wieder zu gewinnen, welche ebensosehr unserer Weltstellung wie dem Genius unserer Nation gemäß ist. Leopold Ranke hat auch in dieser Epoche durch alle Verwirrung des Momentes hindurch die objektiven Mächte nachgewiesen, die in ihr bestimmend walteten. Er hat die Bedeutung des Kampfes gegen England für Napoleons Politik mit genau den Worten charakterisiert, die ich vorhin anführte, und darin den eigentlichen Faden wahrgenommen, an dem sich sein Tun und Lassen anknüpfe. Von dem allgemeinen Verhältnisse aber seien alle partikularen Unternehmungen ausgegangen, und man könne weder den Angriff noch die Abwehr verstehen, ohne seiner zu gedenken. Fast in einem Tone der Geringschätzung spricht er von der „hergebrachten" Auffassung, als habe Napoleon sich von vornherein mit dem Plan der Welteroberung getragen und diesen jeden Augenblick, der ihm günstig schien, zur Ausführung zu bringen gesucht. Er erscheine dabei gleichsam wie eine Eroberungsbestie, auf den Augenblick lauernd, wo er einen nach dem anderen seiner Nachbarn verschlingen könne. Als einen „Rückfall in die gewohnten Auffassungen, welche die landläufigen Erzählungen beherrschen" bezeichnet er eine Rezension, die Max Duncker in solchem Sinne gegen sein großes Werk über die napoleonische Epoche, die Biographie Hardenbergs, gerichtet hatte. Es sind Rankesche Ideen, welche unsere Auffassung leiten: ihnen wird, wie auf anderen, so auch auf diesem Gebiete der Sieg verbleiben.

Soll ich mich nun noch gegen den Vorwurf wehren, als schaltete ich damit die Persönlichkeit des Mannes, in dem alles Nerv und Tatkraft war, aus dem Weltkampf, den er führte, aus und verlegte die Macht des Schicksals, als dessen Sklaven er sich bezeichnet hat, irgendwohin in den leeren Raum, und nicht vielmehr, wie der Welteroberer selbst es allein meinte, in den Kreis der ihn umringenden Gewalten, mit denen er als der Erbe der Revolution und aller Machttraditionen des königlichen Frankreichs kämpfen mußte? Oder daß ich das Titanenhafte und die dämonischen Züge seiner Natur verwischt hätte? Die eiserne Härte und die eisige Kälte? Diesen Willen, der keine Rücksicht kannte und kein Erbarmen, wenn es dem Zwecke galt, den er sich gesetzt hatte, diese Herrschsucht, die keinen Sonderwillen neben sich duldete und nur in der Kraft des Herrschens ihresgleichen hatte, und das unablässige Anstürmen gegen die Mächte, welche ihm die Bahn versperrten? Die Skrupellosigkeit auch und das Erlöschen der Ideale, welche die Brust des Jünglings mit so enthusiastischer Glut erfüllt hatten, bis zur kältesten Menschenverachtung und einem mit Spott vermischten Haß gegen das Reich der Ideen und ihre Träger? Nun, ich glaube den unbefangenen Lesern meines Buches die Antwort auf alle diese Fragen getrost überlassen zu können. Nur das eine möchte ich im voraus betonen: daß es nach meiner Überzeugung allerdings die Aufgabe des Biographen Napoleons ist, den Kampf zwischen Persönlichkeit und Schicksal, in dem Sinne, wie ich dieses fasse, zur Darstellung zu bringen; daß nur so die Entwicklung aller jener Anlagen und Eigenschaften, das Zurückweichen der einen und das Hervortreten der anderen recht begriffen, das Verhältnis zwischen Schuld und Schicksal recht verteilt, und mit einem Worte nur so die rechte Perspektive auf den Mann und sein Werk gewonnen werden kann.

Die Diskussion über das Napoleon-Problem wird noch lange währen, und nichts würde ich weniger wünschen, als daß sie schon geschlossen würde. Ich hoffe vielmehr, daß der Krieg der Meinungen nun erst recht entbrennen wird, und ich würde es als den mir liebsten Erfolg meines Buches ansehen, wenn es die Kämpfer aufs neue gegeneinander brächte: nicht gerade in dem Sinne, daß sich die Reihe der Kritiken und Repliken weiter fortsetze — sondern so, wie man allein zum Ziel kommen wird: durch ein immer tieferes Eindringen in die Geschichte der Epoche. Denn nur durch die genaue Erkenntnis des Momentes, durch die bis in das Kleine und Kleinste reichende Analyse der Überlieferung lassen sich historische Streitfragen aus der Welt schaffen.

Berlin, 9. November 1908.

Max Lenz.

Abb. 1. Vor Arcole. November 1796.
Gemälde von Antoine-Jean Baron Gros im Museum zu Versailles.

Abb. 2. „Sie murrten wohl, aber sie folgten ihm stets."
Lithographie von Denis A.-M. Raffet.

Erstes Kapitel. Corsica.

„Ich ward geboren, als mein Vaterland starb" — so hat Napoleon selbst, unnachahmlich an Kraft und Kürze und völlig richtig, den Moment bezeichnet, in dem er das Licht der Welt erblickte. Denn am 9. Mai 1769 hatte Pasquale Paoli mit dem corsischen Heerbann gegen die Franzosen zum letztenmal das Feld gehalten; nur wenig später brachte den Besiegten ein englisches Schiff an die Küste Neapels, und das war das Ende der corsischen Freiheit. Am 15. August aber, dem Tage der Assunta, gab Lätitia Ramolino, die junge und schöne Gemahlin Carlo Buonapartes, ihrem großen Sohne das Leben.

Jenes Wort ist an keinen Geringeren als an Paoli selbst gerichtet, der in England das Brot der Verbannung aß. Es ist die erste Zeile des ersten Briefes, den der junge Buonaparte dem Helden Corsicas geschrieben hat, der ihm das Vorbild aller patriotischen Tugenden war, und er schrieb sie am 12. Juni 1789, d. h. in dem Moment, wo das alte Frankreich, dem Corsicas Freiheit erlegen war, selbst in Trümmer sank.

Zwei Tage vorher hatte in Versailles, wo seit dem Mai, vom König selbst berufen, die Generalstände tagten, die Frankreich reformieren sollten, der Führer des dritten Standes, Abbé Sieyes, dessen Abgeordnete aufgefordert, sich als die Vertreter der Nation zu konstituieren. Der Gedanke liegt nahe genug, daß eben die Nachricht von diesem Ereignis, in dem man immer mit Recht den eigentlichen Beginn der Revolution gesehen hat, den jungen Offizier, der in seiner Garnison zu Auxonne die Verhandlungen von Versailles mit glühendem Eifer, leidenschaftlicher vielleicht als jeder Franzose, verfolgte, zu dem Briefe veranlaßt habe.

Nichts aber kann zugleich die Stimmung, die Napoleon damals durchdrang, ja die ihn seit seiner Kindheit und so lange er denken konnte beseelte, besser charakterisieren, als dieser kurze Satz, der schon so ganz die Klaue des Löwen, den Stil des Imperators verrät. Er war noch nicht zwanzig Jahre alt, und seit seinem zehnten Jahre war er in Frankreich, trug er des Königs Kleid.

Französisch war die Umgebung, in der er lebte, und die Ideenwelt, die er eingesogen hatte; französisch schrieb und sprach er, das corsische Idiom hatte er fast vergessen. Aber das alles hatte die corsischen Instinkte in ihm nicht ausgelöscht, sondern sie nur noch wilder gestachelt. Jedes Wort, das wir von ihm aus diesen Jahren besitzen, atmet den einen Gedanken: Freiheit und Vaterland und unauslöschlichen Haß gegen die Eroberer seiner Insel. „Dreißigtausend Franzosen," so fährt er an jener Stelle fort, „ausgespien auf unsere Küsten, den Thron der Freiheit überschwemmend mit Strömen von Blut, das war das hassenswürdige Schauspiel, das meine ersten Blicke traf. Das Geschrei der Sterbenden, die Tränen der Verzweiflung umgaben meine Wiege von meiner Geburt an. Ihr verließet unsere Insel, und mit Euch verschwand die Hoffnung auf Glück. Die Sklaverei wurde der Preis unserer Unterwerfung: niedergedrückt unter die dreifache Kette des Söldners, des Richters, des Zollbeamten leben unsere Landsleute verachtet — verachtet von denjenigen, welche die Zügel in den Händen haben. Ist das nicht die grausamste aller Marter, die ein Mensch von Empfindung erdulden kann?

Abb. 3. Ajaccio auf Corsica.

Haben die unglücklichen Peruaner, als sie unter dem Schwert der habgierigen Spanier umkamen, schlimmere erlitten?"

Wie ist diese schrille Dissonanz, dieser brennende Haß des jungen Offiziers gegen das Land, dem er diente, dessen König ihn erzogen und ernährt hatte, zu erklären? Rechtfertigten ihn die Maßregeln der Eroberer? Waren seine Landsleute wirklich der Verachtung preisgegeben und der Willkür der fremden Richter und Verwalter unterworfen, aus ihren Gütern vertrieben, mit Steuern überhäuft? Nichts von alledem. Die Franzosen waren als Eroberer gekommen, aber im Besitz der Herrschaft taten sie, wie man nicht anders sagen kann, das Mögliche, um die Unterworfenen und gerade die führenden Familien zu gewinnen. In dem obersten Gerichtshof, den sie einrichteten und dem sie die Rechte eines Parlaments gaben, hatten unter den zwölf Beisitzern vier Corsen Sitz und Stimme, an den elf unteren Instanzen die Insulaner sogar die Mehrheit. Die Dörfer, die Täler ordneten ihre Angelegenheiten selbständig; der König bestellte den obersten Aufseher in jeder Provinz, deren es zehn gab, aber er wählte ihn aus dem einheimischen Adel. Das Land hatte seine ständische Vertretung, je 23 Deputierte aus der Geistlichkeit, dem Adel und den Gemeinden, die in Bastia, als dem Sitze der Regierung, zusammenkamen. Der Termin der Einberufung war unbestimmt, aber eine Kommission von zwölf Mitgliedern des zweiten Standes und zwei aus ihnen besonders gewählte Abgeordnete nahmen in der Zwischenzeit ihre Interessen bei den Kommissaren des Königs wahr. Recht geflissentlich wurden die Unterschiede der Klassen, die es vorher kaum gegeben hatte, herausgebildet. Die Kinder der Vornehmen wurden in französische Institute aufgenommen, die Söhne in Seminare und Militärschulen, die Töchter in Fräuleinstifter, kurz, die gesellschaftlichen und politischen Zustände des alten Frankreichs auf die unterworfene Insel übertragen. Dabei war das Land von Staatssteuern nahezu verschont, und die Verwaltung kostete der Krone viel mehr, als sie ihr einbrachte. Freilich, für die verlorene Freiheit konnte auch die größte Milde nicht entschädigen. Die eigentlichen Herrscher blieben die Fremden, der Gouverneur und der Intendant, ihre Offiziere und Beamten. Wer vorwärtskommen, eine Gunst für sich oder die Seinen erwerben wollte, mußte sich vor ihnen bücken und um ihre Verwendung einkommen.

Abb. 4. Carlo Buonaparte. Gemälde von Anne-Louis Girodet.

Einen eigentlichen Adel hatte es auf der Insel nie gegeben, wenigstens war er als Stand nie anerkannt worden; in Bildung und Sitte, in Lebensführung und Kleidung hatte in Corse dem anderen geglichen. Aber die alten Familien waren doch immer die faktischen Häupter der Nation, die Führer in ihren Fehden wie in ihrem Freiheitskampf gewesen. Daß sie jetzt sich über ihre Landsleute erheben durften, aber den Fremden dienen mußten, konnte ihnen das, was sie verloren hatten, nicht ersetzen.

Die Buonapartes hatten, wie alle ihre Landsleute, mit Paoli für die Freiheit der Heimat gestritten. Carlo Buonaparte, Napoleons Vater, war Mitglied der nationalen Consulta gewesen, die dem Diktator zur Seite stand, und hatte ihm, denn er war wohlgebildet, als Sekretär gedient; aus seiner beredten Feder stammte die Proklamation des Generals, welche die Corsen zum letzten Kampfe aufrief, und Lätitia war ihm ins Heerlager gefolgt; sie war noch bei ihm zur Zeit der letzten Schlacht. Aber in die Verbannung begleitete Carlo seinen Führer nicht. Er blieb, wie die meisten seines Volkes und seine Verwandten alle, in der Heimat, in Ajaccio, und suchte sich, so gut es ging, in die Verhältnisse zu schicken. Die Familie, weit verzweigt und eng zusammenhaltend, gehörte zwar zu den angesehensten des Landes, aber nicht zu den reichsten. Ein Haus in der Stadt, ein paar Höfe, Weiden und Weinberge in der Nähe und weiter oben im Gebirge war alles, was Carlo sein nennen konnte. So mußte er, zumal da Kind auf Kind folgte, seinen Vorteil wahrzunehmen suchen und sich eben wie die anderen die Protektion der Sieger sichern. Seine Gewandtheit, seine französische Bildung und das Ansehen seiner Familie halfen ihm vorwärts. Nachdem er sich, bald nach der Geburt Napoleons, in Pisa den Doktorhut geholt, wurde er Beisitzer an einem der zehn Gerichtshöfe und ward als Mitglied der Stände und Deputierter des Adels zweimal, 1776 und Ende 1778, an den französischen Hof geschickt. Er verdankte diese Würden und Vorteile besonders Herrn von Marbeuf, dem ersten Beamten des Königs auf der Insel, der als intimer Freund des Hauses erscheint und die Patenstelle bei Louis Buonaparte übernahm. Marbeuf war es, auf dessen Empfehlung Carlo, als er zum zweitenmal nach Frankreich ging, seine Söhne Joseph und Napoleon, dazu den Stiefbruder seiner Frau, den jungen Fesch, mit sich nahm, um sie in französischen Erziehungsanstalten unterzubringen. Fesch, der zum Geistlichen bestimmt war, wurde dem Seminar von Aix anvertraut. Joseph und Napoleon wurden im Collège von Autun untergebracht, wo jener, für den ebenfalls die geistliche Laufbahn vorgesehen war, bleiben, während Napoleon nur so lange dort verweilen sollte, bis er die Landessprache gelernt habe. Am 1. Januar 1779 kamen die Brüder dort an; im Mai wurde Napoleon seinem eigentlichen Bestimmungsorte, der Militärschule von Brienne, zugeführt.

Es war dies eins der zwölf Institute, welche König Ludwig XV. für den Nachwuchs seines Offizierkorps gegründet hatte. Neben den zahlenden Schülern gab es an diesen Anstalten im ganzen 600 sogenannte Boursiers des Königs, Freischüler, für welche der König jährlich je 700 Francs zahlte. Um eine solche Stelle zu gewinnen, bedurfte es neben dem Armutszeugnis einer Ahnenprobe, ferner der Empfehlung eines vornehmen Herrn, die Napoleon von Herrn von Marbeuf erhielt. Außer der Uniform ihrer Zöglinge (blauer Rock mit roter Weste und Beinkleidern) hatte die Anstalt, die 100 bis 150 Schüler zählte, nichts an sich, was an ihre Bestimmung erinnerte. Sie stand unter der Leitung von Minoriten, die sämtliche Lehrerstellen besetzten. Der Unterricht, meist dürftig genug, erstreckte sich auf französische Literatur und Stilistik, Geschichte, Geographie und Mathematik, vor allem auf Religion, dazu ein wenig Latein und Deutsch. Vom Exerzieren und jeder Vorbereitung für den militärischen Dienst war völlig abgesehen. Es war ein Pensionat, dem Charakter des Ordens entsprechend, mit religiösen Übungen und strenger Klausur. Niemals gab es Ferien, nicht einmal des Sonntags. Kein Schüler durfte etwas von Hause annehmen, weder Geld noch Geschenke; niemand erhielt Urlaub in die Heimat. Eine Anstalt so recht im Sinne der alten Monarchie, in der Verbindung von Krone, Adel und Kirche. Die Familien, deren Söhne Napoleons Kameraden waren, waren dem Dienst des Königs seit Jahrhunderten ergeben. Für sie also hatte die Einrichtung nichts besonders Drückendes und Fremdartiges. Was aber hatte dieser corsische Knabe damit zu schaffen? Alles, was er um sich sah und hörte, der Zwang der Schule, die Neckereien, vielleicht auch der Hochmut der Mitschüler, die ihn mit seinem Namen „Napoleone" (la paille au nez, wie sie ihn ausbeuteten) aufzogen, die sozialen Gegensätze, die Abgeschiedenheit der Klostermauern, das rauhe Klima in der öden Champagne, mußte ihn an das, was er verloren, an die Freiheit und den Himmel seiner corsischen Heimat aufs schmerzlichste erinnern. Es war, so hat man mit Recht bemerkt, wie wenn ein Lothringer Kind nach dem Kriege von 1870 in ein preußisches Kadettenkorps gesteckt worden wäre. Was Wunder, daß der angeborene Trotz des in der Freiheit aufgewachsenen Knaben zu bitterem Haß, und der Hang zum Grübeln und zur Einsamkeit, den er schon in Corsica gezeigt hatte, zu Trübsinn und schmerzlichem Heimweh sich steigerten. Doch darf man die Vorstellungen von der Abschließung und Melancholie Napoleons unter seinen Kameraden auch nicht übertreiben. Er hat unter ihnen Freunde gehabt, denen er über die Schuljahre hinaus treu geblieben ist und auf der Höhe der Macht seine Gunst erhalten hat. Denn, um es gleich zu sagen, so sehr Napoleon hassen konnte, ist er doch niemals undankbar gewesen und hat Beleidigungen vielleicht eher vergessen als Wohltaten. Dürften wir der Note eines Vorgesetzten Glauben schenken, deren Echtheit freilich bestritten ist, so zeigte er auf der Schule einen „ergebenen, ehrenhaften, dankbaren Charakter und ein sehr geregeltes Betragen". Auch zu seinen Lehrern stand er, wie man nicht anders weiß, in guten und zum Teil engen Beziehungen; auch sie hat er, wie jedermann, dem er in der Jugend nahe trat, in den Jahren seines Glückes mit Ehren und Geschenken bedacht, oft mehr als sie es um ihn verdienten. Aber freilich, zur Heimat konnte ihm das fremde Land nicht werden. Nur persönlichen Zwecken hatte der Eintritt in das Korps gedient. Nichts fesselte ihn sonst an den König und sein Land; alles, was ihm die Seele weit machte und das Herz erhob, führte ihn zum Boden der Heimat zurück. Zu den hervorragenden Schülern der Anstalt hat er kaum gehört; daran hinderten ihn schon, in den ersten Jahren wenigstens, die Schwierigkeiten, die er in der Sprache zu überwinden hatte. Aber daß er sich in der Mathematik und in der Geschichte bald auszeichnete, ist sicher; wir wissen es aus seinem eigenen Zeugnis. Jene gebrauchte er zu seinem Beruf, auf den er sich von Anfang an mit ganzem Ernst vorbereitete; und zwar war es die Marine, für die er anfangs bestimmt war, gleich einem älteren Vetter, einem Casabianca, der dann bei Abukir als Kapitän Schiff und Leben verloren hat. Die Geschichte aber gab ihm Nahrung für seine Phantasie, für seine Träume, denen er sich in der Gartenecke, in dem Bretterverschlage, den er sich da gebaut und wohin ihm keiner kommen durfte, ergab. Da las er in seinem Plutarch von den großen Helden des Altertums, die für Freiheit und Vaterland das Leben geopfert hatten, und mit den erhabenen Gestalten der klassischen Welt verbanden sich ihm die corsischen Erinnerungen der alten Zeiten und der jüngeren Generationen, der eigenen Vorfahren und des letzten Vorkämpfers corsischer Freiheit, in dem sich ihm alle Ideale des antiken Heroentums erneuert zu haben schienen.

Er war fast fünfzehn Jahre geworden, als er den Vater wiedersah, der abermals von Corsica herüber gekommen war, um seinen Sohn Lucian, der bereits in Autun gewesen war, nach Brienne und die Tochter Marianna nebst zwei ihrer Cousinen nach Saint-Cyr zu bringen. Man hat den Brief Napoleons an seinen jungen Onkel Fesch (denn dieser dürfte der Adressat sein), in dem er jenes Ereignisses gedenkt, immer als ein sprechendes Zeugnis für seine nicht bloß überraschend frühreife, sondern auch kalt berechnende Natur auffassen wollen. Er schreibt darin von dem Wunsche seines älteren Bruders Joseph, die geistliche Laufbahn mit der militärischen zu vertauschen, und in der Tat muß es überraschen, mit welchem Ernst und mit welch klarer, ruhiger Erwägung Napoleon alle dagegen sprechenden Gründe aufzählt. „Er hat," so schreibt er von dem Bruder, „eine Erziehung für den geistlichen Stand erhalten; es ist sehr spät, um noch davon zurückzutreten. Monseigneur der Bischof von Autun würde ihm eine fette Pfründe gegeben haben, und er wäre sicherlich Bischof geworden. Welche Vorteile für die Familie! Monseigneur von Autun hat sein möglichstes getan, um ihn zum Bleiben zu veranlassen, hat ihm versprochen, daß er es nicht bereuen würde: hilft nichts, er bleibt dabei! Ich lobe dies, wenn es aus wirklicher Lust zu diesem Stand, gewiß dem schönsten von allen, geschieht, und wenn der große Urheber des menschlichen Lebens ihm so wie mir eine entschiedene Neigung zum Kriegsdienst eingepflanzt hätte." In welches Korps denn Joseph eigentlich gehen wolle, ob zur Marine oder zu den Ingenieuren, für die ihn, wie für die Artillerie, der Mangel an mathematischen Kenntnissen und sein angeborener Leichtsinn ungeeignet machen? Er wünsche wohl zur Infanterie zu kommen? „Gut, ich verstehe! Er will den ganzen Tag nichts tun, er will das Pflaster treten den ganzen Tag — und überdies, was ist so ein armer Infanterieoffizier, ein mauvais sujet drei Viertel seiner Zeit! Das aber ist es, was weder mein lieber Vater, noch Ihr, noch

Unterschrift Napoleons vom Jahre 1785.

meine Mutter, noch mein lieber Onkel, der Archidiakon, wollen, denn Joseph, hat schon kleine Züge von Leichtsinn und Verschwendungssucht gezeigt." Kurz, so schließt das Schreiben, man wolle einen letzten Versuch machen, um ihn zum geistlichen Stande zu bestimmen; wenn dieser mißlinge, werde ihn der Vater mit sich nach Corsica nehmen, wo er ihn unter seinen Augen haben werde; man werde dann versuchen, ihn bei einem Notar unterzubringen. Der Brief würde allerdings eine erschreckende Altklugheit verraten — wenn man nicht aus jedem seiner Sätze die Stimme des Vaters heraushörte, der sich offenbar bei seinem Besuch in diesem Sinne gegen Napoleon über den Ältesten ausließ, den Napoleon selbst ja seit Jahren ganz aus dem Gesicht verloren hatte.

Carlo hatte die Absicht gehabt, noch einmal nach Brienne zurückzukommen, aber die Rücksicht auf seine Gesundheit, um derentwillen er die Pariser Ärzte konsultiert hatte, zwang ihn nach Corsica heimzukehren. So war es das erste und letzte Mal gewesen seit dem Abgang Napoleons von Ajaccio, daß Vater und Sohn einander sahen; denn schon im März des folgenden Jahres erlag Carlo in der Blüte der Jahre derselben Krankheit, die seinen Sohn in St. Helena hingerafft hat, in Montpellier, wo er noch einmal bei den dortigen Autoritäten Heilung gesucht hatte. Zu dieser Zeit war Napoleon bereits, seit dem Oktober 1784, auf der Militärschule in Paris. Auch sie war eine Schöpfung Ludwigs XV. und in jedem Sinne die höhere Stufe der Schule von Brienne. Dieselbe Verbindung von aristokratischem und klerikalem Geiste; die Einrichtung noch vornehmer, fast zu elegant für die zum Teil wenig bemittelten Zöglinge; Generale, Minister, Hofkavaliere die Vorgesetzten; die Schüler oft aus den ersten Familien des Landes. Neben den wissenschaftlichen Kursen, die nach der Art der unteren Anstalten eingerichtet waren, wurden in höherem Grade als in Brienne Kavalierkünste, Reiten, Fechten, Tanzen, daneben aber doch auch die Anfänge des Exerzierens getrieben. Entsprechend dem späteren Berufe waren die Schüler in Kompagnien eingeteilt, und die Besseren oder Älteren unter ihnen als Chargierte angestellt. Zu diesen gehörte Napoleon nicht, aber doch wohl nur, weil er sehr bald zum Offizier befördert wurde. Offenbar ist er in Paris mehr aus sich herausgekommen als in der Provinzstadt. Er hatte gute Freunde, freilich auch Gegner, unter diesen keinen größeren als Louis-Edmond Le Picard de Phélipeaux, denselben, der als Emigrierter St. Jean d'Acre gegen ihn verteidigt hat; er wird zu denen gehört haben, welche die corsischen Gefühle Napoleons beleidigten und kränkten. Man hat ein Spottbild, das einer von ihnen gezeichnet, wie Napoleon mit einem Stock seinem Helden Paoli zu Hilfe eilen will, während ein Professor ängstlich ihn am Zopf zurückzuhalten sucht — mit der Unterschrift: „Bonaparte, laufe, fliege Paoli zu Hilfe, um ihn aus den Händen seiner Feinde zu retten." Er hielt mit dieser Gesinnung so wenig hinter dem Berg, daß er auch bei den Lehrern damit Anstoß erregte. Als ihm der Beichtvater einmal Vorhaltungen darüber machte, ihn an seine Pflichten gegen den König erinnerte, hat er den Beichtstuhl mit dem brüsken Wort verlassen: „Ich bin nicht hierher gekommen, um von Corsica zu sprechen; ein Priester hat nicht die Aufgabe, mich darüber zu katechisieren." Zwei Noten, die uns von La Cases überliefert sind, bezeugen, welchen Eindruck des Ungewöhnlichen, aber auch des Fremdartigen, Unbehaglichen er auf seine französische Umgebung machte. Die eine von Mr. Domairon, der ihn im französischen Aufsatz unterrichtete, bezeichnet seinen Stil als „Granit, der im Vulkan erhitzt ist". Die in den schwerflüssigen Phrasen kochende Leidenschaft seines Jugendstils konnte nicht besser charakterisiert werden. Und prophetisch fast mutet uns das Zeugnis an, das ihm ein anderer seiner Lehrer ausgestellt hat: „Corse von Nation und Charakter; er wird weit kommen, wenn die Umstände ihn begünstigen."

Schon im Herbst 1785 wurde Napoleon Offizier. Am 30. Oktober reiste er mit seinem Freund und Kameraden Desmazis nach Valence an der unteren Rhone ab, um in das Artillerieregiment De la Fère einzutreten. Es war eins der besten der Armee, als Auszeichnung galt es, ihm zugeteilt zu werden. Erst hier erlernte Napoleon die Elemente seines Handwerks. Am 10. Januar 1786 erhielt er die Epauletten, unter Rück-

Abb. 5. Aus: Arthur Chuquet, „La Jeunesse de Napoléon". Paris, Armand Colin & Cie.

datierung des Patentes auf den 1. September. Sein Gehalt betrug in allem 1120 Francs. Zuschuß von Hause bekam er nicht, aber es ließ sich bei guter Ökonomie damit leben, und so stand er mit sechzehn Jahren bereits auf eigenen Füßen. Von Valence aus nahm er am 1. September, zum erstenmal seit sieben Jahren, Urlaub in die Heimat. Um so länger durfte er jetzt Ferien haben. Auf ein volles halbes Jahr lautend, wurde der Paß, da Napoleon ein Krankheitsattest im Frühling einschicken konnte, noch bis zum September 1787 verlängert; als er dann nach Frankreich zurückkehrte, suchte er zunächst nicht sein Regiment auf, sondern ging nach Paris, wo ihm sein „Semester" (dies der technische Ausdruck) noch einmal erweitert wurde: so daß er am 1. Januar 1788 wieder in Corsica ankommen und dort bis Ende Mai bleiben konnte, mithin volle 21 Monate von seiner Truppe entfernt war. So erstaunlich diese lange Unterbrechung des Dienstes für unsere Begriffe sein mag, war sie damals doch nichts Ungewöhnliches. Auch die Regimentskameraden Napoleons erhielten kaum geringere Ferien. Bei ihm kam hinzu, daß nach dem Tode seines Vaters seine Anwesenheit in Corsica für die Familie nötig war, denn, da Joseph seine Studien in Pisa (er war Jurist geworden) noch nicht vollendet hatte, lag auf Napoleon recht eigentlich die Vertretung der Familie; und dies führte ihn im Herbst nach Paris.

Das Regiment hatte unterdessen seine Garnison mehrfach gewechselt. Während der holländischen Wirren an die nördliche Grenze gezogen, hatte es erst in Douai, dann in den Küstenprovinzen gestanden und war im Dezember 1787 nach Auxonne (an der Saone) verlegt worden. Hier also traf Buonaparte wieder bei ihm ein, um nun fünfviertel Jahr bei der Truppe zu bleiben. Militärisch war dies seine eigentliche Lehrzeit. Artilleristische Aufsätze von seiner Hand, die erhalten sind, bezeugen seinen Eifer und die Klarheit, mit der er Theorie und Praxis seines Faches zu begreifen wußte. Daß er auch die Anerkennung seiner Vorgesetzten gewann, beweist die Wahl in eine Kommission von Offizieren, der ihn der General du Teil der Ältere, eine Autorität in seiner Waffe, zuteilte. Im übrigen war es, wie in Valence, das Leben einer kleinen Garnison. Napoleon war ein guter Kamerad, der auf Ehre und Zusammenhalten des Korps, zumal der jüngeren

Abb. 6. Napoleon nach seinem Eintritt in das Regiment De la Fère. 1785.
Aus: Arthur Chuquet, „La Jeunesse de Napoléon". Paris, Armand Colin & Cie.

Offiziere, hielt. Auch dafür haben wir einen schriftlichen Beweis in dem Entwurf zu einem militärischen Ehrengerichtshof, den die Leutnants des Regiments errichteten, und dessen Abfassung gerade ihm übertragen war. Auch bei den besseren Familien beider Städtchen ward er eingeführt und hat hier Verbindungen angeknüpft, deren er noch später gern und dankbar gedacht hat.

Aber an sein Inneres kam das alles nicht heran. Die Stimmungen der Verlassenheit, ratloser Melancholie beherrschten den Grund seiner Seele. Es war das Gefühl der Leere, des Unausgefülltseins, das keinem Manne von Bedeutung in den Jünglingsjahren erspart bleibt und im Grunde nichts ist, als der unbefriedigte heiße Drang nach Betätigung der eigenen Kraft. Bei Napoleon vermählte es sich mit dem Hasse des Corsen gegen das Volk, das seine Heimat geknechtet hielt, und in dessen Mitte er fast wie eine Geisel für den Gehorsam der Unterworfenen

erzogen war und zu leben verdammt blieb. Hieraus erklärt es sich, ganz abgesehen
von der eigenen Anlage, daß er von jenen Stimmungen so früh ergriffen und so
furchtbar erschüttert wurde. Gleich die ersten Aufzeichnungen, die wir von seiner
Hand über seinen qualvollen Zustand besitzen, aus dem Frühling 1786, gewähren
uns darin ergreifende Einblicke. Die erste vom 26. April gab ihm die Wieder=
kehr des Tages ein, an dem Pasquale Paoli das sechzigste Lebensjahr vollendete.
„Ob sein Vater Hyacinto Paoli," so beginnt er, „wohl jemals geglaubt hätte,
als der Sohn zur Welt kam, daß er eines Tages unter die tapfersten Männer
des neuen Italiens gezählt werden würde? Die Corsen waren in diesen unglück=
lichen Zeiten mehr als je durch die genuesische Tyrannei zerschmettert; tiefer
erniedrigt als Tiere, schleppten sie in ewiger Anarchie ihr unglückliches und für
die Menschheit erniedrigendes Leben hin. Seit 1715 hatten einige Täler die
Waffen gegen die Tyrannen ergriffen; aber erst 1729 begann eigentlich jene
Revolution, in der so viele Taten großartiger Tapferkeit und eines Patriotismus,
der dem der Römer vergleichbar war, geschehen sind." „Eh bien," ruft er aus,
„sehen wir zu, diskutieren wir ein wenig: haben die Corsen recht gehabt, das
Joch Genuas abzuwerfen?" Und indem er dann aus den Sätzen Rousseaus und
der Geschichte der Insel es als das klare Recht der Natur und der geschichtlichen
Vergeltung beweist, die Tyrannen zu beseitigen, schließt er mit den Worten:
„Also haben die Corsen allen Gesetzen der Gerechtigkeit gemäß abschütteln können
das Joch der Genuesen, und können es ebensogut tun mit dem der Franzosen.
Amen!" Acht Tage später entwirft er ein anderes Bild seiner Stimmung von
düsterster Färbung. „Immer allein inmitten der Menschen kehre ich in mein
Inneres zurück, um zu träumen und mich ganz der Melancholie zu ergeben. Wohin
wendet sie sich heute? Dem Tode entgegen. In der Morgenröte meiner Tage
kann ich noch auf ein langes Leben hoffen. Seit sechs bis sieben Jahren bin ich
fern von meinem Vaterlande. Welche Freuden werde ich kosten, wenn ich in vier
Monaten meine Landsleute und meine Verwandten wiedersehe! Kann ich nicht
aus den zärtlichen Empfindungen, welche die Erinnerungen an die Freuden meiner
Kindheit in mir weckt, schließen, daß mein Glück vollkommen sein wird? Welche
Raserei treibt mich nun dazu, mir selbst den Tod zu wünschen?" So die Frage,
die er stellt. Und die Antwort ist, daß er sterben wolle, weil die Freiheit aus
der Welt verschwunden sei und die Menschen feige, gemein und knechtisch geworden
sind. „Welch Schauspiel werde ich in meiner Heimat sehen! Meine Landsleute
belastet mit Ketten, unter Zittern küssend die Hand des Unterdrückers." Er gedenkt
der hehren Vergangenheit, da der Corse stolz und voll edlen Hochgefühls glücklich
lebte, sich wie ein König dünkte in den Armen seiner Gattin, nachdem er den
Tag dem öffentlichen Dienst gewidmet hatte. Heute aber haben die Franzosen
mit der Freiheit auch die Tugend vernichtet. „Was soll ich in einer Welt, die
mich zwingt Menschen zu loben, die zu hassen mir die Tugend gebietet!" „Könnte
ich," so ruft er aus, „durch die Vernichtung eines Menschenlebens mein Land
befreien, ich würde mich sofort aufmachen und in den Busen des Tyrannen das
rächende Schwert senken!" Und er schließt diese Betrachtung, in der sich finstere
Schwermut, Weltverachtung und Selbstgefühl seltsam durchdringen, mit dem an
Faust erinnernden düsteren Wort: „Das Leben ist mir zur Last, weil ich keine
Lust, keine Freude mehr empfinden kann und alles mir zur Pein wird. Es ist
mir zur Last, weil die Menschen, unter denen ich lebe und leben werde, nach
Sinn und Art so weit von mir entfernt sind, wie der Glanz des Mondes von
dem der Sonne. Ich habe nichts, was mir das Leben lebenswert macht, und
darum packt mich ein Ekel gegen alles." Napoleon hat später, als er dieser
Stimmungen Herr geworden war, sie in ihren verschiedenen Stadien: der Lange=
weile, finsteren Melancholie und einer Verzweiflung, die schließlich zum Selbst=
morde führe, geschildert: Wer sein Dasein in dieser entsetzlichen Monotonie, in
der in Gegenwart und Zukunft ein Tag dem andern gleiche, zubringen, wer sich

fragen müsse: '„Wozu bin ich geboren?", der sei in Wahrheit der Elendeste der Sterblichen.

* * *

Merkwürdig, daß das erste Ziel, welches dieses Genie der Tat, dieser stärkste aller Welterschütterer seinem Ehrgeiz gesetzt hat, der Ruhm des Schriftstellers gewesen ist: er wollte der Geschichtschreiber Corsicas werden. Aber auch das entsprach am Ende seiner Lage und der seines Vaterlandes. Ich finde nicht, daß Napoleon in diesen Tagen sich selbst als den Befreier Corsicas, als Nachfolger Paolis gedacht hat. Die Ketten waren, so schien es, noch zu schwer, um sie abzuschütteln: aber den heiligen Haß in den Herzen zu nähren, die stolzen Bilder der Vergangenheit seinen Landsleuten und der Welt zu zeigen und sie vorzubereiten auf den Tag der Freiheit, nach dem sie dürstete, erschien ihm als ein Ziel, seines Strebens würdig. Schon in Brienne hat er die Geschichte seiner Insel kennen zu lernen gesucht; jene Aufzeichnung in Valence zeigt ihn damit wohl vertraut, und vielleicht hat er schon in dieser Zeit den Gedanken, ihr Historiker zu werden, gefaßt. Mit Bestimmtheit können wir den Plan in einer Niederschrift wahrnehmen, die er in Paris im November 1787 gemacht hat. Es ist der Entwurf eines Vorwortes zu einer, wie er schreibt, „leichten Skizze unseres Unglücks", die er, beseelt von dem Enthusiasmus der Jugend und nichts als Wahrheit atmend, seiner Heimat widmen will: „Teure Landsleute," ruft er aus, „wir sind immer unglücklich gewesen — heute Mitglieder einer mächtigen Monarchie, läßt uns ihre Regierung nur die Fehler ihrer Verfassung empfinden, und wir erblicken keinen Trost für unsere Leiden, als in dem Gange der Jahrhunderte" (dans la suite des siècles). Sobald er nach Corsica heimgekehrt war, suchte er die Materialien zu sammeln und des Italienischen sich aufs neue zu bemächtigen. Er nahm den Plan nach Auxonne mit, und hier war es der nun folgende Zusammenbruch des alten Frankreichs, der ihm die Feder in die Hand gedrückt und die erste Skizze eines Abrisses der Heimatsgeschichte hat entstehen lassen. Der König hatte, indem er die Generalstände berief, jeden seiner Untertanen aufgefordert, seine Klagen und Wünsche vor die Stufen seines Thrones zu bringen. Wie also aus allen Provinzen Frankreichs und aus Corsica selbst die ständischen Vertreter der Nation ihre Cahiers nach Versailles mitbrachten, so beschloß Napoleon auch von sich aus ein corsisches Programm auszusenden; nur daß er nicht, wie die Stände Frankreichs, für eine Partei, eine Klasse sprach, sondern für das Vaterland, nicht für soziale Interessen, sondern für seine Ideale politischer Freiheit. So nämlich, glaube ich, werden wir uns die Form entstanden denken, welche Napoleon seiner historisch=politischen Skizze gegeben hat: die eines Briefes an den Minister Necker, den Vorkämpfer für die Reform im Rate des Königs. Napoleon hat das Schreiben einem Greise zugeschrieben, der in einem achtzigjährigen Leben die Tage der Freiheit und des Kampfes seiner Insel, wie die ihrer Knechtschaft gesehen hat — eine Lieblingsidee von ihm, die auch in anderen Aufzeichnungen dieser Jahre wiederkehrt. Leider ist diese erste historische Schrift unseres Helden nicht erhalten. Wir wissen von ihr nur aus zwei Briefen Dupuys, des alten Aufsatzlehrers Napoleons in Brienne, dem dieser auch jenen Aufsatz zur Prüfung übersandt hatte. Aber aus den wenigen Sätzen, die Dupuy daraus anführt, und den besorgten Warnungen des guten Paters, der seinem heißblütigen Zögling ein wiederholtes: „Discrétion, discrétion!" zuruft, können wir uns Form und Inhalt der Schrift nicht revolutionär genug vorstellen.

Als Napoleon im Herbst 1789 mit neuem Urlaub nach Corsica zurückkam, lag in Frankreich der alte Staat in Trümmern. In Corsica aber stand er noch aufrecht: auf den Kastellen von Ajaccio, Bastia und Calvi wehte die weiße Fahne; die ganze Beamtenschaft, Intendantur und Zollverwaltung, Richter und Offiziere, war noch in der Macht. In den Generalständen waren der Adel und die Geist=

lichkeit durch zwei Anhänger der alten Monarchie vertreten: Graf Buttafuoco, der schon im Freiheitskriege sich an Frankreich gehalten hatte und den corsischen Patrioten als Verräter des Vaterlandes galt, und Abbate Perretti della Rocca, den Buttafuoco hinter sich her gezogen hatte; während der dritte Stand in dem Advokaten Saliceti von Rostino und dem Grafen Colonna da Cesario Rocca, einem Neffen Paolis, überzeugte Vertreter der Bewegungspartei besaß. Wollte also die letztere etwas erreichen, so mußte sie sich an die Revolution in Frankreich anschließen. Auf beiden Seiten waren dieselben Gegner und die gleiche Tendenz nach Selbstbestimmung; das alte Frankreich war der Feind der corsischen Patrioten gewesen — das neue mußte, für den Moment wenigstens, ihr Verbündeter werden.

Napoleon traf in Ajaccio gerade ein, als die Bewegung, die, wie in Frankreich, in den größeren Städten der Insel begann, schon tumultuarische Formen annahm. Man kann denken, mit welchem Eifer sich der junge Offizier in den Strom hineinwarf. Es ist überliefert, daß er seine Mitbürger bewog, die dreifarbige Kokarde anzulegen, einen Klub zu eröffnen und einen Aufruf zur Bildung der Nationalgarde, den er vielleicht selbst redigiert hat, zu erlassen. Hier gelang es noch, das Feuer zu ersticken. Um so heftiger aber brach es am Sitze der Regierung, in Bastia selbst aus. Es kam zu blutigen Zusammenstößen zwischen Bevölkerung und Truppen, die zum Teil mit den Tumultuanten fraternisierten; diese drangen in die Zitadelle ein, zwangen den Gouverneur, die dreifarbige Kokarde anzunehmen und die Errichtung der Nationalgarde zu bewilligen. Auch hier war es nach einem glaubwürdigen Zeugnis Napoleon, der, über das Gebirge herbeieilend, den Aufstand geschürt hatte. An die Durchführung seiner alten Idee, der Befreiung Corsicas, dachten er und seine Freunde in diesem Augenblicke wohl kaum, so wenig wie die Revolutionäre in Frankreich den Verlust der Insel fürchteten. Von beiden Seiten begegnete man sich vielmehr. Die Adressen und Bittschriften, welche von den corsischen Patrioten an die Nationalversammlung gerichtet wurden und die Napoleon nicht nur mit unterschrieben, sondern zum Teil ausgearbeitet hat, fanden dort, durch Salicetis Beredsamkeit unterstützt, den lautesten Widerhall und führten am 30. November zu dem Beschluß, der Insel als einem Teil des französischen Staates die gleiche Verfassung zu geben und die Verbannten, an der Spitze Paoli selbst, in ihr Vaterland zurückzurufen.

Die Abwandlung der Lage wird recht sichtbar in einer Neubearbeitung des Briefes über Corsica, die Napoleon im Frühjahr 1790 vornahm. Wie Necker in Frankreich durch die Entwicklung der Revolution beiseite gedrängt war, so auch in dieser Schrift. An seine Stelle ist Abbé Raynal getreten, der Verfasser der „Philosophischen Geschichte beider Indien", der, wie kaum ein anderer französischer Schriftsteller der Epoche, auf die Erregung der öffentlichen Meinung eingewirkt hat, und Napoleon auch deshalb sympathisch sein mußte, weil er nicht bloß den Franzosen, sondern auch den Corsen die Befreiung von dem verhaßten Regimente der Monarchie vorhergesagt hatte. Napoleon hatte ihn in Marseille, wo er seit seiner Rückkehr aus der Verbannung (1787) lebte, aufgesucht und war von ihm selbst ermuntert worden, Corsicas Geschichte in die französische Literatur einzuführen. Er habe, so lesen wir in der Einleitung, mit der Sammlung von Materialien begonnen und sein Werk ziemlich weit gefördert, als die Revolution, die Corsica der Freiheit zurückgegeben, den früheren Zweck seiner Arbeit, die große Vergangenheit an der erbärmlichen Gegenwart zu messen, unnötig gemacht habe. „Aus dem Schoße der Nation," so schreibt er, „welche unsere Tyrannen beherrschen, ist der elektrische Funke entsprungen; diese aufgeklärte, mächtige und edle Nation hat sich ihrer Rechte und ihrer Stärke erinnert: sie ist frei geworden und hat gewollt, daß auch wir es würden; sie hat uns ihren Schoß geöffnet, und fortan haben wir dieselben Interessen, dieselben Sorgen. Es gibt kein Meer mehr zwischen uns."
Nicht jenem Greise, der bittere Anklagen in den Schmerz über den Verlust der Freiheit und der großen Vergangenheit mischt, legt Napoleon diese Stelle in den

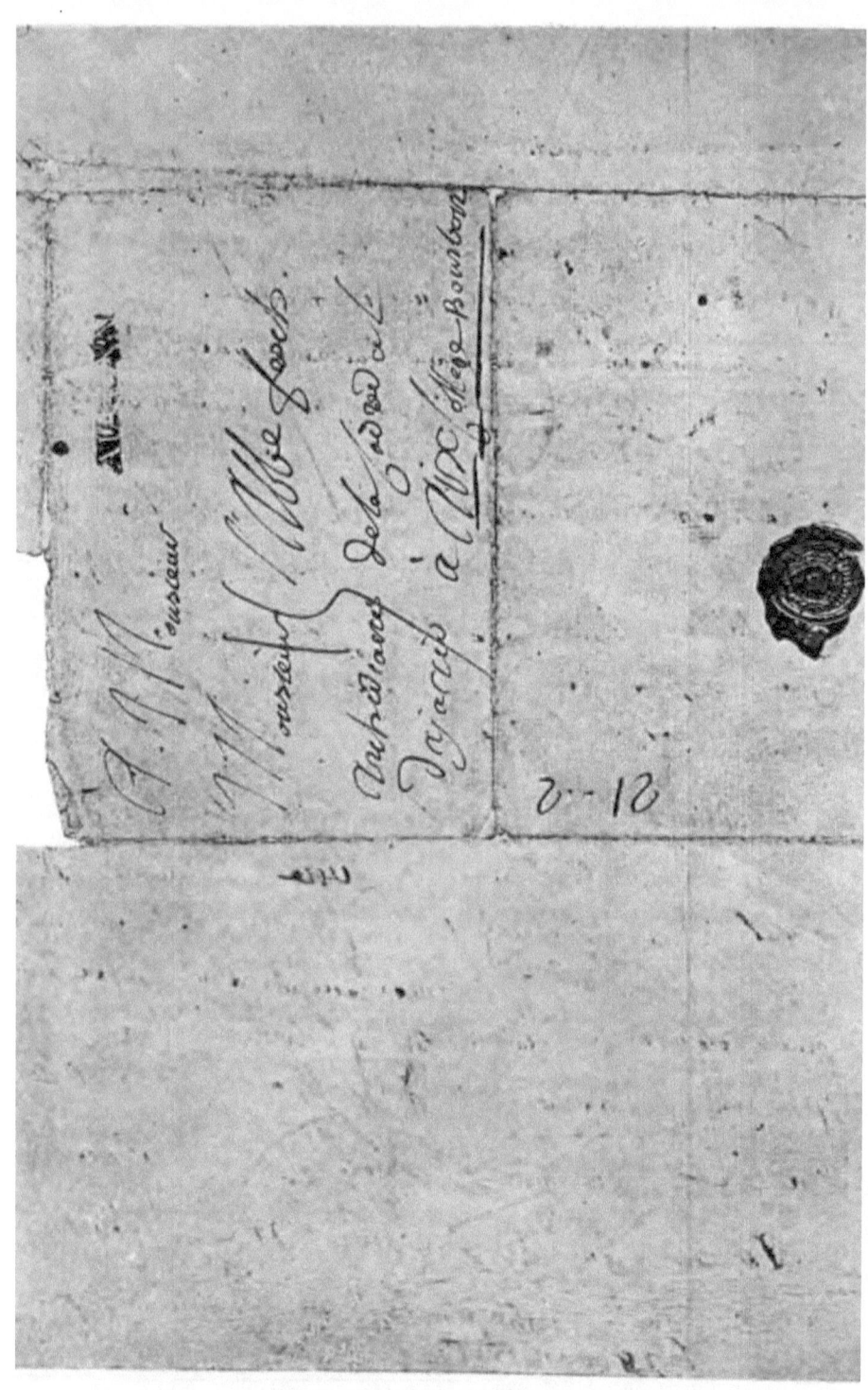

Le triste état de la famille m'a affligé. D'ailleurs tu que je n'y
vois pas de remède. Vous vous êtes abusé en espérant
que je pourrai trouver ici p. de l'argent à emprunter.

Narbonne est une très petite ville et j'y suis d'ailleurs depuis
trop peu de temps pour pouvoir y avoir des connaissances
sérieuses. Ainsi du moment que vous n'espérez pas dans votre
vigne, je n'y pense plus et il faut abandonner l'idée
du voyage de Paris.

Si nous avions été à Paris vous auriez mal fait de me laisser
aller vous joindre, il n'aurait pu que vous embarrasser.
Le bouleversement inattendu opéré dans le ministère fera portera
sans doute encor du retard dans la solution de cette trop
désirée affaire. Je viens cependant de nami...

Vous savez que je viens de recevoir réponse de nos Toulles.
Il me dit qu'il reconnait que Joseph a des titres particuliers
pour obtenir une place dans les tribunaux à laquelle
le sera... la circonstance... avec... que pour le
moment des personnes proposées depuis plusieurs
années empêcheront qu'il ne soit placé, mais qu'il fera
sou possible pour hâter sous tout cela.

Abb. 7. Paoli. Stich von J. Houbraken.

Mund, sondern er selbst ist es jetzt, der das Wort führt. Es ist überhaupt nicht mehr ein Brief, sondern die Schrift ist in mehrere, wie es scheint, drei Briefe eingeteilt, von denen wir, denn auch sie ist ein Torso geblieben, nur zwei vollständig erhalten haben. Der Ton ist in jedem Sinne gemäßigter geworden; es ist der Sieger, der Freund des freien Frankreichs, der von den Großtaten seines Volkes spricht. Wir können nicht daran zweifeln, daß so Napoleons Stimmung war. Wie seine Angehörigen und seine Partei hielt er es jetzt mit der französischen Revolution. Die Institutionen, welche sie schuf, die Ämter, die sie in den Distrikts- und Departementsregierungen, in der Nationalgarde und dem Richterstande den einheimischen Familien zugänglich machte, die Gleichstellung, welche Corsica mit Frankreich erhielt, die freie Bahn, die dadurch den Corsen auch auf dem Festlande gewährt wurde, mußten ihren Ehrgeiz befriedigen, ihre alten Klagen zum Schweigen bringen und sie am sichersten an Frankreich fesseln.

Der neue Urlaub Napoleons hatte sich auf ein halbes Jahr erstrecken sollen. Ein Fieber, das ihn im Frühling ergriff, ward für ihn der Anlaß, abermals um eine Verlängerung bis zum Herbst einzukommen; und danach hat er ihn willkürlich noch einmal bis zum Januar 1791 verlängert, so daß er wieder mehr als ein Jahr seinem Regimente fern blieb. Er war in Bad Orezza, im Innern der Insel, wo er Heilung suchte, als Pasquale Paoli, der in Paris mit Auszeichnungen überhäuft und wie ein Triumphator von seinen Landsleuten eingeholt war, in die Heimat zurückkehrte. Joseph Buonaparte war in der Abordnung gewesen, welche die Corsen ihrem General nach Lyon entgegengeschickt hatten, und Napoleon, so heißt es, hatte die Adresse abgefaßt, in der seine Vaterstadt den alten Helden begrüßte. Dürfen wir aber den Memoiren Josephs glauben, so hat schon bei der ersten Begegnung der beiden großen Söhne der Insel die Differenz sich angekündigt, welche sie so bald auseinander reißen sollte. Paoli, erzählt Joseph, habe auf dem Schlachtfelde von Ponte Nuovo seinem Bruder die Stellungen und den Verlauf des Kampfes erklärt, worauf Napoleon trocken bemerkt habe: „Solche Dispositionen mußten solches Ergebnis haben." Jedenfalls läßt sich wohl denken, daß Napoleon sich des Gegensatzes zu dem einstigen Vorkämpfer der corsischen Freiheit bewußt geworden ist. Der Argwohn, den man gleich damals gegen Paoli geäußert hatte, als habe er nur nach der Gelegenheit gespäht, Corsica von Frankreich loszureißen, mag ungerecht sein; alt und nicht mehr in voller Kraft, mag er die Hoffnung gehegt haben, der Insel unter Aufrechterhaltung der politischen Verbindung mit Frankreich die wesentlichen Attribute der Unabhängigkeit zu gewinnen. Aber als einen Freund des neuen Frankreichs wird man ihn auch in dieser Zeit nicht bezeichnen können. Die französische Ideenwelt, in der Napoleon erzogen war und von der er sich, seinem Haß gegen die Unterdrücker zum Trotz, ganz hatte durchdringen lassen, war jenem immer fremd geblieben. Während Napoleon die Sprache seines Landes in Frankreich fast vergessen hatte, schrieb Paoli nur italienisch. Für ihn war und blieb die Selbständigkeit Corsicas das Ziel seiner Politik. Der Empfang, den ihm die Franzosen und die Landsleute bereitet hatten, die Position, in welche ihn die revolutionäre französische Regierung selbst brachte, als sie ihn an die Spitze des Departements und der Nationalgarde der Insel stellte, konnte ihn in diesen Hoffnungen und Absichten nur bestärken. Von den Parteien umworben, die ihn jede für sich gewinnen wollten, suchte er von Anfang an sich über ihnen zu erhalten und nahm selbst zu einem Buttafuoco und Genossen eine zuwartende Stellung ein. Immerhin blieben, und gerade bei dieser Haltung Paolis, die Gegensätze zunächst verhüllt. Die Stellung des „Generals", wie er allgemein hieß, war so stark und das gemeinsame Interesse in der Bewegungspartei noch so groß, daß die Rivalitäten der ehrgeizigen Führer davor zurücktraten.

Im Februar 1791 langte Napoleon endlich wieder in seiner Garnison an. Er hatte seinen Bruder Louis mit sich genommen, der damals dreizehn Jahre zählte und den die Familie ebenfalls zum Artillerieoffizier bestimmt hatte; ein Beweis mehr, wie eng er und die Seinen ihr Schicksal bereits mit Frankreich verknüpft sahen. Der Brief, in dem er wenige Wochen später seinem Bruder Joseph über den Studiengang des Knaben, den er selbst leitete, berichtet, einer der liebenswürdigsten, der aus seiner Feder geflossen ist, zeigt aufs neue nicht bloß den Ernst, mit dem er diese wie jede andere Aufgabe anfaßte, sondern auch das enge und zärtliche Verhältnis, das ihn mit den Seinen verknüpfte. „Er studiert ganz wacker," schreibt er, „lernt jetzt französisch schreiben; ich bringe ihm Mathematik und Geographie bei; er liest Geschichte; wird ein famoser Junge werden. Alle Weiber hier zu Lande sind in ihn verliebt; er hat einen ganz eigenen französischen Ton an sich, leicht und gewandt. Er tritt in die Gesellschaft, grüßt mit Anstand, und tut die herkömmlichen Fragen mit dem Ernst und der Würde eines Dreißigjährigen. Ich sehe schon, er wird noch der beste Bursche von uns vieren werden."

Daß Napoleon den Urlaub überschritten hatte, schadete ihm nichts. Bei der um sich greifenden Auflösung der Armee war man über jeden Offizier froh, der sich überhaupt bei der Fahne wieder einfand. Man verzieh ihm nicht nur, sondern zahlte ihm noch obendrein die Gage für $3^{1}/_{2}$ Monate aus und gab ihm bei der Neuformation, die mit dem Regiment im Frühling vorgenommen wurde, die Stelle eines Premierleutnants. Jedoch konnte er nicht, wie er Louis' wegen gehofft hatte, in Auxonne bleiben, sondern mußte wieder in seine erste Garnison nach Valence zurück, wohin eine Abteilung seines Regiments verlegt war.

Hier erfuhr er das große Ereignis vom 21. Juni 1791, den Fluchtversuch Ludwigs XVI. und seiner Familie. Ohne Frage eins der einschneidendsten in der Geschichte der französischen Revolution. Mit einem Schlage war die dünne Decke, welche den immer weiter klaffenden Abgrund zwischen der Krone und dem neuen Frankreich verhüllt hatte, zerrissen. Der König hatte durch diese Tat bewiesen, daß er von der Revolution nichts wissen wollte. Vergebens bemühten sich die Führer in der Nationalversammlung, das Unabwendbare hinauszuschieben. Die Spaltung in Staat und Nation griff immer weiter um sich. Nirgends aber platzten die Gegensätze gewaltsamer aufeinander als im Süden. Schon auf der Reise nach Auxonne hatte Napoleon dies beobachten können. Das Volk hatte er eifrig für die Revolution gefunden, die Soldaten als Patrioten, die Offiziere dagegen meist als Aristokraten. „Die Frauen," schreibt er, „sind überall royalistisch. Das ist nicht erstaunlich, denn die Freiheit ist ein viel schöneres Weib als sie alle und sticht sie aus." Sein eigenes Regiment war von dem Zwiespalt tief ergriffen. Auch bei ihm, wie überall, verließ die Hälfte der Kameraden, darunter seine besten Freunde, die durch die Revolution in ihren Augen besudelten Fahnen. Um so entschlossener warf er selbst sich in den revolutionären Strudel. Wie in Ajaccio besuchte er in Auxonne und Valence die politischen Klubs und die patriotischen Feste; er unterschrieb revolutionäre Adressen, wie z. B. eine Petition, welche die Verurteilung des Königs forderte, trat selbst als Redner auf und versammelte täglich seine Unteroffiziere, um ihnen die Pariser Zeitungen vorzulesen. „Beruhigt," so schreibt er einem Freunde, „über das Los meines Landes und den Ruhm meines Freundes (Paoli ist gemeint), habe ich keine Sorge als für das gemeinsame Vaterland; so will ich in der Stunde, die mir noch vom Tage übrig bleibt, mit Euch plaudern, einschlummern den Kopf voll von den großen Angelegenheiten des Staates und das Herz erregt von der Erinnerung an die Menschen, die man schätzt und von denen man so ungern getrennt ist."

Wie sehr ihn die großen Tagesfragen bewegten, können wir an den Auszügen aus seiner Lektüre, denn er pflegte mit der Feder in der Hand zu lesen und Tag und Stunde hinzuzusetzen, genau verfolgen. Hatte er früher ziemlich wahllos bald historische, bald auch naturwissenschaftliche oder geographische Bücher gelesen, so sind es jetzt vorzüglich historisch=politische Traktate, nach denen er greift. Aus einer Geschichte der Sorbonne und ebenso aus den Memoiren Duclos' und einer Geschichte des französischen Adels von Dulaur notiert er sich die Daten, welche die Verrätereien und Greueltaten der alten Monarchie, die Verderbtheit des Adels und der Geistlichkeit, den Despotismus der Kirche und der Krone illustrieren. Auch seine eigenen schriftstellerischen Pläne hatte er nicht vergessen; er griff den früheren Gedanken, die corsische Geschichte ausführlich zu beschreiben, wieder auf. Auf zwei Bände dachte er jetzt das Buch anzulegen. Er trat sofort mit zwei Verlegern darüber in Verbindung und wandte sich an Paoli selbst mit der Bitte, ihm mit Material zur Hilfe zu kommen. Hier aber erlebte er eine Enttäuschung. Weder die Verleger noch der General wollten von dem Unternehmen etwas wissen. Er hatte Paoli zugleich eine Broschüre voll leidenschaftlicher Anklagen gegen Buttafuoco, den Verräter Corsicas, die er im Klub von Ajaccio vorgetragen und jetzt hatte drucken lassen, zugesandt. Aber der General lehnte sowohl das Vorgehen gegen seinen alten Feind wie den Plan der Geschichte Corsicas ab. Er sei zurzeit nicht in der Lage, seine Manuskripte aus ihren Kisten herauszusuchen, und anderseits lasse sich in so jungen Jahren nicht Geschichte schreiben; auch besitze die Historie Corsicas an sich nicht genug allgemeines Interesse. Er riet, den Plan nach der Idee, die der Abbé Raynal Napoleon gegeben habe, auszuführen und zunächst Anekdoten und solche Tatsachen zu sammeln, welche geeignet seien, die Heldenhaftigkeit des corsischen Charakters ins Licht zu setzen.

Schon aber beschäftigte den jungen Offizier ein neuer Plan, zu dem ihn, wie es scheint, ebenfalls Raynal persönlich angeregt hatte. Die Akademie von Lyon hatte einen Preis, den Raynal selbst gestiftet, ausgeschrieben für eine Untersuchung der Frage, „welche Wahrheiten und welche Empfindungen den Menschen zur Erringung ihres Glückes vor andern einzuprägen seien". Es war eine Aufgabe, die so recht in die augenblickliche Stimmung Napoleons hineinpaßte; schon im August sandte er die Abhandlung ein. Von ihrem Inhalt in Kürze einen Begriff zu erwecken ist schwer, da sie übel disponiert, reich an Wiederholungen, und wenn nicht unklar, so doch unzusammenhängend und schwerfällig genug ist. Dennoch dürfen wir uns der Aufgabe nicht entziehen, sie hier in Verbindung mit verwandten Aufzeichnungen zu besprechen. Denn es gibt nichts aus Napoleons Feder, was uns einen so tiefen Einblick in seine Seele verschaffen könnte. Es ist mehr als ein politisch=philosophischer Essay: es sind Bekenntnisse, gewollte und ungewollte, die an Treue hinter der Selbstentblößung seines Jean Jacques wahrlich nicht zurückbleiben und oft geradezu den Wert von persönlichen Erlebnissen beanspruchen können. Wer dächte z. B. nicht an Napoleon selbst, wenn er die Empfindungen bei der Heimkehr in das Vaterland also beschreibt: „Ihr durcheilt die Schauplätze der Spiele eurer Kindheit, die Zeugen jener Erregung, welche die erste Bekanntschaft mit den Menschen und das erste Aufflammen der Leidenschaften in unseren Herzen erwecken. Ihr erlebt im Geist noch einmal jene Tage, genießt ihre Freuden; ihr empfindet ganz das Feuer der Liebe zum Vaterlande." Er führt den Leser auf den Gipfel der Berge in den Glanz der aufgehenden Sonne; an die Ufer des an Corsicas Klippen aufschäumenden Meeres, wo uns das Schauspiel des Unterganges des Tagesgestirns in den Schoß der Unendlichkeit mit Melancholie erfüllt; in die Hütte des Landmannes am Abend des durchwanderten Tages; auf die Höhe des Monumentes von St. Remy, zu dessen Füßen sich die Ebene der Provence ausbreitet, in welche die stolzen Römer vor zwei Jahrtausenden ihre Spuren eingegraben haben, wo hunderttausend Cimbern begraben liegen: die Rhone strömt in der Ferne, schneller als ein Pfeil; links führt eine Straße, die kleine Stadt in einiger Entfernung, eine Herde auf der Weide: „Ihr seid wie traumumfangen; euer Herz ist von Empfindungen durchzittert." Das sind Bilder, welche nicht bloß den Naturschilderungen eines Rousseau nachgeahmt, sondern von dem, der sie niederschrieb, erlebt sind, Stimmungen, die dem Jüngling auf den weiten Wanderungen, die er, auch darin Rousseau nachahmend, so sehr liebte, in tiefster Seele wiederklangen.

Ohne Frage zeigen auch die weiteren Reflexionen über Wesen und Bedeutung der Empfindungen Erinnerungen an Rousseau. Gleich der Satz, der alles trägt: daß die zur Leidenschaft sich steigernde Empfindung durch die Vernunft geregelt und gezügelt werden müsse, ist, wie mit Recht bemerkt wurde, ein Hauptsatz im Emile. Aber mehr als die Gleichartigkeit der Gedanken fällt doch das Besondere in Napoleon, ja das Gegensätzliche gegen seinen Lehrer ins Auge. Und dies zeigt sich nicht bloß in den direkten Anklängen an die Studien, die er seit Brienne liebte; wenn er etwa die Mathematik und Logik und ebenso die Geschichte, „diese Grundlagen der moralischen Wissenschaften, diese Fackel der Wahrheit, diese Zerstörerin der Vorurteile", als die sichersten Wegleiter auf dem Pfade des Lebens preist: sondern die Differenz liegt bei weitem tiefer. Es sind die großen, d. h. die auf die Welt des Staates und ihre Ideale gerichteten Empfindungen, welche die Seele Napoleons nach seinem eigenen Ausdruck charakterisierten; sie sind ihm, zur Leidenschaft gesteigert, die eigentlich schöpferischen Kräfte des Staates und der Gesellschaft, im Gegensatz zu den gemeinen Begierden, die jene zerstören. Sein Ideal sind die starken Männer, welche, von ihnen erfüllt, die Staaten bauten, ihre Freiheit und Macht schufen: seine Plutarchischen Helden, und die Völker, die sie mit ihrem Geiste durchdrangen. Auch diese edelsten Regungen der Seele können zerstörend wirken, wenn sie wie der übervolle Bergstrom aus dem Ufer herausbrechen, das die Vernunft gegen sie errichten und unablässig bewachen muß. „Achtet auf die großen Leidenschaften, und ihr werdet dieselben Symptome finden, wie bei den gemeinen." „Die Leidenschaft ist wie die Donau bei Donaueschingen: eine Kinderhand kann sie von ihrer Quelle ablenken; aber ein paar Stunden abwärts im Tal überschwemmt sie Provinzen und zerstört Städte." Die Vernunft muß immer stärker sein, als der Strom der Empfindungen, wie voll er fluten mag: jedoch von ihr zusammengepreßt, wird seine Kraft um so gewaltiger, um so schöpferischer wirken.

Auch Rousseau hatte geschrieben, daß Stärke die Grundlage jeder Tugend sei. Aber der heroische Ton, der bei Napoleon in jedem Satze widerklingt, liegt dem Dichter der „Neuen Heloise" fern. Sein Evangelium der Natur predigt Sanftmut und idyllische Freuden; es ist, als ob wir den Ton der Hirtenflöte vernähmen: während es uns bei Napoleon schon aus diesen Jugendschriften wie aus kriegerischen Trompeten entgegenschallt. Auch der „Bürger von Genf" war ein Fremdling in Frankreich, und fast noch als Knabe losgerissen von seiner Heimat. Aber die Stadt, der er entstammte, hatte kaum noch eine eigene Geschichte; um Generationen lagen ihre großen Zeiten zurück. Sie war, obwohl unabhängig und ein Freistaat geblieben, doch ganz vom französischen Geiste durchdrungen, und ihre Söhne suchten und fanden längst in Paris Reichtümer und Ehren. So hatte der größte unter ihnen weder die Bitterkeit der nationalen Erinnerungen zu kosten, welche Napoleons Jugend vergifteten, noch überhaupt das Staatsgefühl in sich entwickeln können, das dem jungen Corsen durch das Schicksal seiner Heimat selbst in die Seele gelegt war. Für Rousseau ist der Staat im Grunde nur dazu da, den Schwachen zu beschützen, den Ehrgeizigen zu zügeln, einem jeden das, was ihm zukommt, zu sichern; und schließlich Menschen zu formen, die, wie er selbst, frei empfindend und genießend des Lebens Schönheit auskosten können. Er haßt den Staat eher, als daß er ihn fördern möchte; die menschliche Seele ist ihm durch die Gesellschaft und ihre beengende Kultur verunstaltet und verzerrt worden, und darin sieht er die erste Ursache aller sozialen Unterschiede: von Natur sind die Menschen einander gleich, so gleich wie die Tiere des Waldes, und die Zivilisation ist nichts als der Abfall der Menschheit von sich selbst. Für Napoleon dagegen ist der Mann um des Staates willen da; er ist zum Handeln berufen; er soll die Freiheit gründen, die Macht des Staates fördern: Macht und Freiheit fallen ihm zusammen. Selbst die Familie tritt in Rousseaus Ideen, wie in seinem Leben, in den Hintergrund: während Napoleon als echter Corse ganz in seiner Familie wurzelt. Rousseau endlich konstruiert alles aus der Idee, welche ihm freilich selbst Erlebnis, Seelenglühen war: bei Napoleon beruht alles auf das Schicksalen seiner Heimat, seiner Familie und der Revolution, welche Corsica mit Frankreich zugleich ergriff.

Auch war Napoleon sich dieses Gegensatzes bereits bewußt geworden. In einer kurzen Notiz, die er sich, offenbar im Hinblick auf die eigene Abhandlung, zu dem berühmten Traktate Rousseaus „Über den Ursprung und Grund der Ungleichheit unter den Menschen" gemacht hat, verurteilt er geradezu den Kerngedanken des Genfer Philosophen von dem Naturzustand des Menschen, der keine Hütte, keine Familie, keine Gesellschaft gekannt, ohne Kampf und ohne Freundschaft gelebt habe. Ein dreimaliges entschlossenes „Ich glaube nichts davon!" setzt er ihm entgegen. Seinem Staatsgefühl war es undenkbar, daß der Mensch zu irgendeiner Zeit ohne das Bedürfnis nach einer Gefährtin, einem Zufluchtsort, nach Freunden und Genossen gelebt haben könne. „Jahrhunderte," meint er, „haben die so erwachsenen natürlichen Völkerschaften nebeneinander gehaust, und erst, als sie in Verkehr miteinander traten und die Erde nicht mehr ohne Bebauung ihre Schätze hergab, entstanden Eigentum, soziale Unterschiede und Regierungen, und kamen in ihrem Gefolge Eigensucht, Stolz und Ehrgeiz auf die Bahn: die Empfindung und die Vernunft hat der Mensch von Anfang an besessen; er hätte sonst niemals das Pflichtgefühl zur Tugend, niemals das Glück, das die Tugend gibt, besitzen können. Es ist nicht der Bürger von Genf, der uns das sagen kann."

Damit hängt es zusammen, daß das sozialistische Element in Rousseaus Staatsordnung aus dem politischen System Napoleons von vornherein ausgeschlossen ist. Die Ungleichheiten in der Gesellschaft erkennt dieser als gegeben an. Der Reiche möge das oberste Glied sein in der sozialen Kette, wenn nur nicht der Elende das unterste bilde: „sei es," schreibt er in dem „Discours de Lyon", „der kleine Eigentümer, oder der kleine Kaufmann, oder der geschickte Handwerker, oder jeder andere, der mit mäßiger Arbeit seine Familie ernähren, kleiden und unterbringen kann". Wieder ist Paoli hierin sein Vorbild; er nennt es sein Hauptverdienst und beweist es an seiner Agrarpolitik, die einem jeden soviel Eigentum zugesichert habe, als bei geringer Arbeit zum Unterhalte ausreiche. Man erkennt an diesem wie an anderen Punkten bereits das System des

Imperators, zu dessen Grundpfeilern die Sicherung und Zufriedenstellung der Bauern und Handwerker gehörten.

Überhaupt aber ist die Staatsanschauung, welche Napoleon in dieser Abhandlung vertritt, die des Herrschers. Denn die Leidenschaften und die Ideale, die er preist, sind eben die des Herrschers, des Helden. „Die Arbeiten des Feldes und der Werkstatt," so schreibt er, „beruhigen die ungezügelte Phantasie: der glückliche Bewohner des Landes kennt nicht jene Unruhe, welche den Müßigen verzehrt; für ihn braucht es nicht so sehr entwickelter Vernunft, um seine Empfindungen in Schranken zu halten." Wer aber ohne Handarbeit lebe, dessen „Raison" müsse stärker sein: „Der Wogendrang ist mächtiger, also müssen es auch die Deiche sein; die Selbstbeobachtung ist notwendiger für ihn; er bedarf der ganzen Energie seiner Vernunft." Worte, die besser, als jede andere Feder es vermöchte, den Seelenzustand Napoleons malen, dies von der Sehnsucht nach Macht und Taten übervolle Herz und zugleich eine Kraft des Willens, welche die Leidenschaften durch kühle Beobachtung und Berechnung wie mit eisernen Reifen zusammenzuhalten bemüht ist. Wie schwer er aber unter dem Druck des vulkanischen Feuers, das in ihm wühlte, litt, wie voll er bereits die Tragik empfand, welche alle Genialität und Menschengröße gleich finsterem Gewölk begleitet, das zeigen die wahrhaft großartigen Worte, mit denen er an jener Stelle fortfährt: „Fühlt er das Feuer des Genies in seinen Adern? Der Unglückliche — ich beklage ihn: er wird die Bewunderung und der Neid derer sein, die wie er empfinden, und der Elendeste von allen. Das Gleichgewicht ist zerbrochen: er wird unglücklich leben! Ach, das Feuer des Genies! Aber beunruhigen wir uns nicht: es ist so selten! Wieviel Jahre rollen ab, ohne daß die Natur nur eines hervorbringt! Die Menschen von Genie sind Meteore, bestimmt zu verbrennen, um ihr Jahrhundert zu erleuchten."

Merkwürdig die Stelle, die Napoleon dem Ehrgeiz anweist. Er zählt ihn zu den zerstörenden Trieben, deren er drei kennt, und die ihm nichts als Formen der Selbstsucht sind: er nennt ihn das Laster des Mannesalters, das den durch die Liebesleidenschaft der jugendlichen Jahre Entnervten und ihrer überdrüssig Gewordenen packt, ihm neue, täuschende Reize vorgaukelt, um den im ungestillten Machthunger Herumgewirbelten im Alter der schmutzigen Habsucht zu überliefern. Wie ein Schreckgespenst stellt sich ihm jene Leidenschaft dar: „mit den bleichen Zügen, dem wirren Blick, dem überstürzten Gang, den unruhigen Bewegungen, dem sardonischen Lächeln; die Verbrechen sind dem, den sie beherrscht, nur Spiel, die Kabale nur Mittel zum Zweck: die Lüge, die Verleumdung, die Schmähung ein Argument, eine Redefigur. Kommt er endlich auf den Gipfel der Gewalt, so langweilen ihn die Huldigungen der Völker." Napoleon nennt die Männer der Weltgeschichte, die dem Ehrgeiz verfallen waren. Es sind die Großen, mit denen er einst in einer Reihe genannt werden wird. An ihrer Spitze Alexander und Cäsar, dann Cromwell und die Vertreter der katholischen Monarchie, Karl V. und Philipp II., Richelieu und Ludwig XIV. „Der Ehrgeiz," so beginnt diese Schilderung, „führt Alexander von Theben nach Persien, vom Granicus nach Issus, von Issus nach Arbela, von dort nach Indien; der Ehrgeiz treibt ihn an, die Welt zu erobern und zu verwüsten, ohne ihn je zu sättigen; und in eigener Flamme verzehrt, gerät er von Sinnen, hält sich für einen Gott, für den Sohn Jupiters, und will, daß die anderen es glauben." — Wer den Dämon so zu schildern weiß, hat ihm schon selbst ins Auge gesehen. Und ist es nicht wirklich, als habe diesem Jüngling ein Gott gegeben, in die Zukunft wie in einen Spiegel zu schauen, damit ihm das eigene Bild, das Bild des himmelstürmenden Giganten daraus entgegenstarre? Als erzittere er vor dem eigenen Geschick? Er wendet sich davor weg wie vor Bildern des Wahnsinns und des Entsetzens. Er stellt ihnen die Helden entgegen, an die er noch glauben möchte, gleich als ob er sie zu Hilfe riefe gegen die Teufel, die ihn ängstigen: Dion, der seine Vaterstadt von der Tyrannenmacht errettete, Fabricius, Cincinnatus und Lykurg, alle die

2*

Vorkämpfer der Freiheit und des Bürgersinns, deren erhabene Züge schon dem Knaben vorgeschwebt hatten, als er in Brienne seinen Plutarch las und aus dem tief empfundenen Elend der Knechtschaft mit seiner Phantasie sich in den Glanz großer Vergangenheiten flüchtete. Auch Paoli erscheint noch unter ihnen, ja er ist recht eigentlich die Gestalt, auf die Napoleon in seiner Schrift das vollste Licht des Helden, der die Freiheit und Gerechtigkeit begründet und beschützt, fallen läßt.

Verbarg sich aber nicht, so fragen wir uns, unter den Taten jener Freiheits=helden selbst der Ehrgeiz? Es ist bemerkenswert, wie auch dem jungen Buonaparte an eben der Stelle, wo er die Züge des Dämons beschreibt, dieser Gedanke, dieser Einwurf kommt, und wie er ihm zu begegnen sucht: „Aber der Ehrgeizige kann Gutes tun. Ist es nicht tröstend für die Vernunft, sich sagen zu können: ich habe das Glück von hundert Familien begründet, ich habe mich beunruhigt, aber der Staat wird den Vorteil davon haben; meine Mitbürger leben ruhig durch meine Unruhe, sind glücklich durch meine Sorgen, froh durch meinen Kummer?" „Gewiß, so ist es," fährt Napoleon siegreich fort (und es ist uns, als rechtfertige er bereits den 18. Brumaire): „aber ihr beachtet nicht, daß so die Fabricius, die Cincinnatus, die Catinat dachten, und diese waren eben keine Ehrgeizigen. Wer nur wünscht, voranzukommen aus dem reinen Streben, beizutragen zum Glücke des Staates, der ist eben jener tugendhafte Mensch voll Mut, voll Stärke und voll Genius: dieser wird den Ehrgeiz bemeistern, anstatt von ihm gemeistert zu werden, er wird beides genießen können, sentiment und raison: er besitzt die moralische Freiheit."

So die Welt der Ideale, von der der Zweiundzwanzigjährige träumt. Aber er weiß bereits, daß die Wirklichkeit ihr nicht entspricht, daß drei Viertel der Menschen, so sagt er, ihren Leidenschaften, ihren zügellosen Einbildungen hin=gegeben sind, das Glück suchen und es doch niemals finden. Die Menschenver=achtung, die hinter den Schritten des Genius einherschleicht, die Napoleon auch in Rousseaus schwärmerischen Augen, hinter Voltaires spöttischem Lächeln lauern sah, und die ihre erkältende Hand ihm selbst längst auf die glühende Stirn gelegt hatte — auch in dieser Schrift, durch die enthusiastische Verherrlichung der Helden=größe hindurch, starrt sie uns entgegen. Wehe, wenn ihm die Welt der Ideale sich als eine Welt des Scheines offenbaren, wenn der Freiheitsrausch, der ihm das Volk, das er einst gehaßt, näher brachte, verflogen, wenn auch das Land seiner Geburt den Ehrgeizigen zur Beute und der Held seiner Jugend selbst im Kampfe der Parteien ihm entfremdet werden wird — und wenn dann den Über=starken, gewaltig Fortschreitenden das Gefühl der Vereinsamung, das dem Knaben, dem Jüngling so oft das Herz zusammengepreßt hatte, aufs neue ergreifen, und die Menschenverachtung, die sich schon unter der dünnen Decke schwärmerisch ver=ehrter Ideale kaum verbergen konnte, zur Verachtung der Ideen selbst gesteigert werden wird!

* * *

Schon im Herbst 1791 kehrte Napoleon mit neuem Semesterurlaub nach Corsica zurück, wo seine Anwesenheit für die Familie und ihre Interessen nötiger war als je. Die Nationalversammlung, die aus der Revolution von 1789 hervor=gegangen war, hatte ihr Werk getan. Die Verfassung war verkündigt und vom König beschworen worden, und Frankreich begann aufzuatmen. Man glaubte fast die Revolution beendigt, zum Siege geführt zu haben. In allen Departements und so auch auf Corsica wurden die neuen Institutionen ins Leben geführt. Ge=rade damit aber begann die Bewegung, welche sich bis dahin in einzelnen großen Stößen und in einer immer wachsenden Zerrüttung der alten Ordnung geäußert hatte, heftiger und allgemeiner sich zu erhitzen und von Tag zu Tage unheilvollere Formen anzunehmen. Auf die Basis der breitesten Demokratie waren sämtliche Organe des Staates gestellt worden; in Kirche und Verwaltung, in die Rechts=ordnung und selbst in die bewaffnete Macht, wo die Nationalgarde der stehenden Armee zur Seite trat, war das Prinzip der Wahl eingeführt und damit der

Agitation der freieste Spielraum gegeben. Jede Wahl mußte eine Kraftprobe werden für die Grundsätze, die im Zentrum des Staates zur Anerkennung und momentanen Macht gelangt waren, gegen die sich aber nun, von ihnen selbst mit legalen Formen ausgestattet, erst recht tausend Kräfte des Alten regten und rüsteten. Von Wahl zu Wahl wuchsen so die Mächte der Zerstörung an. Gegensätze, die vor Jahrhunderten entstanden, aber von der alten Monarchie in Schranken gehalten waren, brachen mit verdoppelter Kraft heraus: Treue und Ehrfurcht gegen die Krone und die Sitten der Väter, Gewissensnot und klerikaler Starrsinn, Hingebung an die freiheitlichen und patriotischen Ideale und alle Antriebe eines fessellos gewordenen Ehrgeizes, einer rücksichtslosen und oft zu Brutalität gesteigerten Tatkraft rangen miteinander und kamen in einem immer brausenderen Wirbel von Leidenschaften, den edelsten wie den niedrigsten, zur Entfaltung. Während nun in Frankreich die Aristokratie, die in ihrer übergroßen Mehrheit sich an die alte Ordnung gebunden fühlte, durch den Stoß der Revolution erschüttert und fast beseitigt wurde, gelangten in Corsica die führenden Familien, welche ja gerade durch das Ancien Régime in ihrem Einfluß gehemmt gewesen, rasch wieder zu ihrer alten Stellung zurück; denn es verstand sich, zumal bei der allgemeinen Feindseligkeit gegen die alte Monarchie, von selbst, daß nur sie für die Wahlen zu den Ämtern in Betracht kommen. Zugleich aber erwachte unter ihnen die alte Parteisucht und Machtgier, mit der von jeher ein jeder für sich und die Seinen nach den einflußreichen und gewinnbringenden Stellungen zu streben pflegte. Noch war Paoli, und mehr als je, der herrschende Mann. In Paris schenkte man ihm volles Vertrauen. Präsident des Departement-Direktoriums, war er zugleich Chef der corsischen Nationalgarde, vereinigte also in seiner Hand die höchste administrative und militärische Autorität. Keine unter den höheren Wahlen wurde ohne ihn oder gegen seinen Willen vollzogen, und so sah er sich bald von allen Ehrgeizigen umworben. Auch die Buonapartes, zumal Napoleon, richteten ihre Schritte danach ein. Aber ihre Hoffnung, den Ältesten der Familie, Joseph, als Vertreter von Ajaccio unter die sechs Deputierten der Insel in die Legislative zu bringen, schlug fehl. Man wird nicht anders sagen können, als daß der General, der die Rivalen Josephs, Pozzo di Borgo und Mario Peraldi, für Ajaccio wählen ließ, in diesen schon eine Richtung begünstigte, welche ihm die speziell corsischen Interessen und die Tendenz der Unabhängigkeit besser zu wahren schien, als die der immer mehr nach Frankreich hinneigenden Buonapartes. Es war doch nur eine unvollkommene Entschädigung für Joseph, wenn Paoli ihn dafür in die Departementsvertretung und bald darauf in dessen Direktorium nahm, zumal da er dadurch nach Corte, dem Sitz der Regierung, gezogen und also von seinen Freunden in Ajaccio getrennt wurde. Eine Verstärkung ihres Einflusses gewannen anderseits die Brüder durch den Tod des Großoheims, des Archidiakonus, wodurch ihnen die freie Verfügung über das von jenem sorgsam zusammengehaltene Familienvermögen gegeben wurde. Joseph berichtet uns in seinen Memoiren, wie der alte Herr die Familie, deren Patron er so lange gewesen, um sein Bett versammelt und die weinende Mutter unter Hinweis auf die Tüchtigkeit ihrer Söhne getröstet habe. Zu Napoleon habe er gesagt: „Tu poi, Napoleone, sarai un omone."

Napoleon benutzte einen Teil des Geldes, um mit Onkel Fesch Nationalgüter auf der Insel anzukaufen. Wie eng er noch sein Schicksal mit dem Corsicas verknüpfte, bewies er in derselben Zeit noch durch einen andern Schritt. Das Dekret der Nationalversammlung über die Bildung von Nationalgarden hatte auch für Corsica die Aufstellung von vier Bataillonen angeordnet. Für Napoleon und die Interessen der Familie schien es erwünscht, eine Offiziersstellung in dem Bataillon von Ajaccio zu erlangen, und zwar war es die eines Adjutantmajor, dem Range nach die dritte Stelle, die er begehrte; er konnte sich wohl darauf Hoffnung machen, da der Posten nicht, wie die meisten anderen, durch Wahl, sondern durch den Oberstkommandierenden auf der Insel, den Generalmajor Rossi, einen entfernten Verwandten und Freund der Buonapartes, zu besetzen war; die Stelle in seinem Artillerieregiment brauchte er deshalb nicht aufzugeben. Rossi war sofort bereit und wandte sich am 1. November an den Kriegsminister mit der Bitte, ihn zur Ernennung Buonapartes zu ermächtigen. Die Antwort verzögerte sich bis in den Januar. Napoleon geriet schon in Unruhe, da seitdem ein Erlaß herausgekommen war, der die Rückkehr jedes Offiziers bis zum 1. Januar zu seinem Regiment unter Androhung sofortiger Entlassung befahl. Es kam hinzu, daß die Nationalversammlung mittlerweile die Besetzung auch dieser Stelle den Freiwilligen selbst überlassen und außerdem die Rückkehr sämtlicher aktiver Offiziere, die in der Nationalgarde dienten, zu ihrem Truppenteile bis zum 1. April mit Ausnahme der Führer jedes Bataillons, der beiden Oberstleutnants, dekretiert hatte. Da aber dieser Beschluß noch nicht promulgiert war und von dem Minister trotzdem die Zusage kam, so zögerte Rossi nicht, Napoleon zu der Stelle zu ernennen. Dann aber wurde die Promulgation, und zwar noch vor dem 1. April, ausgesprochen; und nun blieb Napoleon, wenn er auf der Insel bleiben und doch die Streichung von der Liste seines Regiments vermeiden wollte, nichts anderes übrig, als seine Wahl zu einer der beiden Führerstellen selbst durchzusetzen. Dies gelang ihm trotz der lebhaften Agitation, welche seine Rivalen gegen ihn führten, dadurch, daß er dem gefährlichsten seiner Mitbewerber, Giovanni Battista Quenza, die erste Stelle im Bataillon überließ. Unter der Mitwirkung des Departements, dessen Procurateur-Syndique Saliceti, der erste Vollziehungsbeamte der Insel, selbst herbeigeeilt war, ward die Wahl am 1. April, nicht ohne Gewalttätigkeit und Tumult, auf Quenza und Buonaparte gelenkt; die Gegner hatte man durch die Verlegung der vier Kompagnien des Bezirks in die Stadt, für die Saliceti vom Direktorium Vollmacht erhalten, eingeschüchtert, und Napoleon hatte nicht gezögert, einen der drei mit dem Vorsitz betrauten Kommissare des Departements, dem er zu mißtrauen Ursache hatte, mit Gewalt aus dem Hause eines Gegners in die eigene Wohnung führen zu lassen.

Aber der so gut geführte Schlag, sein erster Staatsstreich, wie nicht übel gesagt ist, sollte für ihn und seine Freunde ein schlimmes Nachspiel haben. Die Gegner, die unter den Einwohnern Ajaccios die größeren Sympathien hatten, gaben sich nicht so leichten Kaufes zufrieden. Täglich fortgesetzte Reibereien, denn das Bataillon blieb auch nach der Musterung und der Wahl seiner Offiziere in Ajaccio, führten acht Tage später zu blutiger Gewalttat. Es begann mit einem Krawall auf der Hauptstraße gelegentlich eines Spiels, wobei alsbald die den Corsen stets bereiten Messer blitzten. Eine Patrouille von Nationalgarden unter Führung eines Offiziers kam herbei, um die Zankenden zur Ruhe zu bringen; aber nun wandten sich diese und die rasch sich sammelnde Menge gegen die Soldaten, entwaffneten drei von ihnen, verwundeten einen vierten mit Dolchstichen und zwangen die Patrouille, um welche aus allen Fenstern schon die Kugeln pfiffen, unter dem Kampfruf: Addosso alle berrette! zu eiligem Rückzug. Napoleon wollte auf den Lärm sich eben ins Quartier begeben, als er die Schüsse hörte. Sofort eilte er zur Torwache, die von einem Zuge des 42. Linienregiments besetzt war, und forderte den wachthabenden Offizier auf, den Generalmarsch schlagen zu lassen; was aber dieser sowohl ihm wie Mitgliedern der Munizipalität verweigerte. Hier abgewiesen, sammelte Buonaparte ein Dutzend seiner eigenen Offiziere um sich, um das Quartier zu erreichen. Vor der Kathedrale stießen sie auf einen jungen Burschen, der ein Gewehr trug und auf sie anlegte. Napoleon ging auf ihn zu, um mit ihm zu sprechen, worauf der Mensch sein Gewehr sinken ließ und ebenfalls einen Schritt vorwärts machte. Plötzlich gab er, denn er sah, wie aus der Kathedrale ihm fünf seiner Kameraden zu Hilfe kamen, Feuer und verwundete den Leutnant Rocca della Serra tödlich. Von allen Seiten ertönte jetzt der Alarmruf, und die Offiziere, unbewaffnet wie sie waren, eilten, sich zu retten. An diesem Tage floß kein weiteres Blut. Die Offiziere und Soldaten des Bataillons sammelten sich in der Kaserne des Seminars und bereiteten dort alles zum Widerstand vor. Am folgenden Tage begann die Schießerei von neuem, diesmal von seiten der Freiwilligen, die, wütend über die Ermordung ihres Offiziers, keinen anderen Gedanken hatten als Rache, und ihre Kugeln auf Bewaffnete und Unbewaffnete sandten. Frauen und Kinder, auch ein Abbate Peraldi, der Neffe des Deputierten, fielen ihnen zum Opfer. Der Aufruhr dauerte, von Verhandlungen und kurzer Waffenruhe unterbrochen, noch volle vier Tage, und die Lage verschärfte sich von Stunde zu Stunde. Die Nationalgarden besetzten das nahe gelegene Kapuzinerkloster und den Genueserturm, von wo sie die Zugänge zur Stadt beherrschten. Sie schnitten das Wasser und die Zufuhr ab und begannen, durch Zuzug vom Lande verstärkt, die Weingärten und Äcker vor den Toren zu verwüsten. Die Zivilbehörden der Stadt waren anfangs in ihren Gesinnungen geteilt, wurden aber von der erbitterten Bevölkerung mit fortgerissen und wollten schließlich wie diese unter jeder Bedingung die Nationalgarden aus der Stadt heraushaben. Als dann auch der Kommandant der Zitadelle, Herr von Manard, der sich anfangs neutral gehalten hatte, ihre Forderung unterstützte und hundert Mann seines Regiments mit zwei Kanonen gegen die Nationalgarde aufmarschieren ließ, schien eine Katastrophe unvermeidlich. „Wir beschlossen," schreibt Napoleon, „in Kolonne draufzugehen, um die Kanonen zu nehmen; man mußte sich mit Mut bewaffnen, weil die Komplotte vollen Erfolg gehabt hatten und man nur noch mit dem Degen ihr Netz zerreißen konnte." In diesem Augenblick kam die Nachricht, daß zwei Kommissare des Departements von Corte unterwegs und bald zur Stelle sein würden; woraufhin Manard, dem Quenza und Napoleon davon Meldung machten, die Kanonen zurückzog und zunächst Ruhe eintrat.

Wir besitzen die Relationen, die von den verschiedenen Instanzen dem Departement eingereicht wurden, darunter auch die von Napoleon abgefaßte, brillant geschriebene Eingabe des Bataillons; aber in den Wirrwarr von Haß, Intrige und Verrat, der sich hier entlud, geben sie, die von der Parteisucht ganz und gar diktiert sind, keinen Einblick. Immerhin wird so viel deutlich, daß nicht bloß persönliche Leidenschaften, der Ehrgeiz der Führer, die Rachsucht des gemeinen Mannes darin zum Ausdruck kamen, sondern die Wirkungen der revolutionären Gesetzgebung, die nun auch in Corsica die soziale Struktur zersetzte. Vor allem die kirchliche Gesetzgebung hatte die Bevölkerung, welche noch vor zwei Jahren sich einmütig für die Revolution erklärt, ja sie als die Morgenröte corsischer Freiheit begrüßt hatte, gespalten. Ajaccio war eine devote Stadt. Die Dekrete der Nationalversammlung gegen den Eid verweigernden Priester und die Ausweisung der bei der Bürgerschaft sehr beliebten Kapuziner hatten das böseste Blut gemacht. Mit deshalb waren die Kompagnien der Nationalgarde in die Stadt gelegt worden. Die klerikale Partei hatte sogar Deputierte nach Corte geschickt, um die Rückkehr der Kuttenträger zu bewirken. Daß diese, die gerade am Abend des ersten Ostertages zurückkamen, eine abschlägige Antwort brachten, hatte natürlich die Erbitterung noch gesteigert; die eidverweigernden Priester hatten an demselben Tage im Franziskanerkloster öffentlich Messe gelesen und damit das Schisma proklamiert; für den Montag war von ihnen eine Prozession in Aussicht genommen, die der Stadtrat seit vierzehn Tagen verhindert hatte; wilde Gerüchte, man wolle die konstitutionellen Priester vertreiben und die Landleute massakrieren, durchschwirrten die Luft. Die Rivalen der Buonapartes, die Peraldi und Pozzo di Borgo, hielten sich von diesem Treiben fern. Sie bekannten sich noch als Freunde der Konstitution und protestierten gegen die Vorwürfe der Buonapartes, die sie mit den Fanatikern, den Reaktionären zusammenwerfen wollten. Aber sie benutzten nun eben doch die bigotte Gesinnung der Massen, welche sich gegen den Zwang der konstitutionellen Kirchenordnung aufbäumten. Es war die stärkste Stütze für jede Opposition gegen den Radikalismus, von tieferer und nachhaltigerer Kraft als alle anarchischen

Abb. 8. Marianne (Elisa) als Großherzogin von Tostana.

Instinkte und revolutionären Erregungen, auf welche die Gegner sich stützen mußten. Schon war die Kluft unüberbrückbar: weder dachte die Kirche an Unterwerfung, noch die Verteidiger der Verfassung auch nur an Kompromisse. Wer also Annäherung an die Kirche suchte, entfernte sich dadurch von dem Boden der Verfassung und wurde, mochte er auch innerlich widerstreben, der Partei zugedrängt, die überhaupt nichts von der neuen Ordnung Frankreichs wissen wollte.

Pasquale Paoli war im Grunde so wenig klerikal wie die Buonapartes und ihre Freunde; war er doch noch soeben in Bastia mit diesen Tendenzen aufs schärfste zusammengestoßen. Auch dort war Blut geflossen, und gerade dies war der Anlaß für den General geworden, den Sitz der Regierung von der Hafenstadt in das Innere des Landes zu verlegen. Aber an der Verschärfung der Gegensätze lag ihm, wie wir wissen, nichts, und die Schroffheit, mit der Napoleon und seine Freunde auch in dieser Frage auftraten, war ihm durchaus unsympathisch. Er konnte sich überdies durch einen Akt Napoleons bei dem Aufstande persönlich verletzt fühlen: als die Kanonen Mayards gegen das Bataillon gerichtet waren und alles sich zu einer Katastrophe anließ, hatte Napoleon in einer Meldung an den Kommandanten sich auf einen direkten Befehl des Generals berufen, die Positionen in der Stadt zu behaupten, wovon niemals die Rede gewesen war. Paoli hätte es vielleicht gern gesehen, wenn bei dieser Gelegenheit die Nationalgarde in die Zitadelle von Ajaccio gelangt wäre, welche der Royalist Mayard vor ihr sorgsam verschloß. Aber im Grunde hielt er es bereits mehr mit Leuten vom Schlage der Pozzo di Borgo, die nicht sowohl die Durchführung der Konstitution als die Unabhängigkeit Corsicas anstrebten.

Das Ende war jedenfalls für Napoleon sehr unerwünscht. Die Kommissare des Departements, obschon von der Partei der Buonapartes, hielten es doch für notwendig, das Bataillon aus der Stadt zu verlegen. Es sollte nach Corte gehen. Hierhin nahm auch Napoleon seinen Weg. Noch bevor er dort ankam, scheint er mit Paoli eine Zusammenkunft gehabt zu haben, bei der davon die Rede war, ihm ein neues Bataillon zu unterstellen. Dann aber ließ der General diesen Gedanken fallen, und die drei Brüder merkten bald, woran sie bei ihm waren. Den Wunsch Lucians, ihm als Sekretär zu dienen, lehnte er rund ab. „Er erkennt," schrieb Joseph an Napoleon, „seine Talente, aber er will sich mit uns nicht gemein machen, das ist der Grund davon. Er fürchtet das Geschrei der Eifersüchtigen, die sich nur zu sehr vermehrt haben." Napoleon hatte gleich nach seiner Wahl die Absicht gehabt, nach Paris zu gehen, wohin ihn neben seinen eigenen Interessen (darunter, scheint es, die Drucklegung einer Arbeit, von der man nicht weiß, was es war, ob der Discours oder der Abriß der corsischen Geschichte oder etwas Neues, ganz Unbekanntes) auch Angelegenheiten der Familie zogen; unter anderem der Wunsch, sich nach seiner Schwester Marianne in Saint-Cyr umzusehen, an deren Verheiratung man dachte, und von der es zweifelhaft war, ob sie bei der bevorstehenden Neuorganisation des Institutes dort bleiben könnte. Dazu nun die neueste Affäre. Die Stellung, welche Corsicas Vertreter in der Legislative einnahm, gab geringe Gewähr für eine günstige Beurteilung des Falles und machte das persönliche Erscheinen Napoleons dringend nötig; um so mehr als er nicht wissen konnte, wie sein Nichterscheinen bei der Januar=Revue im Regiment aufgefaßt war, und die Gefahr drohte, daß er, wie in Corsica, so auch in Frankreich seiner militärischen Stellung verlustig gehen könnte. Unverweilt machte er sich auf den Weg und kam am 28. Mai in der Hauptstadt Frankreichs an.

* * *

Es waren die Wochen, in denen die Katastrophe des Königtums sich vorbereitete. Seit Ende April war man im Krieg, dessen erste Schläge sogleich Niederlagen gewesen waren. Die alten Führer der Revolution, diejenigen, für die Napoleon im Sommer 1791 geglüht hatte, waren, gleich denen in Corsica, unter sich zerfallen und bekämpften sich mit leidenschaftlichem Haß. Schon war das neue Ministerium, das nach dem Sturze der Feuillants ans Ruder gekommen und den Krieg ge=macht hatte, auseinandergebrochen; sein girondistischer Flügel war zu denen um Danton und Robespierre hinübergedrängt worden, während der Blutdurst eines Marat die Diktatur und die Austilgung des Königs und aller Aristokraten predigte. Napoleon sah von dem allem, wie die meisten, nur das, was auf der Oberfläche vorging: die tief verborgene, von unversöhnlicher Feindseligkeit gegen die Revolution diktierte Politik der Tuilerien blieb ihm ebenso verschlossen wie die Kräfte und Motive, welche die Fraktionen und ihre Führer beherrschten, und die Schleichwege, auf denen sie ihre Ziele zu erreichen suchten. Nur in ihren äußeren Umrissen wurden ihm die Parteien sichtbar. Eins aber war ihm wie aller Welt deutlich: daß dies nicht dauern, daß es zu einem allgemeinen Zusammensturz der Verfassung, wenn nicht gar des Staates kommen müsse. Es galt der Konstitution, die auch er im Jahre vorher beschworen, die ihm das Meer überbrückt, das einst so gehaßte Volk ihm näher gebracht, zum Bundesgenossen gemacht hatte. Aber schon sah er ihrem Sturze und dem, was die Zukunft bringen mochte, mit einer unheimlichen Kälte, mit voll= kommener Gleichgültigkeit entgegen. Der Pöbel war ihm verächtlicher als je; das Benehmen des Königs bei dem Einbruch der Pariser in die Tuilerien imponierte ihm dagegen, ein Eindruck, den übrigens die meisten Berichte aus jenen Tagen melden: der König hat sich gut benommen, schreibt er; die Jakobiner seien Narren. Die Wendung Lafayettes gegen die Jakobiner, sein Brief an die Nationalversamm= lung, sein persönliches Erscheinen vor ihr am 28. Juni mißfiel ihm nicht: „Die anständigen, die vernünftigen Leute billigen sein Vorgehen." Aber er bemerkt das Bedenkliche und Gefährliche darin: „Das Volk, d. h. die untersten Klassen, sind gereizt; ohne Frage wird es einen Stoß geben, der vielleicht den Ruin der Konstitution beschleunigen wird." „Diejenigen, welche an der Spitze sind," so faßt er sein Urteil zusammen, „sind armselige Leute; man muß gestehen, wenn man dies alles aus der Nähe sieht, daß die Völker kaum der Mühe wert sind, die man sich macht, um ihre Gunst zu erwerben. Du kennst die Geschichte von Ajaccio; die von Paris ist genau dieselbe; vielleicht sind die Menschen hier noch kleiner, noch boshafter, noch größere Verleumder und Nörgeler. Man muß die Dinge aus der Nähe sehen, um zu merken, daß der Enthusiasmus — Enthusiasmus ist, und daß die Franzosen ein alt gewordenes Volk sind ohne Sehnen und Muskeln."

Diese Worte sind an seinen Bruder Lucian gerichtet, dessen revolutionäre Hitze Napoleon unbequem geworden war und den Interessen der Familie schädlich zu sein schien; sie sollten den jungen Brausekopf ein wenig abkühlen. Dennoch werden wir in ihnen seine volle Meinung wiederfinden. Einst hatten die Heimats= gefühle und die Freiheitsideale auch ihm gegen die von Jugend auf eingesogene Menschenverachtung Schutz gewährt. Jetzt sah er die Wirklichkeit, wie sie war. „Ein jeglicher," fährt er fort, „sucht sein Interesse und will vorankommen mit allen Mitteln des Schreckens und der Verleumdung; man intrigiert heute niedriger

als jemals. Dies alles zerstört den Ehrgeiz. Man muß diejenigen beklagen, welche das Unglück haben, eine Rolle zu spielen, zumal wenn sie es nicht brauchen: in Ruhe leben, seiner Familie und den eigenen Neigungen sich hingeben, das, mein Freund, ist, wenn man seine vier= bis fünftausend Livres Rente hat, die Partei, die man ergreifen muß — und wenn man seine 25 bis 40 Jahre zählt, d. h. wenn die schwärmende Phantasie sich beruhigt hat und uns nicht mehr quält."
Bemerken wir, daß Napoleon hier nicht mehr, wie noch vor einem Jahr, den Ehrgeiz in Gegensatz zu der nach hohen Zielen strebenden Sehnsucht des Herzens bringt: es ist der Ehrgeiz schlechthin, von dem er spricht, den er der Ruhmessehnsucht, dem Gedanken, für das Vaterland und seine hehren Ideale zu kämpfen, gleichgesetzt, und auf den er nun zu verzichten scheint. Auch der Wunsch, sich mit der Feder die Unsterblichkeit zu gewinnen, ist ihm verleidet. „Mein Werk," so schreibt er einige Wochen später, am 7. August, „ist beendet, korrigiert, kopiert; aber unter diesen Umständen wird man es nicht drucken. Auch gut, ich habe nicht mehr den kleinen Ehrgeiz, Autor zu sein."

Aber Napoleon hätte nicht er selbst sein müssen, wenn wirklich der Glutenkern seiner Seele ausgebrannt wäre. Während Staat und Gesellschaft um ihn in unerhörten Agonien liegen, inmitten der Geschäfte, die er rastlos und umsichtig besorgt, findet er Zeit — Astronomie zu treiben. „Ich habe mich," so lesen wir in demselben Brief, „während meines hiesigen Aufenthaltes viel mit Astronomie abgegeben; das ist eine schöne Zerstreuung und eine stolze Wissenschaft. Mit meinen mathematischen Kenntnissen braucht es nur eines geringen Studiums, um diese Wissenschaft zu besitzen. Dies ist eine große Erwerbung mehr." „Glaube, gehorche, urteile niemals und arbeite, das sind deine Pflichten," so hatte er im „Discours de Lyon" einen Mann aus dem Volke zu seinem Sohne sprechen lassen. Aber „eine stolze Seele," so hatte er sofort erwidert, „ein empfindendes Herz, ein natürlicher Verstand können niemals von dieser Antwort befriedigt sein." „Im Mut," so heißt es dort an anderen Stellen, „in der Stärke beruht die Tugend. Die Energie ist das Leben der Seele, wie die Hauptquelle der Urteilskraft... Die seelischen Erregungen eines Spartiaten waren die des starken Menschen; nur der starke Mensch ist gut, der schwache allein ist boshaft... Ohne Stärke, ohne Energie gibt es weder Tugend noch Glück." Immer aufs neue hatte er sich diesen Gedanken eingeprägt. So meint es auch ein Vers aus Pope, den wir in französischer Übersetzung unter seinen Notizen aus dem Sommer 1791 finden:

> Plus notre esprit est fort, plus il faut qu'il agisse,
> Il meurt dans le repos, il vit dans l'exercice.
>
> (Je stärker unser Geist, je weiter muß er streben;
> Die Ruhe ist sein Tod, sich üben heißt ihm Leben.)

Nun lag die Welt seiner Ideale in Scherben: aber der Drang, sich zu betätigen, zu erobern, das Glück zu gewinnen, Genie und Wille waren in Napoleon lebendig geblieben. Um so grandioser werden sie sich entfalten, je freier die Bahn geworden ist, je leerer von allen Hemmungen, welche ihm aus den Pflichten gegen den Staat, an den ihn nur der Vorteil gefesselt hatte, erwachsen waren.

Nicht als ob Napoleon mit diesen Stimmungen allein gestanden hätte. Auch er war, wie jeder Gewaltige, der die Mitwelt neuen Zielen entgegenführt, von den in ihr lebendigen, in ihr wirkenden Strömungen getragen. Dies war die Zeit, in der die Ideale des Jahrhunderts in Frankreich abzusterben begannen. Sie waren mit der alten Welt, der sie selbst entstammten und die sie dennoch untergruben, zusammengebrochen. Die Brunnen der Tiefe hatten sich aufgetan, und neue ungeahnte Kräfte, zerstörend schaffende, brachen wildbrausend ans Licht. Vor ihrem unwiderstehlichen Anprall verschwanden die idyllischen Vorstellungen von Völkerglück, Weltfrieden und Freiheit, mit denen die Revolutionäre unter dem Jubel der Zeitgenossen ihr Werk begonnen hatten. Auch die Gläubigen und die

Phantasten unter den neuen Machthabern wappneten sich mit Grausamkeit und List und einer Gewaltsucht, die keine Schranken und kein Erbarmen kannte. Alle Dämonen des Ehrgeizes, der Habgier, der Hinterlist, feiger Angst und sinnloser Wut, doch auch die guten Geister der Treue, unerschütterlicher Hingebung an den Glauben der Väter, tapferster Willenskraft und hochgespannter Vaterlandsliebe, stellten sich in den Dienst der Gewalten, welche sich ausbilden oder behaupten wollten und einander niederzukämpfen versuchten. Die gemeinen Antriebe freilich kamen, wie Napoleon sofort sah, an die Oberfläche: sich selbst erhalten war der Trieb, der die Massen und zum Teil auch die Führer am stärksten beseelte: die einen, indem sie sich duckten und das wilde Heer der entfesselten Leidenschaften über sich wegstürmen ließen; die andern, indem sie die Gelegenheit ergriffen, um aus der Verwüstung Vorteile und Ehren und den gleißenden Schimmer der Macht zu erhaschen. Napoleon gehörte nicht zu jenen, und wenn ihn bei dem ersten Anblick ein Ekel an dem ganzen Treiben ergriff, so besann er sich bald auf die Kraft, die in ihm lebte und die er in unermüdlicher Arbeit gestählt hatte. Wohin der Weg führen würde, war ihm so wenig bewußt wie jedermann, aber ihm, dem Fremden, auch gleichgültiger als den Franzosen, die doch persönlich irgendwie an dem Geschick ihres Landes beteiligt waren. Ihn aber hatten nur erträumte Ideale eine Weile mit der einst gehaßten Nation verknüpft. Nun waren auch sie, denen er die Unabhängigkeit seiner Heimat, ja fast schon die Liebe zu ihr geopfert hatte, für ihn zerronnen. Die Melancholie, die den Knaben, den Jüngling mit ihrem dunklen Fittich so oft gestreift hatte, war von ihm gewichen, sie gehörte für ihn jetzt zu den Schwächen, die der starke Mensch nicht in sich aufkommen lassen darf: aber das Gefühl des Alleinseins war geblieben.

Wir sahen: Beherrschung der Leidenschaften, der ins Schrankenlose strebenden Phantasie durch kühle Umsicht und Berechnung war das Ziel, das Napoleon dem starken, dem glückheischenden Menschen gesetzt hatte. Nun kam ihm die unermüdliche Arbeit zustatten, die er hieran gewandt hatte. „Ich rate Dir," so beendigt er jenen Brief an seinen Bruder Lucian, „mäßige Dich in allem: hörst Du, in allem, wenn Du glücklich leben willst!" „Laß Dich nicht attrappieren," das ist der Rat, den er Joseph gibt und den er sich selbst täglich wiederholt. Er war in demselben Hotel eingekehrt, wo die Rivalen, die corsischen Deputierten, wohnten. „Ich habe," schreibt er am Tage darauf, „Pozzo di Borgo erst einen Augenblick gesehen; wir waren gemessen, aber freundlich zueinander." Mit Peraldi freilich war der Friede nicht herzustellen: „Peraldi hat mir den Krieg erklärt, kein Quartier mehr!" Höhnend fügt er hinzu: „Er ist überglücklich, daß er (als Deputierter, meint er wohl) unverletzlich ist": er denkt dabei an die Forderung, die er dem Rivalen in der Osterzeit zugesandt, dieser jedoch abgelehnt hatte. Von Arena schreibt er anfangs, alle Welt drehe ihm den Rücken; er wohne für sich allein. Aber schon im nächsten Briefe bemerkt er: „Ich stelle mich gut mit ihm, er ist ein eifriger Demokrat." Und er tadelt den trockenen Ton eines Briefes Josephs an den Einflußreichen und die brüske Art, mit der das Departement ihn behandelt habe. „Wenn er Euch den Rücken dreht, wird er Euch Verlegenheiten bereiten: die andern werden Euch nur schwach unterstützen, und er hat großen Kredit und mehr Talent als sie, er gehört zu der herrschenden Clique. ... Wie die Dinge liegen, sehe ich nur eine Wahrheit, nämlich diejenigen zu schonen, welche bisher unsere Freunde waren oder es sein können." „Halte Dich," schreibt er gleich im ersten Brief an Joseph, „ganz an den General Paoli: er kann alles und ist alles; er wird alles in der Zukunft sein, die niemand in der Welt vorhersehen kann."

Die Ohnmacht, in der Napoleon Frankreich fand, konnte den Gedanken nahe legen, daß Corsica die Freiheit erlangen werde. „Es ist wahrscheinlicher als je," so meint er am 18. Juni, „daß alles dies mit unserer Unabhängigkeit enden wird." Aber solche Aussicht, einst das Ziel seiner heißesten Wünsche, nötigt ihm jetzt kein anderes Wort ab als: „Benimm Dich demgemäß." Die folgenden Wochen ließen diese Auffassung wohl in ihm zurücktreten; man begegnet ihr in den Briefen nicht mehr. Jedenfalls richtete er unter voller Zustimmung der Familie alle seine Ratschläge für sich und die Seinen so ein, daß sie eine enge Verbindung mit Frankreich voraussetzten. Joseph rät er vor allem, sich in die neue Nationalversammlung wählen zu lassen: er wäre ein Narr, wenn er nicht alles hieran setzen würde; er würde sonst immer in Corsica eine dumme Rolle spielen. Er selbst war lange ungewiß, was er tun sollte. Zuletzt neigte er jedoch mehr dahin, die Stelle bei dem corsischen Bataillon aufzugeben um zu seinem alten Regiment zurückzukehren. Denn mittlerweile waren die Schwierigkeiten, die seine Entfernung von der Truppe und die Affäre von Ajaccio heraufbeschworen hatten, völlig aus dem Wege geräumt. Im Ministerium waren seine von den besten Zeugnissen der heimischen Behörden unterstützten Entschuldigungen nicht nur angenommen, sondern es war ihm noch überdies ein auf den Februar vordatiertes Patent als Hauptmann verliehen worden. Die andere Angelegenheit aber, die einen Moment eine böse Wendung anzunehmen drohte — denn die Gegner, vor allem Peraldi, hatten nicht gezögert, die Insubordination der beiden Bataillons= führer dem Minister zu denunzieren — wurde, zumal da das artilleristische Komitee sich gegen diese Anklagen erklärte, dadurch in gute Wege geleitet, daß sie gemäß den neuen Gesetzen dem Justizministerium übertragen wurde. Napoleon berichtet über die Sache, die ihm niemals das Herz beschwert hatte, in dem Brief vom 7. August, also, wie er selbst bemerkt, an dem Vorabend der „Combustion": „So werde ich denn," schreibt er, „wie sich auch die Dinge entwickeln werden, mich in Frankreich etabliert finden."

Drei Tage später trat der „Choc" ein, der den Thron der Bourbonen zu Boden warf, die Erstürmung der Tuilerien durch den Pariser Pöbel. Napoleon hat das Ereignis aus unmittelbarer Nähe beobachten können, von dem Hause eines Bruders Bourriennes an der Place Carrousel. Als das Schloß erobert war, wagte er sich unter die rasende Menge in den Tuileriengarten hinein, wo soeben die Schweizer dem Verrate und der Blutgier ihrer feigen Besieger erlegen waren. „Niemals," so hat er noch auf St. Helena erzählt, „habe er den Eindruck eines solchen Leichenfeldes vor sich gehabt." Seine Haltung wird aus einem Brief an seinen Bruder Joseph klar, der leider nicht erhalten ist, aber von diesem in seinen Memoiren erwähnt wird. Der König würde, so hatte Napoleon ge= schrieben, gesiegt haben, wenn er sich zu Pferde gezeigt hätte. So hat er noch im Exil geurteilt, und gerade so lesen wir es schon im April 1792 in dem Memoire über die Emeute von Ajaccio: „Man weiß ja, wie der Pöbel durch den Erfolg ermutigt ist, ebenso leicht aber durch den kleinsten Echec sich nieder= schlagen läßt." In dem Brief an Joseph hat er noch ein besonderes Erlebnis beschrieben, das zu charakteristisch ist, als daß wir an ihm vorbeigehen dürften. Nach dem Siege sei er auf einen Marseiller gestoßen, der im Begriff gewesen sei, einen Gardeducorps niederzustechen: „Ich sagte ihm: Mann des Südens, retten wir diesen Unglücklichen!" — „Bist du aus dem Süden?" — „Ja." — „Gut denn, lassen wir ihn laufen." Hundert andere gingen an solchen Szenen damals achtlos vorüber oder drückten sich scheu beiseite, gewiß auch solche, die mit den Unglücklichen politisch sympathisierten. Dem jungen Corsen waren die Parteien alle gleichgültig, und von den Stimmungen der Masse, deren angst= verzerrte Wut Paris in jenen Wochen zu einem Schauplatz des Entsetzens machte, war er völlig frei; kaum ein Grauen mag den an Blut und Aufruhr schon Gewöhnten angewandelt haben. Aber der Anblick eines Wehrlosen, der einer im Siege doppelt zwecklosen Mordgier zu erliegen droht, regt das Mitleid und mehr vielleicht noch das Ehrgefühl des an redliche Kampfesweise gewöhnten Soldaten in ihm auf, und er wirft sich zwischen den Mörder und sein Opfer. Und dazu der geniale Scharfblick des Psychologen, der den Rasenden an der Stelle zu

packen weiß, wo er im Moment allein zugänglich ist! Indem er ihn an die
Heimat erinnert, sich als Landsmann bekennt, stillt er wie mit einem Zauberspruch
den Taumel seines Blutdurstes. Man sieht, obwohl der politische Enthusiasmus
in Napoleon zur Schlacke gebrannt war, sind ihm allgemein menschliche Gefühle
und die großen Sentiments, welche einst seine Seele charakterisierten, nicht fremd
geworden: der Mannessinn, die Ehrempfindung, ja wir dürfen sagen jener Zug
ins Heroische, der schon die Seele des Knaben erfüllte, der Sinn des Helden ist
ihm geblieben. * * *

Der Sturz des Königtums änderte nun aber doch die Pläne Napoleons. Am
16. August ward die Erziehungsanstalt zu St. Cyr aufgehoben und damit dem
Zweifel über Mariannes Zukunft ein Ende gemacht. Ihres Bleibens war nun,
zumal bei ihren aristokratischen Verbindungen, nicht mehr, und so beschloß der
Bruder, zunächst mit ihr nach Corsica, wohin es übrigens ihn selbst zog, zurück=
zukehren. Am 15. Oktober trafen die Geschwister in Ajaccio ein.

Mittlerweile waren die Wahlen zum Konvent vollzogen worden. Hatte auch
Joseph das Ziel seines Ehrgeizes abermals nicht erreicht, so war doch die Partei
diesmal zum Siege gekommen. Unter den sechs Abgeordneten der Insel traten
vier, darunter Saliceti, als Gegner Paolis in die Versammlung ein, in deren
Hände Frankreichs Geschick gelegt war. Hier aber entwickelten sich Krieg und
Revolution in immer gewaltigeren Progressionen. Aus der Defensive war man
bereits zur Offensive vorgeschritten. Im Norden wie in den Alpen drangen die
republikanischen Heere über die Grenzen des alten Frankreichs hinaus. Die Erobe=
rung Belgiens entschied den Bruch mit England, sowie auch Spanien sich den
Gegnern Frankreichs zugesellte. So mußten auch der Süden und die Gewässer des
Mittelmeeres zum Schauplatz des Krieges werden, und gerade Corsica eine der
gefährdetsten Positionen, welche die junge Republik zu verteidigen hatte. Mehr als
je kam alles auf Paolis Stellung an, in dessen Hände die Revolutionäre recht
geflissentlich die Vollgewalt auf der Insel gelegt hatten. Noch im September
hatte die Pariser Regierung ihm zu seinen anderen Ämtern das Kommando über
den corsischen Militärbezirk, die 23. Division, gegeben. Konnte nun aber Paoli
einer Entwicklung folgen, die seine Heimat in die engste Verknüpfung mit dem
Lande, gegen das er sie einst verteidigt hatte, bringen, ihre Unabhängigkeit immer
mehr zerbrechen und sie dem französischen Machtgedanken willenlos unterwerfen
mußte? Konnte er zum Feinde Englands werden, das ihm zwanzigjährige Gast=
freundschaft gewährt hatte, das, wie auch der nächste Nachbar, Sardinien, immer
der Freund Corsicas gewesen war? Es war eine Umkehrung seiner alten Politik,
die Verleugnung seiner Vergangenheit, was die Revolution von ihm forderte.
Er hatte über den Parteien stehen wollen: gerade das ward ihm verwehrt. Er
hatte in der Mittelstellung Corsicas zwischen Frankreich und England das Heil
gesehen: jetzt ward ihm auch das unmöglich gemacht; er sollte die Tricolore auf
den heimischen Gewässern zur Herrschaft bringen. Bei den Wahlen zum Konvent
hatte er sich, denn er war beim Wählen, durch Saliceti überrumpeln lassen;
aber die Wahlen zu den Provinzialbehörden, die nach einem Dekret des Kon=
ventes sämtlich erneuert werden mußten, lenkte er wieder ganz nach seinem Willen.
Die Departementsregierung wie die Munizipalbehörden, die Gerichtshöfe und die
Offiziersstellen in der Nationalgarde und Gendarmerie wurden mit Paolisten besetzt.
Alle seine Maßregeln richtete der General so ein, daß er Corsica ganz in seiner
Hand hielt; die Regierung und die öffentlichen Kassen verlegte er in das Innere,
nach Corte. Die Zitadellen der Seeplätze besetzte er mit Nationalgarden, unter
Befehlshabern, die ihm sicher waren.

In Frankreich blieben die Umtriebe des Generals nicht verborgen: in den
Klubs von Toulon und Marseille wurden sie der schärfsten Kritik unterzogen,
in Paris regten Paolis corsische Gegner, Saliceti und Bartolommeo Arena,

den Konvent und die öffentliche Meinung auf. Die corsischen Wahlen, schrieb Saliceti an Napoleon Anfang Januar, seien eine wahre Contrerevolution. Er fühle sich dadurch nicht erschreckt: das Ergebnis werde für die Freiheit Corsicas nur heilbringend sein, trotz der dunkeln Wolken, die seinen Horizont umgeben; in drei oder vier Monaten werde man klarer sehen. „Wenn man in Corsica auf die Auflösung der Republik rechnet, täuscht man sich sehr, und vielleicht werden wir unsere Gegner von dem Abgrunde verschlungen sehen, der sich unter ihren Füßen auftut." Der Brief zeigt so recht, wie intim die beiden miteinander standen, wie Napoleon auch jetzt mit der Revolution ging, und wie klar sie den Zwiespalt und die Absichten der Gegner durchschauten.

Die Krisis brachte die Expedition, welche Mitte Februar nach langen Vorbereitungen von Corsica her gegen Sardinien versucht wurde und bei der Napoleon mit seinem Bataillon mitwirkte. Es ist die erste größere Affäre, an der er teilgenommen hat, und diese verlief ungünstig, aber sicherlich nicht durch seine Schuld, und nicht ohne Schuld der obersten Leitung, d. h. eben Paolis und der von ihm abhängigen Kommandanten. Es kam so weit, daß Napoleon das Geschütz, mit dem er die feindliche Stellung bereits unter wirksames Feuer genommen hatte, zurücklassen mußte; ohne jeden Erfolg und nicht ohne Verluste kehrte die Escadre heim.

Für die Vorsicht Napoleons und die Selbstbeherrschung, die er im Parteikampf zu behaupten wußte, ist sein Verhalten zu Paoli in diesen Wochen äußerster Spannung charakteristisch. Der General gehörte für ihn eben noch immer zu den Personen, welche Freunde gewesen waren oder werden konnten. So wie anderseits Paoli, dessen Verschlagenheit hinter der seiner Gegner nicht zurückblieb, die Maske nicht vom Gesicht ließ. Als die Konventskommissare, die im Februar 1793 nach Toulon geschickt waren, darunter Saliceti, ihn dorthin einluden, entschuldigte er sich mit Alter und Krankheit; ebenso, als ihm der Oberbefehlshaber der Alpenarmee, Biron, befahl, sich bei ihm einzustellen. Saliceti kam dann selbst auf die Insel nach Bastia; und als Paoli auch dorthin zu kommen sich weigerte, wagte sich der Kommissar sogar bis nach Corte, in die Höhle des Löwen. Auch er wollte das Spiel noch hinhalten. Vielleicht, daß auch Paoli noch immer hoffte, sich zwischen den Parteien behaupten und eine den Pariser Machthabern imponierende Stellung einnehmen zu können. Die Entwicklung der Revolution ließ es nicht zu. Gerade in diesen Tagen, Anfang April, fiel in Paris die Entscheidung: Dumouriez' Verrat wurde offenbar, und der Berg schritt über die Gironde, als diese die Katastrophe für sich und gegen Danton ausnützen wollte, hinweg. An demselben Tage, wo Dumouriez entlarvt wurde, ward von der Tribüne des Konventes auch eine Anklage gegen Paoli vorgebracht. Kein Geringerer als Lucian Buonaparte hatte den Schlag geführt. In Toulon, wohin er im Februar gegangen, hatte er im Jakobinerklub den General als Verräter an der Nation und als den Despoten der Insel denunziert, und die von ihm verfaßte Adresse war es, welche am 2. April im Konvent gegen Paoli den Sturm entfesselte. Der Konvent beschloß, den General seiner Stellung zu entheben, und erließ an die Kommissare die Anweisung, ihn wie Pozzo di Borgo vor die Schranken zu führen.

Auch danach hat Napoleon noch einen Versuch gemacht, den General zu halten. Unter seinen Papieren befinden sich Entwürfe zweier Adressen des Klubs von Ajaccio an den Konvent und an den Stadtrat von Ajaccio, worin Paoli als der Patriarch der Freiheit, der Vorläufer der französischen Republik in Schutz genommen wird. So benahm sich auch Paoli, als ob er noch an die Möglichkeit einer Versöhnung glaube. In einem Aufruf an seine Landsleute mahnte er zur Einigkeit und sprach die Hoffnung aus, daß der Konvent, besser informiert, bald von seinem unfreiwilligen Irrtum zurückkommen werde; er richtete an die Nationalversammlung einen Brief, in dem er sein Nichtkommen mit Altersbeschwerden entschuldigte; er wünsche nichts Besseres, als die Liebe und die

Achtung der edlen französischen
Nation, und werde seinen Pflich=
ten gegen die Sache der Freiheit
treu bleiben. Und solange die
Krise innerhalb der französischen
Parteien währte, konnte man
an ein Einlenken des Konven=
tes glauben; noch am 5. Juni,
nach dem Sturze der Gironde,
hat er einen dahin zielenden
Beschluß gefaßt.

Aber es war alles zu spät,
und jene Versuche selbst waren
nichts als Kulissen, hinter denen
die Parteien ihre Aktionen gegen=
einander betrieben. Auf der
Insel war die Sache der Fran=
zosenfreunde, seitdem Lucians
Denunziation bekannt geworden,
verloren; nur ein paar Küsten=
plätze im Norden, wie Bastia
und Calvi, behielten sie für sich.

Abb. 9. Dumouriez. Schabblatt von Levachez.

Als Napoleon Ende April über die Berge nach Bastia zu kommen suchte, fand er
den Weg durch die Gegner gesperrt; kaum daß es ihm gelang, nach Ajaccio zurück=
zukehren. Auch hier aber war schon seines Bleibens nicht mehr. Er durfte sich in
seinem Hause nicht zeigen, hielt sich einige Tage bei Verwandten verborgen. Als
ihm dann in der Vorstadt Giovanni Girolamo Levie Aufnahme gewährte, drangen
die Häscher in das Haus, und nur die Geistesgegenwart des alten Freundes hat den
künftigen Beherrscher Frankreichs damals gerettet. Auf einem Segelboot entkam er
nach Maginajo, und von dort nach Bastia, wo er etwa am 10. Mai eintraf.
Noch wollte er die Partie nicht aufgeben. Am 23. Mai gingen er und die
Kommissare mit einer kleinen Escadre von San Fiorenzo in See, um noch einmal
einen Versuch gegen Ajaccio zu machen. Aber der Angriff mißlang, und damit war
auch er am Ende seiner Hoffnungen. Schon war das Achtdekret von der Consulta,
welche Paoli in Corte versammelt hatte, gegen ihn und die Seinen erlassen. Auch
die Mutter und die Geschwister hatten aus Ajaccio entweichen müssen. Bei Torre
Capitello, an der Einfahrt in die Bucht, hatte Napoleon sie getroffen und nach
Calvi vorausgeschickt, wohin er ihnen nun selbst folgte. Dort schrieb er einen
Bericht über die Lage des „Departements Corsica", worin er, denn nun kannte er
keine Schonung mehr, die Umtriebe Paolis aufdeckte und die Mittel angab, wie
die Insel wiedergewonnen werden könnte. Immer ist es Ajaccio, an das er dabei
vor allem denkt: „Ohne diesen Hafen würde die Insel keine Bedeutung für eine
feindliche Seemacht haben." Es ist England, auf das er mit diesem Worte hinweist,
das Land, bei dem Paoli seine Hilfe suchte. Auch über die Stellung der Parteien
auf der Insel spricht er: die der Unabhängigen, welche Paoli unbedingt ergeben
wäre, sei sehr klein, aber mächtig durch den Bund mit den Aristokraten. Nur
durch eine Taktik, die bald schmeichle, bald drohe, Brand und Plünderung erlaube,
ziehe der General die Corsen hinter sich her: „Man muß zu einer Partei gehören,
und wählt darum am liebsten diejenige, welche triumphiert, verwüstet, plündert,
brennt; im Zweifelsfalle ist es immer besser zu fressen, als gefressen zu werden."

In dieser Stimmung, mit diesem Urteil über seine Landsleute, seinen alten
Helden, nahm Napoleon Abschied von seiner Heimat; am 11. Juni ging er mit
den Seinen nach Toulon unter Segel.

Zweites Kapitel.
Von Toulon bis Campo Formio.

In welchem Zustand aber fand Napoleon Frankreich! Es war das Jahr des Schreckens. Der Sturz des Thrones durch das Blut des Monarchen besiegelt: die Sieger, die Mörder aber bereits über ihrem Opfer einander zerfleischend. Die Grenzen von den Feinden ringsum bedroht oder schon durchbrochen: im Innern aber ganze Provinzen und die ersten Städte des Landes mit ihnen verbündet. Alle Parteien, die seit dem Jahre 1789 besiegt waren, Legitimisten, Konstitutionelle und Republikaner waren auf eine Seite hinübergedrängt. Es gab keine Möglichkeit mehr, neutral zu bleiben. Man mußte diesem Blut- und Feuerstrome folgen und der blinden Gewalt sich anschließen, die selbst nur wieder das Geschöpf der Anarchie und keinen Augenblick ihrer Herrschaft sicher war: oder man mußte mit der Reaktion und allen Feinden Frankreichs sich verbünden. Wir erörtern nicht, ob eine andre Entwicklung möglich gewesen wäre: ob in der Revolution eine Kraft, ein Prinzip Leben gewonnen hatte, mit dem kein Friede möglich war, das zerstörend weiterschreiten mußte, bis ihm die Grenze durch überlegene Macht gesetzt wurde; oder ob ihr nur nicht die Zeit gelassen und die Gelegenheit gegeben worden ist, sich frei und friedlich zum Heile Frankreichs zu entwickeln. Genug, wenn wir uns eingestehen, daß im Sommer 1793 das Schicksal seinen Lauf haben mußte. Der alte Staat war zerstört, und der neue mußte errichtet werden inmitten des Kampfes. Es gab keinen anderen Weg, um die beschworenen Gesetze Frankreichs durchzuführen, Armee und Verwaltung, Kirche und Recht auf den neuen Fundamenten auszubauen. Je größer die Gefahren, je mächtiger die Feinde, je schrecklicher die Verwirrung im Innern, um so entschlossener mußte die Revolution ihre Ziele verfolgen, um so enger sich mit der nationalen Idee verbünden, um so unerbittlicher sich allen denen erweisen, die sich ihr und der Macht Frankreichs entgegenstellten. Es war nicht anders: auf den Bahnen der Schreckensmänner lagen die Ziele der Nation: Macht und Einheit, Sieg und Größe Frankreichs.

Auch für Napoleon und die Seinen gab es keine Wahl. Sie mußten mit den Jakobinern gehen, die Napoleon noch vor einem Jahr für Narren erklärt hatte; denn nur an ihrer Seite konnten sie hoffen, sich an den eigenen Gegnern rächen, ihre Güter und die Heimat wieder gewinnen oder auch nur Ersatz für das Verlorene und eine Zuflucht in der Verbannung zu finden. Auch konnten sie guter Aufnahme sicher sein, denn in der allgemeinen Zerrüttung, und dem gerade jetzt rasend um sich greifenden Abfall gegenüber mußte der Regierung jeder Helfer willkommen sein. Napoleon fand sein Regiment an der Küste, die es gegen die Spanier, denen sich bald die Engländer zugesellt, zu verteidigen hatte. Ende Juni traf er in Nizza ein und ward von dem General Jean du Teil, dem Bruder seines alten Chefs, bei den Küstenbatterien angestellt. Anfang Juli ward er von dem General ins Innere, nach Avignon, so scheint es, geschickt, um Munition und Geschütz herbeizubringen. Er fand die Stadt und die untere Durance im Besitz der Gegner, der aufständischen Marseiller. Schon aber war Hilfe nahe, eine Abteilung der Belagerungsarmee von Lyon unter Carteaux, vor der die Insurgenten, nach leichten Demonstrationen und ohne einen ernsteren Angriff abzuwarten, die Stadt räumten. Es bleibt ungewiß, ob Napoleon an der Affäre teilgenommen hat; möglich, vielleicht wahrscheinlich, daß er die Kolonne bis Beaucaire, ein wenig südlich von Avignon, begleitete; sicher aber ist es, daß er, als Carteaux weitermarschierte, in Avignon zurückblieb.

Ihn fesselte hier nicht bloß der Auftrag seines Generals, sondern auch die Drucklegung einer neuen kleinen Schrift, die von jeher zu den wertvollsten Dokumenten über ihn gerechnet wurde und in der Tat für seine Charakterentwicklung

höchst bedeutsam ist, des „Souper de Beaucaire", wie er sie nannte. Er wählte
dafür, wie schon für andere seiner Jugendschriften, die Form des Dialogs. Zwei
Kaufleute aus Marseille, einer aus Nîmes, ein Fabrikant aus Montpellier und
ein Militär treffen sich an der Wirtstafel und diskutieren über die Frage des
Tages. Man darf wohl annehmen, daß ein solcher Vorgang tatsächlich zugrunde
lag. Das Merkwürdige an der Schrift sind nun die Argumente, mit denen der
Offizier, das ist also Napoleon selbst, den beiden Marseillern das Unrecht ihres
Widerstandes klar macht. Von den politischen Grundsätzen und den Partei-
differenzen sieht er fast ganz ab und legt sie nur etwa den Leuten aus Nîmes
und Montpellier in den Mund. „Es ist klar wie die Sonne," sagt er, „daß die
Marseiller den Operationen unserer Armeen geschadet haben und die Freiheit
vernichten wollten; aber darum handelt es sich hier nicht: die Frage ist, zu wissen,
was sie hoffen können und welche Partei zu wählen ihnen noch frei steht." Ihre
Uneinigkeit, Schlaffheit, Unerfahrenheit in der Kriegsführung, ihre ungenügenden
Rüstungen, besonders von seiten der Artillerie, das sind die Gründe, die in seinen
Augen ihre Unterwerfung unter die Revolution nötig machen. Daneben aber auch
ihre Verbindung mit den Feinden Frankreichs. Er nimmt es nicht an, daß die
Marseiller sich für die Republik und die Tricolore erklären: das habe auch Paoli
getan, um Zeit zu gewinnen, das Volk zu täuschen und die wahren Freunde der
Freiheit auszutilgen. Er räumt ein, daß der Berg sich von Parteiwut habe
lenken, ja zu Verleumdungen habe hinreißen lassen: das alles entschuldigt die
„Brissotins" nicht. Sie hätten ihre Waffen wegwerfen müssen angesichts der Verfassung, hätten ihre privaten Interessen dem öffentlichen Wohle opfern müssen.
Denn nur dort ist der wahre Souverän, wo das Zentrum der Nation ist, d. h.
im Schoße des Konvents. „Aber," ruft er aus, „es ist leichter, Decius zu zitieren,
als ihn nachzuahmen." Dem Inhalt entspricht die Form. Das Rauschende,
Unbestimmte, Hin- und Herwogende seiner Jugendsprache ist verschwunden; selbst
wo die Diktion, wie in dem letzten Satze, noch daran anklingt, ist sie gedrängt
und scharf geschliffen. Es ist die erste seiner Schriften, die das volle Gepräge
seines Stils trägt, den cäsarischen Charakter.

* *

Glück und Genie müssen sich verbünden, um große Taten hervorzubringen.
Ein Zufall war es, der Napoleon die Pforte zu seiner Größe öffnete. Im August
waren die Engländer vor Toulon erschienen, wo die Gegner des Konvents die
Oberhand gewonnen hatten; und in ihrer Bedrängnis hatten ihnen diese den
großen Kriegshafen, den einzigen an Frankreichs Südküste, geöffnet. Zwar war
Carteaux, der mittlerweile Marseille unterworfen hatte, am 30. vor die Festung
gerückt und hatte die Belagerung eröffnet, aber es war wenig vorbereitet, es fehlte
besonders am Belagerungstrain, und dazu wurde bei dem Angriff der Chef der
Artillerie, Major Dommartin, so schwer verwundet, daß er das Lager verlassen
mußte. In diesem Moment, am 16. September, kam Buonaparte auf dem Rück-
wege nach Nizza in das Lager. Er brachte, was dort fehlte, Geschütze und
Munition, und vor allem den Nachfolger Dommartins — sich selbst. Die Konventskommissare, darunter Saliceti, waren glücklich, einen Ersatzmann für den Verwundeten zu haben, und setzten ihn kraft ihrer Gewalt an dessen Stelle.

So kam der junge Held auf den Platz, wo er zuerst die Blicke weiterer
Kreise auf sich gerichtet und entscheidend in die Geschichte eingegriffen hat. Vom
ersten Tage ab entwickelte er alle jene wunderbaren Eigenschaften, die in ihm den
geborenen Lenker der Schlachten erkennen ließen, unermüdliche Arbeit, alles erwägende
Umsicht, stürmische Tapferkeit und eine durch nichts zu erschütternde Ruhe. Daß
nur er allein das durch die Lage gegebene Ziel des Angriffes, die Beherrschung
des inneren Hafens und damit die Überwältigung der englischen Flotte gesehen
und geraten habe, ist allerdings nicht richtig; aber den Schlüssel der feindlichen

Buonaparte

Unterschrift Napoleons aus dem Jahre 1793 auf einem Militärbericht von Toulon.

Stellung, in dem Fort Eguillettes, auf der Spitze der Halbinsel Le Caire, das den inneren Hafen von der äußeren Reede trennte, hat er allerdings als erster und sofort erkannt, und mit immer wiederholtem Nachdruck den Angriff auf diesen Punkt angeraten und gelenkt. Wenn trotzdem die erste Attacke mißlang, so lag das an der schlaffen Führung durch den kommandierenden General, der zwar Sohn eines Offiziers und in seiner Jugend selbst Soldat gewesen war, dann aber den Degen mit dem Pinsel vertauscht hatte und erst durch die Revolution wieder in die Waffenlaufbahn geraten war. So geschah es, daß die Engländer der Gefahr noch rechtzeitig begegnen und durch die Verstärkung der Stellung den Erfolg des Angriffes lange in Frage stellen konnten. Napoleon aber blieb die Seele der Belagerung. Daß er die Kommissare für sich hatte, gab ihm dem General gegenüber, der sich durch das Ungestüm und die kaum verhohlene Verachtung des „Capitaine Canon", wie er ihn im Ärger nannte, fortwährend geniert und gereizt fühlte, einen Rückhalt; aber es gehörte dennoch eine Unerschrockenheit, ein Bewußtsein der Überlegenheit und ein Kraftgefühl dazu, wie es nur Napoleon besaß, um ein Auftreten wagen zu können, das im Falle eines Mißerfolges ihm die Guillotine in fast sichere Aussicht stellte. Der Erfolg aber gab ihm recht. Die Offiziere, die Truppen erfüllten sich mit dem Feuer, das ihn durchglühte. Carteaux, und nach ihm ein General von ähnlichem Schlage mußten das Lager verlassen, der dritte, Dugommier, ging auf Napoleons Plan ein. Auch der General, der zuletzt über die Artillerie gesetzt wurde, der jüngere du Teil, ließ seinem Freunde so gut wie freie Hand. Im Dezember war man endlich nach manchem vergeblichen Kampf so weit, um den Sturm auf das feindliche Bollwerk wagen zu können, und wiederum finden wir den jungen Helden unter den Vordersten im Gefecht: ein Pferd ward ihm unter dem Leibe getötet; weiter vorne erhielt er, den schon bei dem ersten Angriff im September ein Streifschuß getroffen, einen Stich durch den Schenkel; dennoch war er einer der ersten in der feindlichen Schanze. Es war ein völliger Sieg. Alle Erwartungen, die Napoleon an den Plan geknüpft hatte, erfüllten sich. In wenigen Tagen räumten die feindlichen Schiffe unter dem vernichtenden Feuer der französischen Brandkugeln beide Häfen, und kapitulierte, von den Fremden der Rache ihrer schonungslosen Sieger preisgegeben, die unglückliche Stadt.

Als Napoleon in St. Helena seine Taten beschrieb, hat er [mit Toulon angefangen. Mit Recht; denn hier in der Tat begann sein Gestirn seinen wunderbaren Lauf. Was hinter ihm lag war für ihn begraben, und eine Zukunft voller Glanz und Hoffnungen stieg vor seiner machtdurstenden Seele empor. In der Armee war nur eine Stimme der Bewunderung für den jungen Helden. „Mir fehlen die Ausdrücke," schreibt du Teil an den Kriegsminister, „um Dir das Verdienst Buonapartes zu schildern; größte Kenntnisse, ebensoviel Einsicht und enorme Tapferkeit, das ist nur eine schwache Beschreibung der Tugenden dieses seltenen Offiziers." Nicht anders Dugommier: „Wenn man undankbar gegen ihn sein würde, so würde sich dieser Offizier ganz allein vorwärts bringen." Aber die Regierung war dankbar. Im September war Napoleon Major geworden; unmittelbar nach der Eroberung Toulons ernannten die Kommissare den Vierundzwanzigjährigen zum Brigadegeneral; am 6. Februar bestätigte das Exekutivkomitee des Konvents die Ernennung.

In diesem Augenblick war der Boden Frankreichs von den Feinden fast befreit, die Rebellen aber unterworfen, zum Schweigen (für Tausende das Schweigen des Todes) gebracht. Selbst der Aufstand der Vendée war, für den

Moment wenigstens, in den Strömen von Blut, die er gekostet hatte, erstickt. Und schon schickte sich die siegreiche Republik an, die Feinde Frankreichs in ihren eigenen Grenzen heimzusuchen, hinter denen Zersplitterung und Schwäche und eine Fülle von ehrgeizigen und neuerungssüchtigen Elementen auf sie warteten; von Amsterdam bis Neapel wühlten und warben ihre Agenten. Den Hauptstoß richteten die Heere der Republik im Frühjahr 1794 gegen den Norden, wo die Alliierten noch im Besitz einiger französischen Plätze waren und ihre stärksten Kräfte zur Verteidigung Belgiens aufgehäuft hatten. Hier gelang es den Franzosen über Erwarten. Die Siege Pichegrus und Jourdans im Mai und Juni zerbrachen die Aufstellung der Gegner und führten die Söhne der jungen Republik abermals nach Brüssel.

Die Alpen waren zunächst, gleich den Pyrenäen, Nebenschauplatz des Krieges geblieben. Nachdem aber die Engländer im Mittelmeer erschienen, war es klar, daß gerade an dem Punkte, wo Napoleon befehligte, die Weltkräfte, die miteinander in Kampf geraten waren, sich ganz besonders konzentrieren mußten. Die große Gefahr, welche durch den Abfall Toulons gedroht hatte, war seit dem 22. Dezember beseitigt: ihre eigene Küste wenigstens hatten die Franzosen wieder im Besitz, und ein Zusammenwirken der Alliierten von den Pyrenäen und den Alpen her war fortan ausgeschlossen. Um so mehr aber mußten die Feinde darauf bedacht sein, sich der ligurischen Küste zu versichern, von wo die Pässe über den Apennin ebensowohl den Franzosen die besten Anmarschlinien gegen Piemont und die Lombardei darboten, als den Verbündeten die beste Gelegenheit, einander die Hand reichen. Damit mußte Genua in den Kampf hineingerissen werden, als die Herrin eines Teiles dieser Küste, wie überhaupt die italienische Staatenwelt, von der Rom ja bereits zu den erklärten Gegnern Frankreichs gehörte. Die Engländer hatten nicht gezögert, die Konsequenzen aus der Lage zu ziehen. Schon im Oktober waren sie in den Hafen der neutralen Republik eingedrungen und hatten sich einer französischen Fregatte, wie der Getreideschiffe, die diese zu der französischen Armee geleiten sollte, bemächtigt. Dies also war das Feld, auf das sich Napoleon nach der Eroberung Toulons versetzt sah. Niemand kannte das Gelände besser als er. Als Inspekteur der Küste und Kommandant der gesamten Artillerie der „Armee Italiens", wie das unter General Dumerbion hier vereinigte französische Korps genannt wurde, kam er in eine fast unabhängige Stellung.

Unter den Kommissaren, welche diesem Teil der französischen Streitkräfte zugeteilt waren, ragte der jüngere Robespierre hervor, der schon vor Toulon neben Saliceti aufgetreten war. Mit ihm und seinem Kollegen Ricord trat Napoleon jetzt in eine sehr enge Verbindung. Er handelte dabei getreu seinem Grundsatz, sich auf der Seite der Macht zu halten. Und wo schien diese besser geborgen zu sein, als bei dem Bruder des großen Tribunen, der eben in diesen Monaten in Paris zum Gipfel der Macht emporstieg. Aber es war doch noch mehr als diese Berechnung, was Napoleon zu den Robespierres hinzog: das Methodische, immer auf den Zweck Gerichtete in dem Vorgehen der Brüder imponierte ihm; die unbeugsame Energie, die vor keinem Mittel zurückscheute, diese aber nicht um ihrer selbst, sondern um der Macht willen, die sie vorbereiten sollten, wählte. Er hat sich mehrfach in diesem Sinne ausgesprochen. „Wenn Robespierre," so äußerte er wenig später gegen Marmont, der in dieser Zeit zu seinen Intimen gehörte, „in der Macht geblieben wäre, würde er einen anderen Weg eingeschlagen haben: er hätte die Ordnung und die Herrschaft der Gesetze hergestellt; man würde zu diesem Ergebnis ohne Erschütterungen gelangt sein, weil man dazu durch die Macht gekommen wäre; jetzt will man dorthin durch eine Revolution gelangen, und diese Revolution wird viele andere hervorrufen."

Augustin Robespierre verließ sich, wie wir aus einem Bericht vom April 1794 an seinen Bruder sehen, zunächst mehr auf die Talente, als auf die Gesinnung des Generals, der ihm nur als Verbannter und Feind Paolis Garantien zu bieten schien, zog ihn aber dann doch in sein Vertrauen, was Napoleon bald genug teuer zu stehen gekommen wäre. Es handelte sich dabei um den Angriff auf Piemont. Am 20. Mai war in Colmars (Dep. Basses-Alpes) eine Konferenz der Konventskommissare und Befehlshaber beider französischer Armeen, der der Alpen und der Italiens, gewesen, worin der Plan einer gemeinsamen Aktion, welche Coni zum Ziel haben sollte, verabredet wurde. Es scheint nun, daß Robespierre und Ricord mit Buonaparte diesen Plan, der vom Komitee der öffentlichen Wohlfahrt angenommen war, dahin haben erweitern wollen, daß sie die Angriffsbasis an der Küste weiter nach Osten und das Schwergewicht auf die Seite der Armee Italiens verlegten. Das Ziel, welches sie sich dabei steckten, ist angedeutet in einem Gutachten aus der Feder Buonapartes, welches Robespierre nach Paris, wohin ihn beunruhigende Nachrichten seines Bruders riefen, mitnahm. Es sei, heißt es darin, bei den Feldzügen so wie bei den Belagerungen: man müsse sein Feuer gegen einen einzigen Punkt richten, seine Attacken nicht zersplittern, sondern sie konzentrieren. „Ist die Bresche gelegt, so ist das Gegengewicht zerbrochen; alles übrige wird unnütz, und der Platz ist genommen." Deutschland gelte es zu treffen, dann würden Spanien und Italien von selbst fallen; an die Einnahme Madrids könne ein kühler Kopf nicht denken; solange Deutschland noch eine furchtbare Front darbiete, dürfe man sich in Italien nicht vertiefen. „Man muß," das ist der Schluß, den Buonaparte aus diesen Vordersätzen zieht, „die beiden Armeen, der Alpen und Italiens, vereinigen, ihnen ein Zentrum geben und denselben Geist einhauchen." Offenbar haben wir hier bereits die Grundlinien des Planes vor uns, welchen der junge General in seinen italienischen Feldzügen verfolgt hat. Denn auf die Durchstoßung der Alpen nach Deutschland hin war dieser von Anfang an angelegt, und wir werden noch sehen, wie er gegen die Teilung der beiden Armeen und gegen die vorzeitige Vertiefung in Italien sich gewehrt hat.

Nach dem Plan Buonapartes mußte auch Corsica zu den Positionen gehören, von denen man zunächst abzusehen hatte. Gerade jetzt aber richteten die Engländer ihre größten Anstrengungen darauf, die Insel zu gewinnen. Im Februar hatten sie San Fiorenzo erobert. Der Angriff gegen Bastia, den sie darauf unter Nelson unternahmen, wirkte unmittelbar auf das Vorgehen der Armee von Italien zurück. Diese hielt in ihrem Vormarsch inne und gab einen Teil ihrer Truppen zu einer Expedition ab, welche von Toulon dem bedrohten Platz zu Hilfe kommen sollte. Aber bevor sie noch unter Segel gegangen war, hatte am 24. Mai Bastia kapituliert. Für Corsica das entscheidende Ereignis. Am 18. Juni erklärte die Nationalversammlung zu Corte die Insel zu einem Königreich, dessen Krone Georg von England tragen sollte, und nach wenigen Wochen, am 1. August, kapitulierte auch der letzte von den Franzosen noch gehaltene Platz, Calvi. Und in diesen Wochen verfolgt nun Buonaparte im Verein mit den befreundeten Kommissaren jene Pläne, welche seine Heimat sich selbst überlassen und die konzentrierte Macht Frankreichs gegen den Norden werfen wollen! In der Nacht vom 15. zum 16. Juli kam er mit einer Vollmacht Ricords in Genua an. Die Forderung, die er an den Senat zu stellen hatte, lautete dahin, die Küstenbatterien Genuas zu verstärken und französische Artilleristen darin aufzunehmen, sowie die Straßen, die an der Küste entlang und über die Pässe führten, zu verbessern. Kaum aber ist er (wir wissen nicht, mit welchem Bescheid) nach Nizza zurückgekehrt, als die Meldung eintrifft, daß die Köpfe seiner hochgestellten Freunde, der Robespierres, in Paris unter der Guillotine gefallen sind.

Nirgends wurde wieder der furchtbare Schlag, der ganz Frankreich erschütterte, stärker gespürt als in dem Süden, wo die Leidenschaften am wildesten entflammt waren. Aber an Widerstand konnten die Freunde der Getöteten nicht denken. Sie mußten für sich selber zittern, und suchten, die einen durch Flucht, die anderen durch Unterwerfung und Verleugnung des Tyrannen, sich zu retten. Zu den letzteren gehörte Napoleon, von dessen Hand wir einen Brief besitzen, vom 7. August, ein ostensibles Schreiben offenbar, das keinen anderen Zweck verfolgt haben kann.

„Ich bin," so heißt es darin, „ein wenig ergriffen von der Katastrophe des jungen Robespierre, welchen ich liebte und den ich für rein hielt; aber wäre es auch mein Vater, ich selbst hätte ihn erdolcht, wenn er nach der Tyrannei gestrebt hätte." Aber die Demütigung half ihm nichts. Am 6. August hatten die Kommissare bei der Alpenarmee ihn bereits dem Wohlfahrtsausschuß als Verräter denunziert und am 10. in Arrest gesetzt. Seine Papiere, sein Degen wurden ihm abgenommen und er selbst auf dem Fort Carré, nahe bei Antibes, eingeschlossen. Zehn Tage blieb er in Haft. Dann erklärten die Kommissare der Regierung, daß sie nichts Verdächtiges gefunden hätten, und ließen ihn, zunächst nur provisorisch, wieder frei. Dem Hauptquartier Dumerbions zugeteilt, entwarf er den Plan eines Angriffes auf Dego, der am 21. September mit Erfolg durchgeführt wurde und die Franzosen in den Besitz des wichtigen Apenninpasses brachte.

Mit den paar offiziellen, in jedem Worte berechneten Schriftstücken, die wir besitzen, läßt sich der Grund der Intrige, die hier vorliegt, nicht erkennen. Doch darf man gewiß soviel sagen, daß der Verdacht, den die Kommissare gegen Napoleon gehegt hatten, als sei er im Einverständnis mit dem Feind (man sprach von einer Million, die von Genua zur Bestechung eines Generals gesandt sei), unberechtigt war, und daß es nur die angedeutete Differenz war, welche ihr Mißtrauen erweckt hatte. Kein Geringerer als Saliceti, der alte Verbündete und Landsmann Buonapartes, hatte den Streich gegen ihn geführt. Er war, so scheint es fast, im Gegensatz zu Napoleon wie zu den beiden anderen Kommissaren bei der Armee von Italien dafür eingetreten, den Angriff gegen Corsica zu lenken; die verunglückte Mai=Expedition hatte er selbst begleiten wollen. Die anderen hatten ihn dann von ihren Ratschlägen ferngehalten, ihn auch in die Mission nach Genua nicht eingeweiht. So hatte sich die Meinung in ihm gebildet, daß hier ein verräterisches Spiel getrieben würde, ein Verdacht, der sich ihm dadurch noch verstärkte, daß er auf seiner Reise zu der Alpenarmee Anfang August einem Anschlage auf sein Leben (vielleicht nur ein Überfall durch Banditen) mit Not entging, und daß die Freunde Buonapartes, darunter zunächst Ricord selbst, unter dem Eindruck der Pariser Katastrophe alsbald das Weite gesucht hatten. Napoleon aber war geblieben, und daß er dem Sturm zu trotzen wagte, scheint uns der beste Beweis dafür zu sein, daß er, von der Verbindung mit den Robespierres abgesehen, sich nichts vorzuwerfen hatte.

Es war aber für ihn eine Lehre gewesen, die er sich für die Zukunft merkte. Er hatte einen Moment die „Wahrheit", daß man frühere Freunde schonen müsse, außer acht gelassen, und sein Verhalten bewies fortan, daß er in seinen Schritten größere Vorsicht walten ließ. Er unterwarf sich ohne weiteres den Anordnungen, die von Paris gegeben wurden und den Angriff wieder gegen Corsica zu lenken suchten. Anfang März ging eine große Expedition, für die Napoleon die artilleristische Ausrüstung geleitet hatte, unter Segel. Sie hatte dasselbe Schicksal wie die früheren. Beim ersten Zusammenstoß mit den Engländern gingen zwei Schiffe verloren, und die übrigen mußten eilig die sicheren Häfen wieder zu erlangen suchen. Für Napoleons Pläne war diese Niederlage eine indirekte Rechtfertigung; nur auf dem Lande sollten Frankreichs Fahnen siegreich bleiben.

* * *

Unmittelbar darauf nahm Buonapartes Laufbahn eine neue und unerwartete Wendung. Er erhielt von Paris den Befehl, sich auf der Stelle zu der Armee des Westens zu begeben, wo er wieder die Artillerie gegen die aufs neue aufständischen Vendéer befehligen sollte.

Die Nachricht traf ihn Anfang April in Marseille; er gehorchte, aber ließ sich Zeit; erst Anfang Mai machte er sich auf den Weg, und zwar zunächst nach Paris. Kaum war er dort, so erlebte er einen neuen Choc der Revolution: den

In Paris, Sommer 1795.

Aufstand vom 1. Prairial, durch den die Jakobiner die in der Hauptstadt und im Konvent selbst überhand nehmende Reaktion einzudämmen suchten. Manche der alten Freunde Buonapartes waren an dem verunglückten Streich beteiligt gewesen. Darunter auch Saliceti, dem eine gemeinsame Landsmännin, Madame Permon, in deren Hause Napoleon viel verkehrte, Zuflucht gewährte und ein paar Wochen später zur Flucht verhalf; als Bedienter verkleidet, begleitete er seine Retterin und deren Tochter nach Bordeaux, von wo er über die Grenze entkam. Napoleon hatte alles wohl bemerkt, vergalt ihm aber die Denunziation vom August nicht. Seine Rache war ein Brief, den er Madame Permon bei der Abreise zustecken ließ. Darin verrät er den beiden, daß er längst um ihr Geheimnis gewußt habe, und vergleicht sein Benehmen mit dem Salicetis gegen ihn selbst: vielleicht werde dieser sagen, daß seine Wohltäterin ihn vor seiner Rache schütze: diese Erwägung sei allerdings für ihn wirksam gewesen, aber allein, entwaffnet und proskribiert, sei Salicetis Haupt ihm auch sonst heilig. „Gehe in Dich," schließt er diese überaus charakteristische Apostrophe, „und vor allem, würdige meine Motive. Ich verdiene es, denn sie sind edel und vornehm."

Er selbst hielt sich, so weit wir sehen, in dieser Krisis völlig beiseite. Diese Kämpfe der Fraktionen boten ihm nichts, sie waren ihm ebenso gleichgültig wie vor drei Jahren: wenn er nur selbst den Boden unter den Füßen behauptete. Dazu aber mußte er in Paris bleiben, in der Nähe der Männer, welche die Glücksgüter zu vergeben hatten, an dem Sitz der Macht, an der er teilhaben wollte. Er benutzte zunächst einen Urlaub, um sich dem neuen Kommando zu entziehen. Als ihn darauf Aubry, das militärische Mitglied des Wohlfahrtsausschusses, ein alter Konstitutioneller, der erst seit kurzem wieder nach Frankreich zurückgekehrt war, mit anderen von der Liste der Artilleriegenerale strich und ihm auftrug, eine Infanteriebrigade in der Vendée zu führen, meldete er sich krank. Er reichte eine Beschwerde über die Zurücksetzung ein, ließ sich im übrigen aber durch diesen Konflikt mit seiner Behörde so wenig stören, wie im Jahre 1792 durch den wegen des Aufruhrs in seiner Vaterstadt. Niemals war er unbesorgter um die Zukunft gewesen. „Hier lebt man, wenn man seinen Weg geradeaus und mit Vorsicht geht und sich nur um seine Freunde kümmert, mit aller nur erdenklichen Bequemlichkeit und Freiheit," so schreibt er seinem Bruder Joseph, mit dem er in engster brieflicher Verbindung stand. Er lacht über den Onkel Fesch, der schon an die Rückkehr nach Corsica denke und, wie immer, nur in der Zukunft lebe; die Gegenwart gelte ihm so wenig wie die Vergangenheit, die Zukunft sei ihm alles. „Lebe wohl, mein guter Freund," schreibt er ein andermal, „sei ganz unbekümmert um die Zukunft, ganz zufrieden mit der Gegenwart, heiter, und lerne ein wenig Dich amüsieren." Und ein paar Tage darauf: „Ich befinde mich fortgesetzt in einem Zustand der Seele, wie am Vorabend einer Schlacht, im Innersten überzeugt, daß, wenn mitten unter uns der Tod weilt, der alles mit einem Schlage endigen kann, es Torheit wäre, sich zu beunruhigen. Alles treibt mich an, dem Tode und dem Geschick zu trotzen: und sollte diese Stimmung anhalten, mein Freund, so komme ich noch dazu, nicht aus dem Wege zu gehen, wenn ein Wagen heranrollt. Mein Verstand ist darüber verwundert, aber das Schauspiel, welches dieses Land darbietet, und die Gewöhnung an das Würfelspiel des Zufalls haben mich zu dieser Auffassung gebracht."

Napoleon sprach darin nur wieder das allgemeine Empfinden aus, wenigstens derjenigen, welche den Ton angaben und die Macht in Händen hatten. Die Revolution war noch nicht zur Ruhe gekommen und, was das „morgen" bringen würde, immer noch schwer zu erraten: aber der fürchterliche Druck, den das Jahr des Schreckens und alle Kämpfe der Verzweiflung ausgeübt hatten, war von dem Lande gewichen. Die Fundamente des neuen Staates waren nicht mehr zu erschüttern, und die Zahl der inneren und äußeren Feinde war wenigstens vermindert. Auch die Besiegten konnten auf Duldung rechnen, wenn sie sich nur ruhig verhielten; und diejenigen, in deren Händen die Gewalt schließlich geblieben war, konnten hoffen, sie für sich und ihre Freunde auszunutzen, ohne stündlich um ihr Leben zittern zu müssen. Gerade an ihnen hatte das Glück, der Zufall seine Macht bewiesen. Es waren meist solche, die in den Kämpfen der Revolution die zweite oder dritte Rolle gespielt hatten, die Klugen und die Feigen, welche den großen Tyrannen die Schleppe getragen und sich vielleicht mehr als sie selbst mit Blut befleckt hatten: um sie zu verraten, sobald sich das Glück gegen sie wandte und ihre eigenen Köpfe bedroht waren. Einige unter ihnen, und gerade die gemeinsten, ein Barras, ein Fréron, waren alte Bekannte Napoleons, und niemand bereiter als sie, die Güter, die ihnen Fortuna in den Schoß geworfen, zu genießen und ihre Günstlinge damit auszustatten. Ihre Frauen oder Freundinnen waren die Königinnen der Salons, in

Abb. 10. Barras. Lithographie von Delpech.

denen die Gesellschaft des neuen Frankreichs sich drängte und in ungezügelter Daseinslust die dunkle Vergangenheit zu vergessen strebte. Napoleon hielt sich von dem rauschenden Treiben, obschon es ihn anzog, in der ersten Zeit noch fern: zumal da er doch nur wenig Beziehungen zu diesen Kreisen hatte. Zu Barras' Salon aber fand er gleich anfangs Zutritt, und an ihn schloß er sich eng an. „Denn," wie er noch in St. Helena gesagt hat, „Robespierre war tot, Barras spielte eine Rolle, und ich mußte mich an jemand und an eine Sache anschließen."

In Barras haben wir auch wohl den Vermittler eines Auftrages zu sehen, den Napoleon Mitte Juli vom Wohlfahrtsausschuß empfing und der ihn mit einem Schlage in den Mittelpunkt der Aktion versetzte. Es handelte sich dabei um nichts geringeres als um den Plan zur Fortsetzung des Krieges gegen die Koalition. Dem Frieden mit Preußen war soeben der mit Spanien gefolgt; der mit Neapel und Parma schien so gut wie fertig; auch die norddeutschen Alliierten Preußens traten aus dem Kriege zurück; und ebenso hoffte man von den andern deutschen Reichsständen, daß sie die Fahne Österreichs verlassen würden. Da auch der Versuch der Engländer und der Emigranten, durch eine Expedition an die Küste der Normandie von innen her die Herrschaft der Revolution zu stürzen, bei Quibéron gescheitert war, so hatte man von allen Seiten Truppen frei und konnte hoffen, den Kriegsschauplatz auf die Front gegen Österreich und Sardinien zu beschränken. Es war die Richtung, in der Napoleon schon im vorigen Sommer die großen Stöße hatte führen wollen. Jetzt drängte alles dahin, seine Pläne zur Ausführung zu bringen. Kam man den Gegnern an der Küste nicht zuvor, so war es sicher, daß sie hier einander die Hand reichen würden. Schon hatten sie Vado besetzt und dadurch die Verbindung mit Genua unterbrochen. Die Zufuhr aus den italienischen Häfen blieb für die französische Armee vollends fort, und man hätte die verstärkte Armee kaum ernähren können. Also, war der Rat Buonapartes, müssen wir Vado wieder nehmen, den Apennin überschreiten und das Kriegstheater nach Piemont und in die Lombardei verlegen, um den Krieg durch den Krieg zu ernähren. Wir müssen Sardinien von Österreich trennen, es zum Frieden zwingen und im Frühling die großen Schläge führen, d. h. die Lombardei erobern, Herren von Alessandria und Mantua werden und durch die Päſſe des Trentino hindurch dringend zuſammen mit der Rheinarmee in den Erbſtaaten Öſterreichs den Frieden diktieren. So der Plan, den er in wiederholten Entwürfen den Regierenden in Paris vorlegte. Im Jahre zuvor hatten dieſe Gedanken ihm faſt ſeine Stellung und Freiheit gekoſtet, jetzt wurden ſie die Staffel zu ſeiner Größe. Als ſein Mißgönner Aubry am 2. Auguſt aus dem Komitee ausſchied und deſſen Nachfolger Doulcet de Pontécoulant auf Buonapartes Pläne bereitwillig einging, ſchien ſein Glück gemacht. An die Vendée dachte er kaum noch; in den Briefen an den Bruder ſpricht er davon, nach Nizza zu kommen; er hoffte vielleicht ſchon auf Verwendung bei dem Feldzuge, deſſen Entwürfe er machte. Daneben beſchäftigte ihn in dieſen Wochen ganz ernſtlich der Plan, in türkiſche Dienſte zu treten. Es ſollte eine offizielle Miſſion werden, zu der Sultan Selim, der ſeine Artillerie durch franzöſiſche Inſtrukteure reorganiſieren wollte, die franzöſiſche Regierung im Juli aufgefordert hatte. Für Napoleon, deſſen Phantaſie von jeher den Orient umſpannt hatte, war es ein verlockender Gedanke. Er dachte daran, ſeinen Bruder Joſeph, dem er ein Konſulat in der Levante verſchaffen wollte, mitzunehmen, und bot ſich der Regierung offen dazu an. Zunächſt jedoch wollte das Komitee ihn nicht fortlaſſen. Doulcet und Jean Debry ſtellten ihm die glänzendſten Zeugniſſe aus. Jener erklärte, daß er den Ratſchlägen des Generals Buonaparte einen großen Teil der nützlichen Maßregeln verdanke, die er der Armee der Alpen und Italiens vorgeſchrieben habe; er empfahl ihn für die Artillerie oder jede andere Waffe, eventuell auch für den diplomatiſchen Dienſt. Debry erkärte, das Komitee dürfe einen ſo ausgezeichneten Offizier nicht entfernen; ſein Rat war, ihm zunächſt eine Beförderung, und zwar in ſeiner Waffe vorzuſchlagen, und erſt, wenn er trotzdem auf ſeinem Vorhaben beharre, darüber in Beratung zu treten. Demgemäß ſchickte das Komitee am 30. Auguſt dem kommandierenden General in der Vendée die Weiſung zu, einen Stellvertreter für den Brigadegeneral Buonaparte einzuſetzen, da das Komitee ihn ſeit dem 4. Auguſt zu der Bearbeitung der Kriegspläne herangezogen habe. Und ganz entſprechend ſchreibt Napoleon wenige Tage ſpäter ſeinem Bruder Joſeph, das Komitee habe es für unmöglich erklärt, ihn, ſolange der Krieg daure, aus Frankreich fortzuſchicken, er werde wieder in der Artillerie Anſtellung finden und wahrſcheinlich im Komitee bleiben. Er war mit ſeinem Loſe zufriedener als je. „Du mußt," ſchreibt er, „was auch kommen möge, für mich nichts fürchten. Ich habe alle angeſehenen Leute für mich, welcher Partei und Richtung ſie auch angehören." Und am 8. September: „Ich ſehe nur Angenehmes in der Zukunft. Und wäre es anders, ſo würde ich auch dann nur der Gegenwart leben. Ein Mann von Mut muß die Zukunft verachten."

Unter dieſen Umſtänden muß es unſer Befremden erregen, wenn das Komitee am 15. September ein Dekret erläßt, das den Brigadegeneral Buonaparte, „der bisher zur Verwendung des Wohlfahrtsausſchuſſes geſtanden habe", aus der Liſte der aktiven Generale ſtreicht, und zwar mit dem Motiv „ſeiner Weigerung, ſich auf den Poſten zu begeben, der ihm angewieſen ſei". Man hat dieſe Verfügung ſtets als eine Strafe, als die Abſetzung Napoleons aufgefaßt; er ſei damit aufs Pflaſter geworfen worden, aus allen Himmeln ſeiner Hoffnungen gefallen. Und in der Tat, der Befehl klingt brüsk genug, und eine Freundeshand ſcheint ihn nicht geſchrieben zu haben. Indeſſen beſitzen wir von demſelben Tage eine andere Verfügung des Komitees von entgegengeſetztem Inhalt. Es iſt die Urlaubsbewilligung nach Konſtantinopel und der Auftrag, die militäriſche Miſſion bei dem Sultan zu übernehmen. Hierin werden die tiefen Kenntniſſe des Generals in der Kriegskunſt und beſonders in ſeiner Spezialwaffe, der Artillerie, hervorgehoben, wie auch die Verdienſte, die er ſich vor Toulon und in Italien erworben habe, und ſeine Sendung wird als eine Probe der Freundſchaft und des Intereſſes bezeichnet, welche die Republik für ihren erhabenen Verbündeten beſitze. Ein ganzer Stab von Offizieren, eben die, welche er selbst erbeten hatte, darunter Junot und Marmont, werden ihm beigegeben, die Gehälter und die Ausgaben für die mathematischen und Meßinstrumente, sowie die Literatur, die der General gebrauchen wird, nach seinen Angaben bestimmt. Und dieselbe Kommission, welche jenes andere Dekret zur Ausführung bringen soll, wird damit für dieses beauftragt. Das Absetzungsdekret hat an erster Stelle Cambacérès unterzeichnet, später einer der Intimen Napoleons, und eben dieser schreibt noch am 29. September von der in Frage stehenden Sendung des Generals nach Konstantinopel, der nichts mehr im Wege stehe als die Forderung Buonapartes, jene Offiziere mit sich zu nehmen. Danach müssen wir jene schroff klingende Verfügung doch wohl anders deuten. Wenn Napoleon die Mission in den Orient übernehmen wollte, so mußte er in der Tat aus der Liste der „zur Verwendung kommenden" Generale gestrichen werden; und wenn als Grund seine Weigerung, in der Vendée zu dienen, angegeben wird, so mag dies mit republikanischer Schroffheit gesagt sein, aber es ließ sich in der Tat, da die Krankheit nicht mehr als Entschuldigung zog, kaum ein anderer Grund dafür aufstellen. Jedenfalls haben wir aus Napoleons Feder nichts, was jene Auffassung rechtfertigen könnte, und der Ton seiner Briefe an Joseph ist gegen früher nicht anders geworden. Seine Reise, schreibt er am 26. September, würde beschlossene Sache sein, wenn sich nicht in letzter Zeit die Gemüter in Paris erhitzt hätten, so daß neue Tumulte zu besorgen seien. Es ist die reaktionäre Bewegung der Pariser Bevölkerung gegen die neue Verfassung, der der Konvent dem Lande aufzwingen wollte, auf die er in diesen Worten hindeutet, und wir haben damit den Schicksalstag erreicht, an dem sein eiserner Wille zum erstenmal im Zentrum des Staates wirksam wurde und der Revolution eine neue Phase ihrer Herrschaft eröffnete.

* * *

Seit dem Sommer 1789 hatte die Nationalversammlung, als Konstituante, Legislative und Konvent, die Herrschaft in Frankreich geführt. Jetzt zum erstenmal machte sie den ernstlichen Versuch, abzudanken, die Exekutive von der legislativen Vertretung der Nation wirklich zu trennen. Das ist der Sinn der Verfassung vom Jahre III, die, bis Ende August im Konvent durchberaten, im September der Nation zur Abstimmung unterbreitet wurde. Möglich war dieser Versuch, weil die Menge der Gegner immer mehr reduziert war und eine letzte Anstrengung den allgemeinen Frieden, auf den jedermann hoffte, in Aussicht zu stellen schien. Dem Royalismus durchaus feindselig, war die neue Verfassung zugleich eine schroffe Absage an die sozialistischen Ziele, denen die Demokratie unter Robespierre zugesteuert war. Nicht einmal das allgemeine Wahlrecht ward bewilligt, ein fester Wohnort und die Zahlung einer Steuer zur Bedingung für die Wähler gemacht, und nur Eigentümer sollten in die Legislative aufgenommen werden. Dem Kultus ward Unabhängigkeit vom Staate zugesichert, der Presse, der Arbeit, dem Handel und Gewerbe Bewegungsfreiheit versprochen, die Klubs wurden aufgehoben, und vor allem wurde den Käufern der Nationalgüter das Eigentum daran gewährleistet. Alles aber kam darauf an, die Gewalten, in denen fortan die nationale Souveränität ruhen sollte, so gegeneinander zu stellen, daß das Übergewicht der einen über die andere vermieden und die Grundlagen der Verfassung unverschoben blieben. Deshalb vertraute man die exekutive Gewalt nicht e i n e m Chef, sondern einem Kollegium von fünf Männern an. Die Legislative wurde zu demselben Zweck in zwei Körperschaften zerlegt: den Rat der Fünfhundert mit einer Altersgrenze mindestens von dreißig Jahren, und den halb so starken Rat der Alten, d. h. der mehr als Vierzigjährigen; jene sollten die Gesetze einbringen und beraten, diese sie beraten und votieren. Der Macht- und Geschäftskreis des Direktoriums, in dem der alte Wohlfahrtsausschuß fortlebte, war ungemein groß; Krieg und Politik, Justiz, Verwaltung und Finanzen lagen in seiner Hand, Minister, Kommissare und Generäle hingen von ihm ab. Aber jene Energie, die der Konventsausschuß in seine Beschlüsse gelegt hatte, konnten die Direktoren nicht entfalten, weil sie von der nationalen Vertretung losgelöst waren, ohne doch völlig unabhängig von ihr zu werden. Schon ihre Einsetzung hing von dem Willen der beiden Räte ab: aus einer von den Fünfhundert aufgestellten Liste hatten die Alten sie zu erwählen. Für die Gesetzgebung war ihnen jede Initiative genommen, und in dem Beschluß über Krieg und Frieden waren sie an die Zustimmung der Volksvertretung gebunden. Die Nation selbst hatte unmittelbar nur bei der Erwählung der Räte, und auch da nur in dem angedeuteten Rahmen eines begrenzten Stimmrechtes mitzusprechen: so daß also die nationale Souveränität, auf der die Revolution ruhte und die der Konvent ganz in sich aufgenommen hatte, jetzt durch drei Instanzen hindurch zur Entfaltung kam. Auf vier Jahre ward die Wahlperiode normiert. Um aber die Okkupation der Macht seitens der regierenden Organe noch besser zu verhindern und sie unter der Kontrolle des nationalen Willens zu halten, war die Bestimmung getroffen, daß jährlich ein Drittel aus den Räten und ein Mitglied aus dem Direktorium ausscheiden müsse. Alles in allem ein höchst kunstvoll ausgedachtes und logisch entwickeltes System, dem leider nur das Beste fehlte: die Stelle, auf der das Schwergewicht der Macht ruhte; dessen Tendenz vielmehr geradezu dahin ging, diesen Punkt zu umgehen, die Souveränität, statt sie zu konzentrieren, zu zersplittern.

Auf eine völlige Erneuerung der regierenden Körperschaften wollte und durfte freilich die Majorität es nicht ankommen lassen. Trotz Quibéron waren die Unruhen in der Vendée nicht gestillt. Auch im Süden hatte es wieder heiße Kämpfe gegeben. Vor allem aber war die Reaktion in Paris selbst hoch gekommen. Daher fügte der Konvent der Verfassung zwei Dekrete hinzu, durch die zwei Drittel seiner Mitglieder sofort in die beiden Räte übernommen und nur das letzte Drittel neu gewählt werden sollten. Maßregeln, welche im ganzen doch richtig berechnet waren. Die Verfassung ward überall fast einstimmig votiert; denn die Macht, die sie den Regierenden versprach, konnte jede Partei für sich gebrauchen. Auch die Dekrete wurden in den meisten Departements angenommen; vor allem die Armeen stimmten einmütig für die Beschlüsse der Majorität. In Paris aber siegte die Reaktion. Nur eine der städtischen Sektionen erklärte sich auch zugunsten der Dekrete; in allen anderen wurden sie verworfen. Und als dann der Konvent die Wahlen ausschrieb, ward dieser Beschluß für die Pariser das Signal zur Gewalt.

Napoleon hatte die Gärung, die seit dem September in der Hauptstadt bemerkbar war, sehr gleichmütig angesehen; er pflegte ja populäre Agitationen nur gering einzuschätzen. Und in der Tat waren die positiven Kräfte, über welche die Reaktionäre verfügten, klein genug. Aber die Pariser rechneten auf die Unfertigkeit der neuen Ordnung, die Unsicherheit und Zwiespältigkeit der Majorität, in der die Reste der revolutionären Parteien, die sich vor einem Jahr noch auf Leben und Tod bekämpft hatten, vereinigt waren, auf die Gleichgültigkeit der Massen, und vor allem auf das Übergewicht, das sie im Augenblick in der Hauptstadt besaßen; denn den 30000 Nationalgarden, über die sie verfügten, konnte der Konvent nur die Konventsgarde, eine Linientruppe, die er sich nach dem 1. Prairial gegeben hatte, und ein paar Brigaden, die man aus den benachbarten Departements herbeigezogen hatte, im ganzen etwa 5000 Mann, entgegensetzen. So geschah es, daß, als nun in der Nacht des 12. Vendémiaire die Versammlung Gewißheit von dem bevorstehenden Aufstand erhielt, ein Moment großer Verwirrung und Zaghaftigkeit in ihr eintrat, der alles befürchten ließ. Der Befehlshaber der Armee des Innern, General Menou, hatte zwar den Aufstand am 1. Prairial niedergeworfen, damals aber waren es die Jakobiner gewesen, welche unterlagen, und Menou gehörte eher zu ihren Gegnern; wenigstens zeigte er sich augenblicklich der Situation nicht gewachsen. In der stürmischen Nachtsitzung beschloß man daher, von ihm abzusehen, ja ihn in Anklagezustand zu versetzen und das Haupt der Thermidorianer, Barras, mit dem Oberbefehl zu betrauen.

Graf Barras war ein alter Offizier, und an Entschlossenheit fehlte es ihm nicht, wenigstens nicht in Situationen wie diese, wo es seinem eigenen Kopf galt. Aber für die Aufgabe, die ihm bevorstand, bedurfte er eines Helfers, dem die Befehls- und Kriegführung gewohnter war als ihm. Er wählte dafür (und was konnte näher liegen?) den General, dessen Talente und Energie ihm seit Toulon verbürgt

Abb. 11. Murat. Gemälde von François Gérard im Museum zu Versailles.
Nach einem Kohledruck von Braun, Clément & Cie. in Dornach i. E., Paris und New York.

waren, und der das gleiche Interesse am Siege des Konventes besaß wie er selbst. Napoleon trat damit eigentlich in die Stellung zurück, die er bis vor wenigen Wochen innegehabt hatte: er ward von der Exekutivgewalt, die für den Augenblick ganz in Barras' Hand ruhte, wieder „in Verwendung" genommen, als Generalstabschef könnte man sagen: er gab die Vorschläge, die Befehle, welche Barras mit seinem Namen deckte. Alles kam darauf an, die Artillerieparks, besonders den von Sablon, zur Stelle zu bringen, bevor die Nationalgarde sich ihrer bemächtigen konnte. Dies gelang. Kapitän Murat, der sich schon am 1. Prairial ausgezeichnet hatte, erwarb sich das Verdienst, die Kanonen von Sablon herbeizuschaffen: die erste Begegnung der beiden Männer, welche später in Glück und Unglück so nahe verbunden blieben. Es war das Schlachtfeld des 10. August, auf dem auch der neue Kampf um die höchste Gewalt in Frankreich ausgefochten wurde. Denn in den Tuilerien hielt der Konvent seine Sitzungen ab, und dorthin richteten die Pariser, wie vor drei Jahren, am Nachmittag des 13. Vendémiaire ihren Angriff: um das Haus des letzten Königs scharten sich die Truppen, die seine Mörder verteidigen sollten. Damals hatte die Pariser Nationalgarde, die wie jetzt aus den Besitzenden bestanden, trotz der Kanonen, über die sie verfügte, sich ihrem König versagt, der seinem Volke gegenüber sich nur auf die fremden Söldner verlassen konnte oder wollte: jetzt sah man gerade die Bürger von Paris im Anmarsch, und fünftausend Söhne des Landes und der Revolution schirmten die Versammlung, welche die Republik, die sie begründet hatten, und mit ihr die eigene Gewalt behaupten wollten. Ihr Führer aber war wiederum ein Fremder, der corsische Emigrant, der den König und das Volk Frankreichs zuerst gehaßt und dann verachtet hatte, und der nun die Republik retten wird, um sie bereinst zu stürzen, und das alte Königsschloß heute verteidigt, um morgen den eigenen Thron, den Thron des Kaisertums in ihm zu errichten.

Es war die letzte schwere Krisis in der Revolution; denn am 18. Fructidor und 19. Brumaire hat es nur noch eines leichten Griffs bedurft, um ihre Widersacher zu beseitigen. Am 13. Vendémiaire aber wandte die Reaktion noch einmal alle ihre Kräfte an den Erfolg; in Paris hatte sie sich niemals entschlossener gezeigt, und die Tausende wohlbewaffneter und geordnet vorbrechender Bürger waren eine sehr viel stärkere Macht, als die anarchischen Pöbelrotten, welche sonst die kritischen Tage zugunsten der Revolution gewandt hatten. Aber in dem „Capitaine Canon" fanden sie ihren Meister. Vor den Geschützen, die er an den beherrschenden Punkten aufgestellt hatte, kam der Angriff zum Stehen und ward sofort mit resolutem Gegenstoß erwidert. In wenigen Stunden war die blutige Arbeit getan; ein paar Hundert deckten das Pflaster; in der Nacht wurden auch die letzten Reste in den entfernteren Quartieren überwältigt.

„Das Glück ist mit mir," schrieb Napoleon am Tage darauf seinem Bruder Joseph. In der Tat schüttete Fortuna von nun an ihr reichstes Füllhorn über den jungen General aus. Am 10. Oktober ernannte ihn auf Antrag von Barras der Konvent zum zweiten Kommandanten des Innern; am 16. wurde er zum Divisionsgeneral befördert, am 20., als Barras in das Direktorium eintrat, zu seinem Nachfolger als General en chef der Armee des Innern ernannt. Die Truppenzahl, über die er den Befehl übernahm, war nicht groß, nur etwa 20 000 Mann, sein Befehlsbezirk Paris und die umliegenden Departements; aber die Aufgabe, die ihm anvertraut war, gab seiner Stellung eine überragende Bedeutung. Er war für das Direktorium und die Konseils der Arm und der Garant ihrer Macht geworden, und mit dem Kommando strömten auch andere ihm unverächtlich erscheinende Güter herbei. Wie oft hatte er sich danach gesehnt, ein eigenes Haus zu besitzen, Pferde und Wagen, um, wie er einmal schreibt, seine Geschäfte rascher erledigen zu können. Jetzt stand ihm alles zur Verfügung, eine Amtswohnung, Tafelgelder, Wagen, Dienerschaft, ein ganzer Stab von Offizieren und Beamten; alle Türen waren dem offen, der selbst den Schlüssel zu so vielen Pforten des Einflusses besaß. Wir wissen, wie sehr Buonaparte immer für seine Familie zu sorgen beflissen war. Auch an sie, die durch den Sturz der Robespierres ebenfalls schwer getroffen worden war, hatte er gedacht, als er in Paris geblieben war, statt in die Vendée zu gehen. Niemals hat er liebenswürdigere, ja zärtlichere Briefe an seinen ältesten Bruder gerichtet, „seinen besten Freund", wie er ihn nennt: „Ich fühle," schreibt er ihm einmal, „indem ich diese Worte hinwerfe, eine Erregung, von der ich wenig Beispiele in meinem Leben habe!" Nun sah er die Zeit gekommen, wo er ihnen allen helfen konnte. Joseph sollte sein Konsulat haben; sogleich richtete Napoleon eine Eingabe dafür an das

Direktorium. Den Bruder Louis, den er in Chalons auf der Militärschule untergebracht hatte, ließ er zum Leutnant ernennen und machte ihn zu seinem Adjutanten. Lucian, der im Sommer sogar eine Weile im Gefängnis gewesen war, aus dem ihn Napoleon bereits befreit hatte, erhielt einen Platz als Kriegskommissar in der Nordarmee. Im Genuß der gleichen Pfründe vergaß auch Onkel Fesch, der sofort nach Paris geeilt war, seiner corsischen Zukunftsgedanken. Den jüngsten der Brüder, Jérôme, ließ Napoleon nach Paris kommen, um ihn einem Collège anzuvertrauen. Mutter und Schwestern erhielten Geld, ungemein große Summen, die, man weiß nicht woher, dem mächtig Gewordenen zuflossen. So wurden auch die anderen Verwandten und Freunde bedacht; kaum einer ward vergessen. Es machte Napoleon offenbar Freude, Wohltaten zu spenden, Dank abzustatten, zugleich aber Freunde, Klienten

Abb. 12. Josephine. Zeichnung von J. B. Isabey.
Nach einem Kohledruck von Braun, Clément & Cie. in Dornach i. E., Paris und New York.

zu erwerben und zu fördern: auch das war ein Genießen der Macht, die er errungen hatte.

Mit Barras blieb er intim. Und wieder war es dieser, der seinem Leben eine neue Richtung und neuen Inhalt gab. Unter den jungen und galanten Frauen, die in den Salons des Direktors verkehrten, war auch Josephine, die Witwe des Marquis Alexander von Beauharnais, der im Jahr vorher sein Leben unter der Guillotine geendet hatte. Auch sie stammte von einer französisch gewordenen Insel. Erzogen unter der tropischen Sonne von Martinique, war sie im Herbst 1779 nach Europa gekommen, um jene Ehe zu schließen. So jung sie war (freilich immer noch sechs Jahre älter als der junge Corse, der ihr nun nahe trat), hatte sie schon ein bewegtes Leben hinter sich. Zunächst an der Seite eines kaum geliebten Gemahls, der ihr die Treue nicht hielt und bald nach Westindien, woher auch er stammte, zurückkehrte, während sie allein bleibend sich trösten mußte und wohl auch zu trösten verstand. Es kam zu einer völligen Trennung. Dann war Beauharnais in den Wirbel der Revolution hineingerissen worden, der ihn ins Ministerium, an die Spitze der Rheinarmee, schließlich aber auf das Schafott brachte, als eines der letzten Opfer des Schreckens, wenige Tage vor dem 9. Thermidor. Die Revolution hatte die Gatten wieder zusammen geführt, und auch die Kerkerhaft teilte Josephine mit dem Gemahl. Dann aber zog sie ein besseres Los als der unglückliche Marquis. Der 9. Thermidor befreite sie aus der Haft und führte sie und ihre Schicksalsgenossin, die schöne Cabarrus, die bald Talliens, des Thermidorianers, Gemahlin wurde, Barras zu, in dem sie einen Beschützer und, wie wohl zu glauben, bald noch mehr als das fand.

Napoleon hatte sich schon im Süden mit Heiratsgedanken getragen. Désirée Clary, die Schwägerin seines Bruders Joseph, welche später die Gemahlin Berna-

Annäherung Napoleons an Josephine.

bottes und also die Stammutter des schwedischen Königshauses werden sollte, hatte ihn eine Zeitlang gefesselt: ein Verhältnis, das dann aber von seiner Seite gelöst worden ist. Nach dem Vendémiaire soll er noch Madame Permon, deren Gemahl eben gestorben war, einen Antrag gemacht haben, aber abgewiesen sein. Jedenfalls hat er sich Josephinen erst genähert, als er bereits das Kommando in Paris führte. Ich wiederhole nicht, was die Memoiren über die Entwicklung des Verhältnisses berichten. Allzu schwankend ist dieser Boden, und selbst, wenn sie besser beglaubigt wären, würde der Historiker kaum die Pflicht haben, sie nachzuerzählen. Am ersten wird man noch annehmen dürfen, was Napoleon selbst darüber mitteilt. So möchte ich, trotz Barras' Einspruch, nicht gerade verwerfen, was der Kaiser auf St. Helena, vielleicht ausschmückend, von der ersten Annäherung erzählt hat: wie er dem Sohne Josephinens, Eugen, als nach dem Aufstande alle Waffen abgeliefert werden mußten, auf sein Bitten erlaubt habe, den Säbel seines Vaters behalten zu dürfen; wie dann die Mutter gekommen sei, um sich zu bedanken, und den General hierauf zu Tisch geladen habe. Daß im übrigen Barras ihn auf Josephine hingewiesen, hat Napoleon selbst bestätigt. Und ganz glaubwürdig ist das Motiv, aus dem der Direktor ihm die Partie geraten haben soll: sie gehöre zur Gesellschaft sowohl des alten wie des neuen Regimes; das würde dem General Rückhalt geben, seinen Beinamen des Corsen verwischen und ihn ganz französisch machen, da ihr Haus das beste in Paris sei. Denn in der Tat wollte Napoleon, wie er an derselben Stelle bezeugt, schon nichts anderes sein als Franzose: unter allen Beschimpfungen, die damals gegen ihn geschleudert wären, sei ihm die des Corsen am empfindlichsten gewesen. Um eine Stellung in der französischen Gesellschaft zu gewinnen, gab es mit einem Wort keinen besseren Weg, als die Verbindung mit Josephine Beauharnais. Die Memoiren berichten uns, daß Napoleon sein Äußeres damals sehr vernachlässigt habe. Ohne Handschuhe, mit schlecht sitzenden und schlecht geputzten Stiefeln, so erzählt die Frau seines Jugendfreundes Junot, sei er in die Gesellschaft gekommen: mit dem mageren, gelben Gesicht und dem wenig gepflegten Haar, das in langen Strähnen ihm auf die Schulter herabfiel, habe er einen kränklichen Eindruck gemacht: aber zwei Augen, leuchtend von Willenskraft und Geistesschärfe, blitzten aus den eckigen Zügen. Nur darf man nicht glauben, daß der junge Corse die Manieren eines Troupiers in die feinen Pariser Zirkel getragen habe. Der ehemalige Zögling der Militärschulen von Brienne und Paris, der Freund eines Desmazis und Marmont, der Sohn Carlo Buonapartes konnte sich nach Herkommen und Erziehung sehr wohl mit der höchst gemischten Gesellschaft messen, welche auf der Trümmerstätte der alten Monarchie, von dem Banne des Schreckens erlöst, in neuerwachter Lust den schäumenden Becher des Lebens leerte. Das Lagerleben hatte Napoleon bisher kaum kennen gelernt, vielmehr in Nizza, Toulon, Marseille, wie früher in Ajaccio und seinen französischen Garnisonen, in den ersten Kreisen und in angeregter Geselligkeit verkehrt. Freilich war der übermütige Pariser Ton ihm ungewohnt, die Eleganz und die kecke Lust, mit der man dort das Leben genoß, diese Verbindung von Grazie und Sinnlichkeit waren seinem verschlossen brütenden, schwer arbeitenden, stets vorwärts drängenden Geist versagt. Als Jüngling, da er mit Desmazis über die Liebe debattierte, hatte er den Gegensatz seiner Natur zu dem leichtherzigen Frohsinn des Freundes recht geflissentlich hervorgekehrt und sich mit dem ganzen Trotz und Stolz seines spröden Herzens gegen dessen heiteres Augenblicksgenießen gestemmt. Jetzt, zum Manne gereift, und angesichts einer Gesellschaft, in der die Kunst, des Daseins froh zu werden, nicht bloß zum guten Ton gehörte, sondern auch die Güter, nach denen er selbst die Hand reckte, dem, der sie zu üben verstand, versprach, lockte es auch ihn in den Glanz hinein, und empfand er die eigene Unbeholfenheit als einen Mangel, der ihm um so ärgerlicher war, je mehr er wünschte, als Franzose anerkannt zu werden.

Da begegnete ihm nun diese Französin aus altem Hause, die über jene Schwäche an ihm gefällig hinwegsah und ihm bald unzweideutig ihre Neigung zu erkennen gab. Daß ihr Ruf nicht ohne Flecken, ihre Schönheit nicht unbestritten und selbst ihre erste Blüte dahin war, übersah er: das erste pflegte die Welt, in der sie lebte, mit Nachsicht zu beurteilen, und die entfliehenden Reize der Jugend verstand Josephine durch die Künste der Toilette zu korrigieren und durch die Anmut, die sie in Blick und Worte zu legen wußte, zu ersetzen. Indem die kluge Schmeichlerin ihren jungen Freund vor der Gesellschaft auszeichnete, ihm ihre Bewunderung seiner militärischen Talente aussprach, gab sie ihm auch auf diesem Boden die Sicherheit, die er an sich vermißte. Das liebenswürdig Sanfte, Hingebende, fast an Indolenz Grenzende ihrer kreolischen Natur tat es dem Leidenschaftlichen an; gerade der Kontrast zu seiner eigenen Art zog ihn in ihren Bann. Ihr Lob berauschte ihn vollends, er folgte ihr überall hin, und bald loderte sein Herz in heißer Flamme für die lebensfrohe Witwe auf.

Die Behauptung von Barras, daß gerade er seinem Schützling auch das Kommando in Italien verschafft, und daß dies die Mitgift oder die Abfindung seiner Freundin gewesen sei, gehört zu dem Klatsch, der von nun an sich der Gestalt Napoleons bemächtigt; ein Gewebe von Wahrem und Erlogenem, Irrtum und Bosheit, das leider selten ganz bestätigt oder widerlegt werden kann. An dieser Stelle aber können wir den Verleumder einmal direkt fassen, denn wir haben Carnots, des Wahrheitsliebenden, Zeugnis, daß er selbst den General zum Oberbefehlshaber der Armee von Italien vorgeschlagen, und daß der Beschluß einmütig im Direktorium gefaßt sei. Und in der Tat, wenn der Krieg in Piemont und die Lombardei getragen werden sollte, so konnte, da Scherer, der jetzt die Armee kommandierte, auf den Plan nicht einging (von dem übrigens auch Hoche nichts wissen wollte), niemand anders in Frage kommen, als der General, der alle Pläne entworfen und seit fast zwei Jahren auf ihre Ausführung hingedrängt hatte. Schon im Januar ward wieder darüber beraten; im Februar war der

Abb. 13. Carnot. Lithographie von Delpech.

Entschluß gefaßt und damit auch die Heirat entschieden; denn, wie sich versteht, wollte Napoleon nicht in den Feldzug gehen, ohne sich vorher mit der Geliebten verbunden zu haben. Vom 2. März datiert seine Ernennung, vom 6. die Instruktion; am 9. erfolgte die Ziviltrauung, bei der, charakteristisch genug, die Freunde Josephinens, Barras und Tallien, Zeugen waren und der gefällige Standesbeamte das Alter der Braut um fünf Jahre zu niedrig, das des Bräutigams um mehr als ein Jahr zu hoch in die Liste eintrug. Drei Tage später saß Napoleon in dem Wagen, der ihn an die Küste zurückführte; am 27. März traf er im Hauptquartier zu Nizza ein.

„Au destin", so lautete der Denkspruch, den Napoleon in Josephinens Brautring hatte eingraben lassen. Nicht ein blindes Vertrauen in das Schicksal wollte er darin zum Ausdruck bringen: sondern daß er mit freier Stirn, „trotzend dem Tode und dem Geschicke", den Kampf mit dem Leben aufnehme und dennoch Unabwendbaren sich unterwerfe. Wohin ihn „das wilde Roß des Lebens" tragen würde, war ihm verborgen, und er fragte nicht danach. „Der wird nicht weit kommen," so hat er später einmal gesagt, „wer von Anfang an weiß, wohin er geht." Aber den Boden, auf dem er das Glück zu erjagen hoffte, des Lebens Rätsel lösen wollte, hatte er unter den Füßen: es war das Frankreich der Revolution, das er gerettet hatte und nun zu neuen Siegen führen sollte. Ruhm und Ehre, Macht und Größe dieses Landes waren auch seine Ziele geworden: in die Geschicke Frankreichs war auch sein Geschick verflochten.

Bis dahin hatte er an der italienischen Form seines Namens, Buonaparte, festgehalten. So noch in Unterschrift und Vordruck auf seinen Erlassen als General en chef der Armee des Innern. Jetzt, angesichts Italiens, in der ersten Zuschrift

Namenszug Napoleons als General en chef der Armee des Innern.

Namenszug Napoleons als General en chef der italienischen Armee.

an das Direktorium, der Meldung, daß er bei der Armee angekommen sei und den Befehl übernommen habe, wendet er die Namensform an, die nun bald in der ganzen Welt widerhallen wird. Als Sohn Frankreichs wollte er den Boden des Landes betreten, das er für Frankreich erobern wollte.

* * *

Den Krieg durch den Krieg zu ernähren war das Ziel, das Napoleon der Armee Italiens gesteckt hatte, und das er jetzt erreichen mußte. Der Zustand, in dem er seine Truppen fand, machte den Entschluß zur Notwendigkeit. Es waren rund 40000 Mann, zumeist Söhne der Alpen und der südlichen Provinzen, aus den Landschaften, die er selbst so genau kannte, zusammengewürfelt aus alten Regimentern des Königtums und den Freiwilligen der Revolution, kriegsgewohnt und abgehärtet, aber unbeschreiblich verwahrlost, in Geldnot und Entblößung, zuchtlos und verdrossen. Wie die Soldaten, so waren auch die Offiziere teils aus der alten Armee hervorgegangen, alte Edelleute, Zöglinge der Kriegsschulen, wie Serrurier und Berthier, Marmont und Dommartin, teils, wie Augereau und Massena, Emporkömmlinge aus der Revolution, die noch vor kurzem selbst den Tornister getragen hatten. Widerwillig empfingen sie alle den jungen General, „den Protégé Barras' und seiner Weiber", der unter dem und jenem von ihnen bis vor einem Jahr noch gedient hatte. Aber wie er nun unter sie trat, seine Fragen über die Stellungen der Armee, das Material, den Geist und den Bestand eines jeden Korps an sie richtete, und danach seine Befehle, kein Wort zu viel und keins zu wenig, diktierte, eine vollendete Kenntnis des Terrains und aller Verhältnisse offenbarte, beugten sich alle unter dem Druck dieses gewaltigen Willens und dieser alles beherrschenden Intelligenz.

Die Armee war an der Riviera aufgestellt, Front gegen Norden, von Voltri bis Albenga. Drei Straßen führen über das Gebirge: über den Col di Tenda, über den Paß von Altare und durch die Bocchetta. Die mittlere, welche Bonaparte wählte, sendet im Gebirge zwei Arme aus, den einen über Dego und Acqui nach Alessandria und Mailand, den andern über Millesimo und Ceva nach Turin. Hier, wo zugleich etwa die Grenze zwischen den österreichischen und sardinischen Stellungen war, wollte Napoleon durchbrechen, um die Gegner einzeln zu schlagen. Nun kamen freilich die Österreicher, aufgeschreckt durch eine von Napoleon nicht gewollte Bewegung der Franzosen gegen das Gebiet von Genua, dem Angriff zuvor. Am 10. und 11. April drängten sie unter Argenteau die bei Voltri vorgeschobene Division La Harpe zurück. Aber vor den Schanzen am Monte Legino kam der Angriff zum Stehen, und am 12. wurden die Österreicher ihrerseits bei Montenotte mit Übermacht überrascht, umfaßt und zersprengt. Und Napoleon gönnte den Gegnern keine Stunde der Ruhe. Am 13. wurde ein sardinisches Korps bei Millesimo geworfen, am 14. der Rest außer Kampf gesetzt. Am gleichen Tage erhielt Argenteau bei Dego den Gnadenstoß, und der Oberbefehlshaber der Österreicher, Beaulieu, hatte bereits höchstens noch 20000 Mann unter seinem Befehl, zwischen sich und den Sarden aber sah er Bonaparte. Er mußte zurück in die Lombardei. Wieder ließ Napoleon von ihm ab, um die Sarden zu fassen. Mit erdrückender Übermacht ereilte und schlug er sie; zuerst bei Ceva, dann am 22. April entscheidend bei Mondovi.

Die erste Etappe war erreicht. Weit und breit entwickelten sich die französischen Kolonnen in der reichen Ebene von Piemont. König Vittorio Amadeo hatte nur noch die Festungen seines Landes in der Hand. Die Österreicher waren fern, seine Armee zerstört — was konnte er anderes tun, als sich unterwerfen: er forderte von dem Sieger Waffenstillstand. Und Napoleon gewährte ihm denselben gegen Abtretung dreier Plätze und die Freiheit der Alpenstraßen. Es war mehr, als er durfte, denn das Direktorium hatte sich die Genehmigung solcher Verträge vorbehalten, aber es war das Notwendige. Jede Verzögerung wäre den Gegnern zugute gekommen, und „Zeit ist alles" hatte Napoleon schon zwei Jahre zuvor im Hinblick auf eben den Angriff geschrieben, den er jetzt zum Ziele geführt hatte. Er entschuldigte sich bei dem Direktorium, sandte seinen Bruder Joseph deshalb nach Paris und riet den Frieden mit dem König an: die Bedingungen lägen in der Hand der Regierung: „Schenkt mir Vertrauen, und Italien ist Euer!"

So im Rücken gesichert, geht er gegen Beaulieu vor. Während jener nördlich des Po bis über den Tessin zurückweicht, hält Napoleon, den Feind täuschend, sich südlich des Flusses, überschreitet ihn nach leichtem Widerstand bei Piacenza und zwingt dadurch den Gegner, Mailand selbst aufzugeben und hinter der Adda Zuflucht zu suchen. Es folgt der Sieg von Lodi, der Tag, der, wie Napoleon selbst gesagt hat, zuerst das Bewußtsein in ihm erweckte, daß er sich eine Stelle in der Geschichte erworben habe und zu großen Dingen berufen sei. So trat auch der Mitwelt das Bild des jungen Helden an jenem Tage zuerst recht entgegen: wie er inmitten seiner Generale und Adjutanten, trotzend dem Tode und dem Geschick, einem Kriegsgotte gleich gegen die Brücke vorstürmte und die Truppen zum Siege mit sich fortriß.

Und in diesem Moment nun, auf dem Wege nach Mailand, dessen Tore ihm offen stehen, wo schon die Triumphpforten für den Befreier Italiens errichtet werden, erhält er aus Paris die Weisung, den Oberbefehl in der Lombardei an Kellermann abzugeben und mit einem Teile seiner Armee selbst in den Süden zu gehen, um Raubzüge gegen die Höfe Italiens, bis Rom und Neapel hin, zu unternehmen. Wir sahen, wie er sich schon im Sommer 1794 gegen die Idee, sich in Italien zu vertiefen, gewehrt hatte, und daß alle seine Pläne auf den Durchbruch durch die Alpen, den Stoß ins Herz Österreichs gerichtet waren. Noch am Tage nach Lodi hatte er dem Direktorium dies Ziel gewiesen. Jetzt also sollte er dem Sieger von Valmy, dessen Ruhm den seinen noch überstrahlte, der aber in den Alpen wenig genug ausgerichtet hatte, den Schauplatz des Krieges überlassen, auf dem die großen Schläge fallen mußten. Er war wohl bereit, jene Beutezüge, die das Direktorium ihm zumutete, auszuführen; aber das waren kleine Expeditionen, Finanzoperationen konnte man sagen, die er durch fliegende Korps oder durch bloße Verhandlungen, durch die Wucht seines Auftretens, den Schrecken, der vor ihm herging, abmachen konnte. Vor allem aber, er sollte die Macht mit einem andern teilen, und das war ein Gedanke, unerträglich für den Stolzen. Sein Entschluß war auf der Stelle gefaßt. In zwei Briefen, deren einer an das Direktorium in seiner Gesamtheit, der andere bemerkenswerterweise an Carnot, nicht an Barras, gerichtet war, hat er ihn entwickelt. Er kannte nur

Abb. 14. Bonaparte.
Gestochen zu Mailand im Jahre 1796.

die eine Alternative: Entlassung oder Erhaltung des gesamten Kommandos in seiner Hand. Es sind zwei bewunderungswürdige Schreiben, ebensosehr durch die Entschlossenheit, die sie atmen, wie durch ihre maßvolle, wahrhaft vornehme Form. Der General gab zu, daß er der Republik alles schulde, auch das Opfer seiner Überzeugung; er erklärte, daß Kellermann ebensogut die Armee führen werde, wie er: „denn niemand ist überzeugter als ich, daß die Siege dem Mute und der Kühnheit der Armee allein zu verdanken sind". Er werde sich nicht beklagen, wenn man jenem den Oberbefehl gäbe, und seinen Eifer nur verdoppeln, um das Lob der Direktoren auf jedem Posten zu verdienen, den sie ihm anvertrauen würden. Aber er ließ keinen Zweifel darüber zu, daß die Einheit des Oberbefehls ungeschmälert bleiben müsse. „Ich glaube, daß ein schlechter General besser ist als zwei gute. Der Krieg ist, wie die Regierung selbst, eine Sache der Kunst (une affaire de tacte) ... ich will keine Schlinge um die Füße haben. Ich habe mit einigem Ruhm begonnen, ich wünsche fortzufahren, mich Euer würdig zu erzeigen." Man hat diese Worte nicht ernst nehmen wollen: sie seien nur der maßlose Ausfluß des Ehrgeizes; Napoleon habe nicht daran gedacht, daß ihm der Oberbefehl genommen werden könnte; nichts als die Leidenschaft des Herrschens sei darin zu finden. Damit aber tut man dem Gewaltigen unrecht. „Die Einheit des Befehls ist notwendig, um den Erfolg herbeizuführen", so heißt es bereits in dem Ratschlag, den der Fünfundzwanzigjährige den Robespierres gegeben hatte. „Die Regierung muß alles Vertrauen in den General setzen und ihm weiten Spielraum lassen, um das Ziel, das er erfüllen soll, zu erreichen", so hatte er in dem Gutachten vom Januar geschrieben, zu der Zeit, als man noch an Scherer als den Führer der Expedition dachte. Alle seine Pläne hatten die „Einheit des militärischen Gedankens", wie er sich in dem Brief an das Direktorium ausdrückt, zur Voraussetzung gehabt. Dies war die Idee gewesen, der er im „Souper de Beaucaire" seine Dialektik geliehen hatte, dies der Sinn jeder Schlacht, jeder Verhandlung, jedes Befehls, den er je gegeben hat. Dies der Grund aller seiner Erfolge, das Kernwort aller seiner Gedanken, die Summe aller seiner Arbeit. Und nun mag man die Überzeugung, daß er der Mann sei, um der Träger solcher Macht zu sein, meinetwegen als Ehrgeiz bezeichnen. Es war das Bewußtsein der eigenen Kraft, die Gewißheit über das Ziel, welches ihm gesetzt war, und daraus hervorbrechend der leidenschaftliche Wille, es zu erreichen. Es war das „Vaincre ou mourir", das er zu Beginn des Feldzuges den Direktoren als seine Parole geschrieben, das ihn geradeaus gegen die Brücke von Lodi geführt hatte. Damit bleibe ungesagt, ob Napoleon in der Tat geglaubt habe, daß die Direktoren es nicht wagen würden, ihn abzusetzen. Auch Bismarck hat in seinen späteren Jahren wohl nicht mehr daran geglaubt, daß ihm sein alter Herr die wiederholten Gesuche um seine Entlassung gewähren würde. Und dennoch gilt es mit Recht als eine flache Auffassung, anzunehmen, daß der Schöpfer unseres Reiches hierauf spekuliert habe, und daß es ihm nicht Ernst gewesen sei mit seinem Willen, durchzubringen oder abzugehen. Napoleon hatte aber nicht allein die Macht in Händen, die ihm übrigens wohl noch hätte entwunden werden können, sondern er hatte recht. Er beurteilte, wie treffend gesagt worden ist, die Lage so, wie die Geschichte sie später beurteilt hat, und wie er sie durch seine Siege rechtfertigen sollte. Und wir können glauben, daß Männer wie Carnot von dieser Einsicht mindestens ebensosehr geleitet worden sind wie von der Besorgnis, durch den Sturz des Generals die zahlreichen Gegner der Regierung gegen sich aufzurufen und die Armee selbst zu erbittern. Genug, er und seine Kollegen gaben nach; die Regierung tat, was ihr General ihr vorschrieb. „Das Direktorium," so schrieb sie dem Starrsinnigen zurück, „hat reiflich über Euren Vorschlag nachgedacht, und sein Vertrauen in Eure Talente und in Euren republikanischen Eifer hat diese Frage in bejahendem Sinne entschieden. Der General en chef Kellermann wird in Chambéry bleiben."

Von jetzt ab war Napoleon Herr seiner Entschlüsse. Noch mehr als einmal hat er seine Entlassung gefordert oder mit ihr gedroht, bis zum Frieden von Campo Formio hin, immer mit der Alternative, entweder das Ganze in der Hand zu behalten oder in die „Masse der Bürger" zurückzutreten. Und immer geringer wurde der Widerstand der Regierung, die schließlich nur noch mit Bitten, Schmeicheleien und der Auslieferung jeder Vollmacht ihm zu begegnen wußte.

Ein neuer Sieg, bei Borghetto am 30. Mai, brachte auch die Minciolinie in die Hände der Franzosen und zwang Beaulieu, hinter den Bergwänden des Trentino Schutz zu suchen; fortan gab es außer der Besatzung von Mantua, das sogleich blockiert wurde, keine Kaiserlichen mehr südlich der Alpen.

Abb. 15. Bonaparte. Medaille in Gold von Gayrard, 1796.

Italien aber war Napoleon preisgegeben. Schon am 9. Mai hatte er Parma zu einem Waffenstillstand gezwungen. Nach dem Einzug in Mailand bequemte sich Modena zu einem Vertrage, während in Paris die Unterhändler Vittorio Amadeos aus der Hand des Direktoriums den Frieden empfingen, zu dem Napoleons Siege sie gezwungen hatten. Daß die Österreicher auf ihrem Rückzuge Peschiera, Venedigs Festung am Gardasee, besetzt hatten, ward für Bonaparte ein willkommener Vorwand, um dessen Regierung zu seinem Willen zu bringen; sie mußte ihm Verona einräumen, die Festung, welche das Etschtal sperrte, und fortan hing über der altersschwachen Republik die finstere Wetterwolke, aus der bald der zerstörende Blitz auf sie niederfallen sollte. Am 5. Juni wich der Unterhändler Neapels vor der Drohung des französischen Einmarsches zurück: Ausweisung der Emigranten, Schließung der Häfen gegen die Engländer, Abberufung der Truppen von den Österreichern, der Schiffe von der englischen Flotte waren die Bedingungen, für die er seinem Hof den Stillstand erkaufte. Am 8. Juni zog Napoleon in Bologna ein; die Legationen wurden besetzt, in der transpadanischen Republik die erste der ephemeren Staatsformen des Napoleonischen Italiens geschaffen. Alle Welt erwartete jetzt den Marsch gegen Rom. Das Direktorium wünschte ihn, und Napoleon selbst bedrohte damit den Gesandten Spaniens, der als Vermittler kam (denn schon war Spanien im Bunde mit Frankreich); am 23. Juni aber bewilligte er den Monsignori den kaum erwarteten Loskauf von der Invasion. Acht Tage darauf war er in Florenz, der Stadt, aus der seine Familie stammte, als unwillkommener Gast bei dem Bruder des Kaisers, den er bekriegte, während eine seiner Divisionen eine Razzia nach Livorno ausführte und die Magazine der englischen Kaufherren in dem reichen Emporium um Millionen erleichterte.

Denn überall war das vor allem der Zweck und Bedingung dieser Kriegsfahrten und Verträge: Beute zu machen. So war es der oft wiederholte Befehl der Direktoren, und so der Wunsch und Gedanke, mit dem Napoleon selbst den Boden Italiens betreten hatte. Schon ernährte nicht bloß der Krieg den Krieg, sondern die französische Republik selbst. Gleich der erste dieser Verträge, der mit Parma, legte den zu Gnaden Aufgenommenen zwei Millionen Franks, 1200 geschirrte Pferde, 2000 Ochsen, 10 000 Scheffel Getreide auf; 20 Gemälde mußte der Herzog obendrein ausliefern. So ging es nun weiter. Geld und Getreide, Ochsen und Kunstwerke, Gemälde der großen Meister der Renaissance und antike Statuen, etruskische Vasen, kostbare Handschriften bildeten das Lösegeld, mit dem die italienischen Regierungen sich die Sicherheit erkaufen mußten. „Führt aus Italien alles weg, was sich fortbewegen läßt und uns irgend nützlich sein kann," so lautete die Weisung der Regierung. Napoleon ist nicht der Erfinder dieses Raubsystems gewesen; schon nach der Eroberung Belgiens und Hollands hatten die Franzosen köstliche Rubens' und van Dycks mit sich geschleppt. Man sah in diesen Eroberungen ein Stück des Ruhmes für die Republik; man beglückwünschte sich, das Land der Freiheit und seine Hauptstadt mit den Denkmälern der Kunst und Kultur der Unterworfenen schmücken zu können, so wie das alte Rom sich mit den Werken der griechischen Meister erfüllt hatte. Aber niemand hatte bisher so methodisch, und auch für sich selbst so erfolgreich die Grundsätze des neuen Frankreichs auszuüben verstanden wie Bonaparte. Je mehr solcher Schätze er erwarb, desto stärker wurde seine Stellung, um so mehr gewann er nicht nur die Regierung für sich, sondern die Herzen der Franzosen, denen der Krieg, der ihnen eine unerträgliche Last gewesen war, nun eine Quelle des Reichtums und des Glanzes wurde. Die Italiener selbst wurden dem Eroberer darum kaum gram. Die gebildeten Klassen sahen in ihm dennoch den Befreier von dem Druck ihrer reaktionären Regierungen; die Idee der Nationalität, welche in Frankreich Form gewonnen hatte und die er in seinen Reden und Proklamationen vor sich hertrug, entzündete die Herzen und gewann durch seine Siege auch in Italien Raum. Und wenn in den tieferen Schichten, besonders unter dem Landvolk, sich mehr und mehr der Haß gegen das fremde Volk einfraß und hier und da, wie in Parma und Venetien, sich in wilden Tumulten entlud, so äußerte sich darin vor allem die Wut über die Ausschreitungen der französischen Soldateska und die Verhetzung durch ihre Priester gegen die räuberischen Feinde der Kirche. Auch war Napoleon darauf bedacht, gerade diesen Klagen zu begegnen. Indem er die Regierungen auspreßte und dadurch freilich auch ihren Ländern schwere Lasten auflegte, suchte er seine Armee doch in Zucht zu halten. Er hielt das Versprechen ein, welches er seinen hungernden und unbekleideten Truppen zu Beginn der Kampagne gegeben hatte, daß er sie in die reichsten Quartiere der Welt führen wolle; aber auch das andere, daß er Exzesse bestrafen werde. Den Offizieren, zumal den höherstehenden, und den Kommissaren, die ihm die Regierung beigegeben, sah er wohl durch die Finger; aber gegen die Marodeure verfuhr er ohne Nachsicht. „Ich werde," schrieb er an das Direktorium schon von Piemont aus, „die Ordnung aufrecht erhalten oder das Kommando über diese Briganten niederlegen. Ich habe alle Mittel darangesetzt, um die Disziplin wieder herzustellen: la victoire fera le reste." Vor allem aber suchte er, und darin offenbarte sich ein tiefer Gegensatz zu den Anschauungen der Regierung, die religiösen Gefühle der Unterworfenen zu schonen. Die erste Exekution an Marodeuren verhängte er wegen eines Kirchenraubs. Als ihn der Erzbischof Visconti von Mailand, ein Greis von 80 Jahren, an der Spitze seines Klerus beim Einzug in seine Stadt begrüßte, stieg er vom Pferde. „Die Republik," so erwiderte er die Ansprache des Kirchenfürsten und der andern Deputationen, „will, daß ein jeder zum Wohle aller beitrage, daß ein jeder seine Rechte genieße und ohne Eigennutz ausübe. Jeder wird seinen Gott anerkennen können, dem Kultus leben, den sein Gewissen ihm gebieten wird ... jeder wird seines Eigentums froh sein dürfen." Die Direktoren wiesen ihn auf die märchenhaften Schätze in der Casa santa der heiligen Frau von Loretto hin, die der Aberglaube seit fünfzehn Jahrhunderten dort aufgehäuft habe, und forderten ihn auf, die fanatischen Priester in Rom zu stürzen. Napoleon aber rührte das Heiligtum nicht an und ging nicht nach Rom; er benutzte nur die Weisungen seiner Regierung, um auf den Unterhändler zu drücken und die Kontribution höher zu schrauben. Jenen kam es in erster Linie darauf an, die Millionen Italiens zu gewinnen: Napoleon ging darauf aus, Macht zu schaffen. Die Schließung der Häfen gegen England, die Okkupierung der Seeplätze, besonders Anconas, waren ihm wichtiger als alle Schätze. Er betrieb alles mit Methode und System; den Raub selbst organisierte er, und nicht die Vernichtung, sondern die Unterwerfung der Gegner setzte er sich zum Zweck. Die Direktoren waren eben die Thermidorianer, welche Robespierre, den Methodiker des Schreckens, gestürzt hatten, die Nachfolger der Hébert und Danton, über deren Zuchtlosigkeit jener zur Macht emporgestiegen war: Napoleon hingegen war auch in seiner kirchlichen Politik der Erbe des Tribunen und seines Bruders, der sich als Kommissar bei der Armee Italiens bereits die Tolerierung des alten Kultus in dem eroberten Gebiet zum Gesetz gemacht hatte. Er war, wie ein geistreiches Wort von ihm sagt, ein Robespierre zu Pferde. Auch darin, daß er, wenn es sein mußte, den Schrecken zu handhaben wußte. In Binasco hatte er zuerst eins der Exempel gegeben, die seinen Namen so furchtbar gemacht haben. „Hier muß man," so schreibt er an die Kommissare, „brennen und erschießen lassen, um den Schrecken zu verbreiten und ein eklatantes Beispiel zu geben." Er schonte, solange es ging, d. h. solange er Gehorsam fand: aber ohne Erbarmen warf er zu Boden, wer sich dem System widersetzte, das er aufrichtete. „Die französische Armee," so verkündete er den Lombarden, „ebenso edelmütig, wie sie stark ist, wird mit väterlicher Güte die Friedfertigen und Ruhigen behandeln; sie wird schrecklich sein wie das Feuer des Himmels gegen die Rebellen und die Dörfer, welche ihnen Zuflucht gewähren würden." Mochte jeder leben, arbeiten und seinen Gott verehren, wie es ihm gefiel, wenn er nur gehorchte. So lasen wir es bereits im „Discours de Lyon". Der dienenden Klasse hatte dort Napoleon dieses Los empfohlen; den Führenden im Volke hatte er die Freiheit, das Sichausleben nach dem Maße ihres sozialen Einflusses und ihrer geistigen Kräfte vergönnen wollen. Aber das Geschick wollte es, daß, je weiter seine Macht sich ausdehnte, um so enger der Kreis dieser Freien wurde, und daß am Ende niemand mehr Herr seines Willens war als er selbst. Er glaubte an sein System, denn wo hätte er bleiben sollen, wenn ihm auch dieser Glaube erschüttert wäre! Hatten ihn doch alle seine Erfahrungen in Corsica, in Frankreich und am 13. Vendémiaire nur immer wieder gelehrt, daß die Masse, sich selbst überlassen, ohne Nerv sei, aus sich heraus niemals zur Selbstbestimmung gelange, und daß nur organisierte Kraft in der Welt etwas bedeute. Auch in Italien erlebte er das gleiche. In seinen Reden und Proklamationen sparte er nicht mit den hohen Worten von Freiheit und Nation und der Erinnerung an den Glanz des alten Italiens und an die Großtaten der Vorfahren: ihm selbst aber war das alles leerer Schall geworden. Nicht auf die Liebe der Völker für Freiheit und Gleichheit gründete sich sein Vertrauen. „Diese," so schreibt er zur Zeit von Campo Formio dem Direktorium, „hat mir keinen oder nur sehr schwachen Beistand geleistet. Aber die gute Mannszucht, die Verehrung ihrer Religion, die man gegen die Priester bis zur Schmeichelei steigert, Gerechtigkeit, vor allem große Tatkraft und schnelle Bestrafung der Übelgesinnten — das sind die wahren Hilfsmittel der italienischen Armee; alles, was sich gut in Proklamationen und gedruckten Reden sagen läßt, sind Romane. Nur Verstand,

Abb. 16. Augereau, als Marschall und Herzog von Castiglione.
Gemälde von R. Lefèvre im Museum zu Versailles.
Nach einem Kohledruck von Braun, Clément & Cie. in Dornach i. E.,
Paris und New York.

Klugheit, Geschicklichkeit sind für große Ziele nötig. Sonst nichts." Tiefe Verachtung erfüllte ihn gegen das Volk, das er zur Freiheit aufrief.

Wäre er geschlagen worden, so würde der spanische Botschafter in Rom mit seiner Prophezeiung, daß dann kein Franzose auf der Halbinsel seine Heimat wiedersehen würde, am Ende recht behalten haben. Denn die Erbitterung im Volke über die räuberischen und gottlosen Fremden war in der Tat tief und weit verbreitet. Aber der Sieg gab Napoleon Sicherheit und schien seinen Glauben vollkommen zu bestätigen. Es sollte noch lange währen, bis er den Fehler in seiner Rechnung erkannte.

Von dem Gedanken, durch Tirol vorzustoßen, hatte er, trotzdem in Verona die Pforte in seiner Hand und die Straße geöffnet war, abkommen müssen, weil die Armeen Jourdans und Moreaus, die ihn vom Rhein her erreichen sollten, Ende Mai kaum aus ihren Quartieren aufgebrochen waren. Vielmehr sah er sich bald in der Lage, die gewonnenen Positionen selbst verteidigen zu müssen. Am 26. Juni war Graf Wurmser, der am Rhein kommandiert hatte, ein alter versuchter Kriegsmann, mit 25000 Mann frischer Truppen in Innsbruck zu den Resten der Beaulieuschen Armee gestoßen. Ende des Monats brachen die Österreicher, in zwei Kolonnen geteilt, aus dem Chiesa- und Etschtal heraus. Ein Moment trat ein, wo Napoleon selbst seine Sache verloren gab, wenigstens an Abzug dachte, um sich der drohenden Umklammerung zu entziehen. Verona war bereits aufgegeben und die Österreicher außerhalb der Berge. Augereaus tollkühnem Mut gelang es damals, den Zagenden zum Bleiben zu bewegen; und die Fehler der Österreicher, vor allem Wurmsers Zaudern, den Mincio zur rechten Zeit und am rechten Punkte zu überschreiten, gaben Napoleon Zeit, nach Aufhebung der Blockade von Mantua seine Truppen zu konzentrieren und die Gunst der inneren Linie auszunutzen: am 3. August ward die rechte, am 3. und 5. August in den Gefechten um Castiglione auch die linke Kolonne der Österreicher aufgehalten, geschlagen, zum Rückzug in die Alpen gezwungen. Noch blieb Mantua den Franzosen ein Dorn im Fuß, und der österreichische General versuchte noch einmal vom Brentatal her die belagerte Festung zu erreichen; er meinte, das Etschtal durch ein besonderes Korps unter seinem Untergeneral Davidowitsch absperren zu können. Nun aber warf sich Napoleon mit Übermacht auf diesen; Paß für Paß wurden die Österreicher nach Norden gedrängt, der Riegel, den sie bei Trient gezogen hatten, wo Etsch- und Brentatal aneinanderstoßen, zerbrochen und damit auch über Wurmser die Katastrophe gebracht. Drei-, viermal von den rastlos Nachdrängenden gefaßt, wurde sein Korps, wiederum Splitter auf Splitter, aufgerieben; zweitausend retteten sich in die Seitentäler; der Rest unter dem Oberbefehlshaber selbst wurde Mantua zugedrängt und mußte in der Festung Zuflucht suchen, die er hatte befreien wollen.

Die Straße über den Brenner stand zum zweitenmal dem Sieger offen. Aber in denselben Tagen, wo er diesen Feldzug, der jederzeit die Bewunderung der Kenner erregt hat, durchführte, wandte sich im Norden der Alpen das Kriegsglück auf die Seite der Österreicher. Am 3. September wurde Jourdan, schon auf dem Rückzuge, von Erzherzog Karl bei Würzburg entscheidend geschlagen, und dadurch auch Moreau, der bereits über den Lech gekommen war, zur Umkehr gezwungen. Das Verhängnis, das den Franzosen in Italien eine Niederlage gebracht haben würde, kam damit über ihre Brüder in Deutschland. Im eiligsten Rückzuge, in völliger Auflösung erreichten sie den Rhein; erst hinter dem Strom konnten sie Atem schöpfen.

Und so fiel die ganze Last des Krieges abermals nach Italien und auf Napoleons Schultern. Diesmal führte der Feind, der ihn nur wenige Wochen in Ruhe ließ, den Hauptstoß von Osten, von Friaul her. Und wieder trat auf französischer Seite ein Moment ein, in dem alles verloren schien: am 15. November vor der Brücke von Arcole, als Napoleon seine ganze Kraft auf die eine Linie konzentriert hatte und den Alpone, hinter dessen sumpfigen Ufern die Österreicher standen, nach dem Beispiel von Lodi im Frontangriff zu forcieren suchte; als er mit der Fahne in der Hand die Truppen auf dem schmalen Damm zwischen den Reisfeldern hindurchreißen wollte, und, von dem mörderischen Feuer der hinter den Deichen liegenden Kroaten getroffen, die Sturmkolonne in Verwirrung zurückwich. Ein Adjutant an seiner Seite fiel, andere Offiziere wurden verwundet, der Feldherr selbst stürzte und glitt am Damm herunter; mit Mühe retteten ihn die Seinen, Marmont und sein Bruder Louis, aus dem Getümmel. Schon war die aus Tirol vorgebrochene Seitenkolonne der Österreicher unter siegreichen Gefechten ganz nahe an Verona herangekommen, die Gefahr der Umklammerung aufs höchste gestiegen. Napoleon aber ließ sich in dem Gedanken nicht irre machen, die Übermacht, die er an diesem Punkte besaß, auszunutzen. Am 17. November drang er von der Mündung des Flüßchens in den Mincio an beiden Ufern aufwärts vor; in der Front und in den Flanken zugleich gefaßt, wurden die Österreicher zum Weichen gebracht, und damit auch ihr rechter Flügel zum Rückzug gezwungen.

Noch ein viertes Mal, jetzt wieder von Tirol her, versuchten die Österreicher die Festung, auf deren Wällen noch immer Habsburgs Fahnen wehten, zu entsetzen. Am 14. Januar scheiterte dieser Versuch auf der eisbedeckten Hochebene von Rivoli, wie tapfer auch die österreichischen Regimenter an dem Wintermorgen gegen die feindlichen Batterien anstürmten; und am 3. Februar hielten die Franzosen ihren Einzug in Mantua.

Die kurze Pause, welche der zähe Gegner dem Sieger hierauf gönnte, benutzte der Unermüdliche, um den Rücken völlig frei zu bekommen. Die Herren in Rom hatten die schonende Haltung Napoleons im Frühling mißverstanden. Als die Österreicher im November vorrückten, erhoben sie noch einmal den Kopf, behielten die Gelder, die sie zahlen sollten, zurück und begannen sich zur Wehre zu setzen. Dafür beschloß Napoleon jetzt Abrechnung zu halten. Am 1. Februar erließ er **von Bologna** die Kriegserklärung, nicht ohne trotzdem den Schutz der Religion zu versprechen. Nur der Regierung, nicht den Untertanen, nur der weltlichen, nicht der geistlichen Macht des Papstes kündigte er Feindschaft an. Wirklich kam es am Senio, am 3. Februar, zu einem Zusammentreffen. Man sah, wie Mönche mit Kruzifixen und Heiligenbildern unter den 6000 Schlüsselsoldaten und Bauern, welche das Priesterregiment aufgeboten hatte, hin und her eilten und sie zum Kampf gegen die Kinder des Teufels aufriefen. Beim ersten Zusammenstoß aber begann das Laufen. Ein paar blieben liegen, Hunderte wurden gefangen, Tausende entrannen. Zwei Tage darauf war Napoleon in Ancona, dem schönsten Hafen der Adria, dem einzigen, schreibt er dem Direktorium, außer Venedig: „Er ist unschätzbar für unsere Verbindung mit Konstantinopel. In 24 Stunden kommt man von hier nach Mazedonien." „Wir müssen," fügte er einige Tage später hinzu, „den Hafen von Ancona bis zum allgemeinen Frieden behalten, und er muß immer französisch bleiben; das wird uns einen großen Einfluß auf die ottomanische Pforte geben und wird uns zu Herren des Adriatischen Meeres machen, wie wir es durch Marseille und die Insel Corsica über die Mittelmeergewässer sind." Am 19. diktierte er, schon wieder auf dem Marsche, in Tolentino, wenige Tagemärsche von Rom, den zitternden Gesandten der Kurie den Frieden. Schließung der Häfen, Abtretung von Avignon und Benaissin, der Legationen von Bologna, Verzicht auf Ancona bis zum allgemeinen Frieden, und daneben wieder Leerung der Kirchen, Klöster und Kassen von ihren Schätzen waren die Hauptforderungen, die er stellte und durchsetzte. Aber den Einzug in die heilige Stadt unterließ er; er rettete sie dadurch vor der Plünderung, nach der die Jakobiner und alles Gesindel Roms sich sehnten, und die zweifellos erfolgt wäre, wenn der Papst vor dem Eroberer hätte fliehen müssen. Halb entschuldigend schreibt er dem Direktorium, daß dreißig

Abb. 17. Bonaparte.
Gezeichnet und gestochen von Benoit.

Millionen zehnmal mehr wert wären, als Rom, aus dem er nicht mehr als fünf Millionen herausziehen würde, da alles bereits nach Terracina geschafft wäre: „Diese alte Maschine wird ganz von selbst zugrunde gehen." Dem Papste aber sandte er seinen Adjutanten zu mit der Versicherung seiner persönlichen Verehrung, von der er ihm bei jeder Gelegenheit Proben zu geben wünsche; wie er ihm schon im Oktober hatte sagen lassen, daß sein Ehrgeiz viel mehr auf den Titel eines Erretters als eines Zerstörers des heiligen Stuhles ginge. Er hatte einen Brief der Direktoren in Händen, in dem sie es als seine Mission bezeichneten, den römischen Kultus auszutilgen, die Fackel des Fanatismus in Italien auszulöschen und das Zentrum der römischen Einheit zu zerstören; aber die Ängstlichen hatten hinzugefügt, das sei kein Befehl, sondern nur ein Wunsch, und was der General auch anordne, sie würden darin immer nur das Verlangen erkennen, dem Vorteil Frankreichs zu dienen. Jener Brief Napoleons war hierauf die Antwort, und er zauderte nicht, den Direktoren seine entgegengesetzte Politik unumwunden zu bekennen: „Ich habe nichts von der Religion gesagt, weil es offenbar ist, daß man diese Leute auf dem Wege der Überredung, und indem man ihnen Hoffnung macht, zu vielen Schritten bringen wird, welche für unsere innere Ruhe wahrhaft nützlich sein werden." Es war die Politik des Konkordats, für die er sich damit aussprach.

Und jetzt holte er zum entscheidenden Stoße gegen Österreich aus. Nicht auf der Brennerstraße und nicht durch die Verbindung mit der Rhein-Armee, wie er früher geplant, sondern auf dem langen Alpenwege durch Friaul, Kärnten und Steiermark, und ganz aus eigener Kraft führte er ihn durch. Schon in Friaul erwarteten ihn die Gegner, die unter ihrem einzigen Sieger, Erzherzog Karl, ihre letzten Kräfte gesammelt hatten. In wenigen Tagen aber waren die Flußbarrieren des Piave, Tagliamento, Isonzo von den Franzosen durchbrochen; Karl war zum Rückzug nach Norden genötigt, während von den Tiroler Alpen her, durch das Pustertal eine zweite französische Armee unter Joubert gleich rastlos gegen die Rückzugslinie der Österreicher vordrang. Vergebens suchte der Erzherzog in den blutigen Gefechten vom 19. bis zum 22. März Massena, der hier das Beste tat, abzuwehren; er selbst entkam mit Mühe. Die größere Hälfte seiner Truppen war verloren, meist gefangen, nur noch 13000 um ihn, und damit der Feldzug entschieden, zehn Tage, nachdem er begonnen war.

Der Erzherzog hatte bereits Klagenfurt verlassen und war, von Massena mit immer gleichem Nachdruck verfolgt, in die steierischen Täler hinabgezogen, als Napoleon am 30. März zu kurzer Rast in der Hauptstadt Kärntens eintraf.

Abb. 18. Massena.
Stich von Schmidt nach Darnstedt.

Er benutzte sie, um dem Kaisersohn einen Brief zu schreiben, einen sehr philosophischen Brief, so sagt er selbst, in dem er, aus der Kriegslage die Summe ziehend, ihm nichts geringeres anbot als den Frieden. Es seien nun genug Menschen getötet, genug Übel sei der Welt zugefügt. Man werde vielleicht noch einige Tausend töten, dann aber müsse man sich verständigen: „denn alles hat seine Grenzen, auch die Leidenschaft des Hasses." Ob man sich um des englischen Interesses willen weiter erwürgen wolle? „Sie, Herr General, der Sie durch Ihre Geburt dem Throne so nahe und so hoch über allen kleinen Leidenschaften stehen, wollen Sie den Ruhm eines Wohltäters der Menschheit, eines Retters Deutschlands verdienen? Was mich betrifft," so schließt er, und wir glauben eine Phrase aus dem „Discours de Lyon" zu vernehmen, „ich würde, wenn diese Eröffnung einem einzigen Menschen das Leben retten könnte, stolzer auf die so verdiente Bürgerkrone sein, als auf den traurigen Ruhm der kriegerischen Erfolge." Worte, die, so sehr sie aus dem Stil der Kanzleien herausfallen, dennoch außerordentlich fein berechnet waren. Sie waren auf die friedfertige Gesinnung, die im österreichischen Hauptquartier bereits herrschte, gestimmt und sollten die kriegerische Politik, welche der in Wien leitende Minister Baron von Thugut noch vertrat, diskreditieren. Man hat wohl gesagt, daß Napoleon zu seinem Einlenken durch militärische Gründe verleitet worden sei, durch die Besorgnis, daß er mit seinen allzu weit vorgeschobenen Streitkräften den Widerstand der Österreicher nicht besiegen würde. Und in der Tat, ganz ohne Bedenken war er nicht; denn noch immer waren die Rhein-Armeen an den Strom gefesselt, und er konnte kaum daran denken, mit seinen, durch die Kämpfe und die zahlreichen Detachierungen geschwächten Truppen bis Wien vorzudringen, während die Gefahr drohte, daß in Tirol, Österreich und Ungarn das Landesaufgebot aufgemahnt würde und im Rücken selbst, wie gerade jetzt gemeldet wurde, in Venetien der Aufruhr bereits emporflammte. In den Briefen an seine Regierung hat Napoleon solchen Erwägungen mehrfach Raum gegeben. Anderseits war aber seine Verbindung mit Italien durchaus gesichert; des Aufstandes in Venetien konnte er in jedem Falle mit leichter Mühe Herr zu werden hoffen; und wir wissen, er war nicht der Mann, um sich vor Massenaufgeboten zu fürchten. In den Briefen an seine Auftraggeber erwähnt er diese Sorge nicht, sondern daß er 20 000 Mann mehr und die Verbindung mit den Rhein-Armeen nötig habe; und so werden wir sagen dürfen, jene Worte drücken wirklich die politische Idee aus, von der Napoleon sich damals leiten ließ: er wollte den Frieden.

Er hatte ihn schon im Sommer 1794 als das Ziel der Kampagne gegen Österreich bezeichnet; jetzt, wo die erste Gelegenheit da war, ergriff er sie. Schon stand er dort, wo er ihn hatte schließen wollen, im Herzen des feindlichen Landes. Und keinen Moment zögerte er, unbekümmert um die Rückzugslinie, seine Kolonnen noch weiter vorzuschieben. Massena erreichte Leoben bereits am 7. April; am 13. war Napoleon selbst bei den Vortruppen, und dort, auf dem Schlosse zu Göß, 16 Meilen von Wien, empfing er die Bevollmächtigten, welche die österreichische Regierung ihm auf seine Aufforderung entgegengesandt hatte.

* * *

Bisher hatte Napoleon nur Kleinstaaten zum Frieden gezwungen. Wenn jetzt die Großmacht, welche den Krieg gegen die Revolution begonnen und die größten Anstrengungen zu seiner glücklichen Durchführung gemacht hatte, die Waffen niederlegte, so mußte das den allgemeinen Frieden, wenigstens auf dem Festlande, herbeiführen. Napoleon kam dadurch dem allgemeinen Wunsche der Nation entgegen und fühlte sich auch mit der Armee darin einig, nicht aber mit den Direktoren, in denen die offensiven Tendenzen der Revolution noch vorwalteten. Sie schmeichelten sich noch mit der trügerischen Hoffnung, Preußen gegen Österreich unter die Waffen zu bringen, die Rheinlinie zu gewinnen, das Reich wie Italien zu revolutionieren. Dieser Politik gegenüber, welche die Gegner nur aufs neue zusammenführen und vermehren, den Krieg verewigen mußte, verfolgten die Präliminarien von Leoben, man kann es nicht anders nennen, eine Politik der Mäßigung. Napoleon wollte die Koalition nicht stärken, sondern zertrennen, Österreich an das Interesse Frankreichs ketten und dadurch für Frankreich eine Stellung gewinnen, in der es sich nach Wahl mit der einen oder der anderen der deutschen Vormächte arrangieren konnte; so konnte man aufs leichteste im Reiche selbst Stellung gewinnen: „wenn das corps germanique," so schreibt er im Mai, „nicht existierte, müßte man es in unserem Interesse ausdrücklich schaffen." Wie in seinen strategischen Kombinationen, so suchte er auch in der Diplomatie die innere Linie zu gewinnen. Im Februar wäre er noch bereit gewesen, dem Kaiserstaat seinen ganzen italienischen Besitz zurückzugeben und Frankreichs Gewinn nur an den nördlichen Grenzen zu suchen. Jetzt bestand er auf der Herausgabe des Herzogtums Mailand und Mantuas, und ebenso auf dem Zutritt von Modena zu der neuen Republik, der er nach weiteren Annexionen den Namen der cisalpinischen gab. Im Norden bewilligten die Österreicher ihm die Grenzen Frankreichs, welche durch die Gesetze der Republik festgesetzt worden seien: eine sehr ungewisse Bestimmung, an die sich denn auch alsbald große Weiterungen und Streit der Parteien anknüpften. Doch dachte man zunächst auch französischerseits schwerlich an die Rheinlinie, und vielleicht nur an die österreichischen Niederlande und benachbarte Gebiete, wie Holländisch-Flandern und das Bistum Lüttich. Ausdrücklich ward in dem Vertrage die Integrität des Reiches als die Basis für die Friedensverhandlung auf dem Kongreß bezeichnet, der in Aussicht genommen wurde, anderseits aber doch eben die Entschädigung Frankreichs nach den Grenzen hin verlegt, welche durch jene Dekrete bestimmt waren. So hielt Napoleon auch im Norden sich auf der Basis dessen, was das Schwert errungen

Abb. 19. Jean Reubell.
Stich von Fiessinger nach J. Guérin.

hatte; es war nicht seine Schuld, daß die Waffen Frankreichs auf dieser Seite nicht glücklicher gewesen waren, und er konnte nicht wissen, daß gerade in diesen Tagen sich der Erfolg auch dort auf ihre Seite wandte. Das Mittel, um Österreich zu diesen wie zu den Abtretungen in Italien und, wie er hoffte, es sogar in Verbindung mit Frankreich selbst zu bringen, hatte er in der Hand: es war das längst begehrte Objekt des österreichischen Ehrgeizes, die altersschwache Republik Venedig, die nach den Jahren schlecht bewährter Neutralität bereits in den Agonien des Todes lag. Die Vormachtstellung in Italien wollte Napoleon darum nicht aus der Hand geben, und nicht einmal die Adria, das unmittelbare Machtgebiet der alten Republik, den Österreichern ganz ausliefern. Wenigstens enthielt er ihnen die Lagunenstadt noch vor; nur die Terra ferma mit Istrien und Dalmatien wollte er ihnen überlassen. Sonst sollte nördlich und südlich vom Apennin Frankreich herrschen. Es ist die Politik des Kaisertums, deren Grundlinien in diesen Anordnungen bereits sichtbar werden. Daraufhin wurden am 18. April die Präliminarien abgeschlossen, und Napoleon führte die Truppen zurück, um der armseligen Regierung in den Lagunen die Beute abzujagen, welche die Besiegten aus seinen Händen anzunehmen bereit waren.

Die Direktoren waren entrüstet. Aber an Widerstand konnten sie nicht denken. Denn Napoleon hatte die Macht in Händen; und das war nicht bloß seine Armee, die doch nur ein Bruchteil von dem Aufgebot der Republik war, nicht bloß seine Herrscherstellung in Italien, das Ansehen, das ihm seine Siege gegeben, die Rücksichtslosigkeit seines stahlharten Willens — sondern es war vor allem seine Politik, die dem Willen der Nation entsprach und für die er sich und seine Armee einsetzte. Sie verschaffte ihm die unbedingte Überlegenheit über das Direktorium und zwang es, ihm zu folgen. Um so mehr, als die Regierung in diesem Moment sich von innen her aufs äußerste bedrängt sah. Es war die in der Verfassung begründete Krisis, welche in jedem Frühling durch die Wahlen hervorgerufen werden mußte und diesmal unter dem Druck der kriegerischen Ereignisse, der Eroberungen Bonapartes, ganz besonders heftig geworden war. Im April, während der Friedensverhandlungen, waren die Wahlen zu dem neuen Drittel der Abgeordneten vollzogen worden. Am 20. Mai traten diese in die Räte ein und brachten der schon im Winter verstärkten Opposition gegen die Regierung die volle Majorität. Gleich bei der Ersatzwahl für den ausgelosten Direktor, den Radikalen Le Tourneur, kam ihr Übergewicht zum Ausdruck; der

Abb. 20. Marie Pauline, als Prinzessin Borghese.
Gemälde von B. Lefebvre im Museum zu Versailles.

Unterhändler von Basel, Herr von Barthélemy, wurde gewählt. Da auch Carnot bereits eine Schwenkung gemacht und sich im Laufe des Sommers noch mehr einer gemäßigten Haltung zuwandte, so drang damit die Spaltung auch in das Direktorium ein und verstärkte den Druck, den die Majorität der Kammern auf die Regierung ausübte. Die Mehrheit war darum noch nicht geradezu royalistisch gesinnt; sie war aus den verschiedensten Elementen gemischt, und ihre Einigkeit bestand wesentlich in dem Widerspruch gegen die jakobinische Politik, welche die Mehrheit des Direktoriums, die Triumvirn, wie sie bei ihren Gegnern hießen, Barras, Reubell und La Reveillière, nach innen wie nach außen verfolgten: ihr Programm war die Herstellung der Güter, welche die Politik der Triumvirn in Frage stellte, der Industrie, des Ackerbaus und des Handels, Versöhnung der kirchlichen Parteien und vor allem Gewinnung des Friedens. Das Gefährliche daran war, daß diese Ziele in das Programm der Royalisten einmündeten, deren Hoffnungen dadurch neue Nahrung erhielten, und die sich überall in den Vordergrund drängten. Der alte Jakobinergeneral Pichegru, der von 1793 bis 1795 die Heere der Revolution zum Siege geführt hatte, der Eroberer Hollands, war bereits für sie gewonnen; seit zwei Jahren stand er mit dem Hofe Ludwigs XVIII. in Verbindung. Indem er von den Fünfhundert zum Präsidenten gewählt wurde, gerieten die Räte in ein Fahrwasser, das in der Tat zur Auflösung der Verfassung zu führen drohte. Kaum waren sie konstituiert, so begannen sie ihre Angriffe. Sie forderten Rechenschaft über die Verschleuderungen, Untersuchung der Unterschleife, Herstellung der Finanzen, Milderung des Steuerdruckes; sie erließen Dekrete, welche den Emigranten die Rückkehr erleichtern, dem katholischen Kultus die Duldung sichern sollten; und vor allem, sie forderten Frieden und ein Maßhalten in der uferlosen auswärtigen Politik.

Und hier wandten sie sich nicht bloß gegen die Tendenzen der Triumvirn, sondern verlangten auch eine Revision des Verfahrens, das Napoleon gegen Venedig eingeschlagen hatte. Er hatte den Dogenstaat behandelt wie jüngst die legitimen Höfe Polen, erst den Geist des Aufruhrs genährt, danach, als die Früchte reiften und das Landvolk in wildem Grimm sich gegen die fremden Bedränger und die Demagogen in den Städten erhob und sie zu Hunderten niedermetzelte, Rache von der verängstigten, völlig ohnmächtigen Regierung gefordert — alles in der vorbedachten Absicht, den Anlaß zu gewinnen, um den unglücklichen Staat zu zerstören, und was er davon Österreich zu schenken dachte in die Hand zu bekommen. Soeben hatte er die Hauptstadt selbst, die ihm durch neuen Aufruhr die neue Gelegenheit in die Hand gegeben, in seine Gewalt gebracht, die Verfassung aufgehoben und die Demokratie eingeführt; auch das nur wieder

in der Absicht, ein neues Faustpfand für die weiteren Verhandlungen mit Öster=
reich zu erhalten. Sein Hauptquartier war in dieser Zeit auf dem Schlosse
Montebello bei Mailand, wo er wie ein Prokonsul in fürstlicher Pracht Hof
hielt. Um ihn seine Adjutanten und Generale, die Gefährten seines Ruhmes:
Berthier, der ihm seit Montenotte als Chef des Stabes zur Seite stand, Lannes
und Murat, Marmont, Augereau, Leclerc, dem er damals die Hand seiner
Schwester Pauline gab; auch Josephine war herbeigekommen, eine Weile sogar
Lätitia, die hier ihre Schwiegertochter zum erstenmal sah, mit ihren Töchtern und
Söhnen; dazu nun der Troß der Beamten und Deputierten, der fremden Ge=
sandten, der Bittsteller, der Bewunderer und Schmeichler, die alle nur an dem
Winke des Einen hingen. Unumschränkt wie nur je ein Cäsar schaltete Napoleon
über das eroberte Land, schrieb Kontributionen und Steuern aus, organisierte die
Staaten, die er aus den Trümmern des alten Italien zusammengeballt hatte, gab
dem einen, nahm dem andern, und war in allem Er selbst, der Ordnungschaffende,
Friedenbringende, der Herrscher.

Da nun erhielt er Kunde von jenen Reden und Beschlüssen, welche die
Legislative, nicht ohne ein Lob seiner Taten einfließen zu lassen, gegen ihn gewagt
hatte. Wie auch immer seine Stellung zu den Triumvirn sein mochte, diese
Anschläge führten ihn zu ihnen zurück, machten ihn zu ihrem Bundesgenossen.
Jene sahen sofort über seine Eigenmächtigkeiten hinweg und überließen ihm die
Fortführung der Verhandlung mit Österreich; er dagegen trat mit seinem ganzen
Einfluß für sie gegen ihre inneren Gegner in die Schranken. Auch hier aber
brachte er, wie wohl zu bemerken, nur wieder die Stimmung zum Ausdruck, die
fast in der gesamten Armee, nicht bloß in den italienischen Truppen, sondern auch
in denen am Rhein vorwaltete. Gerade Hoche stellte sich den Triumvirn zuerst
und rückhaltlos zur Verfügung, bereit, mit Gewalt die Advokaten und Schwätzer,
die „Verschwörer des Klubs von Clichy" zu Paaren zu treiben. Es war im
Juli, gelegentlich des Minister=
wechsels, bei dem die Triumvirn
ihre Kandidaten, General Scherer
für den Krieg, Talleyrand, der
jetzt wieder auf die Bildfläche
tritt, für das Auswärtige, und
François Neufchâteau für das
Innere durchsetzten, und die Ge=
mäßigten aus dem Ministerium
verdrängten. Um ihrer Aktion
Nachdruck zu geben, dirigierten sie
Hoche, der die Armee am Nieder=
rhein befehligte, gegen Paris.
Noch aber gaben die Conseils ihre
Sache nicht verloren. Getragen
von der royalistischen Strömung
in der Hauptstadt, protestierten sie
auf das heftigste gegen die Ver=
fassungsverletzung, die in der
Überschreitung der Banngrenze
von Paris durch die Truppen lag.
Das Direktorium, ohne Mittel,
vor allem ohne Geld, wurde weich,
wich zurück. Hoche mußte unter
Entschuldigungen abziehen und
begab sich, Wut im Herzen, wieder
in seine Quartiere.

Abb. 21. Hoche.
Nach dem Stiche von Coquerel.

In diesem Augenblick demaskierte Bonaparte seine Batterien. Am 14. Juli, dem Tage des Bastillesturms, erließ er eine Proklamation an seine Soldaten, in der er sie an ihre Siege über Europa, ihre Kämpfe für die Freiheit erinnerte und unversöhnlichen Krieg den Feinden der Republik und der Verfassung androhte: wie auf Adlersfittichen würden sie die Berge übersteigen, wenn es gelte, Verfassung und Freiheit, Regierung und Republik zu verteidigen. In allen Garnisonen schritt man zu ähnlichen Demonstrationen, am Rhein ebenso wie in Italien. Darauf sandte Napoleon nacheinander drei seiner Vertrauten, Lavalette, Augereau und Bernadotte, letzteren mit den eroberten Fahnen, nach Paris. Zugleich schickte er, was Hoche nicht hatte geben können, Geld. Wie nun die Intrige im einzelnen verlaufen ist, wird vielleicht allezeit verborgen bleiben; denn von den geheimsten Vorgängen, von dem, was sich zwischen den Regisseuren des Staatsstreichs abspielte, haben wir keine oder nur ungewisse Kunde. Vor allem fehlen die Briefe und Weisungen Napoleons, und die wenigen Berichte Lavalettes und Augereaus können dafür kaum Ersatz bieten. Wenn aber behauptet worden ist, daß Napoleon den Schlag, der nun auf die Royalisten niederfuhr, selbst gelenkt habe, so ist damit gewiß zu viel gesagt. Sicherlich hat er auf die Entscheidung hingedrängt; jedoch kaum weniger wahrscheinlich ist, daß Augereau als enragierter Jakobiner und Barras weiter gegangen sind als er selbst wollte. Er war nicht für Extravaganzen; wir dürfen ihm glauben, was er noch in St. Helena über die unnütze Grausamkeit der Sieger vom 18. Fructidor gesagt hat, welche ihre Gegner in vergitterten Käfigen gleich Raubtieren nach Rochefort gebracht und den pesthauchenden Sümpfen von Cayenne überliefert hätten. Er begünstigte den Staatsstreich, weil er seiner Politik entsprach, weil er die Fortentwicklung der Revolution in seinem Sinne gewährleistete. Aber fern von Paris, wie er war, hatte er die letzte Entscheidung nicht in der Hand. Er ließ die Triumvirn machen, in der Annahme, daß sie im allgemeinen seine Wege gehen würden, und mit dem festen Willen, sich nicht aus dem Wege drängen zu lassen.

Abb. 22. Bonaparte.
Federzeichnung von Baron Gros. Im Louvre.

In der Tat traten die alten Differenzen nach dem Siege der Triumvirn sofort wieder hervor. Ebenso aber auch die nicht zu erschütternde Macht des Oberbefehlshabers der italienischen Armee. Noch in den Tagen der Vorbereitung der Entscheidung in Paris, am 30. August, hatten die Friedensverhandlungen, welche jetzt ausdrücklich in die Hand Bonapartes gelegt waren, begonnen; ganz allein, nur von zwei Sekretären begleitet, trat er den vier österreichischen Bevollmächtigten, an ihrer Spitze Ludwig Cobenzl, Thuguts intimer Vertrauter, gegenüber. Es handelte sich vor allem um zwei Punkte, um die Abtretungen vom Reich und um die Abgrenzung der beiderseitigen Erwerbungen in Italien. Napoleon war entschlossen, den Österreichern keinen Schritt weder über die Etsch noch über den Po hinüber zu gestatten. Cobenzl dagegen hoffte außer ganz Venetien und Modena auch noch die drei Legationen für seinen Herrn herausschlagen zu können. Welches Interesse Frankreich daran habe, fragte er naiv, daß die Österreicher den Po nicht überschritten? Napoleon antwortete prompt: „Das Interesse, Sie zu hindern, die Herren von Italien zu werden." „Unsere Rechnung," erklärte er, „geht weit auseinander; ich würde in Paris gehängt werden, wenn ich Ihnen die Legationen gäbe." Worauf Cobenzl: „Und ich verdiente, auf Festung geschickt zu werden, widersetzte ich mich dem nicht, daß Sie Mainz und nur ein Stück vom linken Rheinufer erhielten." Indessen ließ Österreichs Unterhändler bald merken, daß er über Mainz mit sich reden lassen werde. Um so härter bestand er auf Entschädigung des Kaisers in Italien. Anderseits bestürmten die Direktoren Napoleon in Briefen und Weisungen, die Barras' Sekretär Bottot persönlich überbrachte, nichts von Italien aufzugeben, vielmehr das Reich der Freiheit über ganz Venetien auszudehnen. Für sie war die gesamte Rheingrenze Bedingung des Friedens; sie wollten das Reich und Italien revolutionieren, den Krieg fortsetzen, Preußens Hilfe gegen Habsburg heranziehen.

Napoleon war so zwischen zwei Feuer gestellt; er hatte sich gegen die Österreicher und gegen seine eigene Regierung zur Wehre zu setzen. Begreiflich, daß er unter diesem doppelten Druck in stärkste Erregung geriet, die ihn schon im Beginn der Verhandlungen zu heftigen Ausfällen gegen die Minister des Kaisers hinriß und schließlich in jener Szene gipfelte, die er selbst auf St. Helena als hochdramatischen Schlußeffekt der Konferenzen seiner Umgebung erzählt hat: wie er ein kostbares Porzellangefäß, ein Geschenk der Kaiserin Katharina an Cobenzl, ergriffen, es mit den Worten, so werde er die österreichische Monarchie zerschmettern, auf den Fußboden geworfen habe und dann zur Tür hinausgegangen sei. Die Wahrheit an dieser Erzählung hat, da wir den unmittelbaren Bericht Cobenzls besitzen, doch ein anderes Gesicht. Der Auftritt fand schon am 11. Oktober, fünf Tage vor dem Schluß der Konferenzen statt. Aber richtig ist, daß er von äußerster Heftigkeit war. Napoleon, der zwei Nächte nicht geschlafen hatte und durch den Widerspruch der Österreicher und den Genuß einiger Gläser Punsch aufgeregt war, ließ sich die schwersten Beleidigungen zuschulden kommen, und stürzte dann, den Hut auf dem Kopf, aus dem Zimmer. Der österreichische Graf tat sich etwas darauf zugute, daß er der Wut des jungen Republikaners gegenüber eine gemessene und vornehme Haltung gewahrt habe. Indessen wurde ihm durch das Benehmen Napoleons doch deutlich, daß er mit seinen Ansprüchen nicht durchkommen werde, und die Leidenschaftlichkeit, ja die Brutalitäten, die Napoleon ihm entgegenwarf, waren, wie sehr er sich auch von dem Augenblick hinreißen ließ, vielleicht nicht ganz ohne Berechnung. Er wollte den Frieden, aber gerade darum ließ er keinen Zweifel darüber bestehen, daß er auch zum Kampfe bereit sei. Wie er schon an Talleyrand geschrieben hatte: „Weisen wir Herrn von Thugut den Krieg wie das Haupt der Meduse, und wir wollen ihn schon auf sehr annehmbare Bedingungen bringen." Für ihn gab es nur zweierlei: man mußte ihm folgen oder mit ihm kämpfen. Er erinnert darin, wie in manchen andern Stücken, an Deutschlands größten Staatsmann. So auch in der Art, wie er den Widerstand selbst, den das Direktorium ihm machte, dazu ausnutzte, um einen Druck auf den Gegner auszuüben. Er scheute sich nicht, die Politik seiner Auftraggeber zu tadeln: niemals seien ihm die Hände mehr gebunden gewesen; aber er sei gezwungen, ihnen zu gehorchen, wenn er seinen Einfluß und seine Popularität behalten wolle. Wie oft hat Bismarck seine Differenzen mit dem König gegenüber fremden Unterhändlern (man denke an die Szene mit Benedetti in Mähren) in derselben Weise fruktifiziert! Das Ende war, daß

Cobenzl am 17. Oktober im nahe gelegenen Dorfe Campo Formio die Bedingungen, welche Napoleon ihm diktierte, unterschrieb: das linke Rheinufer von Basel bis gegen Andernach hin wurde an Frankreich abgetreten, und dem Reich überlassen, sich selbst zu verteidigen; in Deutschland versprach Napoleon die Annexion von Salzburg und einem Stück von Bayern durch Österreich nicht hindern zu wollen, stellte auch noch andere Entschädigungen in Aussicht; aber in Italien hielt er die Etsch- und Polinie fest; die Lagunenstadt mit ihrer Bevölkerung, die „weder Land noch Wasser habe", ließ er fahren.

Auch gegen das Direktorium wandte sich Napoleon mit der vollen Leidenschaftlichkeit seines Temperamentes. Er ließ ihm nur wieder die Wahl, sich selbst zu unterwerfen oder ihn zu entlassen. „Mir bleibt nichts übrig," schrieb er noch am 10. Oktober, „als unter die Menge zurückzukehren, den Pflug des Cincinnatus in die Hand zu nehmen und ein Beispiel zu geben der Ehrfurcht für die Obrigkeiten und des Abscheus vor der Militärherrschaft, die so viele Republiken und Monarchien zugrunde gerichtet hat." Zugleich aber versäumte er nichts, um das Direktorium vor eine vollendete Tatsache zu stellen. In jenem Moment war der Entwurf des Friedens bereits fertig, und er rechnete darauf, noch am selben Abend ihn zu unterzeichnen! Die Direktoren hatten gefordert, daß er die Italiener unter die Waffen rufe. Napoleon wies auf die Utopie solcher Hoffnungen hin: als ob die Freiheit imstande sei, ein so weichliches, abergläubisches, prahlerisches und feiges Volk zu großen Taten anzuregen: „Was Sie von mir verlangen, schreibt er an Talleyrand, sind Wunder, und ich kann keine Wunder tun." Es ist der Brief, aus dem wir die Worte nahmen, die seinen Unglauben an die Macht so irrealer Güter wie die Liebe der Völker für Freiheit und Gleichheit bekannten. Er knüpft daran eine kleine Lektion über die Natur der eigenen, der französischen Nation und über die Grundsätze der wahren Politik: „Die hervorstechendste Eigenschaft unserer Nation ist, daß sie zu aufgeregt ist. Wenn nur die wahre Politik, welche nichts anderes ist, als die Berechnung der Kombinationen und Chancen, bei allen Unternehmungen zugrunde gelegt wird, so werden wir auf lange Zeit hinaus die große Nation und die Schiedsrichter von Europa sein. Ich sage mehr: wir halten die Wage von Europa, von uns hängt es ab, wohin sie sich neigen soll. Ja, wenn es der Wille des Schicksals sein soll, sehe ich es nicht für unmöglich an, daß man in wenigen Jahren zu jenen großen Zielen gelangen wird, welche der erhitzten und enthusiastischen Einbildungskraft vorschweben, die aber nur der kälteste, ausharrendste und berechnendste Verstand erringen wird." Man hat diese Worte wohl zitiert, um daraus den himmelstürmenden Ehrgeiz des jungen Titanen als die Wurzel seiner Weltherrschaftspläne zu erweisen. Stellen wir sie aber in den Zusammenhang hinein, aus dem man sie herausriß, so erkennen wir, daß sie vielmehr eine Mahnung zum Maßhalten sind. Die Direktoren sind es, deren ins Phantastische ausschweifender Politik Napoleon die Zügel der kaltberechnenden Vernunft anlegen will. Es ist, als ob er ihnen einen Abschnitt aus seinem „Discours de Lyon" zu lesen gäbe. Nur daß jetzt eine Vorstellung hinzugekommen ist, welche der vertrauenden Seele des Jünglings noch fremd war, die aber dem durch die Ereignisse und die eigenen Taten gereiften, zur Herrschaft emporstrebenden Manne von Stunde zu Stunde deutlicher wird: die Empfindung von der Macht des Unwägbaren, nicht zu Berechnenden, des Verhängnisses, welches über der politischen Welt und über jedem einzelnen, wie vielgestaltig sein Streben, wie wohlbedacht seine Rechnung sein mag, dennoch als das Allbeherrschende schweben bleibt. Es ist das Geschick Frankreichs, mit dem er, wir wiederholen es, das eigene verkettet hat: ihm und darum auch sich selbst wagt er das Horoskop zu stellen. Er sieht die Stunde herannahen, wo Frankreich Europa das Gesetz diktieren wird, wenn nur die Vernunft mit ihrem klaren Augenmaß für die Verhältnisse uns leiten wird und wenn — das allbeherrschende Geschick es zulassen will. Diese Stimmung

Letzter Kampf mit dem Direktorium. 65

Abb. 21. Bonaparte. Studie von David.
Nach einem Kohledruck von Braun, Clément & Cie. in Dornach i. E., Paris und New York.

beherrschte ihn auch schon den Unterhändlern Österreichs gegenüber, als er ihnen in Udine zurief, daß er als Vertreter Frankreichs sich höher als alle Könige achte, und als er in Leoben erklärte, die Republik wolle gar nicht ausdrücklich anerkannt sein; sie sei in Europa das, was die Sonne am Himmel sei: um so schlimmer für den, der sie nicht sehen und keinen Vorteil davon haben wolle.

Es war der letzte Kampf, den er mit den Direktoren zu bestehen hatte; fortan ließen sie ihn in Ruhe. Das letztemal auch, daß seinem Willen ein Widerstand begegnet war. Sein war der Sieg, sein der Friede — und sein die Macht, welche jene beiden Frankreich brachten.

Abb. 24. Skizzen von David.
In der Sammlung des Herrn Chéramy.

Nach allem, was geschehen, war es selbstverständlich, daß er der erste Bevollmächtigte wurde für das Nachspiel der Konferenzen von Udine, den Kongreß in Rastatt, auf dem der Friede des Reiches mit Frankreich geschlossen und die Grenzen zwischen ihnen festgesetzt, die Entschädigungen für die am linken Rheinufer ihres Besitzes Beraubten bestimmt werden sollten. Vorher verkündigte er seiner eigenen Schöpfung, der Demokratie von Venedig, das Todesurteil, ihre Auslieferung an den Kaiserstaat: denn Frankreich dürfe das Blut seiner Söhne nicht für ein fremdes Volk opfern; möchten sie selbst versuchen, sich gegen Österreich zu verteidigen. Er ließ den Hafen von den Kriegsschiffen, die Werften und Arsenale von den Kanonen und allem, was zur Ausrüstung der eigenen Flotte von Wert war, räumen, den Löwen von San Marco, den Bucentauro, die schönsten Kunstwerke und die kostbarsten Handschriften aus den Kirchen und Palästen hinwegführen: nachdem er der einstigen Königin der Adria das Diadem vom Haupte gerissen, beraubte er sie auch ihrer Rüstung, ihrer Schätze und der Symbole ihrer alten Herrlichkeit. Er gab der Cisalpina eine Verfassung, bereitete die Losreißung Anconas vom Kirchenstaate vor, befahl dem Admiral Brueys, mit seiner Flotte bei den Jonischen Inseln Stellung zu nehmen, und sandte Agenten nach Malta und der Türkei. Dann, am 17. November, machte er sich auf den Weg an den Rhein. Wohin er kam, in Savoyen, in der Schweiz empfing er Huldigungen, ordnete die Verhältnisse, verhandelte und intrigierte zwischen den Parteien, die wetteifernd ihre Angelegenheiten vor ihn brachten.

Am 25. November hielt er in Rastatt, noch vor den Gesandten des Kaisers, in achtspännigem Wagen seinen Einzug, von den Ständen wie das Schicksal selbst erwartet, umringt, aufgesucht. Sobald die Gesandten des Kaisers, an ihrer Spitze wieder Cobenzl, angelangt waren, kam man am 1. Dezember zum Abschluß; wie in Campo Formio verabredet, erklärte Österreich sich bereit, Mainz zu räumen, und erhielt dann erst Venedig.

Kaum waren die Verträge unterzeichnet, so machte der Nimmermüde, einer Einladung des Direktoriums folgend, sich auf den Weg nach Paris. Er hatte noch die Absicht, wieder nach Rastatt zurückzukehren; doch konnte er, nachdem er Frankreichs Politik den Vorteil der inneren Linie gesichert hatte, alles weitere den anderen Vertretern der Republik überlassen. Sofort beseitigten diese den Riegel, den die Österreicher, um die Hierarchie des Reiches zu erhalten, und vor allem um Preußen an Erwerbungen rechts vom Rhein zu hindern, durch das Festhalten an der konstitutionellen Grenze zu Udine vorgeschoben hatten: sie forderten das ganze linke Rheinufer mit dem Zusatz, daß die dortigen Reichsstände rechts vom Strom Entschädigung erhalten möchten. Es war die Eventualität, für welche Frankreich seit Basel die Zusage Preußens besaß: jetzt, da das linke Rheinufer doch einmal verloren, schienen die preußischen Interessen so am besten gewahrt. Die Säkularisation versprach ihnen mehr, als was man aufgeben mußte; und sofort erhielt der preußische Minister die entsprechende Anweisung von seiner Regierung. Darin lag, wie Ranke unübertrefflich ausgeführt hat, Frankreichs Überlegenheit, daß es durch zwei geheime Verträge die beiden deutschen Großmächte gefesselt hielt und sie zugleich in Widerspruch gegeneinander brachte. Unvergleichlich war

Empfang im Luxembourg.

Abb. 25. Bonaparte.
Stich von Fiesinger nach Guérin.

die Stellung der französischen Diplomatie. Sie verlangte nichts für sich, wollte alle befriedigen, und brachte alle gegeneinander. Es war die Stellung des Protektors, der trennt, um zu herrschen: die Politik des Rheinbundes tritt bereits voll in die Erscheinung.

Am 5. Dezember traf Napoleon in Paris ein. Noch nicht zwei Jahre war es her, daß er die Stadt, deren Straßen er mit dem Blute ihrer Kinder gerötet, unter dem Groll der Bevölkerung verlassen hatte, die in ihm nicht nur den Mann des 13. Vendémiaire, sondern den Fremden und den Schützling des verhaßten Barras erblickt hatte. Jetzt empfingen dieselben Pariser ihn mit unermeßlicher Begeisterung. Denn er hatte ihnen gebracht, oder sie konnten doch hoffen, endlich zu erhalten, wonach sie sich seit Jahren gesehnt, was sie selbst durch den Aufstand hatten herbeiführen wollen: Ruhe und Ordnung, Herstellung aller der Güter, welche der Krieg und die Revolution, die Anarchie und der Schrecken zerstört hatten, und die nur der Sieg über die Feinde Frankreichs gewährleisten konnte.

Alles hatte sich vereinigt, um den Einen über die Umwelt, über alle Mitstrebenden zu erheben und auf die Höhe des Kapitols zu führen. Nicht bloß der Glanz seiner Siege, Taten, wie sie Frankreichs Annalen kaum kannten, sondern auch die Gelegenheit, der Zufall, das Glück hatten mitgeholfen, ihm, wie alle Last des Kampfes, so auch die Fülle der Lorbeeren um Haupt und Schultern zu legen. Alle die Männer, welche vor und neben ihm eine führende Stellung in Politik und Krieg eingenommen hatten, waren vom Schauplatz abgetreten oder irgendwie geschädigt. Von den großen Feldherren der Revolution der eine, Pichegru, noch in den Sümpfen Cayennes; der zweite, Moreau, durch den Mißerfolg im Felde und seine durch Napoleon selbst aufgedeckte Mitwissenschaft um die Verschwörung Pichegrus kompromittiert; der dritte, Lazare Hoche, der einzige, der, Napoleon an Ruhm und Genie vielleicht vergleichbar, sein Rivale hätte werden können, soeben in der Blüte der Kraft durch tückische Krankheit hinweggerafft. Alle Parteien sahen in ihm den Ihren und durften ihn so ansehen, weil er in der Tat niemals einer angehört hatte. Die offizielle Gesellschaft in Paris bereitete ihm glänzende Feste und großartige Ovationen. Das Nationalinstitut wählte ihn, den Krieger, zu seinem Mitgliede an Stelle Carnots, der ebenfalls dem 18. Fructidor zum Opfer gefallen war. Die Straße, worin er wohnte, ward in eine Rue de la Victoire umgetauft. Am 10. Dezember überreichte er im reich geschmückten Hofe des Luxembourg an einem „Altar des Vaterlandes", der dort errichtet war, dem Direktorium die Urkunde des Friedens. Talleyrand begrüßte den Sieger in überschwänglicher Rede. Dann ergriff Napoleon selbst das Wort: abgerissene Sätze, denn er war kein Redner, und dunkelen Sinnes: von dem Siege der neuen, auf die Vernunft gegründeten Verfassung des Jahres III über achtzehn Jahrhunderte der Vorurteile; von den durch die Natur selbst gesteckten Grenzen des Reiches; von dem Genius der Freiheit, dem Frankreichs Regierung die Tore der beiden schönsten Länder, er meinte Italien und Holland, eröffnet habe; und von einer Zukunft, einem neuen Zeitalter, in dem das Glück des französischen Volkes, und mit ihm die Freiheit von ganz Europa durch die besten organischen Gesetze gegründet sein würde. Die Direktoren, zwischen Mißtrauen und Hoffnung geteilt, zogen ihn vom ersten Tage an zu ihren Geschäften hinzu. Er erhielt Einfluß auf die Ernennung der Gesandten, die Besetzung der Generalsstellen, gab seine Ratschläge in den italienischen, schweizerischen, holländischen Fragen, welche der Regierung täglich neue Aufgaben stellten: aber den zentralen Einfluß, die tatsächlich oberste Leitung erhielt Napoleon weder noch forderte er sie; er wollte nicht als der Komplice eines Barras erscheinen. Er trat vielmehr, wie er es von Italien her geschrieben hatte, in der Rolle des Cincinnatus auf, zog sich von der Öffentlichkeit zurück, stellte, wie auch in jener Rede im Luxembourg, die Verdienste seiner Waffengefährten vor die eigenen, zeigte sich mit Vorliebe in bürgerlichen Kleidern. Im Publikum, das schnell vergißt, begann wirklich sein Stern ein wenig zu verblassen, also, daß fremde Beobachter wohl schon meinen konnten, es würde mit seinem Ansehen bald aus sein. Unterdessen aber schmiedete er bereits mit der Regierung an neuen gigantischen Plänen, deren Durchführung nur in seine Hände gelegt werden konnte.

Drittes Kapitel.

Im Orient.

Denn nur auf dem Festlande war der Friede hergestellt. Noch war der allerstärkste Gegner unter den Waffen und dachte nicht daran, sie niederzulegen: England, für das der Krieg nicht, wie für seine Alliierten, ein bloßer Kabinettskrieg, sondern eine nationale Angelegenheit war, welche Regierung und Volk aneinander band und die Gegensätze zwischen den inneren Parteien überbrückte, statt sie zu schüren. Es war keine Feindschaft von heute und gestern, sondern eine Erbschaft der Republik aus den Zeiten des Königtums; und kurz genug war die Pause zwischen dem letzten Friedensschluß und dem Ausbruch des neuen Waffenganges im Frühjahr 1793 gewesen. Auch in Frankreich war kein Krieg der alten Monarchie populärer gewesen als der gegen England. Mit den Großmächten des Festlandes hatten im achtzehnten Jahrhundert für die Bourbonen Krieg und Verträge, Freundschaft und Bündnis mehrmals gewechselt. England dagegen war, abgesehen von einem kurzen, für Frankreich unfruchtbaren Intermezzo, immer in den Reihen seiner Feinde gewesen. Es war der Gegner, mit dem auch Napoleon seinen ersten Waffengang im Dienste Frankreichs gemacht, dem er seinen ersten Lorbeer abgerungen hatte: gegen englische Schanzen hatte er vor Toulon die Sturmkolonne geführt, auf englische Schiffe aus seinen Geschützen die glühenden Kugeln geworfen, durch ein englisches Bajonett die erste Wunde empfangen; den Engländern galten die Batterien, die er an der ligurischen Küste errichtet, die Razzia nach Livorno, die Schließung aller Häfen Italiens, die er dem Besitz oder Einfluß Frankreichs unterworfen hatte, die Plünderung der venezianischen Werften und die rastlos betriebenen maritimen Rüstungen, die Pläne auf Corfu und Sardinien, Elba und Malta, und der Abmarsch der italienischen Brigaden, die bereits nach den südlichen und westlichen Küsten zogen.

Eine Zeitlang hatte es den Anschein gehabt, als könnte Frankreich auch mit diesem Feinde zum Frieden kommen; im Oktober 1796 und abermals im Sommer 1797 waren in Paris und Lille Verhandlungen darüber geführt worden. Das erstemal waren sie durch die Engländer, das zweitemal, nach dem 18. Fructidor, durch das Direktorium abgebrochen worden. Napoleon hatte diese Wendung seiner Regierung durchaus gebilligt, denn wie sehr er den Frieden auf dem Festlande betrieb, ebensosehr war seine Politik gegen die Engländer gerichtet. „Konzentrieren wir," schreibt er, „unsere ganze Tätigkeit nach der Seeseite hin und zerstören wir England: dies geschehen, wird Europa zu unsern Füßen liegen."

Wollte man nun den Angriff auf England machen, so standen drei Wege offen. Der kürzeste, und der ins Herz traf, war der über den Kanal. Aber mochten auch die Soldaten der Republik, wie einst Cäsars Legionen und die Eisenreiter des Normannenherzogs, das kriegentwöhnte Inselvolk mit leichter Mühe vor sich hertreiben hoffen können, so waren sie doch nicht in der Lage, die schwimmenden Bollwerke zu besiegen, welche Englands Küsten schützten. Dreimal hatten bereits dennoch die Franzosen den Versuch gemacht. Zuerst 1794; er war in der Seeschlacht vom 1. Juni gescheitert. Dann, im Spätherbst 1796, unter Lazare Hoche, dessen Lieblingsgedanke es gewesen war; ihn hatten Englands alte Verbündete, Wind und Wellen, in die Häfen Frankreichs zurückgetrieben, und in dem Unwetter, das seine Schiffe packte, hatte er den Keim der Krankheit empfangen, die seine junge Kraft so rasch zerstörte. Ein Jahr darauf, als die Friedensverhandlungen zum zweitenmal gescheitert, war von Hollands Küste eine neue Expedition geplant worden; aber die holländische Flotte, die sie schützen sollte, hatte bei den Kamper Dünen das Schicksal geteilt, das die durch die Revolution zerrüttete Flotte der Republik schon mehrmals erlitten, und England war Herr seiner Meere geblieben.

Der zweite Weg, um an den Gegner heran zu kommen, führte über den Rhein, in den Hausbesitz des englischen Königs, an die Mündungen der Ems, Weser und Elbe, die dadurch den Engländern versperrt worden wären. Ihn hatten die Franzosen im Jahre 1756 beschritten und waren dabei auf Preußens Macht gestoßen. Wie aber hätte die Republik es wagen sollen, in den Machtbereich des Großstaates einzudringen, dessen Neutralität sie vor drei Jahren gerade dadurch erkauft hatte, daß sie ihm Norddeutschland als seine Einflußsphäre garantierte! Es wäre eine Zerbrechung des Festlandfriedens geworden; die alten, eben erst getrennten Gegner Frankreichs mußten dadurch auf eine Seite getrieben werden.

Also blieb, wollte man sich nicht, wie Napoleon selbst schreibt, zum Frieden bequemen, nur übrig, England in seinen Kolonien zu treffen. Jenseits der Atlantischen See, wo die alte Monarchie es anzupacken versucht hatte, war nichts mehr zu holen; denn die Yankees dachten trotz Freiheit und Republik an alles andere eher, als den Franzosen die Hilfe, die sie ihnen einst zur Begründung ihrer Freiheit geleistet, zu vergelten; und die westindischen Inseln waren doch ein zu kleiner Preis des Kampfes; selbst ihr Verlust wäre für England nur ein leichtes Hautritzen geworden. Nur in Indien konnte man hoffen den Feind, wenn nicht ins Herz zu stoßen, so doch in der Ferse zu treffen. Hier fand man auch Bundesgenossen, in den einheimischen Fürsten, gegen welche die Brüder Wellesley noch immer heiße Kämpfe führten. Wie aber dorthin gelangen, seitdem die Engländer alle Küsten und Meere Afrikas und Asiens beherrschten, französische, holländische und spanische Schiffe und Kolonien zur Beute machten, das Kap der guten Hoffnung selbst in Besitz genommen hatten? Einen Weg gab es noch, viel kürzer als der in Afrika her, und der, wenigstens auf der zweiten Hälfte, ebenso zu Lande wie zu Wasser gangbar erscheinen konnte: das war der über Ägypten. Gelang es, die Mündungen des Nils, die Gestade des Roten Meeres in Besitz zu nehmen, so konnte man fast des Kaps entbehren; man hatte dann die Doppelpforte zwischen Orient und Okzident in der Hand. Ein Gedanke, der weder neu in Frankreichs Geschichte, noch abenteuerlich genannt werden darf. Und wir brauchen nicht einmal an die altfranzösische Vergangenheit zu erinnern, an Ludwigs des Heiligen Fahrten, an die französischen Pairs, die zuerst das Kreuzesbanner in den Osten getragen hatten, oder an das Projekt, das Leibniz' ideenreicher Kopf für Ludwig XIV. entworfen hat: gerade im achtzehnten Jahrhundert und seit dem Kampf um Indien, der für Frankreich so unglücklich verlief, war dort der Plan populär geworden. Publizisten, wie Raynal, Volney, Laclos, und praktische Staatsmänner, wie der Minister Duc de Choiseul, der den Frieden von Versailles schließen mußte, hatten auf ihn hingewiesen. Jüngst noch war von dem Generalkonsul der Republik in Alexandrien, Charles Magallon, eine Denkschrift eingereicht worden, worin die Leichtigkeit der Eroberung und die Vorteile, die das Land durch seine Lage und seine Fruchtbarkeit darbiete, dargetan waren. So wenig darf man sagen, daß der Plan der ausschweifenden Phantasie Napoleons entsprungen, ein Zeugnis für seine ins Unbegrenzte dringende Eroberungslust gewesen sei. Doch dachte er, wie übrigens auch die andern, zumal in der jetzigen Lage, mehr noch an den Levantehandel, als an den nach Ostasien, mehr noch an die Herrschaft über das Mittelmeer, als an die über Indien. Hiervon hatte er geträumt, als er noch Corse war; die Freiheit seines alten Vaterlandes hatte er in seinen Jugendschriften mit der Herrschaft über das Mittelmeer verknüpft. Wieviel mehr mußte er diese Idee in sich nähren, seitdem er seine Sache mit Frankreich verbunden hatte. In einem Memoire vom Winter 1792 hat er die Eroberung der Madeleine-Inseln gerade unter diesem Gesichtspunkt empfohlen. Der Plan einer Befestigung der Bucht von San Fiorenzo, den er wenig später einreichte, weist auf den Nutzen hin, den sie den Feinden Frankreichs bieten würde, „wenn wir den Dreizack über das Mittelmeer verlieren oder wenn er uns bestritten werden würde". Jeder Schritt, den er zur Eroberung Italiens machte, vor allem die Besetzung Anconas, Genuas, der Jonischen Inseln, geschah in Rücksicht darauf, brachte ihn der Versuchung, ja der Nötigung, jenes Ziel anzustreben, näher. Denn, vergessen wir es nicht, auch die Engländer hatten keinen anderen Gedanken. Wollten sie Indien behaupten, so mußten sie den Weg durch das Mittelmeer ebensowohl wie den um das Kap in ihre Hände bekommen; und nicht minder war auch für sie die Herrschaft über das Mittelmeer an und für sich ein Ziel, dem ihre Politik mit Naturgewalt nachstrebte. Seit einem Jahrhundert besaßen sie in der Felsenburg von Gibraltar wenigstens die Eingangspforte. Der Krieg gegen die Revolution hatte sie weit darüber hinausgeführt, in den Besitz Corsicas und sogar Toulons gesetzt. Beides war ihnen, eben durch Napoleons Siege, wieder verloren gegangen; in Corsica hatten sie im Sommer 1796 auch den letzten der Plätze, die Paoli ihnen übergeben, verlassen müssen, nicht ohne den alten Helden, der längst mit ihnen zerfallen war, mit sich in eine nun unfreiwillige Verbannung zu führen. Aber ihre Flotte war in diesen Gewässern geblieben, und in den Häfen Siziliens, Neapels und Sardiniens hatte sie gern gewährte Unterkunft und die Basis für die Beobachtung der feindlichen Küsten gefunden. Hätte Napoleon auf seiner Fahrt nach Ägypten die Gelegenheit, sich Maltas zu bemächtigen, ungenützt verstreichen lassen, so wäre der Handstreich auf die unvergleichliche Seefeste über kurz oder lang von Nelson ausgeführt worden. Die Expedition nach Ägypten wurde von dem Direktorium mit Recht damit motiviert, daß man den Engländern dort zuvorkommen müsse. Die Eroberung des Nillandes war aber an und für sich ein Ziel, welches die französische Politik aufs höchste reizen mußte. Nicht bloß wegen seiner festungsgleichen Lage auf der Scheide zweier Weltteile und der Abkürzung der Handelswege nach Indien, sondern auch um seiner Bodenschätze willen, welche, wie Napoleon im September 1797 gegen Talleyrand bemerkte, der Nation bald die an England verlorenen Produkte der Antillen ersetzen würden. Nehmen wir hinzu, daß auch die Durchstechung der Suezenge in diesen Plänen eine Stelle hatte, so erkennen wir ihre vorbildliche Bedeutung für die Geschichte der ägyptischen Frage im neunzehnten Jahrhundert. Die Fahrt Napoleons in den Orient ist nicht sowohl eine Wiederholung des Alexanderzuges, dem man sie so gern vergleicht, oder der mittelalterlichen Gesta Dei per Francos, als die glanzvolle Einleitung zu dem Drama, welches das vergangene Jahrhundert erfüllt hat und dessen vielleicht letzten Akt wir erlebten, als England sich in den Besitz des Pharaonenlandes setzte.

Dieser prophetische Charakter der Napoleonischen Politik liegt auch darin, daß sein Zug nach Ägypten den Vorhang vor dem gesamten Umkreis der orientalischen Frage zum erstenmal aufgerollt hat. Wie würde, das war das Problem, welches unmittelbar an die ägyptische Expedition sich anknüpfte, die Türkei dieselbe aufnehmen? Und würde es möglich sein, das Unternehmen durchzuführen, ohne den gesamten Orient zu erschüttern, vor allem ohne die christlichen Mächte des Ostens, Österreich und Rußland, mit hineinzuziehen? Es gehörte zu den ältesten Traditionen der französischen Politik, mit der Pforte Freundschaft zu erhalten. Nur so hatte man sich in früheren Zeiten gegen das Übergewicht Habsburgs, gerade auch im Mittelmeer behaupten können, und noch in den letzten Jahrzehnten hatten das alte wie das neue Frankreich an dieser Politik festgehalten. Die Rivalen Frankreichs, Rußland und Österreich, waren immer die Gegner der Türkei gewesen, mit der sie noch beim Ausbruch der Revolution in grimmiger Fehde lagen; dagegen waren schon 1785 französische Offiziere von der Pforte verlangt worden, um Armee und Flotte zu reorganisieren, und wir sahen ja, wie noch im Herbst 1795 Napoleon selbst eine solche Mission für sich erstrebt hatte. Ohne Frage war Napoleon auch jetzt von friedlichen Intentionen für die Pforte erfüllt; er wünschte und hoffte wenigstens, sie sich erhalten zu können. Zwar gehörte Ägypten nominell dem Padischah, aber faktisch war es in den Händen der Mamelucken, und nicht die Souveränität, sondern wie wir heute sagen, das Protektorat, also wieder eine so recht moderne Form der Machtausdehnung, war es, was er und seine Regierung am Nil zu erlangen hofften. Im Besitz Ägyptens zugleich als Schutzmacht für die Türkei auftreten zu können, war das Ziel, das sie am liebsten erreicht hätten. Der Gedanke war, daß der Minister Talleyrand selbst, unmittelbar nachdem die Okkupation durchgeführt wäre, auf einer Fregatte am Bosporus erscheinen und dem Sultan die Macht Frankreichs gegen seine Feinde, wenn es sein müßte auch gegen Rußland, zur Verfügung stellen sollte. Wenn nun aber der Padischah eine böse Miene zu dem doch eben nicht allzu guten Spiel, das Frankreich mit ihm vorhatte, machen würde? Für diesen Fall war von Napoleon und seinen Freunden eine andere Wendung des Planes ins Auge gefaßt worden. Dann, so dachten sie, würde es Zeit sein, die christlichen Untertanen des Großherrn zum Aufstand zu bringen; vor allem die Griechen waren es, auf die man rechnete. Sie würden, schreibt Napoleon, sich durch die Freiheit noch eher als durch die Religion unter die Waffen bringen lassen: er meinte wohl, dem französischen Einfluß noch eher zugänglich sein, als demjenigen Rußlands. Österreich, und das ist bemerkenswert, war in diesen Plänen eine Stelle zur Seite Frankreichs zugedacht worden; bei einer Teilung dachte man eher an seine, als an Rußlands Entschädigung. Wie im Mittelalter so oft, wäre damit aus der Fahrt in den Osten ein Zug gegen Konstantinopel geworden. Hierin erst, in diesen Möglichkeiten und Gefahren der Zukunft, in der Aussicht, den kaum gewonnenen Frieden auf dem Festlande wieder zu verlieren, neue Koalitionen gegen Frankreich herbeizuführen und altbewährte Grundlagen der französischen Politik zu erschüttern, liegt das Überkühne der Politik, zu der das Direktorium im Frühling 1798 sich entschloß.

Zunächst aber, im Februar, hatte es wirklich den direkten Angriff auf England ins Auge gefaßt. Am 8. Februar begab sich Napoleon, zum Oberbefehlshaber der Armee von England ernannt, an die Küste, um die Chancen dafür zu erproben. Er überzeugte sich bald, daß bei dem Stand der Rüstungen nicht daran zu denken sei, und von nun ab, nun aber auch mit der nur ihm eigenen unstillbaren Energie, warf er sich auf den ägyptischen Plan. Der Frontangriff war damit nur aufgeschoben. Bis Ende September, so rechnete er, würden das Geschwader von Brest und die Transportflotte an den Küsten von Boulogne und Dünkirchen fertig gestellt sein. Er selbst wollte die Expedition nach Ägypten hinüberbringen und die Kolonie gründen, im Herbst aber zurück sein und in den langen Nächten des Oktober oder November den Hauptstoß gegen England persönlich durchführen. Er durfte annehmen, daß die Eroberung Ägyptens einen Teil der englischen Flotte dorthin ziehen und im Mittelmeer festhalten würde.

Bis zum 28. April waren alle Vorbereitungen getroffen und Napoleon im Begriff, nach dem Süden abzureisen, als eine Nachricht aus Wien kam, die alles wieder in Frage zu stellen drohte. Der französische Gesandte General Bernadotte war aufs schwerste insultiert worden, nicht ohne seine Schuld, da er Hof und Bevölkerung durch sein selbstbewußtes, breitspuriges Auftreten und durch die Intrigen, die er mit den oppositionellen Elementen anknüpfte, gereizt hatte; es war zu einem Auflauf vor der Gesandtschaft gekommen, der Pöbel hatte die Trikolore von dem Balkon heruntergerissen, Fenster und Türen demoliert und war sogar ins Haus eingedrungen, so daß Bernadotte mit Säbel und Pistolen ihm entgegentreten mußte. Er hatte darauf seine Pässe gefordert und war nach Frankreich zurückgekehrt. Wie die Dinge lagen, konnte Napoleon nichts unlieber sein, als dieser Zwischenfall. Den Kontinent ruhig zu erhalten, war in diesem Moment für ihn das dringendste Interesse. Auch für Österreich kam die Sache sehr ungelegen, und so gab sie beiden Parteien den Anlaß zu einem Versuch, zur Einigung zu gelangen. Einer der Direktoren, François von Neufchâteau, und Cobenzl kamen deshalb in Selz im Elsaß zusammen. Napoleon langte so ein wenig später, als ursprünglich beabsichtigt war, in Toulon an. Hier hielten ihn widrige Winde

noch eine Zeit zurück. Am 19. Mai
stach er in See, bis zum 28. waren
die in den italienischen Häfen ein-
geschifften Divisionen mit ihm vereinigt. Mehr als 400 Transport-
schiffe, welche Admiral Brueys mit
einer starken Kriegsflotte begleitete,
trugen 35000 Mann, die Armee
Italiens, unter den Generalen, die
sie unter Napoleon zum Siege geführt hatten. Außer von seinen
Waffengefährten war Napoleon noch
umgeben von einem Stab von Gelehrten, Ingenieuren, Schriftstellern
und Dolmetschern, darunter Männer wie Monge, der große Mathe-
matiker, der ihm schon in Undine
zur Seite gewesen war, und der
Chemiker Berthollet.

Es war alles im größten Stil
gedacht. Man wollte die wissenschaftlichen Schätze, welche der alte
Kulturboden des Pharaonenlandes
verhieß, ausbeuten, sie erforschen

Abb. 26. Bernadotte.
Stich von Schmidt nach Darnstedt.

und, wie die Kunstwerke Italiens, nach Frankreich hinüberbringen; zugleich aber auch der Kolonie, die man gründen wollte, die geistigen Kräfte zuführen, die zur Hebung ihrer Bodenschätze, zur Durchstechung der Suezenge notwendig waren. So begann diese Fahrt, die immer denkwürdig sein wird durch das wunder- bare Glück, von dem sie beschützt war. Denn nun waren die Engländer, die noch bis zum 20. April nicht hinter das Geheimnis gekommen waren, doch auf- merksam geworden und hatten Nelson mit einem Geschwader an die Südküste Frankreichs gesandt. Am 17. Mai lag er im Golf du Lion auf der Lauer. Ein Unwetter trieb seine Schiffe auseinander, und er brauchte an der Südspitze Sar- diniens acht Tage, um seine Havarien auszubessern. Als er zurückkehrte, fand er die Vögel ausgeflogen. Er wandte sich zunächst in die toskanischen Gewässer, wo er am 7. Juni namhafte Verstärkungen erhielt, über den Aufenthalt des Feindes jedoch nichts in Erfahrung brachte. In diesen Tagen war Napoleon, der ebenso von der Ankunft Nelsons nichts gewußt hatte, auf dem Wege nach Malta. Schon im Februar war Brueys vor der Insel, um zu rekognoszieren, gewesen. Dennoch hatten die Malteser jede Rüstung unterlassen und waren völlig überrascht, als sich am 9. Juni die französische Flotte vor ihrem Hafen zeigte. Es wäre wohl ein Leichtes gewesen, die gewaltigen Befestigungen wenigstens ein paar Tage, bis die Engländer kamen, zu halten. Aber auf der Insel wußte man von deren Nähe so wenig, wie auf den französischen Schiffen. Dazu kamen Verwirrung, Ratlosig- keit, vielleicht sogar Verrat unter den Rittern, Aufruhr der Bevölkerung und Kopf- losigkeit des Ordensmeisters, des schwachmütigen und beschränkten Grafen Hompesch. Kurz, nach einem matten Widerstand von wenigen Tagen bot man die Ergebung an, und am 13. Juni wehten die französischen Fahnen auf allen Kastellen. Und so lenkte jetzt Napoleon, eine Besatzung von 3000 Mann zurücklassend, den Kurs nach Osten. Man war bereits auf der Höhe von Kandia, als die Nachricht kam, daß die Engländer im Mittelmeer seien. Erst danach, am 28. Juni, erließ unser Held die Proklamation an das Heer, worin er die Aufgabe, die ihm gestellt sei, ankündigte. Er schilderte die unberechenbaren Folgen, welche die Er- oberung Ägyptens für die Bildung und den Handel der Welt haben werde, und wie man England dadurch an der Ferse treffen werde: „Wir werden ermüdende Märsche haben, einige Schlachten liefern; alles wird uns gelingen, die Geschicke sind für uns." Man war kaum an Kandia, das man nördlich gelassen, vorbei, als eine sichere Nachricht über den Feind einlief: am 30. Juni brachte eine nach Alexandrien vorausgesandte Fregatte die Nachricht zurück, daß Nelson vor dem dortigen Hafen mit vierzehn Linienschiffen gewesen, weil aber hier niemand von der französischen Flotte etwas gewußt, vor zwei Tagen nach Nordosten gesteuert sei. So war es in der Tat. Als der Admiral nach Malta gekommen, war die französische Flotte soeben aufgebrochen. Unverzüglich hatte er alle Segel beigesetzt, um sie zu erreichen, und seine Fahrt so rasch vollendet, daß er noch vor den Franzosen in Alexandrien angekommen war. Brennend vor Begier, den Gegner zu ereilen, lenkte er das Steuer selbigen Tages gegen die syrische Küste, dann, als er auch hier nichts erfuhr, nach Kleinasien, und so zurück in den Westen. „Des Teufels Kinder," schrieb er, „haben des Teufels Glück. Dieser Bonaparte befehligt zur See gerade so gut wie zu Lande." Beispiellos in der Tat war das Glück Bonapartes; doch wußte er es zu benutzen. Am 1. Juli kam er vor der Stadt des großen Alexander an. Der Tag war fast zu Ende, die See stürmisch, die Brandung gefährlich. Aber ohne zu zögern, und nicht ohne Verluste, brachte er die Truppen an das Land. Schon am andern Morgen wurden in raschem Anlauf die kaum verteidigten Mauern erstiegen und wer widerstand niedergemacht. Am Tage darauf erklärte er in einer arabischen Proklamation an die Araber und Kopten, daß er gekommen sei als ein Verehrer ihres Gottes und Propheten, als der Zerstörer des Papsttums und des Malteserordens, als der Freund des Padischahs, um sie von der Tyrannei der Mamelucken zu befreien. Diese, kein Volk, sondern eine Männerschar, die sich meist durch Sklaven ergänzte, ursprünglich die Leibwache der Kalifen, kaum 10000 Reiter, fanatisch, tapfer, aber schlecht gerüstet, mit alten Gewehren und fast ohne Kanonen, waren keine Macht, welche den Franzosen starken Widerstand entgegensetzen konnte. Es waren andere Gegner, welche sie zu fürchten hatten: der Marsch durch die Sandwüste bei glühender Hitze, ohne Obdach, ohne Wasser, elende Dörfer, dazu noch, als sie zum Nil kamen, gastrische Leiden, die sich durch schlammiges Wasser und schlechten oder mangelnden Proviant entwickelten. So war es eine Erquickung, als die Truppen den Feind endlich zu Gesicht bekamen, als die Mamelucken in verwegenem Anlauf gegen ihre Karrees ansprengten. Am 13. Juli begannen die ernsteren Kämpfe; am 21. fiel bei Embabeh, wo die gesamte Macht der Feinde sich verschanzt hatte, die Entscheidung. An dem Salvenfeuer der Franzosen zerschellten die wütenden Angriffe der Reiter, die sich in rascher Flucht retteten, während ihr Lager eine leichte Beute der Sieger wurde. Der Preis des Sieges war Kairo, eine volkreiche Stadt, aber nicht von der orientalischen Pracht, welche der französische Soldat erwartet hatte, sondern unter schmutzigen Hütten nur ein paar stattliche Häuser der Mamelucken. Auch machten diese unter ihren beiden Beis, Murad und Ibrahim, den Eroberern noch genug zu schaffen; jener war nach Oberägypten, wohin Desaix ihm nachgeschickt wurde, dieser in die syrische Wüste ausgewichen, von wo er mit seinen Reitern bald wieder bis dicht vor Kairo streifte. Vergebens suchte Napoleon selbst ihn hier zu packen; er war sofort wieder in der Sandfläche verschwunden. Und als Napoleon nach Kairo zurückkehrte, brachte ihm, noch auf dem Marsch, ein Adjutant Klebers, der in Alexandrien kommandierte, die Nachricht, daß die Flotte verloren sei.

Es war Nelsons Werk. Er war auf seiner Fahrt in den Westen bis Syrakus gelangt, abermals umgekehrt und auf der Höhe von Morea endlich zu der Gewißheit gekommen, daß der Feind vier Wochen vorher bei Kandia vorbei südostwärts, d. h. nach Ägypten gesegelt sei. Nun hatte er nur den einen Gedanken, zu schlagen, „mit Lorbeeren oder Zypressen," wie er an Lady Hamilton schreibt, „bekränzt zu werden." Am Nachmittag des 1. August ward auf der Reede von Abukir die feindliche Flotte gesichtet. Ohne einen Augenblick zu verlieren, richtete er den Angriff auf die enge Durchfahrt, die zwischen dem linken Flügel und dem Lande gelassen war und welche Brueys durch Batterien zu sperren gehofft hatte. Daß er hier durchbrechen konnte, ward für die Franzosen die Katastrophe. Von beiden Seiten unter Feuer genommen, waren ihre Schiffe, die alle ihre Batterien nach der Front hin gerichtet hatten und im Rücken fast wehrlos waren, verloren. Die ganze Nacht hindurch und bis in den folgenden Tag währte der ungleiche und fürchterliche Kampf; mit ein paar Schiffen gelang es dem Kontreadmiral Villeneuve davonzukommen; alle anderen waren zerschossen,

Abb. 27. Nelson. Gemälde von F. L. Abbott.

verbrannt oder genommen, die Hälfte der Mannschaften und mit ihnen der Admiral lagen auf dem Grunde des Meeres.

Das also war die Kunde, die dem Unbesiegten zuging, als er aus der Wüste heimkehrte. Großartig war seine Haltung in diesem Moment. „Der Verlust unserer Flotte," so sagte er zu seinem Freund und Waffengefährten Marmont, „zwingt uns, vielleicht noch größere Dinge in diesem Lande zu tun, als wir vorhatten." „Man muß den Kopf über die Wogen erheben und die Wogen werden sich legen." Er hat damals und später dem Admiral die Schuld an der Katastrophe zugemessen, und soviel dürfen wir jedenfalls sagen, daß er selbst an Brueys' Stelle schnellere und bessere Entschlüsse gefaßt haben würde. Insoweit hatte er recht, wenn er in dem Bericht an das Direktorium die launenhafte Göttin des Glückes in Schutz nimmt, ja sie rechtfertigt durch die Erzählung, wie sie die Fahrt über das Meer ermöglicht habe: mitten im Gebrüll des Sturmes sei man gelandet; mit 3000 erschöpften Soldaten, ohne Kanonen, fast ohne Patronen, sei Alexandrien genommen worden; in fünf Tagen habe man die Küste besetzt; fünf Tage hätten genügt zur Sicherung der Flotte: „erst als Fortuna sieht, daß alle ihre Gunstbezeugungen vergeblich sind, erst da überläßt sie unsere Flotte ihrem Schicksal." Alle Zufuhren, Verstärkungen, fast alle Nachrichten waren fortan für die Abgeschlossenen unmöglich geworden; wie Korfu und Malta, so war auch die ägyptische Kolonie eine Festung geworden, für die jeder Entsatz unmöglich schien.

Aber nicht allein in der Vernichtung der auf die ägyptische Expedition gerichteten Hoffnungen erschöpft sich die Bedeutung der Schlacht bei Abukir, viel gewaltiger noch war ihre Rückwirkung auf die allgemeine Politik: Europa ward dadurch von neuem in Bewegung gesetzt. Zunächst traten die Türken zu den

Gegnern Frankreichs über. Wäre der Plan, wie Napoleon ihn berechnet hatte, geglückt, die Flotte bis Korfu oder Malta zurückgekommen und Talleyrand in Konstantinopel mit dem Anerbieten des Bündnisses erschienen, so hätte vielleicht der Sultan sich in eine Allianz gefügt, welche ihm Sicherung gegen den Erzfeind des türkischen Namens, Rußland, versprach; schwerlich hätten dann die Schiffe Nelsons in dem Ostbecken des Mittelmeers ausharren können. Aber mit einer ohnmächtigen, an dem entscheidenden Punkte mattgesetzten Macht war für den Sultan kein Bund zu flechten; gedrängt und zugleich umworben von der russischen und englischen Diplomatie, warf sich Selim III. vielmehr den Gegnern Frankreichs in die Arme. Auf die Kunde, daß die russische Pontusflotte ausgelaufen war, erließ er den Hattischerif, der den heiligen Krieg erklärte. Am 2. September ward der französische Gesandte in die sieben Türme geworfen, am 3. die russische Flotte in Konstantinopel empfangen. Vereint mit dem türkischen Geschwader wandte sie sich alsbald gegen Korfu, das wenige Monate später zur Kapitulation gebracht wurde. Auch in Italien regten sich die alten Gegner Frankreichs, sobald die Kunde von der großen Schlacht eingelaufen war. Vor allem drängte der Hof von Neapel, durch die Republikanisierung Roms und die revolutionäre Propaganda im eigenen Lande unmittelbar bedroht, danach, den Krieg zu eröffnen. Die Königin Marie Karoline, eine Tochter Maria Theresias, rasch und leidenschaftlich wie ihre Mutter und Schwester, hatte keinen anderen Gedanken, als das Blut Marie Antoinettes an ihren Mördern zu rächen. Am 22. September lief die englische Flotte im Hafen von Neapel ein, und nun hatte alles Zögern ein Ende. Als der Retter, der Befreier wurde der sieggekrönte Admiral empfangen. Man hat diese Tage von Neapel, als Nelson, von den Reizen seiner Freundin Hamilton umstrickt, unter den rauschenden Festlichkeiten des üppigen Hofes Meerfahrten und Schlachtendonner zu vergessen schien, wohl sein Capua genannt: aber er ließ keinen Moment den Gegner und das Interesse Englands aus den Augen. Den Einfluß, den die Geliebte auf die Königin besaß, die Fessel selbst, in die sie ihn geschlagen hatte, benutzte er im Sinne seiner Regierung. Er zerstörte die letzten Bedenken, welche die Friedenspartei vorbrachte, und riß Neapel zum Angriff fort.

Keine Macht der alten Koalition zauderte mit der Erneuerung des Krieges länger als diejenige, welche am längsten in ihm ausgehalten, Österreich. Thugut war sehr ärgerlich, daß das kleine Neapel sich herausnahm, den Weltkrieg zu entflammen, anstatt die Befehle aus Wien zu erwarten; er erklärte, daß seine Regierung die Offensive in Italien nicht unterstützen würde. Aber seit dem Oktober, als der Angriff der Neapolitaner gegen Rom kläglich gescheitert war und auch Graubünden von der französischen Partei fortgerissen zu werden drohte, glaubte man auch in Wien nicht länger zurückbleiben zu dürfen und den Augenblick gekommen, um den Frieden von Campo Formio, den man immer nur als einen Waffenstillstand aufgefaßt hatte, aufgeben zu müssen. Ende 1798 war die zweite Koalition gegen Frankreich fertig.

Es kann nicht unsere Aufgabe sein, die Wechselfälle, welche der neue Krieg für Frankreich herbeiführte, ausführlicher zu schildern. Und so erinnere ich nur an die schweren Katastrophen, welche die führerlos gewordene Republik auf den Schlachtfeldern am Oberrhein, in den Alpen und auf der lombardischen Ebene erlitt. Dreimal wurde ihre Rüstung durch die Siege der Alliierten zerstört, niemals war sie dem Untergange näher, und wer weiß, ob nicht schon damals ihre letzte Stunde geschlagen hätte, wäre nicht im Siege selbst die Allianz auseinander gebrochen, als Suworow nach seinem stolzesten Erfolge bei Novi jenen tollkühn tapferen, aber strategisch unverständlichen Zug über den St. Gotthard antrat, auf dem seine Armee in Trümmer ging. Nun gelang es freilich dem besten Feldherrn der Republik, Massena, nach seinem Siege bei Zürich die Schweiz zu behaupten und das Gleichgewicht der Kräfte herzustellen. Aber ein Ende war auch so nicht abzusehen, und die Republik schien unter dem übermächtigen Druck erliegen zu müssen. Denn auch im Innern war das Heer ihrer Feinde neu erwacht. Es war der alte Kreislauf, den die Revolution unter der Einwirkung des Kampfes gegen das Ausland nun schon so oft vollendet hatte. Jede Niederlage führte der Anarchie im Innern neue Kräfte zu und trieb die Partei, welche die Revolution vorwärts und zur Durchführung bringen wollte, an, die Zügel schärfer zusammenzufassen. Jedoch nur der Sieg konnte ihre Herrschaft wahrhaft sichern. Je schwerer aber die Niederlagen, um so schrecklicher die Not des Landes, und je größer die Tyrannei, um so erbitterter der Widerstand, den die Revolutionäre im eigenen Volke fanden. Bei den Neuwahlen im April waren, wieder durch einen Gewaltstreich (am 30. Prairial), die Jakobiner in die Höhe gekommen. Ihr Mißgeschick im Felde, vor allem die Niederlage bei Novi, wo General Joubert Schlacht und Leben verlor, kam dann wieder den Gemäßigten und den Reaktionären zugute. Im Direktorium und unter den Ministern gab es neue Spaltungen; eine Zwangsanleihe, die versucht ward, erwies sich als Schlag ins Wasser; die Papiernot war größer als je, die Chouans in der Vendée und im Süden wieder zu vielen Tausenden unter Waffen. Als im September Jourdan, einer der Heißsporne in der Kammer, zur Bestrafung der Freiheitsfeinde aufforderte, versagte sich ihm die Majorität in der Kammer selbst, und der Antrag wurde verworfen. Das Ergebnis vor allem war das gleiche, wie was auf den Schlachtfeldern: das offizielle Frankreich, in Parteien zerrissen, die sich die Wage hielten, konnte nicht vorwärts und nicht rückwärts. Der Staat der Revolution war nicht zerstört, aber seine Regenten ohnmächtig, ihn zu befestigen, den Punkt zu finden, um den sich die kämpfenden Parteien zusammenschließen und zum Ausgleich kommen konnten. Die Masse aber hatte nur einen Gedanken: die elementaren Güter des Daseins, ein gesichertes, friedfertiges Leben, Ordnung und Ruhe im Hause, Herstellung der Wirtschaft, des Handels, vor allem des kirchlichen Friedens zu gewinnen. Wer das bringen konnte, war ihr Messias.

* * *

Niemand war sich klarer darüber als Bonaparte, daß die erste Bedingung der Begründung einer ägyptischen Kolonie der Friede auf dem Festlande und die Freundschaft mit der Türkei war, und daß die Möglichkeit einer gesicherten Verbindung mit Frankreich über das Meer wenigstens in Aussicht genommen werden mußte. Aber zunächst rechnete er noch nicht mit einem Bruch des Friedens von Campo Formio und dem Eintritt der Pforte in die Reihen seiner Gegner. Und dann konnte er doch nicht voraussetzen, daß die Republik so bald von der Höhe des Sieges heruntergestürzt werden würde, auf die er sie erhoben hatte. Vor allem aber kannte er nicht das Wort: verzweifeln. Noch zwei Monate nach Abukir schreibt er dem Direktorium, daß die Kolonie haltbar, daß Indien von Ägypten her zu bedrohn sei, daß man die Türken, wenn sie den Feinden zufallen wollten, bekämpfen oder zur Freundschaft zwingen, die Engländer aber durch einen Angriff auf ihre Insel von Ägypten abziehen müsse. Auch war der Gedanke, auf dem Seewege nach Indien zu kommen, gar nicht einmal so chimärisch. Auf dem Roten Meer und dem Indischen Ozean hatte England kaum Kriegsschiffe, und nicht bloß Napoleon und seine Regierung, sondern auch ihre Feinde rechneten ernstlich mit jener Aussicht; Nelson wenigstens drückt wiederholt die größte Besorgnis davor aus; „ein unternehmender Feind," so schreibt er am 29. Juni an Lord St. Vincent, „würde, wenn er im Einverständnis mit dem Pascha von Ägypten und Tippo Sahib wäre, mit Leichtigkeit eine Flotte von Suez nach der Malabarküste schaffen können, wodurch Englands indische Besitzungen in größte Gefahr kommen würden."

Fürs erste jedoch mußte Napoleon Ägypten selbst in sicherem Besitz haben. Militärisch und den Mamelucken gegenüber gelang dies rasch; noch im Herbst säuberte General Desaix das Land von seinen alten Bedrängern bis zu den Katarakten. Die Araber und Kopten, wie auch die Türken, hoffte Napoleon durch Schonung des Eigentums und der Religion und Erhaltung der Verfassung gewinnen zu können. Ein Diwan einheimischer Scheiks als oberster Rat in Kairo, andere in den Provinzen hatten, selbstverständlich unter Kontrolle französischer Agenten, für die Verwaltung des Landes, die Einziehung der Steuern und das Einvernehmen der Bevölkerung mit den Truppen zu sorgen. Auch zur Polizei wurden Einheimische herangezogen, und selbst in die Armee Türken, Kopten und sogar Schwarze eingereiht. Wie ernst es Napoleon mit seinen kolonisatorischen Plänen nahm, zeigt die Einrichtung des Instituts, für das er die Gelehrten mitgenommen hatte, und dem Monge als Präsident, er selbst als Vizepräsident vorstanden; man weiß, von welcher Bedeutung für die Entdeckung des alten Ägyptens die hier eröffneten Studien geworden sind. Aber alle Arbeiten des Friedens mußten vor den Notwendigkeiten, die der Krieg auferlegte, zurücktreten. Kontributionen, Pferdeaushebungen und die Durchführung der Entwaffnung begannen die Bevölkerung aufzuregen und zu verbittern; und schon drangen Nachrichten in das Land, daß der Sultan den heiligen Krieg erklärt habe, daß seine Schiffe, seine Armeen nahe wären. Im Oktober stand plötzlich das Volk von Kairo auf, in allen Teilen des Landes wurden französische Posten überfallen, englische Kriegsschiffe eröffneten ein Bombardement gegen Alexandrien und Abukir. Napoleon hatte dagegen kein anderes Mittel, als fürchterliche Strenge. Zunächst halfen ihm gegen die Kairoten, wie im Vendémiaire gegen die Pariser, die Kartätschen, dann brachten die Tag um Tag folgenden Bluturteile in Stadt und Land die Niedergeworfenen allmählich zur Ruhe. Es war der Ton, „auf den," wie Napoleon schreibt, „diese Völker gehorchen, und gehorchen ist für sie gleich fürchten." Er hatte ihn vermieden, um den Ruf des Schreckens zu zerstören, der ihm vorangegangen war. Jetzt aber stimmte er ihn um so stärker an, als es der ihm selbst von Binasco her gewohnte war. „Verkündet dem Volk," so redete er im Stile des Koran, im Tone des Propheten die Ulemas von Kairo an, „daß wer sich mutwillig wider mich erhebt, weder in dieser noch jener Welt Rettung finden wird. Ist jemand so blind, nicht zu sehen, daß das Schicksal alle meine Schritte leitet? Oder so ungläubig, zu bezweifeln, daß alles in dieser Welt der Herrschaft des Schicksals unterworfen ist? ... Ich könnte Rechenschaft von den geheimsten Gedanken eines jeden fordern, denn ich weiß alles, auch was ihr immer verschwiegen habt. Aber der Tag wird kommen, wo es jedem klar wird, daß ich höheren Befehlen folge, und daß keine menschliche Anstrengung etwas gegen mich vermag."

Unterdes nahte die Gefahr, die im Oktober bereits gemeldet ward. Napoleon war Ende Dezember bei Suez, um die Spuren des alten Kanals aufzusuchen, als er vernahm, daß türkische Truppen das Fort El Arisch an der syrischen Grenze besetzt hätten. Er durfte den Angriff auf das gärende Land nicht abwarten, mußte ihm zuvorkommen. Mit vier Divisionen, im ganzen noch nicht 18000 Mann, brach er Anfang Februar auf. El Arisch wurde rasch genommen, auch Gaza, und nach härterem Widerstand im Sturm Jaffa, über das die Greuel der Verwüstung verhängt wurden. Da war es, wo 3000 Feinde, nachdem sie die Waffen gestreckt, am Ufer erschossen wurden. Eine der schrecklichsten Taten der Kriegsgeschichte: mag es nun geschehen sein, weil man die Gefangenen nicht ernähren konnte, oder weil es die Besatzung von El Arisch war, die, dort entlassen, dennoch in Jaffa mitgekämpft hatte und darum von der Rache ereilt wurde, oder weil der Sieger, was auch möglich, vielleicht sogar wahrscheinlich ist, durch das Blutvergießen nur wieder Schrecken im großen Stil verbreiten wollte. Es war, als wollte er seinem Gegner Djezzar Pascha den Beinamen, der dem Grausamen gegeben war (denn Djezzar heißt Schlächter), streitig machen. Dennoch hatte er sich verrechnet. Am 18. März kam er vor Saint Jean d'Acre, dem alten Akkon, der Residenz des Paschas, an. Hier aber fand er einen Widerstand, den keine Anstrengungen brechen konnten, und wie er selbst ihn schwerlich erwartet hatte. Denn neben den Türken sah er die Engländer in der Festung: Sir Sidney Smith, jetzt der Kommodore

des englischen Geschwaders in den syrischen Gewässern, war den Belagerten zu
Hilfe gekommen und hatte sie mit schwerem Geschütz und seinen eigenen Offizieren
und Leuten ausgerüstet. Die Entsatzversuche zu Lande wurden abgeschlagen, bei
Tabor ein großes türkisches Heer vernichtet, die Festung selbst aber trotzte allen
Sturmangriffen, nicht zum wenigsten durch das Talent und die Hingebung eines
französischen Emigranten, der mit Smith gekommen war, jenes Phélipeaux, den wir
schon auf der Kriegsschule von Paris als den Rivalen Napoleons kennen lernten.
Als am 10. Mai ein letzter wütender Sturmangriff, wie viele andere vorher,
mißglückt war, sah Napoleon sich genötigt, die Belagerung abzubrechen und den
Rückmarsch anzutreten; Tausende seiner Besten waren in den Laufgräben und
Minengängen geblieben, mehr vielleicht noch in den Spitälern durch Wundfieber
und Pest hinweggerafft.

Napoleon hat später oft gesagt, daß Akkon sein Schicksal gewendet habe, und
wohl gemeint, daß die Einnahme der Festung ihm nicht nur die Herrschaft über
Syrien, sondern den Marsch nach Konstantinopel gesichert haben würde: Phantasien,
die ihm schon damals den Kopf bisweilen heiß gemacht haben mögen, wie denn das
Direktorium in der Tat dergleichen von ihm erwartete; noch vor Akkon war ihm
ein Brief desselben zugekommen, worin die Alternative des Vormarsches gegen
Konstantinopel oder gegen Indien erörtert worden war; und über die letztere Mög=
lichkeit hatte er selbst mit dem Schah von Persien Verhandlungen angeknüpft.
Ernstlich aber hat er damals nicht daran gedacht; denn wir besitzen aus dem
April seine Briefe an die Befehlshaber in Ägypten, welche die Rückkehr dorthin
nach der Einnahme Akkons ins Auge fassen. Nun aber mußte er diesen Marsch
als Geschlagener durchführen, unter der glühenden Sonne Syriens, umschwärmt
von den feindlichen Reitern, durch das Land, welches sein eigenes Heer auf dem
Hinmarsch durch Brand und Plünderung zur Einöde gemacht hatte. Und dann
noch neun volle Tage im glühenden Sand der Wüste. So kam er Mitte Juni
mit seinen durch die Kugeln und Krankheiten dezimierten, abgerissenen, völlig er=
schöpften Truppen in seiner ägyptischen Hauptstadt an. Kaum war er da, so
wurden ihm neue Feinde gemeldet. Zu Lande waren es wieder die Türken und
Mamelucken, von der See her die Engländer und Türken. Am 12. Juli erschien,
von Sidney Smith geleitet, eine große türkische Armee auf der Reede von Abukir
und verschanzte sich dort auf einer Landzunge, welche, auf zwei Seiten vom Meere
gedeckt, nur durch einen schmalen Zugang vom Lande her erreichbar war. Napo=
leon, der kein Zögern kannte, richtete bereits am 25. Juli mit seiner ganzen Macht
den Angriff auf die Redouten, welche von Meer zu Meer dem feindlichen Lager
vorgebaut waren. Der Furie der Franzosen, für die es sich hier um Sein oder
Nichtsein handelte, vermochten die Türken nicht zu widerstehen. Der linke und
der rechte Flügel, dann auch von Murat in wütendem Reiterangriff das Zentrum
wurden gepackt, umfaßt und in das Meer gedrängt, das sie hatte schützen sollen.
Es war einer der glänzendsten, auch der blutigsten Tage der Kriegsfahrten unseres
Helden. So hatte einst Cäsar an anderer Stelle der nordafrikanischen Küste, auf
der Halbinsel von Thapsus, seine Gegner gepackt und vernichtet. Sechstausend
der Feinde erlagen den französischen Kugeln oder den Fluten, die sich hier
wirklich einmal Napoleon hilfreich erwiesen; viertausend streckten die Waffen, nicht
ein Mann entrann.

Napoleon war über die Vorgänge in Europa nur unvollkommen unterrichtet;
nur spärliche Nachrichten hatten zur See oder zu Lande über Tunis und Tripolis
ihn erreicht. Er wandte sich jetzt an Smith, der von seinen Schiffen dem grau=
sigen Schauspiel zugesehen hatte. Der gab sie ihm: Nelson, ließ er ihm sagen,
habe ihm den Beschluß der französischen Regierung mitgeteilt, Napoleon und seine
Armee zurückzurufen. Indem er ihm die Zeitungen zukommen ließ, welche die
ersten Niederlagen Jourdans in Deutschland und Scherers in Italien meldeten,
forderte er ihn auf, es doch zu versuchen. Hierauf lenkte er seinen Kurs von der

Küste fort gegen Zypern, um dort die Wasservorräte zu ergänzen, an deren Erlangung in Ägypten Napoleon ihn soeben verhindert hatte, vielleicht der Meinung, daß der Gegner die Fahrt nicht wagen würde, oder in der Hoffnung, ihn auf der See einzuholen und zu fangen. Er hatte jedoch ohne Napoleon gerechnet.

Wir sahen, daß dieser von Anfang an, schon für den Herbst 1798, die Rückkehr nach Europa, und zwar, um England in der Front anzugreifen, ins Auge gefaßt hatte. Daran war nun freilich nach Abukir nicht mehr zu denken gewesen; er hatte alles daran setzen müssen, um Ägypten in die Hand zu bekommen. Der Gedanke an die Heimkehr war trotzdem niemals ganz von ihm aufgegeben worden, so wenig wie das Direktorium selbst ihm jemals die Vollmacht dazu hatte beschränken wollen. Im Oktober und noch im Februar, unmittelbar vor dem Aufbruch nach Syrien, hatte er seiner Regierung davon geschrieben, und beidemal im Hinblick auf den möglichen oder drohenden Ausbruch des Festlandkrieges. In den Weisungen nun, auf welche die Nachrichten Smiths sich bezogen, vom 26. Mai, war zwar die Rückführung der ganzen Armee ins Auge gefaßt worden: der Admiral Bruix, der damals an der genuesischen Küste war, sollte sich mit der spanischen Flotte vereinigen, das nur geringe englische Geschwader aufsuchen und schlagen und darauf Bonaparte und die Seinen nach Europa hinüberführen. Auch diesmal aber hatten die Direktoren es in Napoleons eigenes Ermessen gestellt, einen Teil seiner Truppen zurückzulassen, falls er für deren Sicherheit in Ägypten einstehen könne; und ausdrücklich hatten sie es als ihren dringenden Wunsch bezeichnet, ihn an der Spitze der republikanischen Armeen zu sehen. Jedenfalls durfte er sich sagen, daß er weder ohne noch gegen die Befehle

Abb. 28. Kleber.

seiner Regierung handele, wenn er sich zur Rückkehr ohne die Armee entschloß. Noch wußte er ja nicht den ganzen Umfang der Niederlagen, welche die Republik gerade jetzt, in den Tagen von Novi erfuhr, die Auflösung aller Verhältnisse und die Hoffnungslosigkeit der Lage; erst nach der Überfahrt hat er das alles erfahren.

Man sieht nun wohl, wie wenig Grund zu der Nachrede vorliegt, welche seine Feinde bald genug erhoben haben, und die dann, tausendfach wiederholt, zu den wunderlichsten Anschuldigungen und Kombinationen ausgewachsen ist, er habe seine Kameraden feige verlassen und gegen die Befehle des Direktoriums gehandelt, von keiner anderen Rücksicht geleitet, als seine Güter zu sichern, seine Interessen wahrzunehmen und die Herrschaft, ja wohl die Krone selbst aus der Niederlage und der Zerrüttung herauszuholen. Er durfte sich vielmehr sagen, daß auch für Ägypten nur darin die Rettung liegen konnte, daß er dem wankenden Staate zu Hilfe kam. Gerade wenn er sich darüber klar war, daß die Kolonie, wie jede Festung, die ohne Sukkurs bleibt, auf die Länge verloren war, mußte er nach Europa zurück: nur auf dem Festlande konnten noch die Siege erfochten werden, welche auf dem Meere durch Abukir unmöglich geworden waren.

Auch ist es wohl zu verstehen, daß er seinen Entschluß vor der Armee verbarg, bis er ihn ausgeführt hatte; weniger vielleicht, daß er auch seinen Nachfolger im Kommando, General Kleber, erst nach der Abfahrt von der Aufgabe in Kenntnis setzte, die er ihm zurückließ; und darum ist der Unmut begreiflich, mit dem dieser darauf dem Direktorium über die Trostlosigkeit seiner Lage Bericht erstattete. In der Tat hat aber Kleber selbst durch den Sieg bei Heliopolis bewiesen, daß die Dinge nicht so verzweifelt lagen, und daß die Kolonie so, wie Napoleon es vorausgesagt hatte, haltbar war. Selbst der Dolchstoß jenes Fanatikers, der ihn tötete, hat die Herrschaft der Franzosen in Ägypten nicht erschüttert; Napoleon hatte den Frieden auf dem Festlande wirklich schon erreicht, als es im September 1801 in

Abb. 29. Josephine. Kreideskizze von David.

die Hände Englands geriet. Sicherlich verfocht Napoleon auch seine eigene Sache: aber seine Sache war bereits die Frankreichs. Gewiß setzte er seinen Ehrgeiz darein, die Herrschaft in Frankreich, die Entscheidung in seine Hand zu bekommen: aber er durfte sich sagen, daß es sein Werk war, welches zerstört wurde, und er der Mann, der wiederherstellen konnte, was die Unfähigkeit anderer verdorben hatte.

In der Nacht des 22. August ging er in Alexandria unter Segel; mit ihm auf zwei Fregatten und zwei Begleitschiffen ein paar hundert Mann und die Intimen, Bourrienne und Lavalette, die Generale Lannes und Marmont, Berthier, Murat und Andréossy, und die Kollegen vom Institut Monge und Berthollet. Widriges Wetter, denn die günstigen Herbstwinde durfte man nicht abwarten, hinderte lange die Fahrt. In drei Wochen war erst die Höhe von Tunis erreicht. Glücklich kam man in der Nacht bei abgeblendeten Lichtern an dem Kreuzer vorbei, den Nelson, der vor Syrakus ankerte, ohne übrigens das Abenteuer des Verwegenen zu ahnen, zur Überwachung der Enge zwischen Kap Bon und Malta entsandt hatte. Westlich um Sizilien, nun mit günstigem Winde, herumfahrend, lief am 30. September die kleine Escadre in den Hafen von Ajaccio ein. So sah Napoleon die Vaterstadt wieder, die er vor sechs Jahren unter den Verwünschungen des Landes, ein Flüchtling und Verbannter, hatte verlassen müssen, heute umjubelt von seinen Volksgenossen, welche seine Siege unter die Herrschaft Frankreichs zurückgebracht hatten, und die in dem Heimkehrenden dennoch den nationalen Helden, den Erneuerer corsischen Ruhmes begrüßten. Der Anblick der einst so heißgeliebten Heimat, das Wiedersehen mit den Verwandten und Freunden hat ihn, wie ein Augenzeuge bestätigt, aufs tiefste ergriffen. Unter der Menge, die sich, der durch die Pestgefahr gebotenen Quarantäne nicht achtend, in die Boote und zu den Schiffen hin drängte, war auch eine Frau aus dem Volke, die lebhaft winkend „caro figlio, caro figlio" zu ihm emporrief: und „madre, madre" scholl es vom Bord der Fregatte zurück. Es war die Amme des Helden, die ihn begrüßte; er hat sie und ihre Kinder später mit Wohltaten überhäuft und noch auf St. Helena seine Freude über die Treuen geäußert.

In Ajaccio erfuhr Napoleon von den neuen Katastrophen auf den Schlachtfeldern Italiens, und der heillosen Verwirrung im Innern. Wenn er, wie es heißt, auf der Meerfahrt gedacht hatte, unmittelbar auf den Schauplatz seiner alten Siege zu eilen, so hatte er jetzt nur noch den Gedanken, nach Paris, in das Zentrum der Krisis zu gelangen. Kaum war das Wetter, das ihn noch einmal acht Tage zurückhielt, günstig geworden, so stach er nach Toulon in See. Es war der Abschied von seiner Vaterstadt für immer: erst auf der Fahrt nach Elba und dann auf seiner letzten Fahrt nach Frankreich hat der Kaiser noch einmal den Bergen Corsicas seine Grüße senden können. Um ein Haar wäre doch noch das Unternehmen gescheitert. Ein englisches Geschwader, das im Golf du Lion kreuzte, hatte die französischen Segler bemerkt und schickte sich bereits an, Jagd auf sie zu machen. Der französische Kommandant verlor den Mut und wollte umkehren. Für Napoleon aber gab es kein Zurück. Wie vor der afrikanischen Küste, sah er auch jetzt nur das Ziel vor Augen. Er hätte sich im Notfall in eine Schaluppe geworfen, um ans Land zu kommen. Indem er befahl, das Steuer nordostwärts zu richten, täuschte er die Verfolger über die Richtung der Fahrt und erreichte am Morgen des 9. Oktober bei Sankt Raphael in der Bucht von Fréjus die rettende Küste. Der Jubel, mit dem er in den Provinzen empfangen wurde, die ihm fast wie eine Heimat waren, deren Söhne mit ihm Italien erobert hatten, übertraf beinahe den seiner corsischen Landsleute. Auch hier blieb die Quarantäne unbeachtet. Jedermann drängte sich herbei, den Heimgekehrten zu sehen, den Retter vor der Invasion zu begrüßen. In Aix, wohin er noch selbigen Tages fuhr, trafen ihn neue Anweisungen der Direktoren; sie vermuteten ihn noch in Ägypten und rieten oder erlaubten ihm doch die Kapitulation, gaben ihm aber zugleich Vollmacht zu allen militärischen und politischen Maßregeln, die sein Genie und die Ereignisse ihm eingeben würden, um seine Rückkehr zu beschleunigen und zu versichern. Er konnte in seiner Antwort den Sieg melden, der Ägypten für den Moment tatsächlich von seinen Bedrängern befreit und den Namen des Unglücks in einen Namen des Sieges verwandelt, die Zypressenkränze mit frischem Lorbeer zugedeckt hatte. Und überall nun auf dem Wege das gleiche Schauspiel: ein Rausch der Begeisterung, wohin er kam. Niemand fragte, weshalb er Ägypten, weshalb er die Kameraden im Stich gelassen habe, auch diejenigen nicht, die ihn fürchteten, die Neider und die Rivalen, die Direktoren und die Minister; alle Opposition und Parteiung ging unter in der einen Stimmung: der Sieger, der Friedebringer, der Messias war gekommen.

Am Morgen des 24. Vendémiaire (16. Oktober) hielt der Wagen, der Napoleon nach Paris gebracht hatte, vor dem Hause der Rue de la Victoire, in dem Josephine so lange seiner geharrt hatte. Sie hatte in seiner Abwesenheit, wie

Begegnung mit Josephine.

Napoleon aus den Briefen seines Bruders Joseph und den Mitteilungen, die er von ihm und Lucian unterwegs erhalten hatte (denn sie waren ihm entgegengeeilt), bereits wußte, den Ruf ihrer früheren Tage nicht verbessert. Er traf sie nicht daheim, denn auch sie war ihm, man begreift warum, entgegen gefahren, hatte ihn aber, da er eine andere Straße wählte als sie vermutete, verfehlt. Als sie zurückkam, fand sie die Pforte verschlossen, und es hat lange gewährt, bis der Zornige sie ihr öffnete. Aber zu tragischen Szenen war die Zeit nicht angetan. Seine politische Aufgabe verbot dem General geradezu, den häuslichen Konflikt in der Öffentlichkeit auszubreiten, und die Tränen der schönen Sünderin, die alle ihre Künste aufbot, um den Beleidigten zu versöhnen, erreichten endlich, was kein anderer Gegner vermochte, die Unterwerfung des Helden oder doch seine Verzeihung. Fortan hat Napoleon, wie es scheint, niemals mehr Grund zur Eifersucht gehabt. Seine Stellung wurde zu gewaltig, als daß Josephine es hätte wagen mögen, vom Pfade der Tugend abzuweichen; sie hat vielmehr dem Herrn Frankreichs ihrerseits so manches nachgesehen und mit wachsender Angst die Stellung als erste Frau Frankreichs zu behaupten gesucht, bis die Politik die Kinderlose zwang, sie der Kaisertochter abzutreten.

Abb. 30. Säbel, getragen von Napoleon während des ägyptischen Feldzuges.
In der Sammlung des Prinzen Victor Napoleon.

Viertes Kapitel.

Alleinherrscher und Friedebringer.

Die Zurückhaltung und Duldsamkeit, welche Napoleon der Gebieterin seines Herzens bewies, bewährte er zunächst auch den politischen Machthabern gegenüber. Er nahm damit nur die Rolle wieder auf, in der er nach der Heimkehr aus Italien die Pariser überrascht und ihre Neugier gereizt hatte. Wie damals galt einer seiner ersten Besuche seinen Kollegen vom Institut; von Monge und Berthollet begleitet, erschien er am 1. Brumaire in ihrer Sitzung und nahm seinen Platz bescheiden mitten unter seinen Confrères ein. Am 5. kam er abermals und hielt einen Vortrag über die wissenschaftlichen Erfolge seiner Expedition und die Monumente des alten Ägyptens, sowie über den Kanal von Suez, seine antiken Spuren und die Pläne seiner Wiederherstellung; fortan warfen die Gelehrten ihren ganzen Einfluß für ihr illustres Mitglied in die Wagschale. In bürgerlicher Kleidung, jedoch mit einem türkischen Säbel umgürtet, machte er seine Aufwartung bei den Direktoren und den Ministern. Überall unterrichtete er sich, hörte zu, warf wohl ein halb andeutendes Wort ein, vertiefte sich aber nirgends und verriet gegen niemand völlig, was er im Sinne hatte. Geflissentlich suchte er den Eindruck zu vermeiden, als ob er Einfluß auf die Regierung haben wolle. Als ihn bei einem Empfange im Hause der Madame Reinhard, der Gemahlin des Ministers des Auswärtigen, jemand um seine Fürsprache bei Barras ersuchte, fertigte er den Zudringlichen laut mit den Worten ab: „Wo ich bin, befehle ich, oder ich schweige." Keine Partei konnte ihn den ihrigen nennen, und zu keiner bekannte er sich. Und wer hatte ein größeres Recht dazu als er? Immer, seitdem er sein Geschick mit dem Frankreichs verbunden, war es die aus dem Schoße der Revolution geborene Macht gewesen, an die er sich gehalten hatte, die zentrale Gewalt, welche, inmitten der kämpfenden Parteien sich bildend, von jeder das anerkannte und annahm, was ihr entsprach, was ihr widerstrebte aber ausstieß, und sie alle unter sich beugte.

Während er aber so noch gleichsam im Kostüm des Cincinnatus einherschritt, war es doch niemand klarer als ihm, daß der Tag gekommen sei, an dem er die Rolle des Dion ergreifen müsse. Auch ward es ihm leicht genug gemacht. Keine Partei, die nicht auf ihn gerechnet hätte, und jede voll Eifer, ihn zu gewinnen und vorwärts zu stoßen. Er war, wie er noch in St. Helena geäußert hat, die Angel geworden, um welche sich die Verschwörungen drehten, mit denen jede Fraktion beschäftigt war, und die alle auf den Umsturz der Verfassung, die Änderung der unerträglich gewordenen Lage des Staates hinausliefen. Hätte er auch nicht gewollt, er würde sich dem allgemeinen Drängen gar nicht haben entziehen können. Die Notwendigkeit einer neuen Umwälzung lag vor Augen; nur so konnte die Revolution, um seinen Ausdruck zu gebrauchen, „marschieren", ihr Werk vorwärts gebracht, ihre Macht gesichert, der Friede, den der Sieg verbürgte, errungen werden. Doch hatte er, wie bemerkt, von der ersten Stunde ab keinen anderen Gedanken, und jeder seiner Schritte war auf dies Ziel gerichtet. Niemals, bezeugt er selbst, habe er geschickter agiert. Mit Humor fast, mit dem Behagen des Künstlers spann der Meister der Intrige die Fäden, legte er die Köder aus, durch die er die Gegner und die Freunde, die Rivalen und die Gleichgültigen, vor allem aber die Masse, die Millionen ins Garn bringen wollte. So, wenn er Josephinens ihm nur zu wohlbekannte Talente dazu benutzte, um den Präsidenten des Direktoriums Gohier, fast den hartnäckigsten seiner Gegner, einzufangen; sie mußte ihm, der zu ihren eifrigen Verehrern gehörte, an dem Morgen des entscheidenden Tages eine Einladung zum Frühstück schicken, um ihn aus seinem Hotel herauszulocken; eine List, die dann freilich an dem Mißtrauen des eifrigen Jakobiners scheiterte und statt seiner — seine Gattin in die Rue de la Victoire führte. Daß Josephine selbst nicht eingeweiht war, störte dabei nicht; im Gegenteil, um so unbefangener konnte sie die ihr zugewiesene Rolle spielen.

Auch über die Partei, welche er zu wählen hatte, wird Napoleon schwerlich lange im Zweifel gewesen sein. Die Thermidorianer, deren Tendenzen in den jetzigen Jakobinern fortlebten, waren ihm immer widerwärtig gewesen, mochte er es auch zuzeiten mit ihnen gehalten haben. Seine Leute waren diejenigen, welche die Herstellung der Ordnung anstrebten, ohne die Grundlagen der Revolution zu verleugnen. Das war in diesem Moment die Partei Sieyes', des Patriarchen der Revolution, welche im Rate der Alten fast ganz dominierte und unter den Fünfhundert auf die Mehrheit hoffen konnte, so wie sie ohne Frage die überwältigende Stimmung der Nation und der Armee für sich hatte. Eine Machtprobe legte sie wenige Tage nach der Ankunft Bonapartes bei der Neuwahl des Präsidiums und der Bureaus beider Kammern ab, die ganz in ihrem Sinne vollzogen wurde. Besonders günstig war es, daß zum Präsidenten der Fünfhundert Lucian, Napoleons Bruder, erwählt wurde, der aus dem hitzigen Jakobinertum seiner früheren Jahre längst in ein gemäßigteres Fahrwasser eingelenkt war und zu den Vertrauten von Sieyes gehörte. So war er der gegebene Vermittler zwischen seinem Bruder und dem Haupte der Partei. Sieyes hatte sich mit der Absicht einer Umwälzung der Verfassung seit Monaten getragen, auch bereits den Plan dazu in allen Einzelheiten entworfen. Der ihn dabei leitende Gedanke war die Verstärkung der Exekutive. An Stelle der fünf Direktoren sollte ein

Abb. 31. Sieyes.
Stich von Fiesinger nach J. Guérin.

Triumvirat treten, drei „Konsuln", einander gleichberechtigt und auf zehn Jahre mit dem Rechte der Wiederwahl gewählt. Wie Sieyes sich in dieser früheren Zeit die Legislative und ihre Stellung zwischen der Nation und der Regierung in der neuen Ordnung gedacht, ob er darin bereits die Grundzüge vorgesehen hat, welche in der Verfassung vom Brumaire, die zum guten Teil sein Werk ist, durchgeführt sind, läßt sich kaum entscheiden; wohl aber hatte er, so scheint es, die Durchführung bereits im Sommer in der Form geplant, die am 18. und 19. Brumaire versucht wurde. Danach sollten, wie der neueste Historiker der großen Krisis treffend sagt, die herrschenden Gewalten mit eigenen Händen ihre Selbstverstümmelung vollziehen und die Konstitution vom Jahre III fast in konstitutioneller Weise opfern. Auf Grund dreier Artikel der Verfassung, welche im Falle bringender Gefahr dem Rate der Alten das Recht gaben, den Sitz der Legislative aus der Hauptstadt heraus zu verlegen, sollte dieser Rat, dessen man sicher war, dies beschließen und damit die Jakobiner ihres Rückhaltes an den Pariser Vorstädten berauben. So hoffte man, auch die Fünfhundert den Vorschlägen, welche Sieyes und seine Vertrauten machen würden, unterwerfen zu können.

Es war ein Plan, wie er ganz dem veränderten Frankreich entsprach. Bisher waren alle kritischen Tage der Revolution in der Hauptstadt entschieden worden: in den Zeiten der revolutionären Hochflut durch den Aufruhr, seit dem Prairial durch die bewaffnete Macht gegen den Mob oder den Bourgeoisie, aber auch immer auf dem Pflaster von Paris; jeder Versuch der Krone und aller derjenigen, welche den zerstörenden Lauf der Revolution hatten aufhalten wollen, Regierung und Nationalversammlung aus den Mauern der Hauptstadt herauszubringen, war gescheitert. Es war ein Beweis für die Stärke, welche die neue Ordnung in Frankreich gewonnen hatte, daß jetzt einer der Väter der Revolution, ja fast ihr Anfänger, das Wagnis unternehmen und dabei hoffen konnte, in nahezu legitimer Weise, ohne Anwendung von Gewalt, zum Ziele zu gelangen. Immerhin sollte es nicht ganz ohne Pression geschehen. Die Macht, über welche Sieyes und seine Partei verfügten, mußte wenigstens gezeigt werden; ein General, der die Armee hinter sich hatte, war zur Durchführung nicht zu entbehren. Sieyes hatte im Sommer diese Rolle Joubert zugedacht, der darum gegen Suworow geschickt worden war; der Sieg über die Feinde Frankreichs sollte dem jungen, glänzenden General die Autorität über die inneren Gegner verschaffen. Nach Novi hatte Sieyes auf Macdonald gerechnet, der aber die Rolle verschmähte oder sich nicht heran wagte. Zuletzt, noch im Oktober, wollte Sieyes es mit Moreau versuchen, der soeben von der Rheinarmee eingetroffen und der ihm nun wohl der liebste gewesen wäre. Da aber ward schon Napoleons Rückkehr gemeldet, und vor ihm mußte jeder Gedanke, einen anderen Degen zu gewinnen, zurücktreten. Das „il est trop tard", mit dem Sieyes im Hinblick auf Moreau die Kunde von Napoleons Landung bei Fréjus, beiläufig seiner eigenen Vaterstadt, aufnahm, zeigte, wie klar er die Lage übersah, und daß er fortan, vielleicht nicht ohne eine gewisse Besorgnis, nur noch mit Bonaparte rechnete. Dennoch dauerte es längere Zeit, bis sich die beiden fanden. Napoleon erfuhr zwar durch seinen Bruder schon in den ersten vierundzwanzig Stunden von der Absicht Sieyes' und drückte im allgemeinen seine Billigung aus, ließ ihm auch für sein Vertrauen danken: Sieyes habe recht; Frankreich bedürfe einer konzentrierteren Regierung; drei Konsuln seien besser als fünf Direktoren; so habe auch er Genua drei Konsuln gegeben und nur drei Direktoren für Mailand gewollt. Er sprach sich auch gegen das Geiselgesetz und die Zwangsanleihe aus. „Ich gehe," sagte er, „mit dem Rate der Alten; ich werde als Schild dienen den Weisen der Republik gegen den Aufruhr der Vorstädte, wie ich als Schild gedient habe dem Konvent gegen den Aufruhr der royalistischen Sektionen im Vendémiaire." Aber er lehnte zunächst jede weitere Annäherung ab und wollte sich zu nichts verpflichten, bevor er das Terrain sondiert habe. So machte er denn Sieyes seine Aufwartung wie jedem anderen Direktor, hielt sich aber öffentlich von ihm fern und ließ es sogar geschehen, daß Josephine auf einem Diner bei dem Direktor Gohier sich bei der Frau vom Hause freundschaftlich darüber beschwerte, daß sie Sieyes mit eingeladen habe; sie wisse doch, daß ihr Gemahl ihn nicht leiden könne. Napoleon sagte sich, daß der Abbé für ihn immer zu haben wäre, mochte er sich fürs erste auch zurückhaltend benehmen und sich in seine Würde als Direktor und Parteihaupt einhüllen. Ja, er fand es geraten, auch mit den Gegnern anzuknüpfen, besonders mit Barras, dem alten Freunde und Protektor. Wohl möglich, daß er ihm, wie Barras selbst erzählt, um ihm recht vertraulich zu kommen, unter anderem seine Enttäuschungen mit Josephine geklagt hat. Ohne Schwierigkeit verständigte er sich mit Moreau, vielleicht dadurch, daß er durchblicken ließ, jener könne, wenn er selbst in der Regierung säße, die Armeen kommandieren. Aber auch mit den jakobinischen Generalen, Jourdan, Augereau und Bernadotte, wußte er sich einigermaßen zu stellen. Von Jourdan erhielt er kurz vor dem Staatsstreich die Zusicherung der Neutralität;

Augereau, immer nur ein Mann der großen Worte, war ihm ohne weiteres sicher; der zweifelhafteste war Bernadotte, bis vor kurzem Kriegsminister und schon längst sich als Rivale Napoleons fühlend. Aber auch dieser war kein Mann von Initiative. Und vor allem, diese Generale hatten wohl ihre Fraktionen, aber keine Truppen hinter sich; sie waren kaum mehr als Führer von Kammerparteien; an ein Pronunciamento, eine Spaltung der Armee oder auch nur der Pariser Garnison war nicht zu denken. Nicht bloß die Truppen, sondern auch ihre Offiziere waren in der Hand Napoleons; vor allem Lefebvre, der die Militärdivision von Paris unter sich hatte, der Marineminister Admiral Bruix, der Oberst Sebastiani, Corse und Kommandeur der neunten Dragoner, die in Italien gefochten hatten, dazu die Waffengefährten Lannes, Berthier, Macdonald, Serrurier, die seit Italien und Ägypten ihr Los mit dem Napoleons verknüpft hatten. Auch unter den Ministern und in den Kammern fand er Freunde und Helfer: vornehmlich Talleyrand, auf den er alsbald besonders rechnete, und der ihm wie kein anderer zur Hand ging, Fouché, dessen Einfluß als Polizeiminister wie seine Talente als Verschwörer ihn ebenso unentbehrlich wie gefährlich machten, und den Napoleon darum erst allmählich und bis zuletzt nicht völlig in sein Geheimnis einweihte, so wie Fouché selbst nach alter Liebe und Gewohnheit sich ein Hintertürchen offen hielt; ferner Roederer, Boulay de la Meurthe, der Justizminister Cambacérès und andere Männer der Mitte. Je ungewisser er selbst sich gab, um so deutlicher wurden gegen ihn die anderen; je näher die Krisis herankam, um so größer die Zahl der Anhänger und der Überläufer oder doch der Neutralen. Wo er sich hinstellen würde, da winkte die Macht, und wer seinen Vorteil wahrnehmen wollte, mußte sich beeilen, hinter ihn zu treten. Napoleon allein konnte warten.

Eine erste Andeutung, wohin der General das Steuer richten werde, brachte eine offiziöse Notiz in den Zeitungen vom 2. Brumaire über den Besuch, den er bei den Direktoren Sieyes und Ducos, der es ganz mit jenem hielt, gemacht habe. Danach hüllte sich Napoleon auch Sieyes gegenüber wieder in Schweigen, und erst am Abend des 10. Brumaire kamen beide zu einer Besprechung im Hause Lucians zusammen. Sie währte nur eine Stunde, war aber in jedem Betracht entscheidend. Napoleon bestritt fast allein die Kosten der Unterhaltung. Sieyes hatte damit begonnen, seine Verfassungspläne zu entwickeln. Der General unterbrach ihn sofort: das wisse er alles durch seinen Bruder; Sieyes denke aber doch wohl nicht daran, Frankreich eine Verfassung zu geben, ohne daß sie umständlich, Artikel für Artikel, diskutiert sei; denn das sei nicht Sache eines Momentes, und man habe keine Zeit zu verlieren. Nötig sei eine provisorische Regierung, welche die Gewalt an dem Tage der Übertragung selbst übernähme, und eine gesetzgebende Kommission, um eine vernünftige Verfassung vorzubereiten und sie der Abstimmung durch das Volk zu unterwerfen. Er billigte die Verlegung nach St. Cloud, erklärte sich bereit zum Eintritt in die provisorische Regierung, gab aber im übrigen für die Zukunft kein Versprechen; ja, wenn wir dem Bericht Lucians noch weiter vertrauen dürfen, so hat er Sieyes sogar darüber noch im Zweifel gelassen, ob er überhaupt in die definitive Regierung eintreten oder sich mit dem Oberbefehl einer Armee begnügen wolle. Er verfuhr, darf man danach sagen, wie bei seinen Verträgen mit den Italienern und den Österreichern. Auch diese waren zunächst nur „provisorisch" gewesen, Errungenschaften des Schwertes. Die Hauptsache war die Erlangung der Gewalt: darin mußte auch Sieyes einstimmen, dessen Reform ja auf die Verstärkung der Exekutive hinauslaufen sollte. So lange die Verfassung aber in den Händen der Parteien und ein Gegenstand der Kammerdebatten war, stand Bonaparte selbst mit aller seiner Macht in der Luft und lief Gefahr, entweder zu fallieren oder einer Verfassung unterworfen zu werden, auf die er keinen Einfluß gehabt hätte. Diesem allem begegnete er mit der Alternative, entweder seinen Vorschlag eines provisorischen Regimentes anzunehmen oder nicht weiter auf ihn zu rechnen. Wie in seinen Schlachten setzte er alle Kraft an die Gewinnung der beherrschenden Stellung. Hatte er erst die Vollmacht der Legislative in den Händen und damit diese selbst kompromittiert, so konnte er darauf rechnen, daß ihm auch der entscheidende Einfluß auf die Gestaltung der Verfassung gesichert sein und eine aus beiden Kammern gemischte, mit seinen Anhängern besetzte Kommission nicht gefährlich werden würde. Mit einem Wort, er hatte die Logik der Tatsachen und der Macht für sich. Sieyes war zu klug, um die Lage zu verkennen. „Der General," so sagte er zu Lucian, als Napoleon gegangen war, „scheint hier ebenso auf seinem Terrain zu sein, wie auf dem

Abb. 32. Lucian Bonaparte.
Gemälde von R. Lefèvre in Versailles.

Schlachtfelde; man muß seiner Meinung folgen: wenn er sich zurückzöge, wäre alles verloren; nur seine Annahme des provisorischen Konsulats sichert den Erfolg."

Die nächsten Tage waren den Vorbereitungen gewidmet, die sich etwas länger hinzogen, als beabsichtigt war. Erst nach dem feierlichen Bankett, welches die beiden Räte am 15. Brumaire Napoleon und Moreau gemeinsam gaben, kam man, noch in der Nacht und wieder im Hause Lucians, zum zweitenmal zusammen. Sieyes hatte bereits alles mit seinen Freunden vorbereitet und brachte sogar die Dekrete der Alten mit sich, welche die Verlegung des Corps législatif nach St. Cloud, die Übertragung des Kommandos über die Truppen an Napoleon und die Einsetzung des provisorischen Konsulats aussprachen. Napoleon war mit allem einverstanden, auch damit, daß statt der einen Kommission zwei, je 25 Mitglieder aus jedem der Räte, mit der Ausarbeitung der Verfassung betraut werden sollten. Nur einem Punkte widersetzte er sich, dem Vorschlage nämlich, in St. Cloud eine Anzahl der gefährlichsten Jakobiner von der Sitzung auszuschließen. Es war nicht bloß ein Zeichen seines Machtbewußtseins, daß er davon nichts wissen wollte, sondern es entsprach der Auffassung, die er von seiner Mission hatte, und der innersten Tendenz seiner Politik. Er wollte eben nicht ein Mann der Partei, sondern der Mann Frankreichs sein; er rechnete darauf, ebensosehr die Jakobiner wie ihre Gegner im Dienste des Staates zu verwenden, sobald er diesen erst in der Hand habe.

So spielte sich denn die Tragikomödie am 18. Brumaire (9. November) genau so ab, wie die Regisseure sie berechnet hatten. Es ging alles wie am Schnürchen. Um 7 Uhr morgens trat der Rat der Alten in seinem Sitzungssaal in den Tuilerien zusammen. Einstimmig und ohne Debatte wurde das Dekret der Verlegung nach St. Cloud angenommen und Bonaparte mit der Ausführung des Beschlusses betraut; als Motiv war eine Verschwörung der revolutionären Parteien allegiert worden, vor der es die Republik zu retten gelte. Unterdes wartete Napoleon inmitten seiner Generale und Adjutanten in seinem Hause, wohin die beiden Inspektoren der Kammer die Urkunde überbrachten. Umgeben von glänzender Suite, zur Seite den Kommandanten von Paris, ritt er über die Place de la Concorde zu den Tuilerien, von den Truppen stürmisch, von der Menge sympathisch als der „Befreier" begrüßt. Es mochte etwa 9 1/2 Uhr sein, als er seinen Einzug in das alte Königsschloß hielt. Mit seinen Offizieren trat er vor die Vertreter der Nation, um die Erklärung abzugeben, welche der Beschluß der Versammlung von ihm forderte. Nicht der Verfassung galt der Schwur, den er ablegte. „Ihr habt das Gesetz gegeben," so sprach er, „welches das Wohl des Staates verspricht; unsere Arme werden es ausführen. Wir wollen eine Republik, welche auf die wahre Freiheit, die bürgerliche Freiheit, auf die geheiligten Prinzipien der nationalen Repräsentation gegründet ist. Ich schwöre es in meinem Namen und in dem meiner Waffengefährten." Bürgerliche Freiheit, inneres Glück, Sieg und Friede, das waren die Worte, mit denen er auch die Truppen harangierte, als er im Tuileriengarten die Parade über sie abhielt. Sieyes und Ducos waren unterdes aus dem Luxembourg, dem Palais der Direktoren, herübergekommen. Barras, völlig überrascht und weder fähig noch auch recht gewillt, Widerstand zu leisten, war zurückgeblieben und hatte nur seinen Sekretär Bottot mit einem Brief an den General geschickt. Bottot traf während der Revue ein; Napoleon aber benutzte die Gelegenheit zu jener berühmten Anrede, in der er mit wahren Donnerworten halb zu ihm, halb zu seinen Soldaten gewendet, die Niederlagen und die Zerrissenheit des Vaterlandes, den Tod von hunderttausend Genossen seines Ruhmes auf das Haupt Barras' und seiner Komplicen wälzte. Hierauf sah Barras ein, daß er verspielt habe; als Talleyrand und Bruix gegen Mittag ihm die Erklärung seiner Abdankung, welche sie schon in der Nacht aufgesetzt hatten, persönlich unterbreiteten, unterzeichnete er ohne Widerrede; von einer Dragoneskorte geleitet, verließ er alsbald die Stadt und zog sich auf sein Landgut zurück. Gohier und Moulin waren schwieriger; sie suchten ihr Heil in passivem Widerstand und mußten es sich gefallen lassen, in ihrem eigenen Palais konsigniert zu werden; Moreau gab sich dazu her, ihren Gefängniswärter zu machen. Nach alledem hatte Bonaparte, als er am Abend in seine Wohnung zurückkehrte, Grund zu dem Ausspruch, welchen Bourrienne von ihm gehört haben will: „Das ging heute nicht schlecht; morgen wollen wir weiter sehen."

Dennoch trat am folgenden Tage ein Moment ein, der alles ins Schwanken zu bringen drohte. Die Räte waren mittags dem Programm gemäß in St. Cloud zusammengetreten, die Alten im Apollosaal eine Treppe hoch im rechten Flügel, die Fünfhundert zur ebenen Erde in der Orangerie. Ihre eigene Garde umgab das

Schloß, diese aber wurde wieder von den verläßlichsten Linientruppen unter Befehl Sebastianis eingeschlossen. Da kam es nun in beiden Versammlungen zu sehr bedenklichen Weiterungen. Bei den Alten führte eine Reihe von Mitgliedern Klage darüber, daß sie am Tage vorher keine Einladung erhalten hätten. Unter den Fünfhundert aber warfen sich die Jakobiner sofort in den Kampf; sie forderten und setzten es durch, daß vor dem Beginn der Verhandlung ein jeder der Abgeordneten den Eid auf die Verfassung ablege. Man hörte die Rufe: „Nieder mit den Diktatoren, wir sind hier frei, die Bajonette erschrecken uns nicht!" Napoleon, der mit seinen Leuten in einem Zimmer des ersten Stockes, nicht weit von den Alten, sich aufhielt, wartete ein paar Stunden; als aber der Lärm sich nicht legte und immer beunruhigendere Nachrichten kamen, begab er sich, von einigen Offizieren begleitet, mit den Worten: „Das muß ein Ende nehmen!" in den Rat der Alten. Er hoffte wohl noch, hier durch sein Erscheinen und seine Worte wirken zu können. Stockend und unruhig, nervös und irritiert, wie er war, wandte er sich gegen die Nachrede, als wolle er die Rolle eines Cäsar oder Cromwell spielen, sprach von der Gefahr, welche alle bedrohe, und der Führerlosigkeit der Republik, und daß nur noch der Rat der Alten aufrecht stehe: dieser solle eingreifen, möge sprechen, er selbst sei da, um es auszuführen: „Retten wir die Freiheit, retten wir die Gleichheit!" Es war ungefähr das, was er am Tage vorher den Versammelten gesagt, so wie der Sinn ihrer eigenen Beschlüsse. Wieder war das Wort, das jedermann auf der Zunge hatte, ausgelassen worden. Da ergänzte es eine Stimme aus der Versammlung: „Und die Verfassung!", rief jemand dem General entgegen. Es war die Parole zum Kampf. Überhören ließ sie sich nicht. Auch wollte Napoleon es gar nicht mehr. Einen Moment hielt er an sich, dann brach er los: „Die Verfassung? Ihr selbst habt sie vernichtet. Am 18. Fructidor habt ihr sie verletzt; ihr habt sie verletzt am 22. Floréal, am 30. Prairial. Niemand hat noch Achtung vor ihr. Ich werde alles sagen." Und so fuhr er in seinen Anklagen fort: wie die Faktiösen an seine Pforte geklopft, ihm ihr furchtbares Geheimnis ausgeliefert hätten, diese Mord- und Raubgesellen, welche alle liberalen Ideen vertilgen wollten. Noch einmal rief er den Rat der Alten zum Handeln auf, noch einmal protestierte er gegen seine Verleumder: „Wenn ich ein Treuloser bin, so seid ihr alle Brutusse ... ich erkläre, daß, sobald dies zu Ende ist, ich in der Republik nichts mehr sein werde, als der Arm, der das aufrecht erhalten wird, was ihr errichtet habt." Nun aber schwiegen auch die Gegner nicht mehr, sie forderten Namen, und als Bonaparte Barras und Moulin nannte, riefen sie nach einem Untersuchungsausschuß. Vergeblich suchten die Freunde dem General, der sich in die Enge getrieben sah, beizuspringen. Er verwickelte sich nur noch mehr in tönende Phrasen und Allgemeinheiten und entzog sich schließlich der immer lebhafteren Diskussion ganz, indem er den Saal verließ.

Ohne langes Zaudern begab er sich in die Orangerie zu dem Rate der Fünfhundert; diesmal, wie doch kaum anders anzunehmen, mit dem Entschluß oder in der sicheren Voraussicht, einen Konflikt hervorzurufen. Darauf deutet die Begleitung, die er mit sich nahm, außer Lefebvre, Murat und anderen Offizieren vier Grenadiere von der legislativen Garde. Jedenfalls war so die Wirkung seines Auftretens. Was die Radikalen vorausgesehen, wogegen sie so laut protestiert hatten, sahen sie vor Augen: die Diktatur, die Bajonette. Es blieb ihnen keine Wahl, sie mußten sich unterwerfen oder kämpfen. Noch hatten sie die Überhand; die Grenadiere waren an der Tür geblieben, und der General, von seiner Eskorte sich loslösend — als ob es die Brücke von Arcole wäre — allein auf die Tribüne zugegangen. Plötzlich sah er sich von den Gegnern umringt, eine unbeschreibliche Szene erfolgte. Unter wildem Geschrei: „A bas le dictateur! A bas le tyran! Hors la loi!" stürzten sie sich auf ihn. Geschoben, gedrängt, geschlagen wich er, außer sich, fast ohnmächtig, gegen den Ausgang zurück, wo ihn seine Begleiter empfingen und hinausführten.

Hors la loi! Der todbringende Ruf der Revolution, der Robespierre von der Höhe seiner Macht blitzartig heruntergestürzt hatte, schlug an das Ohr des Soldaten, des Siegers vom Vendémiaire, des Helden, „den der Gott des Sieges und des Glückes begleitete", in dem die Nation ihren Retter begrüßt hatte. Es braucht keiner weiteren Worte, um die ganze Aussichtslosigkeit jenes Ansturms zu begreifen. Die Jakobiner hätten Napoleon töten müssen, um ihn unschädlich zu machen. Was aber hätte ihnen das genützt? Sie hätten der Hydra das eine Haupt abgeschlagen, und hundert andere wären ihr nachgewachsen. Sie hatten in Wirklichkeit nichts einzusetzen, als ihre Worte und eine Verfassung, die ein wertloses Stück Papier war, die sie selbst, nichts konnte wahrer sein, nur zu oft durchlöchert hatten. Und die Folgen eines solchen Sieges? Die Anarchie, die Ohnmacht und Zerrüttung des Reiches, dessen Ruhe, Einheit und Frieden der große Sieger allein verbürgte. Sie hofften noch, und einer der Anträge, die nach der Entfernung Bonapartes gestellt wurden, ging dahin, ihre Garde, die Grenadiere, dem Usurpator zu entziehen, und also eine Spaltung unter die Soldaten zu bringen, von denen sie umgeben waren. Auch zögerte jene Truppe in der Tat ein wenig, als nun Napoleon in den Hof hinabkam, ein Pferd bestieg und, durch die Reihen sprengend, sie und die Linie mit der Erzählung von dem Attentat, den Dolchen, die ihn bedroht hätten, aufzuregen versuchte. Dennoch ist es Übertreibung, wenn Lucian, der unterdes, von den Tumultuierenden selbst bedrängt, die Präsidentschaft niedergelegt hatte und neben seinem Bruder erschien, in seinen Memoiren die Sache so darstellt, als ob erst sein Auftreten und seine Worte die Schwankenden vorwärts gebracht hätten; mag auch immerhin seine Autorität als Präsident auf die legislative Garde eingewirkt haben, vielleicht auch die ihm oft nacherzählte Theaterszene, wie er seinem Bruder den Degen auf die Brust gesetzt habe, mit dem Brutusschwur, ihn als Ersten niederzustoßen, sobald er die Freiheit verraten würde. Mehr sicherlich als alle Tiraden beider Brüder und jede andere Er-

Abb. 83. Die drei Konsuln.
Bronze von Jeuffroy.

wägung wirkte auf die Grenadiere der Druck der Linientruppen ein, von denen sie selbst umringt waren, und die, von ihren Offizieren vorwärts getrieben, keinen anderen Gedanken hatten, als ihren geliebten und bewunderten Chef an den zivilen Schwätzern zu rächen. So waren es die bestellten Hüter der Nationalvertretung selbst, deren Trommler anschlugen und die jetzt in geschlossener Kolonne in den Sitzungssaal eindrangen. Da war der Diskussion bald ein Ende gemacht. Protestierend und schreiend, jedoch ohne den leisesten Versuch des Widerstandes stürzten die Vertreter der Nation, mit dem Publikum der Tribünen untermischt, durch die niedrigen Fenster in den Garten hinaus, der schon im Dunkel des Novemberabends lag.

Das Schauspiel war zu Ende. Der zweite Akt war nicht nach dem Plan der Regisseure verlaufen, aber das Ergebnis schließlich kein anderes, als sie erwartet hatten. Noch in der Nacht stimmten der Rat der Alten, und, unter Lucians Vorsitz, auf dem Felde ihrer Niederlage selbst ein paar Dutzend gebliebener oder zurückgeholter Mitglieder der Fünfhundert nach Vorschrift ab. Die Ernennung Bonapartes und der beiden Direktoren zu provisorischen Konsuln, die Wahl der zwei Verfassungskommissionen, Vertagung der Kammern, Ausstoßung von 62 besonders kompromittierten Abgeordneten, Vereidigung Bonapartes und seiner Kollegen — alles fand die glatteste Erledigung. Und während die Truppen zur Hauptstadt, welche völlig ruhig geblieben war, zurückmarschierten, die Grenadiere unter dem Revolutionsgesange: „Ça ira", redigierte Napoleon eine Proklamation an die Nation, worin er den Staatsstreich als den Sieg der erhaltenden, schützenden und liberalen Ideen bezeichnete. Gegen Morgen kehrte auch er nach Paris zurück, mit ihm im Wagen Sieyes und Lucian und einer der Generale. Als er sich von seinen Begleitern verabschiedete, sagte er zu ihnen: „Auf morgen! Wir haben zerstört ... wir müssen jetzt wieder bauen, und solide bauen."

* * *

Doch ging es nicht so rasch, wie er vielleicht erwartete. Fünf Wochen dauerte es, bis die Grundlagen fertig waren, und Napoleon hatte noch genug zu tun, um die Meinungen seiner Mitarbeiter, so gut diese ausgewählt waren, zu vereinigen — oder, wenn es damit nicht gelang, beiseite zu schieben. Aber schließlich kam er doch zu einem Ziel, wie es seinem Willen und der Lage selbst entsprach. Er nahm vieles an aus dem Entwurfe von Sieyes, der den Beratungen beider Kommissionen zugrunde gelegt wurde, sowie aus den Ratschlägen, die ihm aus ihrer Mitte oder im kleineren Kreise seiner Intimen, von einem Daunou, Boulay de la Meurthe, Roederer und anderen gegeben wurden, so jedoch, daß er den Sinn oft völlig änderte und jedem Artikel der neuen Verfassung den eigenen Stempel aufdrückte. Als sich die Debatten verwirrten, die Ansichten ihm zu selbständig wurden, von seinen Wegen abzulenken drohten, griff er kurzerhand durch und vereinigte beide Kommissionen unter seinem eigenen Vorsitz zu einer Gesamtsitzung in seinem Salon im Palais Luxembourg, wohin er gleich nach dem Staatsstreich mit den Kollegen übergesiedelt war. Sofort ging alles nach Wunsch. In zehn oder zwölf Tagen oder Nächten (denn Napoleon kannte keine Ruhe und hielt sich aufrecht, während die Kommissare vor Müdigkeit umkamen, und obschon er selbst einmal erkrankte) war alles vollendet. Schließlich arbeitete er mit den drei oder vier der Nächsten allein, diktierte in wenigen Stunden — man wird an Bismarck und Lothar Bucher im Dezember 1866 erinnert — Roederer den Entwurf in die Feder und legte ihn so der Kommission vor, die nun nichts weiter zu tun hatte, als submissest zu bestätigen, was ihr vorgeschrieben war.

Napoleon hatte sich, wie wir sahen, mit Sieyes in dem Gedanken gefunden, die Exekutive zu stärken und sie zugleich in näheren Zusammenhang mit dem nationalen Willen zu bringen. In der Tat war in der Idee alles auf die Souveränität des Volkes zurückgeführt, nicht bloß durch den Appel au peuple, das Plebiszit, das der Verfassung erst die Sanktion erteilen sollte, sondern auch in der Durchdringung aller regierenden Organe mit den Grundsätzen der Demokratie. Die Basis für den Entwurf von Sieyes war die Aufstellung einer Bürgerliste, die fast nach allgemeinem Stimmrecht vorgenommen werden sollte. Aus ihr sollte durch Wahl eine zweite Liste von sogenannten Notabeln hergestellt werden, mit denen alle lokalen Ämter besetzt würden; letztere sollten aus sich heraus Notabeln für die Ämter der Departements, und diese wieder 5000 sogenannte „Notabeln der Nation" schaffen: jedesmal in der Form, daß Gruppen von je zehn zusammentreten und einen aus sich als ihren Erwählten bestimmten. Die Fünftausend bildeten den Kreis, aus dem die Mitglieder sowohl der Vertretungskörper als der Zentralbeamtenschaft genommen werden mußten. Sie aber wählten diese nicht mehr aus sich heraus; sondern eine über ihnen souverän waltende Behörde, eine unabsetzbare, reich besoldete Körperschaft von 80 Mitgliedern sollte das Recht haben, die nationale Vertretung auszuwählen, wohl bemerkt ohne den Kreis der 5000 Kandidaten überschreiten zu dürfen. Dies war die konstitutionelle Jury, das zentrale Organ in der Verfassung, in dem der Satz, von dem Sieyes ausging, das Vertrauen müsse von unten, die Macht von oben kommen, recht eigentlich zum Ausdruck kam. Bei der Jury lag demnach die Zusammenstellung (denn von einer Wahl kann man nicht sprechen)

Die Verfassung Napoleons.

der beiden Kammern, welche Sieyes seinem System eingefügt hatte: des Tribunats, welches die Gesetze vorzubereiten und zu diskutieren hatte, und des Corps législatif, welches sie ohne Debatte bestätigen oder verwerfen sollte. An die Spitze der Pyramide reichte aber auch die Jury nicht heran: sie gipfelte in einer einzigen Person, dem Grand=Electeur, der mit einer Dotation von sechs Millionen Francs, von einer eigenen Garde beschützt, in dem alten Königsschlosse zu Versailles residieren und fast königliche Ehren genießen sollte. Sein Geschäft war es, zwei Konsuln zu ernennen, von denen der eine Diplomatie, Krieg und Marine, der andere die gesamte innere Verwaltung in Händen haben würde, jeder wiederum mit dem Recht, seine vornehmsten Arbeitsgenossen aus der Liste der Notabeln auszuwählen. Zwei kleinere Kegel oder Pyramiden also, wie treffend bemerkt ist, welche innerhalb der Gesamtpyramide, und auf derselben Basis ruhend, doch jede in sich abgeschlossen waren und in keinerlei Verbindung miteinander standen. Um aber dem Großwähler wie den

Abb. 34. Der Erste Konsul. Aquarell von Van Brée. Louvre.

Konsuln und allen Hochstehenden jede Möglichkeit zu nehmen, ihr Amt zu mißbrauchen, hatte Sieyes seiner Jury noch das Recht der Absorption gegeben, d. h. sie konnte jeden von ihnen, ohne darüber Rechenschaft schuldig zu sein, gleichsam „überschlucken", indem sie ihn in sich aufnahm.

Alles in allem ein Werk, würdig des großen Verfassungskünstlers und seiner Dialektik. Schade nur, daß es nicht ins Leben treten konnte, weil es von Anfang an kein Leben in sich hatte und gerade dazu konstruiert schien, die Macht, welche es entwickeln sollte, durch ein System von Gleichgewichten, die rund herum angebracht waren, in der Schwebe zu erhalten und zum Stillstand zu verurteilen: das Ganze ein ungeheures Gaukelspiel und im Grunde eine Plattheit, weil diese Verfassung der Macht, die sie mit dem Spinneweben ihrer Paragraphen fesseln wollte, überhaupt ihr Dasein verdankte, und ihr einziger Zweck nur der sein konnte, dieselbe zur ungehinderten Entfaltung zu bringen. Weder mit der inneren noch der äußeren Konsulatsgewalt, noch auch der Stelle des Großwählers konnte sich der Träger dieser Macht zufrieden geben, sondern nur mit einer solchen Verfassung, welche die Summe aller Kräfte des Staates in seine Hände legte. Seinen hellen Spott schüttete Napoleon aus über diese politische „Metaphysik", über den „königlichen Müßiggänger", dieses „cochon d'engrais" von Großwähler. Das gerade Gegenteil setzte er an seine Stelle: den Premierkonsul, in dem alles Nerv und Kraft war, wie in dem Grand=Electeur alles träge, schwere Masse, die nichts schaffen und nur hemmen konnte. Der Erste Konsul (und daß Napoleon selbst dies würde, verstand sich so sehr, daß es kaum der Diskussion unterlag), auf zehn Jahre gewählt, veröffentlicht die Gesetze, ernennt und entläßt nach Belieben die Mitglieder des Staatsrats, die Minister, die Gesandten und andere auswärtige

Agenten in leitenden Stellungen, die Offiziere der Land- und Seemacht, die Mitglieder der lokalen Verwaltungen; er ernennt, ohne das Recht des Widerrufs, alle Strafrechts- und Zivilrichter, außer den Friedensrichtern und den Richtern des Kassationshofes. Bei den anderen Regierungsakten erhalten der Zweite und Dritte Konsul beratende Stimmen, aber die Entscheidung liegt überall beim Ersten Konsul. Ein Budgetgesetz war vorgesehen: aber die Regierung hatte es einzubringen und das Corps législatif es bloß en bloc anzunehmen oder zu verwerfen. Die ministerielle Gegenzeichnung ward festgesetzt und die Minister wurden verantwortlich: aber für die Senatoren, Legislatoren, Tribunen, Konsuln und Staatsräte gab es keine Verantwortlichkeit, und die Mitglieder der Regierung konnten nur kraft des Beschlusses des Staatsrats verfolgt werden. Mit einem Wort, es war die kaum noch durch ein paar Formen und Formeln verhüllte Diktatur. Es war weit mehr als was das Direktorium in seiner Gesamtheit besessen hatte: die Vollgewalt, welche der Konvent zeitweilig dem Wohlfahrtsausschuß delegiert hatte, war jetzt in dem Einen vereinigt.

Das Werkzeug, mit dem Napoleon diese kolossale Macht handhaben wollte, war der Staatsrat, ein Kreis von Fachmännern, welche unmittelbar von dem Premierkonsul abhingen, die Gesetze vorzubereiten, vor den Vertretungskörpern zu verteidigen und die Ausführung in die Wege zu leiten hatten: also seinen Aufgaben nach eine Erneuerung des Wohlfahrtsausschusses, wie er denn gleich jenem ebenfalls in Kommissionen zerfiel: jedoch mit der Bedingung, daß jede seiner Handlungen unter dem Diktat und der absoluten Autorität des obersten Magistrats erfolge. Dies war das Zentralorgan in Napoleons Verfassung, demjenigen in dem Entwurfe von Sieyes gerade so entgegengesetzt, wie der Premierkonsul seinem Großwähler. Im übrigen behielt Napoleon, wenigstens der Form, zum Teil auch dem Wesen nach, genug von Sieyes' Entwurf bei. So die Bürgerliste, so statt der Jury den ihr nach Umfang, Besoldung und andern äußerlichen Momenten verwandten Senat, das Tribunat und das Corps législatif: nur daß überall die Riegel und Querhölzer herausgenommen waren, welche den Gang der Maschine und ihre Leitung von dem Hebel her, dessen Griff in Napoleons Hand war, hemmen konnten. Deshalb waren die Befugnisse der beiden letztgenannten Körperschaften ähnlich wie im Entwurf von Sieyes gestaltet, während der Senat die der Jury wesentlichen Funktionen verlor.

Besonders für die Einführung der neuen Ordnung ins Leben befolgte Napoleon die Vorschläge des Kollegen. Denn auch Sieyes hatte keineswegs gewünscht, die Liste der Notabeln sofort aus der Wählerschaft selbst hervorgehen zu lassen und damit die Ernennung sämtlicher regierender Organe in die Hand des Volkes zu legen; so wenig, wie dies bei den früheren Staatsstreichen der Revolution jemals der Fall gewesen war. Vielmehr hatte gerade er Wert darauf gelegt (und darin bewies sich der alte Theoretiker doch als ein erfahrener Praktikus), daß die erste Bildung der Verfassung und ihrer Organe durch ihn und seine Freunde selbst erfolge, daß also zunächst der neue Geist sich von oben her auf das französische Volk herabsenke. Denn die Gefahr, daß Agitationen entstehen, die Gegner sich rühren, unliebsame Elemente in die neuen Organe des Staates eindringen könnten, mußte vermieden, die Urheber der Verfassung und ihre Freunde in der Macht gesichert werden. Dies entsprach auch dem Willen Napoleons, nur daß er wieder weniger als Sieyes an seine Parteigenossen dachte; aus dem Grunde, weil er selbst keiner Partei angehörte und seine Freunde alle diejenigen wurden, welche bereit waren, unter ihm für das Wohl und die Macht Frankreichs zu arbeiten, mochten sie im übrigen stammen, woher sie wollten. Sie durften alle kommen: die Royalisten, welche die Waffen gegen ihr Vaterland getragen; die Priester, welche die Bauern der Vendée gegen die Republik aufgeregt und den Eid auf die Kirche der Revolution immer verweigert hatten; die Girondisten und alle diejenigen, deren Ideale in der Entfesselung individueller und politischer Freiheiten lagen, wie die Anhänger der ersten Konstitution bis zu den Lafayette und Lameths hinauf: Alle, welche die Revolution in ihrem zerstörenden Laufe ausgestoßen hatte, deren Güter ruiniert oder eingezogen, deren Name geschändet gewesen, deren Brüder und Väter unter der Guillotine gefallen waren. „Ich öffne," so proklamierte Napoleon, „eine breite Gasse, in der alle Platz finden." Nur mußten sie Frieden geloben und das System annehmen, in dem nur der Wille des Einen galt.

Damit aber war gegeben, daß auch die grundstürzenden Veränderungen der Revolution, auf denen Napoleons System selbst ruhte, von ihnen allen anerkannt werden mußten. Mit den Privilegien und den Korporationen war es auf ewig vorbei. Den Feudalen war der Eintritt gewährt, aber auf Kosten der Feudalität: sie mußten sich den Ideen unterwerfen, vor denen sie emigriert waren; die nationale Gleichheit war auch für sie das Grundgesetz geworden. Wenn Freiheit Selbstregierung ist, so war sie allerdings aus Frankreich fortan verbannt. Aber die Bewegungsmöglichkeit innerhalb des Rahmens war jedem gewährt: die Gleichheit unter dem Einen. Und das war die Wahrheit in dem Satze der Proklamation, mit der Napoleon am 15. Dezember 1799, angesichts des neuen Jahrhunderts, sich an die Nation wandte: „Bürger! Die Revolution ist auf die Grundsätze gestellt, von denen sie ausging, sie ist beendigt!"

So bestätigte es die Nation dem Ersten Konsul in dem Plebiszit, als sie mit mehr als drei Millionen Stimmen gegen 1500 die Sanktion der Verfassung und damit aller ihrer Organe aussprach. Mag auch in den Ausführungsbestimmungen für die Wahlhandlung, welche ohne Debatte, und ohne die Primärversammlungen zu berufen, lediglich ein schriftliches Ja oder Nein forderten, eine neue Vorsicht oder selbst Besorgnis der Machthaber mitgespielt haben, dennoch offenbarte sich in der Abstimmung der überwältigende Wille des französischen Volkes. Für den Moment war die neue Regierung das, was sie zu sein behauptete: der in seinem Zentrum zusammengefaßte Wille Frankreichs. Die „impérieuse unité des pouvoirs", welche Mirabeau im Dezember 1790 dem König Ludwig als das lebendigste Verlangen der Nation bezeichnet hatte, war erreicht worden und unerschütterlich gegründet. Die Artverwandlung der französischen Gesellschaft, welche die Revolution bewirkt hatte, gelangte in dem Plebiszit zum Ausdruck.

* *

Als der Friedebringer, so sahen wir, war Napoleon bei seiner Heimkehr aus dem Orient von der Nation empfangen worden, und für Frankreich selbst hatte er diesen Glauben an ihn bewährt. Die Fraktionen waren gebändigt. Auch die Bauern der Vendée und der Bretagne gaben sich, vor die Alternative der Vernichtung oder der Unterwerfung (unter Rückführung ihrer Priester) gestellt, zur Ruhe. Die Börse hatte bereits am 19. Brumaire den Staatsstreich mit einer Hausse begrüßt. Überall regte sich das Vertrauen. Die Kapitalien, jahrelang ängstlich zurückgehalten, begannen wieder zu fließen. Provisorische, zum Teil gewaltsame, aber zweckmäßig berechnete Maßregeln der Finanzverwaltung verschafften der Staatskasse eine Reihe von Millionen und beugten dem bereits drohenden Bankrotte vor. Aber das alles brachte noch nicht herbei, was die Grundlage für Ruhe und Ordnung und die Hebung des nationalen Wohlstandes war, den Frieden mit dem Ausland. Frankreich war jetzt so wenig allein in der Welt wie 1793: Europa lag mit ihm im Kampfe und hatte nahezu gesiegt. Italien war fast verloren, die Engländer waren im Besitze seiner Küsten; nur in den Alpen und südlich des Apennin konnten sich die französischen Heere noch halten; und wenn Holland durch den Sieg Brunes im letzten Herbst etwas entlastet war, so waren Korfu ganz, Malta und Ägypten so gut wie verloren. Konnte man erwarten, daß die Mächte, denen nach so vielen Niederlagen endlich bedeutende Erfolge beschieden waren, sich zum Frieden bequemen würden? Zu einem Frieden, versteht sich, wie er dem Willen Frankreichs und der kaum verminderten Kraft seiner

Abb. 35. Alexander Berthier,
Fürst und Herzog von Neuchâtel und Wagram,
Marschall von Frankreich.

Waffen entsprach? Denn nur einen solchen durfte Napoleon schließen, weil nur er die Gewähr für sein Werk auch im Innern verhieß, wie nur er seiner eigenen Vergangenheit, seinem Machtbewußtsein, seinem Stolz und seinem Genie entsprach. War es ihm mit anderen Worten Ernst mit dem Antrag auf Frieden, den er noch vor Ablauf des Jahrhunderts an England und Österreich gelangen ließ? Man hat es ebensooft behauptet wie bestritten, und noch unlängst wurde in einer englischen Studie der Beweis geführt, daß jener Schritt des Ersten Konsuls in der Tat ganz ehrlich gemeint gewesen sei. Nun ist es klar, daß beide, mit dem ganzen Pomp Napoleonischer Rede geschmückten Briefe an die feindlichen Regierungen auch auf die Parteien Frankreichs berechnet waren, denen der neue Herrscher damit den Beweis geben wollte, daß es nicht an ihm läge, wenn die Feinde seine Hand zurückstießen. Und anderseits besaß er ein zu gutes Augenmaß für die Wirklichkeit der Verhältnisse, als daß er an die Möglichkeit eines Friedens, wie er ihn haben mußte, in diesem Moment hätte glauben können. Schon darum hatte er es unterlassen, irgendeine nähere Angabe über die Bedingungen zu machen. Aber das alles kann uns nicht hindern, an die Friedfertigkeit seiner Politik zu glauben: er wollte den Frieden haben, weil er sein eigenstes Interesse war; aber er wußte freilich, daß er ihn nicht erhalten würde. In der Tat war die Antwort der Kabinette so, wie er voraussehen mußte: Pitt lehnte sofort ab, Thugut unter zweideutigen Wendungen, die auf dasselbe hinauskamen. Es war nicht anders: Napoleon mußte seinem Volke den Frieden erobern.

So kam es zu dem Feldzuge von Marengo.

Alles hing davon ab, daß die Schweiz durch den Sieg von Zürich und den Untergang von Suworows Armee in den Händen der Franzosen geblieben war. So waren die Alpenstraßen vom Rhein her nach Italien in ihren Händen. Der Gedanke Napoleons war nun, zunächst die Rheinarmee unter Moreau durch den Schwarzwald vorbrechen zu lassen, auch die Tiroler Pässe zu gewinnen, und dann erst eine Reservearmee, die bei Lyon in der Bildung begriffen war, durch ein Korps von Moreau verstärkt, nach Oberitalien zu dirigieren, um hier mit Massena, der noch den Apennin gegen die Österreicher hielt, zusammenzuwirken. Napoleon selbst war in Paris zurückgeblieben, Berthier übernahm bei der Reservearmee das Kommando. Erst schlimme Nachrichten aus Italien brachten den Ersten Konsul Anfang Mai zu dem Entschluß, selbst ins Feld zu gehen und den Operationen unmittelbar die Richtung gegen Italien zu geben. Die Österreicher hatten die Apenninlinie durchbrochen, die Riviera bis Nizza hin besetzt, ein französisches Hilfskorps gegen den Var zurückgedrängt und Massena nach Genua hineingeworfen, wo er von ihnen und einer englischen Flotte völlig umschlossen war. Was 1796 gedroht und wovor Napoleons Siege damals Frankreich gerettet hatten, die Vereinigung der Engländer und Österreicher an der italienischen Küste und die Invasion durch die Alpen, war damit Tatsache geworden. Der Plan, zu dem Napoleon diesmal griff, war dennoch demjenigen von 1796 gerade entgegengesetzt. Von Dijon her beschloß er mit der Reservearmee, ohne deren völlige Ausrüstung abzuwarten (denn hier galt kein Zögern), auf dem nächsten Wege vorzustoßen, um die Lombardei zu erreichen. Es war der Weg über den Großen St. Bernhard,

Abb. 36. Napoleon. Ausschnitt eines Gemäldes von Gros.
Nach einem Kohledruck von Braun, Clément & Cie. in Dornach i. E., Paris und New York.

den er damit wählte. Von den Feinden war dieser kaum gesperrt, denn nichts hatten sie weniger vermutet, als daß Napoleon hier durchbrechen könnte. In sieben Tagen, bei günstigem Wetter und fast ohne Unfall, waren die Bataillone und ein Teil der Geschütze, die Pferde und der Troß über den steilen Paß hinüber und im Tale von Aosta; was noch zurückgeblieben war, kam ein paar Tage später, sobald das kleine Fort Bard, die einzige Sperre des Tales, kapituliert hatte. Am 2. Juni zog der Erste Konsul in Mailand ein. Hier stieß das Korps zu ihm, welches Moreau, der soeben an den Südhängen des Schwarzwaldes seine ersten Siege erfochten, ihm über den Gotthard zugesandt hatte. Massena freilich war nicht mehr zu retten; am 4. Juni, als die Vortruppen Napoleons bereits den Po erreicht hatten, mußte er kapitulieren. Aber an der Spitze von 60 000 Mann und zwischen den verzettelten Abteilungen der Österreicher konnte der Kühne wohl glauben, den Sieg bereits in den Händen zu haben. Sein Gedanke war, dem Gegner den Rückzug zu verlegen, ihn zu schlagen, wo er ihn fände, zur Kapitulation zu zwingen. Auch gelang es zunächst aufs beste. Der Po ward leicht überschritten, am 9. Juni ein feindliches Korps hinter Montebello aufgelöst und

Lenz, Napoleon. 7

bis an die Bormida zurückgeworfen. Am 12. hatten die Korps von Lannes, Victor und Desaix, der eben aus Ägypten heimgekehrt war, Tortona erreicht; als sie am 13. bei Marengo auf den Gegner stießen, zog dieser sich nach leichtem Gefecht über die Bormida zurück. Napoleon glaubte gar nicht mehr, daß die Kaiserlichen hier halten würden. Er hatte noch am 13. seine Truppen getrennt, um den Feind von neuem aufzusuchen, als Lannes und Victor plötzlich am Vormittag des 14. Juni durch den stärksten Choc der Österreicher getroffen und bald völlig geworfen wurden. Vergebens setzte Napoleon ein, was er noch von Truppen zur Hand hatte. Der Rückzug war nicht mehr aufzuhalten und die Österreicher in vollem Siege, als, durch Eilboten herbeigerufen, Desaix mit seinen frischen Divisionen erschien und, durch eine Reiterattacke Kellermanns unterstützt, das fliehende Glück des Tages seinem Herrn wieder zurückführte. Das war der große Tag von Marengo, der alles wandte: die Österreicher, aufgelöst und abgeschnitten, gaben die Partie auf; sie willigten in eine Kapitulation, die ihnen zwar den freien Abzug gewährte, aber vom Mincio bis Nizza die Franzosen zu Herren des Landes und aller Festungen machte. Nicht Napoleon hatte die Truppen zum Siege geführt, sondern sein Untergeneral, der fechtend gefallen war; und schwer hat er dies verwunden, also daß die offiziellen Berichte die Tatsache lange verwischt haben. Kein Zweifel, daß er ohne Desaix ein geschlagener Mann, und damit vielleicht ein verlorener gewesen wäre. Aber der Lorbeer von Marengo darf ihm darum doch nicht streitig gemacht werden, so wenig wie Moltke der Lorbeer von Gravelotte, obschon auch hier der rechte Flügel, hinter dem er selbst und unser König waren, zurückgeschlagen wurde. Denn Napoleon war es doch, dessen Befehlen Desaix folgte, als er auf das Schlachtfeld zurückkam, und gegen den Feind ging. Und vor allem, sein ganz allein war der alles entscheidende Gedanke, der geniale Plan, das Heer über das wilde Gebirge und mitten in die Stellungen der Feinde hinein zu führen.

Nur kurze Zeit brachte der Erste Konsul in Mailand damit zu, die Regierung der cisalpinischen Republik neu einzurichten und die Verhältnisse Italiens zu ordnen; er hatte Eile, nach Frankreich zurückzukommen, wo der Boden immer noch schwankte. Bereits anfangs Juli traf er wieder in Paris ein.

Auf dem Kriegsschauplatz kam es zum Stillstand der Waffen; wie Napoleon in Italien, so gewährte auch Moreau seinen Gegnern, die er inzwischen bereits weit über Ulm zurückgedrängt hatte, am 15. Juli zu Parsdorf eine Waffenruhe, die dann bis in den November verlängert wurde. Napoleon hatte sie den Besiegten in der Absicht bewilligt, Frieden zu schließen. Schon von Mailand aus hatte er an Kaiser Franz ein zweites Schreiben gerichtet, worin er ihm die Bedingungen von Campo Formio anbot. Wirklich kam es daraufhin zu Präliminarien, und als diese in Wien nicht ratifiziert wurden, zu neuen Verhandlungen, welche Cobenzl in Paris mit dem Ersten Konsul und Talleyrand persönlich führte. Noch aber konnte der Wiener Hof sich nicht dazu entschließen, Italien in den Händen Frankreichs zu lassen. So kam es im November zu einem neuen Waffengange. Moreau, der bereits Bayern bis zur Isar besetzt und auch die Alpentäler bis tief nach Tirol hinein in seiner Gewalt hatte, schlug das letzte österreichische Heer, das ihm über den Inn entgegengegangen war, bei Hohenlinden am 3. Dezember 1800 vernichtend, während in Italien die Mincio- und Etschlinie von den Generalen Napoleons überwältigt wurde. Das war das Ende. Österreichs Macht war gebrochen, und so kam es in Lüneville, wohin die Unterhandlungen von Paris verlegt waren, zum Frieden (9. Februar 1801). Es war ein verstärktes Campo Formio. Österreich behielt seine venezianische Beute, gab aber das übrige Italien aufs neue preis. Der Großherzog von Toskana, der den vorigen Frieden noch überdauert hatte, verlor sein Land; er sollte in Deutschland entschädigt werden. Die deutsche Grenze Frankreichs wurde wieder durch den Rhein in seinem ganzen Laufe bestimmt und das Prinzip der Ent=

Weitere Friedensschlüsse. Bund mit Rußland und den Neutralen.

schädigungen für die links vom Rhein depossedierten deutschen Stände auf seinem rechten Ufer, d. h. die Säkularisationen, und damit der erneute Einfluß Frankreichs im Reiche festgesetzt. Zu den Forderungen Napoleons gehörte auch, charakteristisch für ihn und ein Vorgang, der sich bei spätern Friedensschlüssen wiederholen wird, die Entfernung des österreichischen Ministers, der die Seele der Koalition gewesen war, des Barons von Thugut. Am 6. März trat das Reich dem Frieden bei. Drei Wochen darauf schloß auch Ferdinand IV. von Neapel seinen Vertrag mit dem Herrn Italiens. Er mußte seinen Anteil an der Insel Elba und das Fürstentum Piombino an Frankreich abtreten, seine Häfen den englischen Schiffen verschließen und sich verpflichten, ein französisches Armeekorps, das eventuell nach Ägypten, wo sich die Franzosen noch immer hielten,

Abb. 87. William Pitt, der Jüngere.
Stich von J. Posselwhite.

dirigiert werden sollte, in Tarent aufzunehmen und zu verpflegen. Im engen Zusammenhang mit dieser Neuordnung Italiens standen die Verträge, welche mit Spanien geschlossen wurden. Schon am 1. Oktober hatte Napoleon durch den Vertrag von San Ildefonso den Hof von Madrid, wo unter dem Einfluß seiner Siege die französische Partei, von Godoy geführt, wieder zur Macht gelangt war, aufs neue an Frankreich gefesselt. Vor allem durch die Aussicht, der Infantin, die dem bourbonischen Prinzen von Parma vermählt war, obwohl dieser zu den Widersachern Frankreichs gehört hatte, ein italienisches Land als Königreich zu geben. Eben dazu wurde das Großherzogtum Toskana bestimmt, mit dem auch Piombino vereinigt ward. Spanien überließ dafür seinen Anteil an Elba sowie Parma an Frankreich, und trat ihm seine Kolonie am Mississippi, Louisiana, ab. Außerdem aber verpflichtete es sich, Portugal, das unter den Kanonen der englischen Schiffe lag und für Napoleon sonst nicht zu erreichen war, zum Abfall von England zu nötigen und auch hier die Häfen zu verschließen.

England war isoliert. Unangreifbar auf den Wogen, Herrin auf dem Mittelmeer, seit dem September auch im Besitze Maltas, sah die seegewaltige Nation dennoch von Ancona bis zum Texel alle Häfen in den Händen ihres furchtbaren Gegners. Und schon schien der Moment gekommen, wo das ganze Festland sich gegen die Beherrscherin der Meere wenden würde; denn der erbittertste Gegner der Revolution, Rußland, machte Miene, sich mit ihrem Bändiger zu verbinden. Es war der Sohn Katharinas, Zar Paul I., der Protektor des Malteserordens, der sich anschickte, geeinigt mit dem Beherrscher Westeuropas, dem Inselvolk den Dreizack zu entwinden. Noch während des Krieges, sobald er von Marengo nach Paris zurückgekehrt war, hatte Napoleon dem russischen Selbstherrscher die Übergabe der Seefeste im Mittelmeer, die, seit Abukir von englischen Schiffen blockiert, seinen eigenen Griffen völlig entzogen war, angeboten, sobald der Friede geschlossen wäre. Ein Meisterstreich seiner Diplomatie und eine politische Kombination, die

7*

ihm den weitesten Horizont eröffnete, ja die Möglichkeit in Aussicht stellte, dem Erbfeind des französischen Namens, ohne über das Meer zu brauchen, den Todesstreich zu versetzen. Man darf wohl sagen, daß in Napoleons Laufbahn niemals wieder ein Moment eingetreten ist, der ihm dieses letzte Ziel seiner Politik näher gebracht hätte. Denn nicht bloß Rußland, sondern alle neutralen Mächte schickten sich bereits an, seinem Kurse zu folgen. Die Neutralität selbst war es, welche sie gegen England verteidigen wollten: die Freiheit ihrer Flagge, welche England nicht dulden wollte. Im Dezember schlossen Dänemark und Schweden mit Rußland einen Bund bewaffneter Neutralität, und in Kopenhagen rüstete man sich, England den Sund zu versperren. Selbst Preußen, durch die Aussicht auf die Säkularisation des Reichsgutes mehr als je auf Frankreich angewiesen, schloß sich an und trat aus seiner ängstlich eingehaltenen Neutralität fast heraus, als es in den letzten Tagen des März Hannover besetzte und damit die Mündungen der deutschen Nordseeströme in das gleiche System hineinzubringen drohte; während zwischen Paris und Petersburg phantastische Projekte über die Beherrschung des Orients und den Marsch nach Indien ausgetauscht wurden.

Da zerstörte ein grausiges Ereignis diese weitgespannten Kombinationen. Am 24. März meldete Ludwig Cobenzl seinem Hofe: „Bonaparte will um jeden Preis die Freundschaft Pauls sich erhalten; er ist bereit, jedes Opfer dafür zu bringen." Wenige Stunden vorher, in der Nacht, war der Zar von seinen Höflingen, den Offizieren, denen er sein Leben anvertraut hatte, ermordet worden. Nicht nur seine Person fiel damit, sondern auch sein System. Ohne in die Bahnen Katharinas geradeswegs zurückzukehren, lenkte sein Nachfolger Alexander I. doch die Politik Rußlands in ein Fahrwasser, das von der ausschweifenden Politik seines Vaters hinweg und Rußland bald wieder an die Seite Englands führte.

Acht Tage darauf lagen Nelsons Schiffe vor Kopenhagen und eröffneten durch ein Bombardement auf den Hafen, der Dänemarks Flotte barg, sich den Weg zu den russischen Küsten. Während die preußischen Bataillone die Elbmündung sperrten, schickte sich der englische Admiral sich an, in die Ostsee einzudringen. Die Katastrophe in Petersburg gebot dem stürmischen Eifer des britischen Seehelden ein Halt, und in London selbst schlug der Wind um. Am 14. März war Pitt vom Steuer des Staates, an dem er siebzehn Jahre gestanden, verdrängt worden. Der Regierungswechsel, der mehr noch aus Gründen der inneren als der äußeren Politik erfolgt war, wirkte, wie immer in England, sofort auf die auswärtigen Verhältnisse zurück. Ein letzter Erfolg war die Eroberung Ägyptens, dem aber Schlappen der Flotte an der afrikanischen Küste und die Abwehr Nelsons bei einem Versuch auf die zur Landung in England bestimmte Bootsflottille in Boulogne die Wage hielten. So entschloß sich auch das Kabinett von St. James, und zwar noch bevor es die ägyptische Siegesnachricht erfahren hatte, den Frieden anzunehmen, den Napoleon bereits vor Marengo angeboten hatte, und zu dem Rußland und die Türkei sich jetzt verstanden. Am 1. Oktober 1801 wurde ein Präliminarvertrag in London unterzeichnet; am 26. März 1802 ward er zu Amiens bestätigt. England verpflichtete sich darin, die französischen Kolonien zurückzugeben, ja selbst seine Stellungen im Mittelmeer zu räumen: Ägypten sollte an die Türkei, Malta an die Johanniter, Minorca an Spanien zurückfallen. Auch die Verbündeten Frankreichs erhielten ihre Kolonien wieder, außer Trinidad, das Spanien, und Ceylon, das Holland verlor. Napoleon versprach dagegen lediglich, Portugal die Integrität zu garantieren und seine Truppen aus Neapel herauszuziehen. Auch Frankreich also verzichtete auf die Herrschaft über das Mittelmeer, aber immerhin gewährte ihm die Beherrschung seiner Küsten einen viel größeren Einfluß als England, das Malta binnen drei Monaten räumen, die Flotte binnen einem Monat hinwegführen und fortan nichts als die Eingangspforte von Gibraltar besitzen sollte. So stark war der Druck auf die Industrie Großbritanniens gewesen, daß ihm die Freiheit des Marktes in Europa ein genügender Ersatz für den Verlust der die Straße nach Indien sichernden Eroberungen gelten wollte.

*   *   *

Napoleon hatte wahr gemacht, was sein Volk von ihm erhofft hatte; mit dem einen gewaltigen Schlage hatte er ihm den Frieden gebracht, und nicht bloß ihm, sondern der Gesamtheit der europäischen Nationen. So feierte ihn nicht Frankreich allein, sondern Europa: als den Mann des Jahrhunderts, dessen Ideale des Weltfriedens und der Humanität, die sein letztes Jahrzehnt so blutig enttäuscht hatte, in ihm den Wiederhersteller zu finden schienen. So meinte es Beethoven, als er seine dritte Symphonie, in deren heroischen Klängen die Taten des Gewaltigen widerhallen, „Bonaparte" nannte. „Er wird," so schreibt Jean Paul, „wie Herakles den Olivenbaum pflanzen, ja er wird ohne Grausamkeit abdanken, wie Sulla."

Ein junger deutscher Gelehrter, Solger, der bekannte Ästhetiker, später Professor an der Berliner Universität, der ihn noch vor Marengo bei einer Parade auf der Place du Carrousel sah, hat uns den persönlichen Eindruck geschildert, den der Erste Konsul damals auf den Beschauer machte. Inmitten seiner Generale, deren Uniformen ganz mit Gold bedeckt waren, er selbst in einfacher Tracht: eine simple blaue Uniform mit weißen Aufschlägen, ohne alle Stickerei; nicht einmal der Hut bordiert, nur mit der Nationalkokarde geschmückt. Wiederholt betont Solger die Kleinheit und Unansehnlichkeit seiner Figur, die ernste Miene, das bleiche oder vielmehr gelbe Gesicht ohne die geringste Spur von Leben. „Aber es sind," schreibt er, „starke, äußerst interessante Züge: die gewöhnlichen Porträts verschönern ihn, aber sie nehmen ihm von seinem großen Charakter. Sein schwarzbraunes Haar, wodurch das bleiche Gesicht noch fürchterlicher wird, trägt er (seit Ägypten) ganz kurz abgeschnitten. So klein er ist, sitzt er doch mit einer gewissen Majestät zu Pferde, die sich besonders in seinem Gesicht ausdrückt. Wenn er vor einer Fahne vorbeireitet, so nimmt er den Hut davor mit einem edlen Anstand ab. Il! Il! so tönt es überall, wo er vorbeikommt, die Frauen heben die Kinder hoch, um ihnen den Bewunderten zu zeigen." „Voyez-vous? c'est votre roi", hörte der Deutsche eine Frau aus dem Volke ausrufen, wofür sie freilich von einem Nahestehenden gescholten ward.

Eine Macht war geschaffen, wie Europa sie niemals gesehen hatte. Wie wenig bedeuteten dagegen die paar tausend Mann, mit denen die Kaiser des Mittelalters schattenhafte Ansprüche im Wirbel ewiger Bürgerkriege mühsam behauptet hatten! Was die großen Regenten Frankreichs, ein Ludwig XIV. und Heinrich Bourbon oder Philipp der Schöne in phantastischen Plänen geträumt, oder worin sie gescheitert waren, das stand jetzt aller Welt vor Augen: Frankreich, von seinen Vasallenstaaten umgeben, war die Vormacht Europas geworden; nur noch eine Politik war auf dem Kontinente möglich, diejenige, welche Frankreichs Herrscher wollte. Wenn die Niederlagen der alten Krone gegen die Mächte, welche hundert Jahre zuvor so tief unter der Monarchie Ludwigs XIV. gestanden hatten, ein Hauptanstoß zur Revolution gewesen waren, so waren deren Tendenzen auch darin erfüllt worden, daß diese Schmach jetzt getilgt und der Durst nach Macht, vielleicht das tiefste Empfinden der Nation in ihrer Revolution, vollauf gesättigt war. Der Staat war ins Leben getreten, der dem Genius Frankreichs entsprach. Die Stürme glaubte man vorüber, und was vielen als Schiffbruch und völliges Verderben erschienen war, erkannte die Welt jetzt als die Wiedergeburt der Nation.

Unendlich aber war die Arbeit, die noch geleistet werden mußte, sollte der Neubau auf den Fundamenten, die in der Verfassung vom Dezember 1799 gegeben waren, so fest gegründet werden, wie Napoleon es seinen Freunden am Abend des 19. Brumaire versprochen hatte. Darum hatte er solange gezögert, ehe er zur Armee ging und den Oberbefehl übernahm, und dies trieb ihn nach Marengo so bald nach Paris zurück. Er gedachte jetzt mehr fast seiner bürgerlichen als seiner militärischen Pflichten. Nichts entging seiner Fürsorge und alles fand in ihm den Antreiber, den Organisator, den Leiter. Keinem seiner Mitarbeiter im Staatsrat und in den Ministerien stand er nach an Einsicht und Beherrschung des Details, und sie alle übertraf er durch seine nicht zu ermüdende Energie und den Blick des Adlers, dem jede Einzelheit sich als ein Stück des Gesamtplanes offenbarte, welcher lückenlos vor seinem alles umspannenden Geiste ausgebreitet lag. Die Grundlagen blieben durchweg die in der Revolution gelegten. Aber das von unten her Wirkende, auf Selbständigkeit Bedachte, das Tumultuarische, spezifisch Revolutionäre wurde ausgemerzt und überall Einheit und ein von oben her wirkender, alle Teile bis in das letzte Dorf durchdringender Zusammenhang hergestellt: ein einziger, im Zentrum gesammelter und in der Person des Herrschers verkörperter Wille. So blieben die Departements als die Grundeinheiten der Verwaltung erhalten; ja, Napoleon stellte hier die dreifache Abstufung wieder her, welche bereits die Konstituante festgesetzt hatte, die aber in den revolutionären Stürmen umgestoßen war, indem er die Zwischenstufe zwischen dem Departement und den Gemeinden, den Distrikt, den die Verfassung des Jahres III ausdrücklich ausgemerzt hatte, unter dem Namen Arrondissement wieder einfügte. Aber die Wahlen zu den Ämtern aller Bezirke und die kollegiale Gestaltung ihrer Behörden wurden beseitigt und an die Spitze dieser dreifachen Gliederung Präfekten, Unterpräfekten und Maires gesetzt, welche sämtlich vom Zentrum her aus den Listen der Notabeln ernannt und besoldet wurden. Ihnen zur Seite standen allerdings noch Kollegien; aber diese wurden durch die Präfekten wieder aus den Listen der Notabeln entnommen und hatten lediglich beratende Stimme, kamen auch nur einmal im Jahr für vierzehn Tage zusammen, neben dem Unterpräfekten der Distriktsrat, neben dem Präfekten der Generalrat. Ihre Stellung entsprach also den Vertretungskörpern der Nation im Zentrum; sie hatten bei der Verteilung der direkten Steuern, den Ausgaben für ihre Bezirke mitzusprechen, die Bedürfnisse und Interessen ihrer Kreise der Regierung namhaft zu machen. Im Vergleich zu den Bureaukratien des Festlandes, etwa zu Preußen, lag darin immerhin noch ein Moment der Selbstverwaltung; aber der Ungebundenheit zur Zeit der Revolution gegenüber war ihre Stellung nichts als Unterordnung und Gehorsam. Die Präfekten selbst waren nach Napoleons bekanntem Worte lauter Premierkonsuls im kleinen, politisch und sozial ebenso mächtig nach unten wie abhängig von oben; ohne Pensionsrecht, ohne Schutz gegen Disziplinierung, in jedem Augenblick absetzbar: wie hätte es einer von ihnen wagen sollen, dem von oben her geäußerten Willen zu widerstreben?

Durchaus parallel dieser Schöpfung, in der Abhängigkeit von der Revolution sowie in ihrer Fortbildung, und ebenso wie die Präfektur zu Grundlagen des modernen Frankreichs geworden, stehen die großen Kodifikationen des Rechtes und des Prozesses, welche unter der unmittelbaren Inspiration Napoleons in diesen Jahren ausgearbeitet und promulgiert worden sind. Ein volles Jahrhundert hat der Code civil, abgesehen von Frankreich, von Rotterdam bis nach Freiburg, und so auch in Italien seine Herrschaft behauptet. Wo der Gewaltige einmal geherrscht hatte, blieb er liegen wie ein Felsblock, an dem die Fluten machtlos verlaufen. Unvergleichlich die Logik, die Einheitlichkeit, die Zweckmäßigkeit dieses Werkes, welches die Revolution immer versprochen und niemals gegeben hatte, und das nun vom August 1800 ab in vier Monaten fertig gestellt wurde. Von fünf Juristen nach dem Entwurf Cambacérès' ausgearbeitet, wurde es im Staatsrat unter dem Vorsitz des Ersten Konsuls durchgearbeitet und revidiert; und man weiß, daß Napoleon mehr als einem Paragraphen die endgültige Form gegeben hat. In keiner seiner Schöpfungen ist der große Gedanke der Revolution von der Gleichheit des Rechtes für alle, ohne Unterschied der Klassen und Religionen, klarer in Staat und Gesellschaft Frankreichs. 103

und energischer zum Ausdruck gekommen, als in dem Code Napoléon, wie das Gesetzbuch mit vollem Recht genannt werden durfte.

Andere Maßregeln gingen auf die nationale Wohlfahrt, für die, wie wir wissen, der Friede vor allem nötig war: eine neue Grundlegung der Verwaltung, der Steuern und der Zölle, der Forsten, die völlig verwildert, der Nationalgüter, die in den finanziellen Nöten der Revolution zumeist verschleudert waren, die Beseitigung der unerhörten Unsicherheit, die in den Provinzen herrschte und die nun durch die straffste Organisation der Polizei im Zaum gehalten wurde. Auf allen Gebieten reichten sich Geschick, Einsicht und Eifer der Beamten und der Geschäftswelt rastlos und freudig die Hände, gehoben überall durch den vom Zentrum her wirkenden eisernen Willen. In kurzem zeigten sich die Früchte: das Gleichgewicht im Staatshaushalt und der Kredit Frankreichs wurden wiederhergestellt; der Reichtum des Bodens, der Fleiß und die industrielle Regsamkeit der Bevölkerung kamen zur Hilfe; überraschend schnell nahmen die Geschäfte einen neuen Aufschwung.

Nicht minder aber wie für die materiellen Güter sorgte die Regierung auch für das geistige Dasein. Alles auf der einmal gewählten Grundlage und nach den Prinzipien, die das Ganze belebten. Das Unterrichtsgesetz vom Jahre 1802 organisierte die Schulen abermals auf dem dreifachen Stufenbau, den wir kennen lernten: Primärschulen in jeder Landgemeinde unter Aufsicht des Unterpräfekten; Sekundärschulen in den Departementsstädten unter Aufsicht des Präfekten; zweiunddreißig Lyceen mit klassischem und realem Unterricht, aus denen ein Fünftel nach Ablauf ihres Kursus in die neuen Fachhochschulen für Recht, Medizin, Naturwissenschaften usw. aufgenommen wurde. Das Ganze unter Inspektoren, mit Tausenden von Freiplätzen für Kinder verdienter Militärs und Beamten. Auch hier also die gleiche Stempelung; der Zweck die Förderung der nationalen Kraft in der vorgeschriebenen Form. Das geistige Leben wurde als ein vom Staats-

Abb. 88. Napoleon.
Stich von A. Tardien nach Isabey.

zweck nicht zu Trennendes betrachtet, ohne die Möglichkeit, sich in einer freien Sphäre behaupten zu können, anerkannt nur, so weit es der in der Zentrale verkörperten Macht dienen wollte. Nicht mit einemmal ward auf diesem Gebiete alles erreicht. Die Presse wurde anfangs freier gestellt als in der letzten Phase der Revolution; selbst im Moniteur, der fortan als das offizielle Organ der Regierung anerkannt wurde, durften sich noch Stimmen der Opposition hervorwagen. Allmählich aber wurden auch hier die Zügel stark und stärker angezogen; und bald durfte in Frankreich, und so weit die Macht des Einen reichte, nichts mehr geschrieben und gedruckt werden, was von der vorgezeichneten Linie abwich.

Gab es nun aber nicht in der französischen Nation einen Kreis von Empfindungen, die ihrer innersten Natur nach diesem Anspruch, schlechthin jedes persönliche Leben in den Dienst des zentralen Willens zu stellen, widerstrebten? Zu den interessantesten Beobachtungen gehört es, zu sehen, wie Napoleon sich mit der katholischen Religion auseinandergesetzt hat.

Keinen grimmigeren Feind hatte der revolutionäre Staat gehabt, als die Kirche, welche seit zwölf Jahrhunderten mit dem Leben der Nation aufs engste verwachsen war. Während die Krone und die Privilegien, die Armee und alle Institutionen des alten Staates hinweggespült wurden, war die Kirche aufrecht geblieben, ein Fels, an dem alles Sturmgebraus der Revolution vergebens gerüttelt hatte. Sie war der stärkste Hort für alle reaktionären Parteien geworden, denn sie hatte nicht nur die Herrschenden, sondern ebensosehr die Massen in ihren Dienst gezogen, Regierende und Regierte wieder auf eine Seite gebracht. Nirgends war heißer gekämpft worden als in der Vendée; der König selbst hatte den Gläubigen das Beispiel der Treue gegeben; auch für ihn war die Kirche der stärkste und letzte Halt gewesen, und er war mehr noch für sie als für die Krone zum Märtyrer geworden.

Und doch hatte die Revolution anfangs an das Dogma selbst nicht rühren wollen. Sie entzog freilich die Institution der Bischöfe dem Papst und übertrug sie den Metropoliten, aber den geistlichen Zusammenhang der französischen Kirche mit dem Papste wollte sie nicht zerreißen; ausdrücklich schrieb sie ihren Bischöfen vor, gleich nach der Wahl ein schriftliches Bekenntnis ihrer Einigkeit mit dem „sichtbaren Haupte der allgemeinen Kirche" nach Rom einzusenden. Sie unterwarf den Klerus jeder Diözese ihrem Bischof viel stärker, als es der alte Staat jemals vermocht oder auch nur gewollt hatte. In Glauben und Zucht ließ sie den Dienern der Kirche keine Möglichkeit, von den Befehlen ihrer Oberen abzuweichen; niemals waren darin die Tridentiner Reformen genauer beobachtet worden. Dabei war jedoch zwischen Kirche und Staat die genaueste Konkordanz der Verfassung hergestellt worden. Die Grenzen der Diözesen deckten sich mit den Grenzen der Departements; ihre Hauptstädte waren die Residenzen der Bischöfe; die Wahlen zu allen geistlichen Ämtern erfolgten in der gleichen Weise wie die zu den laiischen Behörden, durch das Volk; jeder Zusammenhang mit der alten Kirche, der Kirche der Privilegierten, war zerrissen und die neue geradeso demokratisiert worden wie der Staat selbst. Man hatte Frankreichs Kirche das Dogma gelassen, das dem Genius der römischen Kirche, die sich die universale nannte, entsprach, und hoffte sie dennoch zu nationalisieren. Man kettete sie in allem, was ihr eigentliches Leben ausmachte, fester als je an ihre geistlichen Herren und deren Obersten in Rom, und wollte sie doch zugleich den Zielen der Revolution dienstbar machen.

Nun war es wohl der Revolution gelungen, Spaltungen in die Reihen der Priester zu bringen und durch die Zivilkonstitution, die noch vom König im Juli 1790 bestätigt wurde, eine Kirche nach jenen Normen zu gründen. Aber die Gegner ließen sich dadurch nicht beugen; nur um so fanatischer traten sie ihren Widersachern entgegen, die von allen Feinden Frankreichs gehaßt wurden. Die Revolutionskirche selbst aber wurde in die Stürme hineingerissen, die den Staat, deren Geschöpf sie war, immer fürchterlicher durchtobten. Und so mußte auch sie das Feuer der Trübsal und Verfolgung von seiten der eigenen Herren auf sich nehmen, und ihre Bischöfe und Priester wurden Märtyrer eines Glaubens, der von ihren alten Mitbrüdern als ein Abfall von der Kirche angesehen wurde: während die Revolution, um sich die ihr bereits entweichenden Sympathien des Volkes zu erhalten, sich mit neuen Formen der Gottesverehrung umgab, Nachäffungen des alten Kultus, welche in dem Moment zusammenstürzten, wo ihre Propheten selbst das Blutgerüst bestiegen. Es war ein Eingeständnis der eigenen Ohnmacht, als die Regierung der Republik, die über ihre ärgsten Feinde, und wohin ihre Waffen reichten, Sieg über Sieg erfocht, die Duldung aller Religionsgemeinschaften und die Neutralität des Staates ihnen gegenüber aussprach. Das Ergebnis aber der nun entfesselten Konkurrenz war der Triumph der alten Kirche über ihre Rivalin. Es half der konstitutionellen Kirche nichts, daß sie der direktorialen Regierung, von der sie noch arg bedrückt wurde, unterwürfig blieb, daß sie den Staatsstreich des Brumaire, der ihr Erleichterung brachte, jubelnd begrüßte und den neuen Herrn Frankreichs bereitwillig unterstützte: trotzdem wurde der Abfall in ihren Reihen von Tag zu Tage größer. Auch die viel härteren Maßregeln des Direktoriums gegen die Altgläubigen, hinter denen die wahren Feinde der Republik standen, nützten ihr nichts. Während in den wiedergeöffneten Kirchen der Gegner sich die Gläubigen um die alten Geistlichen, die aus Kerker und Exil heimgekehrt waren, drängten, ministrierten die Bischöfe und Priester der Revolutionskirche, wie lauter ihr Wandel und wie katholisch im übrigen ihre Lehre sein mochte, vor leeren Bänken. Der Tag ließ sich berechnen, an dem unter dem neuen System, ohne Anwendung irgendwelchen Zwanges, ganz Frankreich unter den römischen Gehorsam zurückkehren würde.

Nicht als ob in den klerikalisierten Massen die Sehnsucht nach dem Ägypter= lande, aus dem sie durch ein Meer von Blut hinweggeführt waren, so arg gewesen wäre. Dieselben Priester, die in der Vendée ihre Bauern gegen die Revolutionäre führten, waren im Frühling 1789 die ersten gewesen, welche zum dritten Stande hinüberkamen; denn für sie waren die Fleischtöpfe der alten Kirche mager genug gewesen, und die Zivilkonstitution hatte besser und vor allem gleich= mäßiger für sie gesorgt als ihre alten Herren; sowie sie ihnen die Möglichkeit gewährt hatte, in der kirchlichen Hierarchie gerade so weit zu kommen wie ihre hochgeborenen Mitbrüder, die in der alten Kirche im Alleinbesitz aller hohen und reich dotierten Stellen gewesen waren. Sie waren demnach, gleich der Masse der Gläubigen, wohl für eine Kirche zu haben, in der die alte Verfassung und Güterverteilung fortgefallen und die gleiche demokratische Ordnung wie in dem Staate hergestellt war, wenn nur dieser Staat selbst zu den alten Altären zurück= kehren wollte und der heilige Vater ihn in den Schoß der allein seligmachenden Kirche wieder aufnahm.

Napoleon zog aus diesen Stimmungen nur die Konsequenzen. Sein eigener Geist behielt die Prägung, die er in der Jugend angenommen hatte. Die Re= ligion war ihm wie Voltaire gerade gut genug „für Schuster und Mägde", aber für diese erkannte er sie, wie der Patriarch der Aufklärung selbst, als notwendig an. Er sah in der christlichen Religion, wie er sagte, nicht das Mysterium der Fleischwerdung, wohl aber das Mysterium der sozialen Ordnung: sie verknüpfe mit dem Himmel eine Idee der Gleichheit, welche verhindere, daß der Reiche durch den Armen massakriert werde. „Die Gesellschaft," bemerkte er einmal zu Roederer, dem wir so manche intime Äußerung seines Herrn verdanken, „kann nicht existieren ohne die Ungleichheit der Vermögen, und die Ungleichheit der Vermögen kann nicht existieren ohne die Religion. Wenn ein Mensch vor Hunger an der Seite eines anderen stirbt, der im Überfluß erstickt, so ist es ihm un= möglich, diesen Unterschied zu dulden, wenn es nicht eine Autorität gibt, die ihm sagt: Gott will es so, es muß Arme und Reiche in der Welt geben; aber später in der Ewigkeit wird die Teilung anders ausfallen." So ungefähr hatte er sich bereits im „Discours de Lyon" ausgedrückt, und eine Nuance besteht nur in der Art, wie er jetzt das Wesen und Wirken der Propheten, welche die Lehrer seiner Jugend gewesen waren, auffaßt. Sie sind ihm ärgerlich geworden, als die Ideologen, die mit ihren Phantastereien sich selber und der Welt Dunst vormachen und wenn nicht Verfolgung, so Verachtung verdienen. Wie oft hat er sich in diesem Sinne über Rousseau ausgesprochen! „Die Religion," so sagt er, „hat den Wert einer Kuhpockenimpfung, welche, indem sie unsere Liebe zum Wunder be= friedigt, uns vor den Charlatans und Zauberkünstlern schützt: die Priester sind mehr wert, als die Cagliostro, die Kant und alle deutschen Träumer." Er selbst beichtete weder, noch ging er zur Kommunion; und wenn er der Messe einmal beiwohnen mußte, so machte er sie doch nicht mit. Mit Mühe ließ er sich beim Abschluß des Konkordates dazu herbei, ein Hochamt abhalten zu lassen, statt, wie er eigentlich wollte, ein Te Deum, und war nicht zu bewegen, den Kelch zu küssen. Aber zur Anerkennung der Kirche, zum Kompromiß mit ihr verstand er sich, weil er sie als das erkannte, was sie war: Macht.

Wir sahen, wie ihn schon im Sommer 1796 dieser Instinkt für die Macht zu der Kirche hinzog und seine Politik anders färbte, als die des Direktoriums, und daß er darin nur wieder Tendenzen aufnahm, welche schon im Frühling 1794 Augustin Robespierre gegenüber den Katholiken Italiens verfolgt hatte, und die

Abb. 39. Papst Pius VII.
Gemälde von J. L. David im Louvre.

auch dem älteren der Brüder nicht fremd waren. An keinem anderen Punkte wird die Verwandtschaft beider Tyrannen sichtbarer als hier.

Wenn der Royalismus in Frankreich seit 1795 wieder Aussicht hatte, zur Macht zu kommen, so war es, weil die klerikale Strömung so mächtig angewachsen war. Napoleon besiegte diese Faktion vor allem dadurch, daß er die Verbindung mit Rom herstellte. Daß Pius VII. sich dazu entschloß, ist die große Tat seines Lebens gewesen. Er war am 13. März 1800 in der Nähe Venedigs unter dem Schutz der österreichischen Waffen gewählt worden. Noch war der Krieg in der Schwebe; die Verbündeten hatten zuletzt gesiegt; und der neue Papst erkannte Ludwig XVIII. als König an. Durch Marengo aber ward seine Lage verwandelt. Italien war in die Hände des Siegers gefallen, der Frieden haben wollte, wie mit den Höfen, so mit der Kirche, aber einen Frieden, wie er ihn brauchte, als Erbe und Repräsentant der Revolution. Gleich nach Marengo, schon von Mailand aus, bot Napoleon dem Papste, wie dem Kaiser, die Hand; durch den Bischof von Vercelli ließ er ihm seine Bedingungen vortragen. Für den französischen Royalismus war die Kurie eingetreten; zur Koalition dagegen hatte sie kein inneres Verhältnis: die Engländer waren Ketzer; Österreich schielte, wie man wohl wußte, immer noch nach den Legationen; auch Rußland mit seinen Ansprüchen auf Malta, seiner Annäherung an die Slawenstämme der Balkanhalbinsel konnte Rom nicht sympathisch sein; auf Rettung war nirgends mehr zu hoffen. Napoleon war stark genug, um das Attentat des Direktoriums auf den Vorgänger des Papstes und seinen Staat zu wiederholen; ein Griff von ihm hätte genügt, um der weltlichen Herrschaft der Kirche abermals ein Ende zu machen. Statt dessen machte er an der Grenze halt und forderte nichts, als die Entfernung der neapolitanischen Truppen, und befreite dadurch das Land der Kirche von den ihr lästig gewordenen und ohnmächtigen Alliierten; er bat nicht geradezu um Frieden, aber er erkannte die Macht Roms an. Und so tat Pius VII. den Schritt, von dem eine neue Ära der römischen Kirche datiert.

Indem er aber die Hand des Ersten Konsuls ergriff, trat er damit hinüber auf den Boden der Revolution. Er mußte ihre kirchliche Gesetzgebung in den

Abb. 40. Lätitia Buonaparte. Gemälde von François Gérard im Museum zu Versailles.
Nach einem Kohledruck von Braun, Clément & Cie. in Dornach i. E., Paris und New York.

wesentlichsten Stücken anerkennen: die Veräußerung der geistlichen Güter, die doch nach der alten Theorie der allgemeinen Kirche gehörten und nicht der Nation, jetzt aber im Dienste der Nation verwandt waren, die Besoldung der Geistlichen durch die Regierung und die ganze neue Organisation, die der revolutionäre Staat seiner Kirche gegeben hatte, die Zivilehe und die Ehegesetze; sogar die Deklaration von 1682 hielt Napoleon als Errungenschaft seiner Vorgänger in der Herrschaft Frankreichs fest; ausdrücklich wurden die Bischöfe darauf verpflichtet. Die Ernennung der Erzbischöfe und Bischöfe, welche die Revolution in die Hand des Volkes gelegt hatte, stand fortan beim Ersten Konsul; das Wahlprinzip ward abgeschafft, die Pfarrer durch die Bischöfe ernannt, aber auf der Regierung genehme Personen beschränkt, und der gesamte Klerus durch Besoldung und Treueid dem Staate und seinem Träger aufs festeste verknüpft. Dafür erhielt der Papst das Recht zurück, welches der revolutionäre Staat ihm geraubt hatte, die Einsetzung der hohen Prälatur nach den kanonischen Formen; aber er mußte sich verpflichten, die in der Revolution abgesetzten Kirchendiener zur Abdankung zu bewegen, und die Bischöfe der revolutionären Kirche bestätigen, das hieß die Kirche der Emigration aufgeben und die des Napoleonischen Frankreichs anerkennen.

Immerhin waren es Errungenschaften der Kirche, die den Papst glücklich machen konnten; in seiner weltlichen Herrschaft gesichert, in Frieden und Freundschaft mit dem mächtigsten Manne Europas, konnte er durch die Erneuerung des kirchlichen Lebens in Frankreich der tiefsten Einwirkung Roms auf die französische Gesellschaft gewiß sein. Das Oberhaupt des versöhnten Reiches war wieder in die Stellung der allerchristlichsten Könige gelangt.

In der Tat gerierte Napoleon sich bereits wie ein Monarch. Seit dem Februar 1800 war er in die Tuilerien übergesiedelt. Seine beiden Genossen im Konsulat traten verständigerweise auch darin hinter ihn zurück, daß sie ihn dort allein ließen, Cambacérès sogleich, Lebrun ein wenig später. Nicht lange, so bildete sich in eigentümlicher Vermischung alter und neuer Formen eine Etikette aus, und die weiten Räume begannen sich mit einem glänzenden Hofstaat von Damen und Herren zu füllen. Es war ein Feld, auf dem die Gemahlin Napoleons ihre geselligen Talente und ihre Neigung für Pracht und Luxus voll entfalten konnte. Neben ihr sah man die Mutter Napoleons, Lätitia, immer noch schön und von stolzer Haltung trotz ihres corsischen Dialektes, leuchtend vor Freude über ihren großen Sohn, obschon stets besorgt um die Dauer seines Glückes („Pourvou, que cela doure", wie sie zu sagen liebte) und darauf bedacht, von den Millionen, die ihrer Familie zuflossen, einen Spargroschen für eine ärmere Zukunft zurückzulegen; dazu die Brüder und Schwestern des Ersten Konsuls mit ihren Frauen und Männern, und eine stets wachsende Zahl von Höflingen, Ministern und Generalen: die einen vor kurzem noch Advokaten oder Unteroffiziere, deren Frauen kaum die Schleppe zu tragen und auf dem Parkett sich zu bewegen wußten, die anderen Träger der ältesten Namen Frankreichs, welche jahrelang das Brot der Verbannung gegessen, in den Heeren der Feinde Frankreichs gedient hatten, deren Väter und Brüder von jenen auf das Blutgerüst geschickt waren — jetzt dienten sie alle dem Einen.

Als Träger des neuen Staates ward der Erste Konsul auch von den Anhängern der alten Ordnung betrachtet, die den Kampf und die Hoffnung noch nicht aufgeben wollten. Das zeigte sich in dem Attentat, das die Fanatiker am Weihnachtsabend 1800 gegen ihn versuchten. In der engen Straße St. Nicaise, die sein Wagen auf dem Wege zur Oper, wo Haydns Schöpfung aufgeführt werden sollte, passieren mußte, brachten sie ein Faß, mit Pulver, Kugeln und Sprengkörpern gefüllt, im Moment seiner Vorbeifahrt zur Explosion; nur die schnelle Fahrt des Kutschers rettete ihn, mehrere Passanten blieben tot. Die Tat, von England aus ins Werk gesetzt, hatte George Cadoudal, den Schützling des englischen Ministeriums, zum Urheber. Napoleon hielt anfangs die Jakobiner für die Anstifter und ergriff die Gelegenheit, um die Reste ihrer Partei mit schwerer Vergeltung heimzusuchen, auch dann noch, als es sich herausstellte, wer der Täter war; mehr als hundert ihres Anhanges wurden durch Fouché, der seine Leute kannte, aufgegriffen und ohne lange Untersuchung in die Sümpfe von Guyana deportiert.

Die öffentliche Meinung war nur befriedigt. Entzücken und Verehrung umgaben den jugendlichen Herrscher, wo er erschien: „der unsterbliche Bonaparte", wie ihn italienische Prälaten in einem Bericht an den Papst nannten. Alles war einverstanden, als er im Januar 1802 den sich regenden Widerstand im Tribunat unterdrückte, indem er Benjamin Constant, Joseph Chénier und andere Liberale ausschloß; ebenso, als er nach Amiens abermals an die Nation appellierte, ob sie sein Amt auf Lebenszeit verlängern und das Recht ihm verleihen wolle, selbst den Nachfolger zu bestimmen: über dreieinhalb Millionen stimmten mit Ja, nur wenige Tausende mit Nein. Es waren die Klerikalen, welche die halbe Million Stimmen mehr als beim ersten Plebiszit brachten; sie gaben dadurch ihrer Erkenntlichkeit für das Konkordat Ausdruck. Darauf erschienen zwei Senatskonsulte, welche den Dank der Nation aussprachen und die Vollmachten des Ersten Konsuls vermehrten. Vor allem erhielt er das Recht, seinen Nachfolger dem Senate vorzuschlagen; weiter die Befugnis, Friedens= und Allianzverträge zu ratifizieren und zu verkündigen, ohne die Volksvertretung zu fragen; endlich das alte Königsrecht der Begnadigung. Dafür wurden die Vollmachten des Senates vermehrt, indem er das Recht bekam, die Konstitution auszulegen, das Corps législatif und das Tribunat, das auf fünfzig Mitglieder herabgesetzt wurde, aufzulösen, die Sprüche der Rechtshöfe, sobald sie die Sicherheit des Staates verletzten, zu kassieren. In Wahrheit waren das aber nur wieder Verstärkungen der Macht Napoleons, denn dieser hatte den bestimmenden Einfluß auf die Ernennung und die Anzahl der Senatoren. Von nun an fehlte Bonaparte nur noch der Name des Monarchen.

Abb. 41. Der Friedensstifter.
Kolorierter Stich von Chataignier. Sammlung des Prinzen Victor.

Fünftes Kapitel.

Neuer Kampf.
Von Boulogne bis Tilsit.

Napoleon war nicht bloß das Oberhaupt in Frankreich, sondern auch in den Vasallenländern. Und nichts war natürlicher, ja notwendiger, als daß auch da seine Machtstellung der in Frankreich gleichartig wurde; so wie die früheren Metamorphosen der französischen Republik stets zu analogen Umbildungen in den Nebenstaaten geführt hatten. So geschah es sowohl in Holland, wie in Italien und in der Schweiz. Im Haag wurde zunächst nur ein Regentschaftsrat (Oktober 1801), in Mailand aber ein Präsident eingesetzt, zu dem Napoleon, da sein Bruder Joseph die Stelle ausschlug, sich selbst wählen ließ (Januar 1802). In Paris war die Konstitution ausgearbeitet, welche den Lombarden gegeben wurde, und Napoleon gab den Wählern die Richtung, die er wünschte. Dennoch war weder in Holland noch in Italien die Änderung unwillkommen, wenigstens nicht bei den herrschenden Klassen; zumal die Patrioten Italiens nahmen in der Mehrzahl die Umwandlung mit Freuden an, da ihnen der große Protektor durch den Namen, den er ihrem Staate gab, der „italienischen Republik", das große Ziel ihres Ehrgeizes, die Einigung der Nation vor Augen stellte. Zugleich aber versicherte Napoleon sich des Alpenlandes, durch das der Weg nach Marengo ihn geführt hatte, Piemonts, das er als eine französische Militärdivision einrichtete, eine Vorstufe nur der Annexion, welche im Herbst 1802 erfolgte. So wurden in Lucca und Genua Verfassungen eingeführt, welche diese kleinen Republiken ganz in die Hand Frankreichs brachten. Unaufhaltsam drang diese Macht vor. Die fremden Kabinette waren nicht imstande, sie aufzuhalten, am wenigsten Österreich, so weit es auch von seinen italienischen Hoffnungen zurückgeschleudert war.

Auch in der Schweiz war die alte Verfassung durch ein Zusammenwirken der französischen Invasion und der einheimischen Reformpartei zerstört worden: Einheit des Staates, Zerbrechung der Optimatenherrschaft, Gleichstellung der Kantone und der Stände, religiöse Toleranz waren die Ziele der Reformer gewesen, die sie, gleichviel ob Deutsche oder Franzosen, nur durch Frankreichs Hilfe durchsetzen konnten und wollten. Die Folge war gewesen, daß auch die Schweiz in den großen Krieg hineingerissen und einer seiner Hauptschauplätze geworden war. Und kaum war der Friede geschlossen, so war, von den reaktionären, mit Bern verbündeten Waldstätten begonnen, ein Bürgerkrieg ausgebrochen, in dem die helvetischen Truppen bis Lausanne zurückgeworfen wurden, bis der Einmarsch der französischen Truppen unter Ney die Sache der Franzosenfreunde herstellte. So mußte Napoleon eingreifen und die Reform diktieren. Es geschah zu Paris, wohin die Deputierten der Kantone im Dezember 1802 berufen wurden. Auch hier blieb Napoleon seiner Rolle getreu, als der große Pazifikator die Feindseligkeiten auszugleichen. Sein Wille entschied; er trat zwischen die Parteien, weil er über ihnen stand und ihrer mächtig ward. Was er ausgesprochen und in der Mediationsakte vom Februar 1803 vorgeschrieben hat, ist nicht nur die Verfassung der Schweiz geblieben, solange er selbst aufrecht stand, sondern auch die Grundlage, auf der der Bund sich seitdem fortgebildet hat: ein glänzender Beweis für die staatsmännische Weisheit des Imperators, der im Zurückhalten sich oft größer zeigte, als im Zugreifen. Die französische, die Einheitspartei wurde vielfach abgewiesen; es blieb die Rechtsgleichheit, die Abschaffung der Vorrechte der Patrizier, aber das Bundesverhältnis der Kantone gegenüber der Zentralgewalt wurde stark betont. „Die Eidgenossenschaft," so erklärte Napoleon in der Rede, die er den Abgeordneten hielt, „muß ein Verein verbündeter Kleinstaaten sein, deren Verfassung so verschieden ist wie ihr Boden, aneinander geknüpft durch ein einfaches Bundesband, das weder drückend noch kostspielig sein darf."

Man solle nicht recht haben wollen, der Notwendigkeit zum Trotz. Die Barbareien des Mittelalters müßten aufhören, Frankreich werde sie nicht dulden. „Aber solche Einförmigkeit wie in Frankreich würde euch nicht anstehen. Die Gebirgsbewohner, welche Wilhelm Tell zum Ahnherrn haben, können nicht regiert werden, wie die reichen Bürger von Zürich oder Bern... Ein Staatenbund, der jedem seine angestammte Unabhängigkeit, die Eigenart seiner Sitten und seines Bodens läßt, der unbesiegbar ist in seinen Bergen, das ist eure wahre Größe." Zugleich warnte er vor England, dessen Agenten längst im Lande wühlten, und sprach die stärksten Drohungen aus, wenn man auf sie hören werde: er werde die Schweiz sofort einverleiben, sobald die Londoner Regierung wagen werde, sich einzumischen.

Doch gab er seine Vermittelung nicht umsonst. Je loser die Verbindung mit der Schweiz blieb, um so fester sollte Italien an Frankreich geknüpft werden. Dazu waren die Alpenstraßen nötig, und es gab keine wichtigeren als die, welche aus dem Wallis hinüberführten. Darum wurde das letztere im August 1802 zu einer eigenen Republik erhoben, deren Straßen die große Schutzmacht beherrschte.

Der Protektor und Schiedsrichter war Napoleon auch im Deutschen Reiche durch den Frieden von Lüneville geworden, der, wie wir sahen, die Säkularisationen direkt sanktioniert hatte. Es war dieselbe unvergleichliche Position, welche er Frankreich schon in Campo Formio verschafft hatte: als der Gesuchte, der Uninteressierte konnte er die Beschlüsse herbeiführen, welche den Staatsbau eines Jahrtausends zerstörten und die Grundlagen eines neuen Deutschlands schufen. Nur ging diesmal seine Politik dahin, Preußen statt Österreichs zum Freunde zu gewinnen; nichts lag ihm mehr am Herzen, als die norddeutsche Großmacht auf seine Seite zu ziehen. Mit vollen Händen schenkte er den Hohenzollern die Spolien aus der geistlichen Beute in Norddeutschland, dazu ein paar Reichsstädte, eine halbe Million neuer Untertanen, weit mehr, als sie links vom Rhein verloren hatten. Es waren zumeist die kerndeutschen rekatholisierten Gebiete, welche die Marken mit den Besitzungen am Rhein verbanden. Nahebei, in Fulda, Corvey und anderen Resten geistlicher und bürgerlicher Reichsfreiheit, wurde Oranien angesiedelt, der Verwandte der Hohenzollern, welcher Holland verloren hatte. Katholische Stifter in den Mainlanden und Schwaben, doch auch protestantische Reichsstädte, wie Ulm und Memmingen, wurden an Bayern gegeben, nicht viel unter einer Million Seelen, ebenfalls weit mehr als ihm genommen war. So wurden auch Württemberg, Baden und Hessen reich bedacht. Immer besonders die alten Häuser, die schon im Reiche am meisten bedeutet hatten: wer da hatte, dem wurde gegeben; die Kleinen und Kleinsten aber mußten herhalten; denn nur was Macht war, konnte Frankreich selbst nützlich werden. Das alles ohne Österreich. Über das gesalbte Haupt des Kaisers hinweg wurde sein Reich zerstückelt; erst aus dem Moniteur erfuhr man in Wien, was geschehen. Man war außer sich, aber was sollte man tun gegen den geeinigten Willen des halben Kontinentes? Übrigens gingen die Habsburger nicht leer aus. Der Großherzog von Toskana erhielt Salzburg und benachbarte geistliche Gebiete, der Kaiser für das Breisgau und die Ortenau, die dem Herzog von Modena überantwortet wurden, die Tiroler Bistümer; dafür aber mußte er alle Veränderungen in Italien unterschreiben. Und unterdes kamen die Beschlüsse auf dem Reichstage zu Regensburg zur Annahme (25. Februar 1803).

Das erst war die Vollendung der Niederlage Österreichs. Sie war auf dem diplomatischen Felde noch größer als auf dem militärischen. Bis an den Inn und die böhmischen Berge war die Machtsphäre seines Gegners vorgeschoben.

Wie Österreich, so war aber auch England getroffen. Jeder Schritt, den Napoleon auf dem Festlande vorwärts tat, bedeutete auch für das Inselreich eine Schwächung. Und Napoleon war nicht gewillt, England zu schonen. Die Hoffnung, welche dieses auf den Absatz seiner Industrieprodukte gehegt hatte, war vergeblich gewesen; vielmehr wurden die Schutzzölle in Frankreich und den von ihm abhängigen Staaten erhöht. Umgekehrt setzte Napoleon alles daran, den Einfluß Frankreichs über das Meer zu tragen. Fast sein erstes und größtes Anliegen war, Domingo, die alte französische Kolonie, welche die Revolutionäre den Farbigen in die Hände gespielt hatten, zurückzugewinnen. Er sandte seinen Schwager Leclerc mit einer starken Armee hinüber, um den Negerhäuptling Toussaint-Louverture, der sich unabhängig gemacht hatte, zu unterwerfen. Auch die übrigen Kolonien Frankreichs, soweit sie gerettet oder zurückgegeben waren, zog der rastlos Schaffende in den Kreis seiner Tätigkeit hinein: Pondichery und den Rest der Besitzungen in Ostindien, Isle de France und Réunion im Indischen Ozean; er wollte Madagaskar kolonisieren, die neuerworbene Kolonie am Mississippi ausbauen; auch Ägypten hatte er noch nicht aufgegeben, und mit dem Sultan hoffte er die alte Freundschaft neu knüpfen zu können. Es waren die alten Bahnen Frankreichs, auf denen es der Eifersucht Englands begegnet, von denen es durch dieses verdrängt war. Napoleon traute es sich zu, die Nation aufs neue auch jenseits der Meere zur Macht zu bringen.

Wollte er nun, das ist die Frage, die uns in das Zentrum seiner Politik hineinführt, von deren Beantwortung das Urteil über ihren Sinn und Zweck, ihre Erfolge und ihre Katastrophen abhängt, den Krieg gegen England erneuern? Hat er das Versprechen, das er im Brumaire seiner Nation gegeben und durch Marengo eingelöst hatte, alsobald brechen wollen? War die Gier nach Krieg und Eroberung so übermächtig in ihm, daß sie ihn blind machte gegen tausendfach ausgesprochenen Wunsch seines Volkes, gegen das offenbare Interes seines Landes? War wirklich, wie seine Feinde bald behaupteten und wie in der Historie seitdem immer von neuem nachgesprochen ist, nichts in ihm die Unersättlichkeit zu erwerben und zu zerstören, jener sich selbst verzehrer Durst nach Macht, den er in seiner Jugendschrift als das verderblichste alle Laster gegeißelt hatte? Er selbst hat diese Anklage zu allen Zeiten zurückgewies „Ich wollte," so sagte er einmal auf St. Helena, „der Welt den Frieden aber sie haben mich zum Dämon des Krieges gemacht." Wir aber woll Antwort nicht aus den Worten der Verteidigung oder der Anklage, die zwi ihm und seinen Gegnern gewechselt wurden, finden, sondern aus den Urkun die in das innerste Geheimnis seiner Politik führen, und mehr noch aus se Taten und dem Sinn, den sie haben mußten, dem Zusammenhang, der sie all verständlich macht.

Daß eine intensive Kolonialpolitik nur im Frieden gedeihen konnte, l auf der Hand. Und völlig ernst war es Napoleon mit der Absicht, die al Kolonien Frankreichs in Flor zu bringen und der Nation neue Quellen des standes über See zu eröffnen. 20000 Mann mußte der Schwager nach Dom führen, und Tausende wurden ihm und seinem Nachfolger (denn er selbst erl dem gelben Fieber) nachgesandt, um die Lücken zu füllen, welche die Kugeln u das mörderische Klima gerissen hatten. Die Instruktion, welche der Führer nach Ostindien bestimmten Escadre bekam, faßte zwar den Kampf mit Engl ins Auge (denn man war bereits am Vorabend des Krieges, März 1803), a auch sie schrieb zunächst äußerste Zurückhaltung gegenüber dem Rivalen vor. Nicht anders sind die Arbeiten zu verstehen, die Napoleon im Innern mit immer gleichem Nachdruck zur Durchführung brachte: die Herstellung der alten, der Bau neuer Straßen und Kanäle, die Unterstützung des Handels und der Industrie, die Hebung des Ackerbaus und der Forstwirtschaft, alles Unternehmungen, welche Millionen kosteten und denen nur der Friede ungestörte Entwicklung versprach. So dachten sicherlich die Räte, mit denen Napoleon sich dabei umgab, die Präfekten, welche mit den Interessen und Wünschen des Volkes in unmittelbarer Berührung standen,

Abb. 42. Der Erste Konsul in Malmaison.
Gemälde von J. B. Isabey im Museum zu Versailles.

die Minister, die für diese Arbeiten sich verantwortlich fühlten, die Brüder des Konsuls, welche die Güter, die seine Macht ihnen in den Schoß geworfen, genießen wollten; so vor allem die ungeheure Mehrheit der Bevölkerung, welche zum erstenmal seit mehr als zehn Jahren aufatmen, die Segnungen des Friedens kosten konnte. Nur der kleine Bruchteil der Unversöhnlichen setzte auf den Krieg seine Hoffnung: schon nicht mehr die Jakobiner, deren Opposition das Gebiet der äußeren Politik nahezu aufgegeben und sich nach innen gewandt hatte, wohl aber die Reste der Royalisten, und diese um so mehr, je näher sie den Bruch kommen sahen.

Umgekehrt war es in England. Hier war das Ministerium das friedfertigste Element der Nation; denn es vertrat die Friedensfaktion gegen die kriegerischen Tendenzen Pitts und seiner Freunde, die, indem sie zum Krieg schürten, zur Macht zurück zu gelangen hofften. Sie wiesen auf die Übergriffe Napoleons hin in Holland, Italien und der Schweiz, auf die Absperrung Frankreichs gegen die englische Industrie, auf die ausgreifende Kolonialpolitik seines Herrschers. Die großen Reeder und Industriellen verbündeten sich dabei mit der hohen Aristokratie, welche ihren Einfluß auf Staat und Kirche behaupten wollte, wie sie auch wirtschaftlich mit den Interessen jener Kreise verwachsen war. Beide Klassen zogen auch die von ihnen abhängigen mittleren Schichten und selbst die Arbeiter hinter sich her, welche unter einer Verkümmerung der nationalen Wohlfahrt mitleiden mußten. Ungemein rasch wuchs die kriegerische Stimmung im Lande. Pitt flossen die Kräfte zu, die Presse erging sich, fast schon ohne Unterschied der Partei, in den beleidigendsten Wendungen gegen den französischen Usurpator. Noch immer war England das Hauptquartier der Emigration; ihre alten Führer Graf Artois und Cadoudal, wie die Überläufer, die Verräter der Republik, Dumouriez und Pichegru, fanden dort Zuflucht und Begünstigung. Ohne zu erröten, hetzten die englischen Zeitungsschreiber sie zu neuen Attentaten an, und bis ins Ministerium hinein reichten die Fäden ihrer Verschwörungen.

Man wird vielleicht sagen, daß Napoleon sich seiner Übergriffe auf dem Festlande hätte enthalten sollen. Aber das meiste davon fiel noch vor Amiens. So die Gründung der italienischen Republik, und, wenn nicht die Annexion, so doch die sie vorbereitende Okkupation Piemonts; niemand hatte noch an die Rückkehr des Königs von Sardinien geglaubt, und Napoleon keinen Zweifel darüber gelassen, daß sein Los entschieden sei; England hatte ihn schon bei dem Friedensschlusse preisgegeben. So auch die Verfassungsreform in Holland. Und die Neuordnung Deutschlands war geradezu in Lüneville stipuliert worden. In der Schweiz aber war Napoleon gerufen, und überhaupt nirgends, außer bei denen, die er depossedierte, ungern gesehen. Noch war die Zeit nicht da, wo die kleinen Staaten widerwillig seinem mächtigen Gestirn folgten. Ihre Interessen oder doch die der in ihnen vorwaltenden Schichten und Parteien zogen sie vielmehr zu ihm hin; sie forderten und baten um Schutz gegen ihre Widersacher und gaben zu verstehen, daß sie diesen anderswo suchen müßten, wenn sie ihn nicht bei Frankreich fänden.

Denn jeder Schritt, den Napoleon zurücktat oder auch nur unterließ vorwärts zu tun, kam den Gegnern zugute. England schürte, wie in der Schweiz, so überall, wo es Feinde oder Rivalen Frankreichs zu finden hoffte, bis nach Petersburg und Konstantinopel. Toskana seinem angestammten Herrn zurückgeben, hätte, wie Napoleon sehr richtig schon im Mai 1801 dem österreichischen Gesandten versicherte, geheißen, Livorno an England ausliefern. Unvermindert loderte der Haß in den Herzen der Bourbonen von Neapel, und überall gab es Parteien der Reaktion, welche auf den Moment lauerten, um dem Übermächtigen in den Rücken zu fallen. Auch dachten die Engländer nicht daran, ihrerseits stille zu stehen; niemals waren sie eifriger gewesen, ihre eigenen Positionen auszubauen, zumal in Ostindien, wo sie alsbald mächtig um sich griffen. Und vor allem, wie hätte Österreich es mit ansehen können, daß seine Einflußsphäre über seine

Niederlagen hinaus, in Italien wie im Reiche, täglich mehr vermindert wurde? Selbst Preußen, mochte ihm auch der Niedergang der Kaisermacht nicht unerwünscht sein, konnte es doch nicht lieb sein, daß in Oberdeutschland und in der Nähe seiner fränkischen Besitzungen ein fremder Wille so machtvoll schaltete. Mit Vergnügen, obschon ohne großen Dank, nahm es seinen Anteil an der deutschen Beute aus Napoleons Hand entgegen. Aber daß er dort gebot, wo Preußen vor kurzem einem Fürstenbunde vorgestanden hatte, war auch für die Krone Hohenzollern eine fatale Erinnerung. Kurz, das Gleichgewicht unter den Mächten, die den Areopag Europas bildeten, war zerstört, und sie hätten sich selbst aufgeben müssen, hätten sie nicht alles daransetzen wollen, das Verlorene herzustellen. Es war aber, wenn auch durch Napoleons Siege, so doch nicht oder nur zum Teil durch seine Politik aufgehoben worden: die Politik des Direktoriums hatte Frankreich in diese Stellung gebracht. Napoleon selbst hatte, wir sahen es, eher mäßigend auf ihre erobernde Tendenz eingewirkt: aber er war ihr Erbe.

So auf dem Kontinent. Und nun, im Besitz des Friedens, den der Sieg ihm gegeben, war der junge Herrscher darauf aus, die Macht Frankreichs über die Meere zu tragen. Jedes Schiff, das die französischen Häfen verließ, jede Ladung, die aus Ost- oder Westindien einkam, entging den Kaufherren an der Themse, den Webstühlen und Schmieden, die in Leeds und Birmingham zu Tausenden standen. Im Kampf hatte England die Herrschaft über die Meere gewonnen: sollte es zulassen, daß die bis zuletzt auf der See immer Besiegten im Frieden ihnen dieselbe rauben oder auch nur schmälern würden? Abwarten, bis Frankreichs Industrie das Festland eroberte, bis auf den Jonischen Inseln, am Bosporus und in Alexandria sein Einfluß immer fester werden, in Indien selbst neben ihnen neu erstarken würde? Nicht die Hinrichtung des Königs, wie das oft gebrauchte Argument lautete, sondern die Eroberung Belgiens hatte England wirklich in den Krieg getrieben; nicht weil die Republik die Brutstätte der Anarchie und der europäischen Revolution geworden, hatte es sie bis zuletzt bekämpft, sondern weil Frankreich durch sie aus der Ohnmacht der alten Zeit zu einer Macht emporzudringen drohte, vor der das stolze Albion selbst zu zittern begann.'

Noch hatte England ein Faustpfand in der Hand, mit dem es die Hoffnungen des Nachbarn auf eine neue Fahrt über das Mittelmeer ruhig mit ansehen konnte: Malta. Der Termin für seine Rückgabe war längst verstrichen; Napoleons Truppen hatten Tarent dem Vertrage gemäß schon im Mai verlassen, die Engländer aber machten keine Miene, ihre Garnison aus dem herrlichen Hafen hinwegzuziehen. Allen Vorstellungen und Drohungen des Ersten Konsuls begegneten sie mit der Antwort, er möge zunächst auf dem Festlande den Zustand zur Zeit des Vertrages von Amiens wiederherstellen. Umsonst auch die sehr gerechtfertigten Beschwerden Napoleons über die Zügellosigkeit der Londoner Zeitungen und die Demonstrationen der Emigranten auf englischem Boden. Addington wies sie achselzuckend mit der Bemerkung zurück, die Presse sei in England frei, er habe keine Macht über sie, und das Gastrecht gegen fremde Verbannte dürfe Englands Regierung nicht verletzen. Wahrlich, wenn man nach nichts anderem fragt, als danach, wer den Ausbruch des Krieges habe herbeiführen wollen, so kann die Antwort nicht zweifelhaft sein. England war es, das das Steuer seiner Politik gerade hinaus in die neuen Stürme lenkte.

Die Tiefe des Gegensatzes, den wir berührten, wird jedoch damit nicht ausgeschöpft. Die Offensive Frankreichs braucht so wenig abgeleugnet zu werden wie diejenige Englands und seiner Alliierten. Denn wo gibt es überhaupt einen Zustand des Beharrens in der Welt, und wo liegt die Grenze zwischen Fortschreiten und Zurückweichen der politischen Macht? „In der Natur vorwaltender Mächte," so lautet ein Satz Rankes, „liegt es nicht, sich selbst zu beschränken: die Grenzen müssen ihnen gesetzt werden." Es ist wahr, Frieden zu haben war das oberste Anliegen der französischen Nation, und darum das eigenste Interesse ihres

Beherrschers, aber einen Frieden, der dem erschöpften Lande gab, was ihm die Revolution und der Krieg verwehrt hatten, die Herstellung und den Ausbau seiner wirtschaftlichen Kräfte. Dies forderte auch der friedfertigste Franzose von dem neuen Herrn. Weil der Friede, den das Schwert Napoleons erobert hatte und sein Genie verbürgte, dies versprach, darum jauchzte ihm das Volk als seinem Erretter zu, hatte es ihn zu seinem Herrscher gemacht. Die Wohlfahrtspolitik, der er sich seit dem Brumaire hingegeben hatte, war aber bereits eine Erweiterung der nationalen Macht. Die Herstellung und Ausdehnung der Kolonien, die Erneuerung der Marine, ebensowohl der Handelsflotte wie der Kriegsschiffe, die Absperrung der französischen und der von Frankreich abhängigen Märkte, der von oben her gestachelte industrielle Eifer der intelligenten, fleißigen und überstarken Nation — das alles waren die schwersten Eingriffe in die Interessensphäre Englands. Wie die territorialen Erweiterungen der französischen Macht das Gleichgewicht auf dem Festlande zerstörten, so bedrohte die neue Wirtschaftspolitik die Supremdtie des englischen Handels, der aus der Niederhaltung Frankreichs seine größte Kraft gezogen hatte. Es war der Gegensatz, den die Kämpfe eines Jahrhunderts nicht hatten schlichten können, für die jeder Friedensschluß nur immer eine Pause, ein Atemholen der beiden Ringer bedeutet hatte. Mit Amiens war es nicht anders. Der Erste Konsul war auch auf diesem Felde nur der Erbe des alten Frankreichs und der Aufgaben, welche diesem vom Schicksal gestellt waren.

Nun ist es zuzugeben, daß Napoleon, wie ein geistreicher Franzose unlängst gesagt hat, nicht dazu geschaffen war, die Ereignisse abzuwarten, welche drohten, daß es vielmehr seine Art war, ihnen zuvorzukommen. So wie seine Strategie und Taktik immer darauf ausgingen, den Gegner anzugreifen. Sein Dämon trieb ihn an, mit dem Schicksal zu ringen, indem er ihm entgegenging; er glaubte an die eigene Kraft. Unermeßlich war sein Stolz, aber noch nie hatte ein Mensch ein größeres Recht dazu gehabt, seinem Arm und Willen zu vertrauen. Und anderseits können wir vielleicht mit ihm fragen, ob er zögern durfte? Er kannte die Zahl seiner Gegner und den Haß, den sie ihm und seinem Werk widmeten. Sollte er abwarten, bis sie, wie er einmal sagte, ihr Verlangen gestillt hatten, sich ein Rendezvous auf seinem Grabe zu geben? Auch hatte er wie kein anderer den Blick für das Wirkliche und das Realisierbare, die Erkenntnis des Gegebenen und des Unvermeidlichen. Er sah sehr wohl die Schwächen seiner Stellung, die Unvollkommenheiten seiner Schöpfungen, die Nötigung, unaufhörlich dem Gegner furchtbar zu sein, die Feinde niederzuhalten. Vor seiner rastlos arbeitenden Phantasie enthüllten sich alle Möglichkeiten, welche in dem Schoße der Zukunft lagen. Unaufhörlich durchflutete sein Gehirn die Fülle der Kombinationen, welche die europäische Politik annehmen konnte. Niemand sah deutlicher voraus, daß der Kampf gegen England die alten Gegner auf dem Festlande anreizen würde, die Gunst der Lage auszunützen. Was blieb ihm anderes übrig, als unaufhörlich seine Positionen zu verstärken, seine Macht so zu erhöhen, daß den Gegnern zu neuen Koalitionen die Lust verginge? Ihnen, wie er jetzt tat, die Drohung entgegenzuschleudern, daß die Zeit vielleicht nahe sei, wo er, einmal dazu gedrängt, das Antlitz Europas verwandeln, das abendländische Kaisertum wiederherstellen werde?

Manches blieb ihm auch verborgen. Daß in den Nationen unter der vermorschten Decke der alten Staatsformen Kräfte schlummerten, welche, wenn sie geweckt wurden, geweckt durch den harten Tritt des Eroberers selbst, die Unterworfenen zum Kampfe auf Leben und Tod mit sich fortreißen könnten, sah er nicht: auch das erklärt sich wohl aus dem, was er gewesen war und erlebt hatte. Einst hatte er an solche Kräfte geglaubt: solange er Corsica liebte und Frankreich haßte. Dann, nach einem kurzen Rausch, der ihm die Versöhnung der alten und der neuen Heimat auf dem Boden antiker Freiheitsideale vorgespiegelt, hatte er, in Frankreich und noch mehr in Corsica selbst völlig enttäuscht, den Glauben daran ausgestoßen. Und wohin ihn seitdem das Schicksal geführt hatte, immer waren es dieselben Eindrücke gewesen, die er gewonnen: Intrige und Selbstsucht bei den Starken und jämmerliche Feigheit noch dazu bei den Ohnmächtigen, welche zitternd den Kriegsgott über ihre Fluren dahinschreiten sahen und gierig herbeieilten, um die Güter, die der Sieger geben konnte, zu erhaschen und sie den Nachbarn wegzuschnappen. Nur immer die Kabinette und die Aristokratien, die mit ihren Dynastien sich in den Besitz ihrer Staaten teilten, hatte er auf dem Festlande bekämpft. Selbst in England meinte er den Zwiespalt zwischen den regierenden Geschlechtern und den Massen, der in der Tat vorhanden war, für sich ausnutzen und diese von jenen trennen zu können.

Eben hier sollte er die erste große Enttäuschung erleben. Angesichts seiner Macht und der sich steigernden Gefahr vergaßen die englischen Parteien ihres tief wurzelnden Haders und besannen sich auf das nationale Interesse, das sie miteinander verband. Das Ministerium selbst trieb unter dem Druck der öffentlichen Meinung, schon um den Gegnern den Rückweg zur Macht zu verbauen, zum Bruche mit Frankreich.

Im Februar 1803, am Tage nach dem Abschluß der Schweizer Mediationsakte, erstattete der Erste Konsul dem Senat und dem Gesetzgebenden Körper Bericht über die Lage der Republik. Er wies auf die Arbeiten des Friedens hin, welche die so lange gelähmten Lebenskräfte der Nation zu neuer Blüte erhöben. Dann streifte er die Haltung Englands, das noch Truppen in Alexandria und Malta unterhalte: die Regierung Frankreichs, so sagte er, ist berechtigt, darüber sich zu beklagen, aber sie erfährt, daß die Schiffe zum Transport bereits im Mittelmeer sind. Indem er die eigene Friedensliebe betonte, die alles tun werde, was sich mit der nationalen Ehre vertrage, bemerkte er, daß in England zwei Parteien für und gegen den Krieg miteinander rängen. Vorsicht sei darum nötig: 500000 Mann halte er unter den Waffen. Auf sich allein gestellt, könne England heute gegen Frankreich nicht kämpfen; und so dürfe man hoffen, daß das Kabinett von St. James den Ratschlägen der Weisheit und der Stimme der Menschlichkeit Gehör schenken, und beide Nationen durch die Erhaltung des Friedens das eigene Glück und den Dank der ganzen Welt ernten würden.

Die Antwort gab Englands Regierung in der Thronrede vom 8. März, die kein Wort von Malta enthielt, dagegen Rüstungen ankündigte. Beide Häuser des Parlaments billigten diese Politik in einer einstimmig genehmigten Adresse; am 10. März wurde die Miliz einberufen, am 11. eine Aushebung von 10000 Seeleuten votiert. Als Grund waren die Rüstungen angegeben, die in Hollands und Frankreichs Häfen veranstaltet wären; und alsbald stach ein Kreuzergeschwader zur Beobachtung der holländischen Küste in See. Die Wahrheit war, daß in den französischen Häfen überhaupt keine Kriegsschiffe lagen, und daß ihre Werften und Magazine von allem entblößt waren. So meldete es der englischen Regierung in einer der nächsten Depeschen ihr eigener Gesandter in Paris, Lord Whitworth, der seit dem November dort akkreditiert war, und dessen Aufträge ausdrücklich dahin lauteten, die maritimen Absichten und Rüstungen des Ersten Konsuls auszukundschaften. Und so bestätigte es ihm selbst eben jetzt ein englischer Emissär, der in diesen Tagen von London hinüberkam und in Havre alles leer gefunden hatte. Wenn zu Helvoet in Holland eine Expedition ausgerüstet wurde, so war diese wieder nach Amerika, nach der neuen Kolonie Frankreichs, Louisiana, bestimmt. Der Glaube an die Dauer des Friedens war bei Napoleon am Ende nicht größer als bei den Engländern, die seit dem Mai wirklich alles getan hatten, um ihn zu untergraben. Aber mit dem Bruch rechnete er in diesem Moment noch nicht. Dafür gibt es gar keinen stärkeren Beweis, als daß alles, was er an Schiffen, für Kriegs- und Transportzwecke, besaß, draußen war; erst zwei Tage vor jener Botschaft des englischen Königs hatte die kleine Escadre, die nach den ostindischen Gewässern bestimmt war, den Hafen von Brest verlassen, während eine größere

Flotte nach Westindien hinübergefahren war: beide, wie die Engländer frohlockend wahrnahmen, in Gefahr, ihnen zur Beute zu fallen, und darum vielleicht ein Anreiz mehr für sie, um loszuschlagen.

Unter den Legenden, welche die Entstehung des dritten Koalitionskriegs umwuchern, hat auch die Szene eine Stelle gefunden, die der Erste Konsul bei einem der großen Empfänge in den Tuilerien am 13. März dem englischen Gesandten machte, zwei Tage nachdem er die Nachricht von der englischen Thronrede erhalten hatte, welche einer Kriegserklärung fast gleich kam: durch die schmähenden Worte, die er dem Gesandten vor seinem Hofstaat und dem ganzen diplomatischen Korps ins Gesicht geschleudert, habe Napoleon der englischen Nation selbst an die Ehre gegriffen; es sei eine wohlberechnete Provokation gewesen; sowie er schon ein paar Wochen vorher durch die Veröffentlichung eines Berichts des Generals Sebastiani über Ägypten im Moniteur England auch nur zum Kriege habe anreizen wollen. Lord Whitworths Meinung war dies jedenfalls nicht, und Talleyrand tat alles, um den leidenschaftlichen Ausbruch seines Herrn zu entschuldigen; er bat den Gesandten ein paar Tage darauf förmlich um Verzeihung und versprach ihm volle Genugtuung: der Erste Konsul denke nicht daran, ihn kränken zu wollen, er selbst habe vielmehr sich beleidigt gefühlt durch den Angriff der englischen Regierung; doch habe er nun die Verpflichtung, bei der ersten Gelegenheit vor der Gesamtheit der fremden Diplomaten sich zu entschuldigen; niemals werde dergleichen wieder vorkommen. In der Tat behandelte Napoleon bei dem nächsten Empfang Lord und Lady Whitworth mit der größten Zuvorkommenheit und war die Liebenswürdigkeit selbst. Der Minister hatte in jener Unterredung auf das feierlichste die friedfertige Gesinnung des Ersten Konsuls versichert, und sein Ehrenwort darauf gegeben, daß in Frankreichs Häfen auch nicht die kleinste Rüstung getroffen würde. Whitworth zweifelte gar nicht daran, daß er die Wahrheit sage. „Der Erste Konsul," so schreibt er, „wünscht sicher nicht den Krieg; er weiß, daß er uns nichts abgewinnen kann, und daß er das ganze Land gegen sich hat." Auch lautet sein eigener Bericht über die Szene vom 13. März, den er unter dem unmittelbaren Eindruck niedergeschrieben hat, wesentlich anders, als früher bekannt gewordene, abgeleitete Überlieferungen, und es lohnt sich vielleicht, ihn zur Beleuchtung der Situation hier einzurücken. „Der Erste Konsul," so schreibt der Lord, „begann unter allen Zeichen innerer Erregung mit der Frage, ob ich Nachrichten aus England hätte. Ich antwortete ihm, daß ich Briefe von Ew. Lordschaft vor zwei Tagen erhalten hätte. Er darauf unmittelbar: ‚So seid Ihr also entschlossen, in den Krieg zu gehen!‘ ‚Nein, Premier-Konsul,‘ antwortete ich, ‚wir empfinden die Vorteile des Friedens zu sehr.‘ ‚Wir haben,‘ fuhr er fort, ‚schon fünfzehn Jahre hindurch miteinander Krieg geführt.‘ Da er auf Antwort zu warten schien, bemerkte ich nur: ‚Das ist schon zu viel.‘ ‚Aber,‘ sagte er, ‚Ihr wollt ihn noch fünfzehn Jahre führen, und Ihr zwingt mich dazu.‘ Ich sagte ihm, das läge ganz außerhalb der Absichten Seiner Majestät. Darauf ging er zu Graf Markoff und dem Chevalier Azara*), welche nicht weit von mir beieinander standen, und sagte zu ihnen: ‚Die Engländer wollen den Krieg, aber wenn sie die ersten sind, die den Degen ziehen, werde ich der letzte sein, der ihn einsteckt. Sie respektieren nicht die Verträge. Man muß sie fortan mit Trauerflor umhüllen.‘ Ich nehme an, er meinte die Verträge. Er machte dann seine Runde und alle, an die er sich wandte, bemerkten an ihm Zeichen der größten Erregung. Nach wenigen Minuten kam er zu mir zurück, zu meinem großen Befremden, und nahm das Gespräch, wenn man es so nennen kann, mit ein paar persönlichen höflichen Bemerkungen wieder auf. Dann aber hob er an: ‚Wozu Rüstungen, gegen wen Maßregeln der Vorsicht? Ich habe nicht ein einziges Linienschiff in den Häfen Frankreichs; aber wenn Ihr rüsten wollt, werde ich auch rüsten;

---

*) Die Gesandten Rußlands und Spaniens.

wenn Ihr Euch schlagen wollt, werde ich mich auch schlagen; Ihr könnt vielleicht Frankreich töten, aber niemals es einschüchtern.' ‚Man will,' sagte ich, ‚weder das eine noch das andere; man will mit Frankreich in gutem Einvernehmen leben.' Worauf er: ‚Dann muß man also die Verträge respektieren. Wehe denen, welche die Verträge nicht respektieren; sie werden verantwortlich sein vor dem ganzen Europa.'" Whitworth war klug genug, hierauf zu schweigen, und der Konsul zog sich sofort auf sein Zimmer zurück, indem er die letzte Phrase noch im Abgehen wiederholte.

Das waren gewiß starke Ausdrücke, Drohungen, wenn man will, im höchsten Affekt gesprochen — aber unverständlich und unberechtigt waren sie nicht. Denn wenn um irgendeinen Punkt gekämpft war, so war es der Besitz der mächtigen Seefestung gewesen, welche den Weg aus der französischen Hälfte des Mittelmeeres in dessen Ostbecken sperrte und demjenigen, der sie inne hatte, die Straße nach Ägypten in die Hand gab. Wohin aber die Londoner Regierung steuerte, bewiesen die Nachrichten, die aus Ägypten, vom Kap und von der Insel Gorée an der Küste Senegambiens einliefen: überall hatten die englischen Kommandanten bisher Vorwände gefunden, die Räumung hinauszuschieben und zu verweigern. Die Besiegung der Mächte des Festlandes hatte England zum Verzicht auf Malta gebracht, das der Sieg von Abukir ihm ausgeliefert hatte: Marengo hatte den Verlust Ägyptens für Frankreich wett gemacht. Das Ziel seines Ehrgeizes und aller Traditionen Frankreichs, die Herrschaft über das Mittelmeer, hatte Napoleon freilich nicht erreichen können, jedoch seine Neutralisierung hatte er durchgesetzt. Nun aber stellte es sich heraus, daß die Engländer ihren Gegner um den Siegespreis prellen, daß sie den Weg nach Indien und die Herrschaft über die beiden Meere, welche Frankreichs Küste bespülten, behaupten wollten. Toulon ward dadurch ihrer Übermacht zur See gegenüber so wertlos wie Brest und Cherbourg. Jede Möglichkeit, die ägyptische Expedition von Frankreichs Boden her zu erneuern, war versperrt: nur wenn er die Herrschaft über Italien bis zum Busen von Tarent zurückgewann und die Küsten der Adria okkupierte, wenn er in das Machtgebiet der von ihm besiegten oder vor Frankreich zurückgewichenen kontinentalen Gegner noch weiter hineingriff, konnte Napoleon Frankreich noch einen Ausweg in den Osten eröffnen.

Whitworth hatte anfänglich für den Frieden gesprochen: weil dadurch die Gewalt des Ersten Konsuls am allersichersten ruiniert würde; denn die Nation sei, so meinte er, zu neun Zehnteln ohne Anhänglichkeit und Vertrauen zu ihm, und jedes neue Jahr des Friedens müsse diejenigen Parteien stärken, die ihn zu stürzen suchten; er hatte gemeint, ohne große Mühe dahin gelangen zu können. An die Auslieferung Maltas hatte er auch in diesem Falle nicht gedacht. Nun merkte er wohl, daß er die Entschlossenheit des Ersten Konsuls unterschätzt habe. Aber er hoffte noch, im Hinblick auf den totalen Mangel Frankreichs an Mitteln für den Seekrieg und die Schwäche seiner Finanzen, vor allem aber auf die Stimmung des Landes, die bis in die Familie und das Ministerium des Ersten Konsuls hinauf ganz gegen den Krieg sei, die Inselfestung dem Gegner durch bloße Drohungen abpressen zu können. Er rechnete sogar mit der Furcht vor Attentaten, die gerade von den Angehörigen des Ersten Konsuls geteilt werde. Dieser selbst wisse, daß eine Politik des Krieges ihn dem Dolchen der Mörder ausliefern werde.

Und in der Tat schien es eine Zeitlang, als ob diese Rechnung nicht trügen würde: Napoleon ließ sich wirklich auf Verhandlungen ein. Er selbst hielt sich dabei allerdings im Hintergrund, und Talleyrand versicherte dem Engländer wiederholt, daß sein Herr in bezug auf die Räumung Maltas unerbittlich sei; er werde, so drückte er sich aus, sich eher in Stücke reißen lassen, als darauf verzichten. Indessen äußerte sich der Minister, und ebenso Joseph Bonaparte, der in den Verhandlungen mit tätig war, so, daß Lord Whitworth seine Auffassung von dem allgemeinen Widerwillen der Nation gegen den Krieg und der Isoliertheit des Ersten Konsuls im Lande nur bestätigt fand. Beide erklärten ihm, daß der Konsul sich zu einer Garantie für Ägypten verstehen würde; sie stellten in Aussicht, den Engländern eine Flottenstation auf Korfu oder Kandia einzuräumen; sie ließen endlich durchblicken, daß Frankreich sich vielleicht darauf einlassen werde, Malta auf längere Zeit in Englands Händen zu lassen und ihm außerdem die Nachbarinsel Lampedusa, die übrigens im Besitz Neapels war, zu überlassen. Auch davon war die Rede, Malta einer neapolitanischen Garnison oder einer aus den Kontingenten der drei Garantiemächte, Rußland, Österreich und Preußen, gebildeten Besatzung einzuräumen, oder die Insel unter die Garantie des Zaren allein zu stellen. Aber die Art, wie die Engländer die Verhandlungen führten und ihre Bedingungen entwickelten, machte alle diese Versuche hoffnungslos. In dem Gefühl ihrer Überlegenheit und der Unangreifbarkeit ihrer Stellung forderten sie anfänglich neben dem unbeschränkten Besitz von Malta die Räumung Hollands und der Schweiz; und wollten dafür nichts weiter bewilligen, als die Annexion Elbas an Frankreich und die Anerkennung der neuen italienischen Staaten, diese jedoch auch nur unter der Voraussetzung, daß der König von Sardinien, und zwar in Italien selbst entschädigt würde. An diesen Forderungen hielten sie auch fest, als sie Miene machten, sich mit einem zehnjährigen Besitz der Insel zu begnügen, unter der Bedingung, daß ihnen Lampedusa alsbald ausgeliefert würde. Und das war ihr Ultimatum, von dem sie sich auch dann nicht abbringen ließen, als Talleyrand und Joseph sich dem Gesandten förmlich an den Arm hingen, um ihn von der Abreise zurückzuhalten. Lord Whitworth hatte für die Hartnäckigkeit des Ersten Konsuls, wie er es nannte, keine andere Erklärung, als verletzte Eigenliebe und seinen grenzenlosen Ehrgeiz, und der Bruder Napoleons wie sein Minister selbst haben ihm, nach seinen Berichten, darin recht gegeben. Wir aber sind wahrlich nicht genötigt, das Urteil des Feindes, wie des Dieners und der Angehörigen, welche für ihre Stellungen zitterten, die sie dem Allmächtigen verdankten, uns zu eigen zu machen. Sicherlich verteidigte Napoleon sein Werk, seine Stellung und seinen Ruhm: so wie die Machthaber der Revolution für ihre eigenen Köpfe gestritten hatten, wenn sie ihre Gegner unter die Guillotine schickten; wie ein Richelieu, ein Cromwell und ein Bismarck jeden Angriff, den ihr System erfuhr, als einen Angriff auf sich selbst angesehen und mit persönlichstem Haß die Feinde ihres Staates und ihrer Politik verfolgt haben. Aber so wenig wie man von allen diesen sagen dürfte, daß die Kriege, die sie heraufbeschworen, und alle Kämpfe, die sie führten, nur in ihrem Ehrgeiz wurzelten, daß die Glut der Leidenschaft, welche sie in ihre Handlungen legten, das Motiv ihrer Entschlüsse und Taten gewesen sei, ebensowenig haben wir ein Recht, bei Napoleon nichts anderes vorauszusetzen, wie wurzellos auch seine Existenz und wie ganz auf sich gestellt er von Jugend auf gewesen sein mag. Seine Laufbahn war, wir sahen es, seit Toulon mit den Geschicken Frankreichs verknüpft, an das schon den Knaben das Schicksal gekettet hatte. Er war Träger geworden der Macht, welche die Revolution entwickelt hatte, der Antriebe, die in ihr lebten, der Aufgaben, vor die sie Frankreich gestellt hatte: das alles war nun ganz und gar auf seine Schultern gelegt worden. Das eine wie das andere aber lief in der Richtung, welche Frankreichs Politik immerdar eingehalten hatte. Alle die Ziele, welche die Repräsentanten der alten Monarchie verfolgt hatten, die Könige aus den drei alten Dynastien und Frankreichs große Minister, die Bellay und Coligny, die Richelieu und Mazarin, in Ost- und Westindien, in Italien und Ägypten und an allen Küsten Afrikas — dieser Abenteurer war jetzt dazu berufen, ihnen darin nachzustreben, oder auf dem Wege dahin zu scheitern. Daß es aber wirklich die Traditionen und die Aufgaben Frankreichs waren, das hat, wie die Vergangenheit, so die Zukunft selbst, das Jahrhundert, das Napoleons Taten eröffneten, bis heute hin bewiesen.

Je näher aber der Krieg heranrückte, um so mehr mußte sich Napoleon die Überzeugung aufdrängen, daß er — auch darin Erbe der Revolution — den großen Mächten allein gegenüberstehen, und daß nur Rüstung, Angriff und Eroberung den Weg bezeichnen würden, auf dem er sich und sein Werk behaupten könnte.

Je n'ai pas reçu de lettres de toi, ma chère Hortense, depuis mon départ de Navarre; ton silence me donne beaucoup d'inquiétude, je crains que tu n'ayes éprouvé de nouveaux ressentiments de pierre. Dissipez mes craintes, donne moi de tes nouvelles, mande moi aussi ce que tu as décidé pour les eaux. j'irai à celles d'Aix en Savoye, et je compte partir vers le 18 juin. Tu sais ce que je t'ai marqué dans ma dernière lettre des propriétés de ces eaux, surtout dans les affections nerveuses, je suis persuadée qu'elles te feraient beaucoup de bien, et le plaisir d'être ensemble les rendrait encore meilleures pour toi et pour moi. j'ai vu hier ton fils, il m'a paru avoir plus gai et avoir la mine meilleure qu'il y a huit jours. embrasse pour moi Napoléon et Louis, ma chère fille et toute ma tendresse pour toi. Malmaison le 27 may — Joséphine sich verstärken, ohne etwas zu riskieren, Macht erwerben, ohne Macht einzusetzen; so hoffte Haugwitz, und so dachten auch Hardenberg und Friedrich Wilhelm III. Will man ein Urteil über diesen Monarchen gewinnen, so muß man ihn in diesem Augenblick ins Auge fassen. Die spätere Lage Preußens wurde bis 1813 derart, daß mehr als ein Moment zur Entschuldigung seiner stets schwankenden Haltung dienen kann. Auch ein Bismarck ist ja zuzeiten für die Neutralität Preußens in den europäischen Krisen eingetreten; freilich immer nur dann, wenn ihre Wirkung über die Grenzen Preußens hinausging und den Kampfplatz einschränkte. Eben dies stellte Napoleon in Aussicht, indem er dem Berliner Hof den Gewinn von Hannover hoffen ließ. Die Entscheidung des Königs aber machte es unmöglich. Er meinte noch in Anlehnung an Rußland den Frieden oder wenigstens die eigene Neutralität erhalten zu können. Chimärischer Gedanke! Vielmehr der Weltkrieg wurde dadurch unvermeidlich.

Ende Mai durchbrachen die Franzosen die Zone der norddeutschen Neutralität. Ohne Mühe schob Mortier die hannoversche Armee bis hinter die Weser zurück, zwang sie zur Kapitulation. Ein schwerer Schlag für England, aber auch für Preußen und das Reich. Auch im nördlichen Deutschland gebot jetzt der fremde Wille. Preußen hatte das Spiel aus den Händen gegeben.

Wie im Norden, so eilte Napoleon auch in Italien England die Küsten zu verschließen: Neapel ward okkupiert. Für ihn war es eine unbedingte Notwendigkeit, da der Abfall der Bourbonen und die Landung der Engländer sonst gewiß waren, aber zugleich eine Vermehrung seiner Feinde: nicht nur Österreich traf er dadurch aufs neue, sondern er griff auch in die Interessensphäre Rußlands ein, das bereits an der neuen Orientpolitik des Ersten Konsuls Ärgernis genommen hatte, nun aber auch auf der Ostseite der Adria und bei den Balkannationen das Wachsen des französischen Einflusses befürchten mußte. Indessen wünschte Napoleon den Bruch mit Rußland so wenig wie den mit Österreich; er trug vielmehr Alexander das Schiedsrichteramt in dem Streit mit England an. In der Tat unternahm der Zar einen Versuch der Vermittlung; im August ließ er seine Bedingungen in Paris und London vortragen. Danach sollten die Engländer Malta räumen, wofür ihnen jedoch Lampedusa überlassen würde, Napoleon aber sollte nicht bloß Hannover, sondern Holland, die Schweiz und ganz Italien freigeben; wenn ihm der Zar gnädigst bewilligte, Piemont behalten zu dürfen, so forderte er dafür doch eine Entschädigung für das Haus Savoyen. Das hieß, Frankreich sollte hinter Marengo und Hohenlinden, ja hinter den Frieden von Campo Formio zurückgeworfen werden. Unmöglich hätte irgendeine französische Regierung, geschweige Napoleon darauf eingehen können. Er mußte bereits daraus erkennen, daß Rußland bei den Feinden Frankreichs stehen würde. Auch war der Zar gar nicht anders gewillt; im Oktober bot er Österreich eine neue Koalition an. Ludwig Cobenzl verhehlte seine Geneigtheit nicht, aber auch nicht die Besorgnis vor dem furchtbaren Gegner: „Wir stehen," sagte er dem russischen Geschäftsträger im März 1804, „vor der Mündung der Kanone und werden vernichtet sein, ehe ihr uns zur Hilfe kommt."

Und so lange konnte Napoleon noch immer hoffen, seinen Strauß mit England allein ausfechten und den Stoß ins Herz, den Angriff über den Kanal hin, vor dem er im Frühling 1798 noch zurückgeschreckt war, durchführen zu können. Während die Gegenmächte auf dem Kontinent zögerten, verstärkte er unaufhörlich sein politisches System. Die Batavische Republik verpflichtete er zur Stellung von Schiffen und Truppen, wofür ihr die Rückgabe aller ihrer Kolonien in Aussicht gestellt war. Ebenso willigte bereits im September 1803 die Schweiz in ein Bündnis, das sie zu Truppenstellungen verpflichtete. Schwieriger war es Spanien und Portugal festzuhalten, zumal ersteres, das Napoleon durch den Verkauf Louisianas an Nordamerika vor den Kopf gestoßen hatte; denn er mußte sich die transatlantische Republik günstig stimmen und darum das Vorkaufsrecht, welches

Spanien sich vorbehalten hatte, verletzen. Aber zum Widerstand war man in Madrid nicht fähig, und so blieb man halb gezwungen dem Bunde treu und stellte Schiffe, Truppen und Subsidien (Oktober 1803). Portugal durfte sich die Neutralität erkaufen, so daß, als im Februar 1804 auch Genua der Allianz beitrat, nahezu das ganze romanische Europa mit seinen schweizerischen und holländischen Annexen zum Kampf gegen das Inselreich bereit stand.

Und dies war der Moment, wo Napoleon nach der kaiserlichen Krone griff. Es geschah im Zusammenhang mit einem neuen Anschlag der Royalisten auf seine Person. Sie setzten ihn wieder von ihrem Hauptquartier in England aus ins Werk; einzelne englische Minister waren im Geheimnis. Die Verwegenen wollten den Ersten Konsul auf dem Wege nach Malmaison aufheben und ihn an die Küste auf englische Schiffe bringen; daß aber der Überfall so geendet haben würde, wie der der französischen Gesandten vor Rastatt oder das Attentat auf Paul I., ist mehr als wahrscheinlich und war sicherlich vorgesehen. Die Führer der Partei, George Caboudal und Pichegru, kamen selbst nach Paris hinüber. Sie rechneten auf das Mißvergnügen unter den Truppen und den Abfall mehrerer Generale, vor allem Moreaus. Auch Graf Artois wußte darum; er versprach, seinen eigenen Sohn hinüberzuschicken. Aber Napoleon war von seinen Agenten gut bedient; die Verschworenen wurden umstellt und verhaftet und bekannten alles; auch der Zusammenhang

Abb. 44. General Charles Pichegru.

Moreaus mit ihnen wurde nachgewiesen. Cadoudal und andere wurden erschossen; Pichegru fand man eines Morgens im Gefängnis erwürgt, ohne Frage von eigener Hand. Der Spieler, der er immer gewesen, hatte verspielt, und so ging er aus dem Leben. Es ist nicht daran zu denken, daß die Tat, wie die Feinde Napoleons sofort aussprengten, von diesem befohlen ist. Sein Interesse wäre viel eher gewesen, den alten Gegner am Leben zu lassen, und er war nur grausam, wenn es Zweck hatte Er hätte ihn vielleicht ebenso laufen lassen wie Moreau, der mit zwei Jahren Gefängnis und danach der Verbannung nach Amerika davon kam.

Wohl aber nahm er die Gelegenheit wahr, seine Blitze nach einer höheren Stelle zu lenken. Im Verhör hatte George Cadoudal von einem Prinzen gesprochen, der erwartet, aber nicht gekommen sei. Napoleon mag nun geglaubt haben, daß damit der Herzog von Enghien gemeint sei, der, aus Österreich auf Frankreichs Anmahnung verwiesen, sich bis an den Rhein nach Ettersheim, fast unter die Kanonen von Straßburg gewagt hatte, zum Teil verlockt durch den Wunsch, bei seiner Cousine Charlotte von Rohan zu sein, die er liebte, ebensosehr aber auch von der Absicht geleitet, dort den Krieg, an dem er teilnehmen wollte, abzuwarten. Daß englische Agenten in Süddeutschland wühlten, war in Paris bekannt; es war berichtet, d'Enghien stehe mit ihnen wie auch mit Emigranten, unter anderem mit Dumouriez, in Verbindung. Die Annahme, daß er in das Komplott verwickelt sei, lag deshalb nicht so fern. Jedenfalls beschloß Napoleon, sich an ihn zu halten. Noch im März wurde der Prinz durch französische Dragoner aufgehoben, nach Straßburg, von da nach Paris gebracht und sofort vor ein Kriegsgericht gestellt. Im Verhör bekannte er, daß er am Kriege gegen Frankreich habe teilnehmen wollen. Jeden Zusammenhang mit der Verschwörung stellte er, und sicherlich mit Recht, in Abrede. Trotzdem verurteilten ihn die Richter, dem Willen ihres Herrn gehorsam, zum Tode; das Gesetz, welches diese Strafe auf den Kampf gegen das Vaterland setzte, konnte als Vorwand dienen. Nichts hat das Andenken Napoleons schwerer belastet, als diese Tat. Alle Ströme von Blut, die er vergossen hat, haben vor dem Urteil der Nachwelt das Bächlein prinzlichen Blutes nicht auf-

Abb. 45. Louis Antoine Henri von Bourbon, Herzog von Enghien.
Stich von A. Cardon nach Villiers Huet.

wiegen können, das in der Nacht des 20. März im Schloßgraben von Vincennes floß. Und gewiß wird man die Tat moralisch niemals rechtfertigen können. So wenig etwa, wie die Gewalttat, die der Große Kurfürst an dem Herrn von Kalckstein verübte, als er ihn durch seinen Gesandten in der Hauptstadt des Nachbarlandes aufgreifen und nach Königsberg auf das Blutgerüst schleppen ließ; oder die Ermordung der französischen Gesandten vor Rastatt durch österreichische Husaren; oder das Bombardement des neutralen und wehrlosen Kopenhagens durch die Engländer im Sommer 1807. Immerhin darf man zur Erklärung mit heranziehen, daß Bonaparte für die Bourbonen selbst außerhalb des Gesetzes stand, daß sie ihm bereits zweimal nach Freiheit und Leben getrachtet hatten. „Ich will den Bourbonen," so rief er aus, „den Schrecken zurückgeben, den sie uns einflößen wollen ... Bin ich denn ein Hund, daß man mich auf der Straße glaubt totschlagen zu können? Sind meine Mörder geheiligte Wesen?" Es war das alte

Abb. 46. Napoleon im Krönungsornat.
Gemälde von R. Lefèvre im Museum zu Versailles.

Mittel, das er seit Binasco so oft angewandt: er wollte durch den Schrecken wirken. Die Jakobiner waren befriedigt: jetzt, meinten sie, gehört er uns. Er aber ging seinen eigenen Weg. Es war ihm willkommen, sich zu der Revolution zu bekennen: „Ich bin die Revolution, und ich werde sie aufrecht halten." Aber nach wie vor stellte er sich über die Parteien. Er blieb der „Mann des Staates", der Herr. Wehe dem, der sich seiner Gewalt widersetzte.

Zwei Monate später war Napoleon Kaiser der Franzosen. Seit langem war diese neue Wendung in seinem Rat und in den Vertretungskörpern besprochen worden. Das Attentat hatte aufs neue bewiesen, was an dem einen Manne lag. Es fehlte seinem Werke jede Gewähr der Dauer, die nur die Erblichkeit, die Legitimität verbürgen konnten. So kam es bereits am siebenten Tage nach der Erschießung Enghiens zu einem Antrag des Senats an den Ersten Konsul, sein Werk dadurch zu vollenden, daß er es unsterblich mache wie seinen Ruhm, d. h. die Erblichkeit annehme. Das Wort „Kaisertum" war noch nicht ausgesprochen, und der Senat zögerte ein wenig mit dem Beschluß. Das Ende aber war, daß die Vertretungskörper der Nation bewilligten, was Napoleon wollte und was, wie die Dinge lagen, eine in Frankreich allgemein empfundene Notwendigkeit war. Das Senatskonsult vom 28. Floréal des Jahres XII (18. Mai 1804) sprach es aus, daß die Regierung der Republik einem Kaiser unter dem Namen „Kaiser der Franzosen" anvertraut, und daß Napoleon Bonaparte, Erster Konsul der Republik, Kaiser der Franzosen werden solle. Es verlieh dem Herrscher die Erblichkeit seiner Krone und das Recht, sich den Nachfolger selbst zu setzen, und bestimmte doch zugleich die Deszendenz seiner Brüder Joseph und Louis in „direkter, natürlicher und legitimer Folge". Das Plebiszit aber, dem auch diese Sätze unterworfen wurden, brachte wieder mit überwältigender Majorität die Zustimmung Frankreichs zum Ausdruck. Die Macht, welche Napoleon besaß, wurde nur um weniges verstärkt; sie war bereits groß genug, um auch die Kaiserkrone tragen zu können. Es fragte sich nur, ob die neue Würde, der Glanz, den sie um ihren Träger verbreitete und der in einer Zivilliste von 25 Millionen, genau der Summe, welche die Konstituante für das reformierte Königtum ausgestellt hatte, in der Schaffung neuer Würdenträger und Hofämter und eines großartigen Hofstaates zum Ausdruck kam, in sich die Bedeutung haben würde, welche der Herrscher und sein Volk von ihr für Frankreich erhofften. An die Nation und ihren neuen Staat war sie aufs engste geknüpft; nicht über die Marken des Reiches hinaus sollte der Titel gelten. Napoleon gab zu, daß Franz II. in der europäischen Rangordnung als deutscher Kaiser den Vortritt habe, und bewilligte dies Ehrenrecht sogar der neuen österreichischen Krone, welche der Kaiser am 11. August des Jahres annahm. Aber die Grenzen seines Reiches dehnten sich bereits weit über die der alten Krone hinaus. Auch die deutschen Kaiserstädte wurden von ihnen umschlossen; und geflissentlich rief Napoleon die Erinnerung an den ersten mittelalterlichen Kaiser wach, als er im September nach Aachen kam und am Tage Karls des Großen selbst den Dom besuchte, der das Grab seines größten Vorgängers barg. Gleich einem der alten Kaiser hielt er seinen Umritt durch die rheinischen Lande, wie in Paris umrauscht von den Huldigungen der Bevölkerung. In Köln spannten die Bürger ihm die Pferde aus und zogen seinen Wagen nach seinem Quartier. Von allen Seiten kamen die Gesandten und die Fürsten selbst mit Adressen, Geschenken und Bittgesuchen, als er acht Tage später in Mainz Hof hielt. Wieder stand ein Dalberg, wie vor alters, als der Erste des deutschen Adels ihm zur Seite, Karl Theodor, Erzbischof von Mainz und Erzkanzler des Reiches. Von Wien selbst kam nach Aachen Graf Philipp Cobenzl, um seine Creditive als Gesandter bei dem neuen Kaiser zu überreichen.

Noch fehlte die Krönung, die das Werk vollenden sollte. Auch ihrer Feier wurde der nationale Charakter aufgedrückt; nicht in Rom, sondern in Paris ward

Abb. 47. Kaiserin Josephine.
Gemälde von François Gérard im Museum zu Versailles.
Nach einem Kohledruck von Braun, Clément & Cie. in Dornach i. E., Paris und New York.

sie vollzogen. Aber auch sie erhielt einen Anklang an die karolingischen Zeiten durch die Einladung, welche Napoleon an den Papst ergehen ließ, hinüber zu kommen und ihr mit dem heiligen Öl die Weihe zu geben. Pius VII. kam; wie einst Papst Stephan, so zog sein Nachfolger über die Alpen, um die neue fränkische Dynastie durch den Spruch der Kirche sakrosankt zu machen. Auch er hatte das Beispiel jener Zeiten vor Augen; er hoffte, die okkupierten Landschaften der Kirche zurückzuerhalten und das Konkordat von den die Kirche einengenden Artikeln zu befreien. Aber so war nicht die Meinung Napoleons. Er wollte die Kirche benutzen, wie Karl der Große, aber gleich ihm war er ängstlich bedacht, seine Unabhängigkeit zu wahren. Wenn nach der Überlieferung Papst Leo im Petersdom dem vor dem Altar knieenden König der Franken von hinten her die Krone auf das Haupt gedrückt hatte, so ließ Napoleon es dazu nicht kommen: der Papst mußte am 2. Dezember im Chor von Notre Dame mit Hofstaat und Klerus als der Oberste der Geistlichkeit warten, bis das Kaiserpaar an den Altar trat, von dem Napoleon selbst den goldenen Lorbeerkranz als das echte Symbol seiner auf den Sieg gegründeten Macht nahm, um ihn sich auf das Haupt zu setzen und danach eine Krone auf das Haupt seiner Gemahlin. Nur die Salbung nahm er vom Papste an. Die kirchliche Einsegnung seiner Ehe am Tage vor der Krönung durch den Onkel Fesch, jetzt Kardinal der heiligen Kirche, die Unterwerfung der vereidigten Priester, die Abschaffung des republikanischen Kalenders waren Konzessionen, welche in der neuen Ordnung selbst begründet waren. Wenn aber die alten Kaiser jemals die Kirche gepreßt hatten, so übertraf Napoleon sie alle. Er wollte nicht dulden, daß der Papst mit den Ketzern und Schismatikern in Gemeinschaft lebe: der Kirchenstaat sei eine Schenkung Charlemagnes gewesen, und der Papst dürfe sich jetzt so wenig wie damals von der Politik des Kaisers trennen. Vergebens wandte der Papst ein, daß er der Vater aller Gläubigen

Abb. 48. Kardinal Fesch.
Lithographie von Delpech.

sei und der Diener des Friedens Napoleon ließ sich nicht irren. Kein anderer außer ihm sollte in Italien gebieten.

Schon im Mai hatte er in Mailand erklären lassen, daß er nicht Kaiser und Präsident zugleich sein könne; jetzt setzte er den Plan, auch in Italien den Thron zu errichten, ins Werk. Seine Brüder Joseph und Louis, dieser für seinen Sohn, wiesen die Krone ab; er dachte sie hierauf seinem Stiefsohn zu geben, dann aber beschloß er, selbst den Titel anzunehmen, Eugen aber zum Vizekönig zu machen. Am 26. Mai 1805 setzte er im Dom zu Mailand nach altem Ritus wieder sich selbst die eiserne Krone aufs Haupt: „Gott gibt sie mir, wehe dem, der sie anrührt," so die alte Formel, die er drohend wiederholte. Wenige Wochen darauf wurden Piombino und Lucca der Schwester des Kaisers Elisa geschenkt, Genua Frankreich einverleibt; in Wien vernahm man, daß der Kaiser auch an Venedig denke; bei Alessandria und Verona waren zwei starke französische Korps aufgestellt.

Das alles waren aber schon Antworten, denn im Mai 1805 war Österreich längst mit Rußland verbündet. Schon am 6. November 1804 war der Vertrag

Abb. 49. Krönungsfest in der Kirche Notre Dame am 2. Dezember 1804.
Ausschnitt aus dem Gemälde von J. L. David im Louvre. Nach einem Kohledruck von Braun, Clément & Cie. in Dornach i. E., Paris und New York.

unterzeichnet worden, der Österreich die Rückgabe seiner italienischen Besitzungen bis zur Adda zusicherte und die Herstellung von Toskana, Modena und Piemont aussprach; auch die kaiserlichen Truppen standen bereits an Venediens Grenzen; eben dagegen war die Szene in Mailand gerichtet. Doch fehlten noch manche Schritte, bevor Österreich sich zum Kriege endgültig entschloß; die treibenden Mächte blieben England und Rußland. Im Mai 1804 war Pitt ans Ruder gekommen und mit ihm sogleich ein frischerer Zug in die Aktion. Immerhin währte es noch fast ein Jahr, bis am 11. April 1805 der Bund Englands mit Rußland zur Herstellung des Gleichgewichtes in Europa fertig war. Räumung Hannovers und Norddeutschlands, Unabhängigkeit Hollands und der Schweiz, Herstellung Sardiniens, Sicherung Neapels, Räumung Italiens waren die Bedingungen, die man darin vereinbart hatte. Doch waren dies nur die Mindestforderungen, oder vielmehr Scheinforderungen, welche die Alliierten in Paris durch eine Kollektivnote zu überreichen dachten. Daß Napoleon sie annehmen werde, glaubten sie keinen Moment; sie sollten ihnen nur dazu dienen, um vor der Welt den Kaiser der Revolution als den großen Ruhestörer Europas hinzustellen und die eigenen letzten Ziele zu verschleiern. Diese gingen auf nichts geringeres hinaus, als Frankreich in seine alten Grenzen einzuschließen, Malta zum Besitz Englands zu machen, ihm die Herrschaft über die Meere und die Suprematie des Welthandels vollends zu überliefern, Rußland aber im Norden zur ausschlaggebenden Macht zu erheben. Polen vor allem war das Ziel des Ehrgeizes für den von seinem polnischen Minister, dem Grafen Adam Czartoryski, geleiteten Zaren. Es war das Programm des Wiener Kongresses, die Bedingungen des Pariser Friedens, welche beide Mächte bereits ins Auge faßten. Auch auf Preußen war dabei gerechnet. Wenn es aber nicht beiträte, so würde man es feindlich behandeln; hierauf gingen vor allem Czartoryskis Gedanken: es wäre die Gelegenheit geworden, um das ganze Polen, wenn auch zunächst nur in Personalunion mit dem russischen Zartum, wieder zu vereinigen. Aus dem Kollektivschritt wurde nichts. Österreich aber gab dem Drängen beider Höfe endlich nach; die Friedenspartei, von Erzherzog Karl geführt und in der Armee besonders stark, wich zurück, als Pitt die Subsidien bewilligte, deren man bedurfte, und General Mack machte sich anheischig, die noch ungerüstete Armee schlagfertig zu machen. Die dritte Koalition war fertig (Juli 1805).

Zwei Jahre und darüber hatte es gewährt, seitdem der Krieg zwischen England und Frankreich erklärt worden war, und noch immer war es nicht zum Schlagen gekommen. Zum erstenmal hatte Napoleon gezögert, die Bahn des Sieges, auf die es ihn sonst unwiderstehlich hinausriß, zu beschreiten. Was war der Grund dafür, daß aus dem Scipio der Fabius Cunctator wurde? War es ihm kein Ernst mit der Ansammlung der ungeheuren Kriegsrüstung im Hafen von Boulogne und an der ganzen Küste von Cherbourg bis Texel? Mit den Manövern, die er mit Hunderten von Flachbooten vor dem Hafen von Boulogne ausführte? Mit den glänzenden Paraden und drohenden Demonstrationen, als er dort im Lager die Ehrenlegion schuf? Diente alles nur dazu, um ein anderes Ziel zu verdecken? Englands Flotte im Kanal festzuhalten, mithin die eigenen Häfen zu versperren, um Österreichs Vernichtung und die Eroberung des Kontinentes vorzubereiten? So die Anklage, welche seine Gegner damals sofort erhoben, und die bis heute ein tausendfaches Echo, auch in der Historie, gefunden hat. Aber warum schob Napoleon, wenn dies das Geheimnis seiner Politik war, den Angriff so lange hinaus? Weshalb schlug er nicht schon im Sommer 1803 oder doch 1804 das völlig ungerüstete Österreich nieder? Wozu wartete er so lange, bis die kaiserlichen Heere an den Ufern der Etsch und des Inn standen, die Russen im Marsch waren, England Subsidien gezahlt, Schweden seinen Beitritt zur Koalition vollzogen hatte und der Preußens kaum noch abzuwenden war? Gedroht hatte er genug und die Zwischenmächte sämtlich an sich gezogen. Das aber läßt sich durch die Absicht, zu schrecken und Bollwerke gegen die Angriffe im Rücken zu errichten, genügend erklären. Unerklärlich wäre nur eine Politik, welche es geradezu darauf angelegt hätte, den Ring der Gegner Frankreichs aufs neue zusammenzuschmieden. Diese Auffassung verdient in der Tat die scharfe Note, mit der sie der Neffe Napoleons, Prinz Jérôme, beiläufig einer der besten Kenner der Geschichte seines Oheims, belegt hat: sie sei eine „puérilité". Wohl aber wird das Verhalten Napoleons verständlich, wenn wir es in den Zusammenhang der europäischen Politik einordnen, den wir festgestellt haben. War England Napoleons größter und im Frühjahr 1803 einziger erklärter Feind, so mußte er es isoliert erhalten und mit aller Kraft versuchen, es matt zu setzen, bevor neue Feinde erschienen. Dies allein entsprach seinem Genie und seinen Traditionen. In der Tat besteht unter Urteilsfähigen darüber kein Zwiespalt mehr, daß er bis in das Frühjahr 1805 den Angriff auf das ernstlichste geplant hat; und nur darüber gehen unter diesen die Meinungen auseinander, ob die Rüstungen seitdem mehr und mehr, und zuletzt ausschließlich gegen das Festland gerichtet gewesen sind.

Und hier könnte man ganz wohl den Gegnern, die immer nur von der Eroberungssucht Napoleons sprechen, einen Schritt entgegenkommen. Denn je drohender im Osten das Ungewitter sich zusammenballte, um so besorgter mußte den Kaiser das Unternehmen gegen England stimmen. Er konnte wohl hoffen, daß er den furchtbaren Feind auf die Knie bringen würde, sobald er

Abb. 50. Bonaparte, achtundvierzig Stunden nach seiner Landung auf britischem Boden. Karikatur von J. Gillray.

einmal 150 000 Mann drüben hätte, die Werften von Greenwich und Portsmouth vom Lande her genommen, die Bank von London und alle Quellen des Wohlstandes und der Macht Englands in seiner Hand wären, die Armut und Verzweiflung der Bevölkerung, Tumulte in der Industriebevölkerung von Leeds und Manchester, der Aufruhr der Iren ihm zur Hilfe kämen. Aber wie ihm an den Leib kommen? Wenn nun der Kanal nicht frei wurde, oder wenn die eigene Flotte geschlagen, die feindliche aber auf die mit Mannschaften und Geschützen vollgepfropften Prähme mitten in ihrer Fahrt stoßen würde? Schon die Landung an sich war schwierig genug. Ja, selbst wenn ihm der Übergang glückte: mußte er nicht fürchten, daß England, zumal wenn die Festlandsmächte von neuem losbrachen, ein neues Ägypten für ihn werden könnte? So fest war seine Macht in Frankreich nicht gewurzelt, um sie etwa seines Bruders Regentschaft anzuvertrauen. Und eine

9*

Wendung gegen die Festlandsmächte.

Rückkehr durch die feindlichen Flotten wäre über den Kanal nicht so leicht gewesen, wie die aus Ägypten über die weiten Gewässer des Mittelmeeres. Wir brauchen nur an die Chancen eines eigenen Krieges gegen England zu denken, um die Verlegenheiten Napoleons ganz zu ermessen.

Dennoch falle ich denen zu, die an den vollen Ernst des Kaisers bis Ende August 1805, bis an die Schwelle des Krieges mit Österreich glauben. Und ich würde eher sagen, daß seine Energie und sein Mut fast allzulange an dem Plan festgehalten haben. Der Gedanke war, einen Teil der englischen Flotte mit der eigenen, die sich unter dem Kommando des Admirals Villeneuve, aus spanischen und französischen Schiffen gemischt, in Cadix versammelt hatte, nach Westindien zu locken; dann aber sollte Villeneuve, den Engländern vorweg, quer über den Ozean in die französischen Gewässer zurückkehren, die in Brest und Cherbourg blockierten Geschwader befreien und mit Übermacht vor Boulogne erscheinen. Bekäme er, so rechnete der Kaiser, auch nur für drei oder vier Tage den Kanal in Besitz, so würde dies genügen, um seine Armee an die englische Küste zu werfen. Der erste Teil des Planes, die Fahrt nach Westindien, gelang.

Abb. 51. Skizze von David. In der Sammlung des Herrn Chéramy.

Auf der Rückfahrt aber überholte ein englischer Kreuzer die schlechten Segler Villeneuves. Sein Ziel war dadurch entdeckt, und auf der Höhe von Coruña sah er sich von einem rasch gesammelten englischen Geschwader aufgehalten. Zwar brach er hindurch, aber damit war seine Aktionskraft erlahmt; er wagte nicht mehr von Coruña, wo er eingelaufen war, um seine Havarien auszubessern, nördlich zu gehen, und führte seine Flotte nach Cadix zurück (Mitte August). Tag für Tag können wir in der Korrespondenz Napoleons verfolgen, wie die Nachrichten und Befehle einander jagten und drängten, und die fieberhafte Erregung nachempfinden, welche jede Zeile seiner Briefe atmet, auch seine Entrüstung begreifen, als Villeneuve, in dem kein Funke von dem Feuer seines Kaisers lebte, alle seine Hoffnungen enttäuscht hatte.

Sein Trost war, daß er selbst alles bereit hielt, um, da es nun das Schicksal so befahl, den zerstörenden Lauf seiner Kraft gegen die Donau zu lenken. Ganz parallel waren die Vorbereitungen beiden Zielen entgegengeführt worden: die Aufstellung der Truppen so, daß sie in konzentrischen Märschen auf den deutschen Schlachtfeldern gleichzeitig eintreffen konnten; die Arbeiten des Friedens selbst, die Straßen, die gezogen, die Kanäle, die gegraben, die Schiffe, die gebaut waren, die Reichtümer, die in den letzten Jahren gesammelt waren, alles wurde Weg und Mittel zur Vereinigung der kriegerischen Kräfte gegen die Mächte des Ostens. Auch diplomatisch war und wurde alles aufs präziseste vorbereitet. Drei Noten ließ der Kaiser durch Talleyrand nach Wien senden. Am 3. August die erste; sie forderte, daß Österreich die Truppen aus Venezien und Tirol zurückziehe. Zweimal wurde in den nächsten zehn Tagen das gleiche Verlangen wiederholt. „Sie wissen," schreibt Napoleon in bezug auf die letzte Note an seinen Minister, „daß ich es liebe, den Weg einzuhalten, den die Dichter gehen, um zu einer dramatischen Lösung zu gelangen. Ungestüm führt nicht zum Ziel." Noch am 23. August hofft er, daß der Admiral kommen werde. Aber immer mehr wendet sein Blick sich Deutschland zu. Am 25. August ist der Moment da, wo der Entschluß gefaßt werden muß. „Meine Stellung ist genommen," schreibt der Kaiser an Talleyrand: „Jetzt muß man kleinmütig erscheinen, um Zeit zu gewinnen. Zwanzig Tage brauche ich, um Österreich zu hindern, den Inn zu überschreiten, bevor ich den Rhein hinter mir habe."

So hatte auch Friedrich im Sommer 1756 gehandelt, als er den Angriff auf Österreich machte, um die ihm feindliche Koalition mit dem Schwerte zu zertrennen, bevor sie völlig fertig war; auch er hatte in drei Tempi dem Wiener Kabinett seinen Willen kund getan: auch er war ein Mann, dessen Art es war, das Schicksal herauszufordern, statt untätig abzuwarten, bis er von ihm erdrückt würde. Es ist, als ob das Beispiel des großen Königs, in dem Napoleon sein Vorbild in Krieg und Politik erblickte, ihm vor der Seele gestanden habe. Beide hätten sich begnügt, ihren Gegnern das schreckende Bild des Krieges „wie das Haupt der Meduse" nur zu zeigen, aber beide waren auch bereit, die Ägis zu schütteln und die Blitze zu schleudern.

Am 3. September erklärte Ludwig Cobenzl dem französischen Gesandten, Österreich sammle seine Kräfte, um den Zustand in Europa herzustellen, der den von Frankreich gebrochenen Verträgen entspräche. Am 8. September überschritten die kaiserlichen Truppen den Inn. Die Regimenter waren nur halb komplett, und erst zum 16. Oktober wurden die Russen hier erwartet, aber man hatte Eile, denn es galt, die Bayern, die sich an Frankreich gehängt hatten, abzufangen und so weit als möglich an den Rhein heranzukommen. Ende des Monats stand die Armee in Stärke von 60000 Mann unter Führung von Mack an der Iller: die Bayern waren entkommen, die Russen noch weit dahinten; wo die Franzosen waren, wußten weder Feldherr noch Generalstab. Doch machte das Mack keine große Sorge, denn an Zuvertrauen fehlte es ihm nicht. Wohl wurden ihm Truppenbewegungen des Gegners gemeldet, sogar von Osten her und in der rechten Flanke. Er aber blieb wie festgenagelt, in „komplettem Traum", so hat er selbst gesagt, dort wo er stand: bis mit einem Schlage der Schleier zerriß und er sich rund umstellt sah. Von Norden und Westen her war die erdrückende Übermacht des Kaisers herangekommen und hatte dem Ahnungslosen jeden Ausweg verlegt. Am 17. Oktober kapitulierte Mack bei Ulm. Durch bloße Märsche, wie Napoleon kurz und stolz seiner Gemahlin schrieb, war Österreichs erste Armee zerstört worden.

Die Russen waren mittlerweile an den Inn gelangt. Nun blieb ihnen nichts übrig, als mit den Resten der Österreicher vereint auf ihre zweite Armee zurückzufallen, von Murat verfolgt, dem sie sich glücklich entzogen, da er, zum großen Verdruß seines Herrn, nach Wien vorgestoßen war, statt sie vom Ausweichen nach Mähren abzuhalten. Bei Hollabrunn zersprengte er noch eine Abteilung unter Bagration, aber die Vereinigung der Russen mit den österreichischen Korps, die aus Tirol und Italien rasch herbeigezogen waren, ließ sich nicht mehr verhindern. So mußte Napoleon dem Gegner nach Mähren folgen. Seine Lage war nicht eben glänzend. Er hatte größere Abteilungen detachieren müssen und nur drei Korps bei sich. Gelang es den Feinden, eine Schlacht zu vermeiden und, wozu jetzt endlich Aussicht war, Preußen unter die Waffen zu bringen, so war für sie noch alles zu hoffen. Da tat Zar Alexander Napoleon den Gefallen, ihm selbst den Lorbeer entgegen zu tragen. Er ergriff die Offensive in der Hoffnung, ihm die rechte Flanke abzugewinnen, ihn von der Donau abzudrängen. Es war das Beste, was Napoleon sich hätte wünschen können, und er tat alles, um die Verblendeten dahin zu bringen, denn sofort durchschaute er ihre Absicht: immer weiter seinen rechten Flügel exponierend, um die Russen zum Ausholen zu bewegen, führte er alles heran und warf sich auf das von Kavallerie ganz entblößte Zentrum des Feindes, das nun, von den französischen Kolonnen durchbrochen, erst den linken, dann den rechten Flügel in wilder Verwirrung mit sich fortriß. Dies war der Tag von Austerlitz, die würdige Jahresfeier der Kaiserkrönung, der 2. Dezember 1805.

Wieder haben wir Gelegenheit, Preußens zu gedenken, dessen Grenzen seit Monaten von den Ungewittern umbraust waren, und das noch immer tatlos zur Seite stand. An Versuchern hatte es ihm auch diesmal nicht gefehlt. Kaum hatte Napoleon sich zum Kriege entschlossen, so war schon Duroc, jetzt Hofmarschall des Kaisers, wieder in Berlin. Zwischen den Anträgen, die er und,

Abb. 52. Duroc.
Lithographie von Delpech nach Belliard.

wetteifernd mit ihm, der Vertreter Rußlands, Alopäus, halb bittend halb drohend anboten, schwankte die preußische Diplomatie wochenlang hin und her. Die Armee war gerüstet, die Finanzen waren in Ordnung. Wo das preußische Schwert niederfiel, dorthin mußte die Wage sich senken. Aber noch immer nicht wußte der Monarch, dessen Krone so absolut war, wie die des französischen Kaisers, und dessen Volk ihm treu und gehorsam war bis in den Tod, den Weg zwischen ja und nein zu finden, weniger aus Furcht, als aus einer Stimmung heraus, in der Mißtrauen gegen die beiden Bewerber um seine Freundschaft mit dem angeborenen Mangel des Entschlusses sich mischten. Als er sich, im September, zur Mobilmachung verstand, geschah es gegen Rußland, dessen Heere Miene machten, in das preußische Polen einzurücken. Als dann aber Bernadotte die ansbachische Grenze verletzte, um zur Donau durchzubrechen, schwenkte der König sofort um. Vergebens ließ Napoleon den Marsch des Generals durch die militärische Notwendigkeit entschuldigen. Für Friedrich Wilhelm war es ein willkommener Anlaß, sich dorthin zu wenden, wohin ihn sein Herz längst zog, zu dem Freunde von Memel. Ende Oktober kam der Zar an den preußischen Hof; mit Umarmung und Handschlag bekräftigten die Souveräne in Potsdam den Bund, der Preußen zur bewaffneten Mediation verpflichtete. Aber der Sinn des Königs blieb umdüstert. „Ich habe unterzeichnet," sagte er, „aber mein Gemüt ist in der äußersten Unruhe und ich zittere vor den Folgen." Und der Unterhändler war der Friedensminister Haugwitz. Absichtlich mit der Reise zögernd, kam dieser erst Ende November in Brünn bei dem Kaiser der Franzosen an. Noch waren die Würfel nicht geworfen, und die Nachricht von Trafalgar, wo Nelson am 21. Oktober seiner Nation sterbend die Herrschaft über die Meere erobert hatte, ließ dem Kaiser ebenfalls einen Aufschub der Verhandlung geraten erscheinen. Am 2. Dezember aber fiel bei Austerlitz die Entscheidung, die das Festland dem Sieger abermals unterwarf. Sie wurde es auch für Preußen. Napoleon hatte nun die Hände frei und konnte sein Spiel treiben, wie er es liebte. Von der inneren Linie her schob er sich zwischen die lose Verbundenen und scheuchte sie, wechselweise drohend und umwerbend, das Geheimnis des einen dem anderen verratend, völlig auseinander. Er hätte wohl Österreich intakt gelassen und auch Rußland Frieden gewährt, wenn beide bereit gewesen wären, England ihre Häfen zu verschließen. Aber Alexander wollte weder Kampf noch Frieden, er war schon im vollen Rückmarsch zur Weichsel. Und nun wurde Österreich auch von Preußens Unterhändler im Stich gelassen. Am 15. Dezember ließ Haugwitz in Schönbrunn sich herbei, ein Bündnis mit Frankreich zu unterzeichnen, welches diesem Cleve und Wesel, Neufchâtel und Ansbach zur Verfügung stellte, Hannover aber in den Besitz Preußens bringen sollte; wodurch also auch hier England die Häfen versperrt werden mußten. Österreich war damit dem Sieger auf Gnade und Ungnade überliefert. Im Frieden von Preßburg (1. Januar 1806) mußte es die Beute von Campo Formio, Venedig mit seinen alten istrisch-dalmatinischen Provinzen bis nach Cattaro hin an Italien ausliefern. Tirol kam mit Trient und Brixen an Bayern, das, wie die anderen deutschen Vasallen Napoleons auch, aus den Trümmern des alten Reiches (denn er belohnte gerne die ihm dienten), überschwänglich begabt wurde. Was die alte französische Krone vergebens versucht hatte, der Kaiser hatte es erreicht: Habsburg war aus dem Reiche und aus Italien ausgestoßen.

* * *

Österreich lag am Boden, Preußen war aufrecht geblieben. Seit dem Jahre von Basel war es in ein Wachstum geraten, wie es ihm bisher alle seine Kriege nicht gebracht hatten. Herr beider deutschen Küsten fast in ihrer ganzen Ausdehnung, reichte es von Emden bis nach Thüringen und von Memel bis fast vor die Tore von Krakau. Endlich hatte es auch eine Entscheidung getroffen — und hatte dennoch verloren, was ihm der große König erworben, die Selbständigkeit, und mehr als das, die politische Ehre. So faßten es die Patrioten auf vom Schlage Steins und Louis Ferdinands, so sprachen die Rivalen von Haugwitz, Hardenberg und seine Freunde, so fühlte es im Grunde der Seele wohl auch der Unterhändler selbst, und sicherlich der König, als er den Vertrag bestätigte. Man hatte sich in Fesseln schlagen lassen, ohne nur den Arm zu rühren.

Wenn nun Napoleon Frieden mit England schloß, würde dann Preußen Hannover behalten dürfen? Mußte man nicht fürchten, daß Napoleon dies Land, das ihm stets nur Pfandbesitz gewesen war, dem Eigentümer wieder zustellen würde? Gleich im Winter war diese Gefahr da. Pitt war trotz Trafalgar durch Austerlitz und Preßburg bis auf den Tod getroffen. Er war bereits krank; die Nachrichten aus Mähren brachten ihn ins Grab. Schon er hatte seine Partei kaum zusammenhalten können; unter dem Einfluß des Prinzen von Wales kam jetzt ein neues Ministerium, Addington-Fox, an das Ruder des Staates. Sofort machte Fox freundschaftliche Eröffnungen an Frankreich; er denunzierte dem Kaiser eine angebliche Verschwörung. Napoleon nahm das Entgegenkommen sehr dankbar auf; eine Korrespondenz folgte, und aus ihr entwickelten sich Friedensverhandlungen.

Noch war man jedoch im Kriege, und Napoleon suchte darum, wie er pflegte und es natürlich war, die gewonnenen Positionen auszubauen. Vor allem in Italien galt es Ruhe zu schaffen. Hier war soeben Neapel aufs neue abgefallen, unmittelbar nachdem die Nachricht von Trafalgar gekommen war. Noch von Preßburg, am Tage nach dem Abschluß des Friedens, sprach der Kaiser das Todesurteil aus über die zweimal treubrüchige bourbonische Dynastie. Auf die Niederlage Napoleons hatten Marie Karoline und ihr Gemahl spekuliert: dem Sieger von Austerlitz mußte ihr Land zum Opfer fallen. Vergebens flehte die Königin die Gnade des Imperators an; sie erhielt keine Antwort. Es blieb ihnen nichts übrig, als nach Sizilien unter den Schutz der englischen Schiffe zu flüchten; am 30. März aber kündigte Napoleon dem Senat an, daß er seinen Bruder Joseph zum König von Neapel und Sizilien gemacht habe. Zugleich ward Venezien dem Königreich Italien einverleibt, Guastalla der Schwester des Kaisers Pauline, jetzt Fürstin Borghese, gegeben, eine Reihe von Titularherzogtümern in den unterworfenen Gebieten mit reichen Revenuen für besonders verdiente Männer des Kaiserreichs herausgeschnitten. Auch für den Papst brachte Austerlitz eine neue Entscheidung. An die Integrität des Kirchenstaates rührte Napoleon noch nicht; doch mußte Pius die Besitzungen der Kirche, Ponte Corvo und Benevent als Lehen an Bernadotte und Talleyrand abtreten und es dulden, daß Ancona von französischen Truppen besetzt blieb, auch seine anderen Häfen den Russen und Engländern verschließen. Jede Freiheit der Bewegung war dem Heiligen Vater in der Politik abgeschnitten. Noch immer war Holland eine Republik; gerade die aristokratisch-republikanische Partei war diejenige, welche von alters her Frankreich angehangen hatte. Jetzt mußte sie sich gefallen lassen, daß Napoleon auch in Holland einen Thron errichtete, den er seinem Bruder Louis gab. Viel freudiger griffen der Wittelsbacher Kurfürst und Friedrich von Württemberg nach dem goldenen Reif, den der Kaiser ihnen verlieh; auch Karl Friedrich von Baden, sowie der Landgraf von Hessen und der Graf von Nassau nahmen sowohl höhere Titel als neue Besitzungen gern aus seinen Händen an; und der Erzkanzler von Deutsch-

Abb. 53. Louis Napoleon, König von Holland, und Sohn Louis Napoleon.
Gemälde im Museum zu Versailles.

land selbst, Erzbischof von Dalberg, vertauschte den verschlissenen Glanz seiner mittelalterlichen Würde mit dem Großherzogtum Frankfurt, welches der immer zum Spenden bereite Imperator für ihn errichtete. Hierdurch ward der Sieg über Österreich wiederum erst vollkommen. Ohne sein Vorwissen vollzog sich die Auflösung des Reiches, dessen Krone Franz noch immer trug. Von Napoleon zum Verzicht aufgefordert, blieb ihm nichts anderes übrig, als die Anerkennung des neuen Rheinbundes zu vollziehen. Am 6. August 1806 ließ er in Regensburg die Note übergeben, durch welche er die Krone Karls des Großen niederlegte.

Wahrlich, groß genug war die Macht, die zwischen Gibraltar und dem Fichtelgebirge ausgespannt war, um dem Beherrscher Frankreichs zu genügen: wenn nur die beiden Großmächte, die noch aufrecht standen, den Frieden bewilligen wollten, der sie verbürgte. Seit Preßburg hatte Napoleon versucht, darüber zu unterhandeln; daß es ihm Ernst damit war, ist nicht zu bezweifeln. Und wirklich kam im Juli 1806 ein Tag, wo er glauben konnte, sein Ziel erreicht zu haben: als Herr von Oubril, Alexanders Gesandter, einen Präliminarvertrag mit ihm abschloß, der Sizilien an Joseph geben und Malta bei England lassen sollte. Wo wäre aber, um es zu wiederholen, in diesem Falle Hannover geblieben? Daß König Georg sein Stammland aufgeben würde, war ebensowenig zu erwarten, wie etwa, daß Napoleon den Krieg verlängern würde, um das Kurfürstentum für Preußen zu retten. Zwar hatte er im Februar den Bund mit dem Hohenzoller verstärkt, in demselben Moment, wo von England her die Friedensschalmei ertönte; statt den Vertrag von Schönbrunn zu ratifizieren, hatte er die gedemütigte Regierung sogar zu einem neuen Bundesvertrage gepreßt, der sie zum engsten Anschluß an Frankreich verpflichtete. Erst Preußen mit England über Hannover entzweien, dann England durch Furcht vor dem neuen Gegner zum Frieden treiben, und endlich für den Frieden ihm Hannover zurückgeben, das wäre echt Napoleonische Taktik gewesen.

Vor dieser Demütigung ward Preußen doch noch bewahrt. Der Zar weigerte sich, Oubrils Vertrag zu ratifizieren, und in England schlug der Wind wieder um; die Koalition blieb aufrecht, und wenn Napoleon einen Frieden haben wollte, der seine Weltstellung sicherte, mußte er aufs neue kämpfen.

Nun begreifen wir, daß dem Kaiser am Kriege mit Preußen nicht so viel liegen konnte, sowie auch, daß es ihm schwer geworden ist, daran zu glauben, daß der König, wie er schreibt, diese Torheit begehen werde. Denn er selbst war auch auf diese Eventualität völlig vorbereitet, Preußen aber so gut wie ganz isoliert: weder von England, das im Frühling seine Küsten blockiert, noch von Alexander, mit dem man vergeblich Verhandlungen geführt hatte, war Hilfe zu erwarten; weder von Österreich, das schadenfroh beiseite stand, noch von der Macht, mit der sich Preußens König im Jahre 1813 verbünden konnte und die noch gar nicht existierte, dem deutschen Vaterlandsgefühl und dem Haß eines zertretenen Volkes. Nichts als der preußische Territorialstaat, der aus den Trümmern des alten Reiches erwachsen war, hatte um sein Dasein zu kämpfen.

Noch war er durchaus der Staat Friedrichs des Großen. Die Armee ganz in der Hand der Führer, aufgezogen in den Traditionen des alten Ruhmes, voll Vertrauen zu sich, wie es den Kriegern geziemte, um deren Fahnen sich der Lorbeer von Roßbach wand. Freilich war das Heer alt geworden wie der Staat, trotz mancher Reformen, und trotzdem Männer wie Scharnhorst und Gneisenau in ihm dienten. Es war eben nichts als das Heer Friedrichs des Großen, in der Zusammensetzung seines Offizierkorps und der Truppen, die zu zwei Fünfteln aus Polen bestanden, in dem Prinzip der Werbung, in der Disziplin, für die noch die Prügelstrafe und der Spießrutenlauf galten — das Spiegelbild des Staates, den es beschützen sollte; ohne eine Spur des Geistes, den die französische Revolution in ihren Heeren erweckt hatte, und der, wenn auch umgebildet und diszipliniert, in der Armee des Kaisers fortlebte.

Der Kaiser war schon auf dem Wege ins Feld, als der preußische Gesandte in Paris ein Memorandum überreichte, das zwar ein Ultimatum seines königlichen Herrn enthielt, dennoch aber weitere Verhandlungen in Aussicht nahm; es forderte Rückzug der französischen Truppen aus Deutschland und die Zulassung eines Norddeutschen Bundes unter Preußens Protektorat. Erst am 12. Oktober gab Napoleon seine Antwort. Er sandte sie seinem „Bruder von Preußen" aus seinem Hauptquartier in Gera, im Herzen Thüringens, als er bereits in der rechten, fast überflügelten Flanke des Gegners stand: „Ich habe," schreibt er, „solche Kräfte, daß diejenigen Ew. Majestät nicht lange standhalten werden ... Ew. Majestät wird besiegt werden. Sie werden die Ruhe Ihrer Tage, die Existenz Ihrer Untertanen aufs Spiel gesetzt haben, ohne den Schatten eines Vorwandes zu haben ... Europa weiß, daß Frankreich dreimal so viel Volkes zählt, als die Staaten Ew. Majestät, und seine Armee an Wert der Ihrigen gleichkommt." Der König habe seine Antwort zum 8. Oktober gefordert: als guter Ritter stelle er sich dar, um sie selbst zu überbringen. Stolze Worte, die dennoch nichts als die Tatsachen aussprachen. Am 10. Oktober war der Achilles des preußischen Heeres, Prinz Louis Ferdinand, bei Saalfeld gefallen. Rettung konnte nur raschester Rückzug bringen, aber selbst zum Rückzug fehlten die Klarheit und die Kraft des Willens. Und so kam es zu der Schlacht, welche das größte Heer, das Preußen je im Felde gehabt hatte, zerstörte und den Staat Friedrichs in Trümmer warf. „Das waren Greuel," schreibt Gneisenau, der mitgefochten hatte und in den schrecklichen Rückzug mit hinein gerissen war: „tausendmal lieber sterben, als dies wieder erleben; das wird wunderbare Zeilen in der Geschichte geben." „Fuimus Troes, fuit Ilium et ingens gloria Teucrorum," durfte ein Archenholz, der Geschichtsschreiber des Siebenjährigen Krieges, damals schreiben: wie durch den Schlag einer Zauberrute sei die Herrlichkeit dieser kriegerischen Monarchie nun auf einmal verloren und auf ewig dahin. In der Tat wollte Napoleon durchführen, was die Absicht der Koalition von 1756 gewesen war, und Preußen auf die Grenzen des alten Kurstaates zurückwerfen. Schon am 23. Oktober erließ er das Dekret, das die Besitzergreifung aller Länder bis zur Elbe aussprach; nur die Altmark wollte er dem König lassen. Vergebens die Versuche Friedrich Wilhelms, den Beschluß abzumildern, die Großmut des Siegers anzurufen. Das waren Töne, die bei Napoleon nicht verfingen. Der preußische Gesandte, der um Frieden bitten sollte, General Zastrow, traf den Kaiser in Charlottenburg, als er im Begriff war, seinen Einzug in Berlin zu halten (27. Oktober). Napoleon harangierte soeben Abgeordnete der märkischen Stände mit Andeutungen, daß er eine Nationalrepräsentation einrichten wolle, zur Vertretung der liberalen Ideen gegen die alte Monarchie, und der Gesandte sah keine Möglichkeit der Rettung; am 30. Oktober unterzeichnete er, was der Kaiser ihm vorschrieb. Denn nun waren Staat und Armee bis an die Oder hin völlig zerbrochen worden, Magdeburg und Stettin wie Küstrin gefallen, Blücher bei Lübeck und Hohenlohe bei Prenzlau zur Kapitulation gezwungen, und vier französische Armeekorps auf dem Marsche gegen die Weichsel. Je weiter aber Napoleon vordrang und je näher die Russen kamen, um so schwerer wurden seine Forderungen. Er verlangte jetzt die Weichsellinie, Thorn und Graudenz und den Brückenkopf bei Warschau; dann Danzig und Kolberg und sogar Breslau; die preußischen Truppen sollten sich auf Königsberg zurückziehen. Und dazwischen nahte er ihnen wieder als der Versucher; wenn sie mit ihm gegen die Russen gehen würden, stellte er ihnen einen Teil der verlorenen Provinzen in Aussicht. Es war ein erstes Aufblinken altpreußischen Stolzes und Ehrempfindens, als der König nach manchem Hinundher sich zur Ablehnung solcher Vorschläge entschloß und Preußens Heil unter die russischen Fahnen stellte.

Für Napoleon gab es noch ein hartes Stück Arbeit zu bewältigen, und wie immer betrieb er sie rastlos und umfassend. Wenn sich ihm Preußen entzog, so würde Polen ihm helfen. Alsobald rief er diese Nation zum Aufstand gegen ihre Zwingherren auf. Von Berlin aus schrieb er dem Sultan, daß Preußen von ihm unterworfen sei: er verfolge seinen Vorteil. Im Stil seiner ägyptischen Proklamationen nannte er sich vom Schicksal ausersehen, um das türkische Reich zu erretten; er forderte den Padischah auf, an den Dnjestr zu rücken. Die Londoner Regierung hatte soeben die Proklamation veröffentlicht, welche den Bruch der neuen Verhandlungen rechtfertigen sollte: sie müsse die Freiheit Europas gegen ihren Usurpator verteidigen. Dagegen richtete Napoleon das Dekret von Berlin, welches den Kontinent dem Handel Englands versperren sollte.

Vier Tage darauf, am 25. November, war der Kaiser in Posen. Schon am 27. stieß Murat mit den Vortruppen auf den Feind. Nun aber offenbarte der

Krieg in Polen und Oſtpreußen. 139

öſtliche Winter zum erſten Male ſeine Tücken; nicht ſowohl die Kälte, welche die
Kriegführung eher erleichterte, als das Tauwetter, das die verwahrloſten Straßen
in Sümpfe verwandelte und in dem verarmten Lande die Zufuhren hemmte,
wurden verderblich. Bei Pultusk entzogen ſich die Ruſſen der drohenden Um-

Abb. 54. Einzug Napoleons in Berlin am 27. Oktober 1807. Gemälde von Charles Meunier.
Nach einem Kohledruck von Braun, Clément & Cie. in Dornach i. E., Paris und New York.

klammerung, und ſo ward die Entſcheidung nach Oſtpreußen verlegt. Einen
Moment hat ſie auch hier noch geſchwankt, als der Kaiſer auf den verſchneiten
Feldern von Eylau zwar nicht geſchlagen wurde, aber zum erſtenmal in ſeiner
Laufbahn den Sieg ſeinen Feinden nicht zu entreißen vermochte. Um die furcht-
baren Verluſte zu erſetzen und die Rückzugslinie zu ſichern, ging er in die reichen
Quartiere der Weichſelniederung zurück. Die Chancen waren ungefähr gleich ge-

worden: gegen die Türken kämpften die Russen an der Donau glücklich; Österreich begann zu rüsten; die Schweden drangen von Stralsund her bis über Anklam hinaus; drohende Anzeichen von einer weit verbreiteten Erregung wurden aus Norddeutschland gemeldet; England ließ Subsidien hoffen und arbeitete an einer Koalition der vier Nordmächte; sogar Spanien war schwierig geworden. So trat Napoleon einen Schritt zurück. Er schickte den General Bertrand nach Memel und bot dem König von Preußen von neuem den Frieden an. Daß Friedrich Wilhelm, von Hardenberg geleitet, an Rußland festhielt, war ein neuer Lichtblick in diesen dunkelsten Tagen Preußens. Bis auf eine Division und eine halbe Provinz, dazu ein paar blockierte Festungen, war für ihn alles verloren. Er aber hielt mit der Treue und Gewissenhaftigkeit, die jeden seiner Schritte im Leben begleiteten, an dem Worte fest, das er dem Freunde gegeben hatte; während Hardenbergs beweglicher Geist sich an Hoffnungen nährte, die ihm in abenteuerlichen Kombinationen die Herstellung der preußischen Herrschaft über ganz Norddeutschland vorspiegelten.

Abb. 55. Louis Nicolas Davout, Fürst von Eggmühl, Herzog von Auerstädt. Stich von Zschoch.

Für den Moment war doch alles vergebens. Der französische Kaiser verlor keinen Tag und tat keinen Schritt mehr zurück. Er sicherte die Straßen und Pässe zwischen Weichsel und Rhein, eroberte Danzig und sammelte alle seine Kräfte an dem entscheidenden Punkte. Bei Friedland (14. Juni) überwältigte er das russische Heer. Am selben Tage rückte das Korps des Marschalls Soult in das von den Preußen bereits aufgegebene Königsberg ein. Am 19. Juni erreichten die französischen Vortruppen den Grenzstrom, hinter dem die preußische Division und die völlig aufgelösten russischen Korps Schutz gesucht hatten.

* *

Wir haben den Zenit in der Laufbahn unseres Helden erreicht. Von hier ab beginnt ein Abschwellen seiner Macht, anfangs leise und der Welt kaum bemerkbar, so wie man auch heute noch meist darüber hinweg sieht. Scheinbar tritt sogar durch neue Siege und Verträge des Gewaltigen, durch die immer größere Ausdehnung und Konzentration seiner Herrschaft, welche von Tag zu Tage despotischer wird, eine Verstärkung seiner Macht ein, bis, in dem Moment, da er den Gipfel erklommen zu haben wähnt, den Giganten der rächende Blitz erreicht.

Ranke meint, indem er dieser Vorgänge gedenkt, man fühle sich versucht, das Verhalten Napoleons in diesem Moment zu kritisieren. In der Tat darf man fragen, weshalb der Kaiser so plötzlich auf der Höhe des Sieges innegehalten hat. Der Bund mit den Polen und den Türken, zu dem er soeben zurückgekehrt war, gehörte zu den ältesten Traditionen der französischen Politik; Rußland war im Augenblick waffenlos, denn was jenseits der Memel, eines Flusses so breit wie die Seine bei Paris, noch übrig war, war ein ordnungsloser Haufe und kein Heer

Abb. 56. Napoleon in der Uniform eines Obersten der Chasseurs de la Garde.
Stich von Dahling.

mehr zu nennen, die Reservearmee aber noch weit entfernt; die Offiziere des Zaren, wütend über das Bündnis mit Preußen, nur mit dem einen Gedanken beschäftigt, Frieden zu schließen. Sie haben dem Zaren durch seinen eigenen Bruder Konstantin die Absetzung, ja ziemlich unverhüllt das Schicksal seines Vaters androhen lassen. Und in diesen Abgrund der Verzweiflung hinein reicht ihm, wider jedes Erwarten, der Sieger die Hand: nicht bloß um ihm den Frieden anzubieten, sondern seine Freundschaft und ein Bündnis, welches die Hoffnungen der Polen, die Napoleon soeben erregt hatte und bei denen ihre Abgesandten ihn noch in Tilsit festzuhalten versuchten, enttäuschte, für die Türkei aber die Aufteilung zwischen den verbündeten Mächten in Aussicht nahm.

Ein wirkliches Verständnis für diese unerhörte Schwenkung Napoleons können wir wiederum nur aus seiner Stellung gegenüber England gewinnen. Dort war der Pol, nach dem seine Politik mit der Stetigkeit der Magnetnadel sich richtete, wohin ihn auch immer die Stürme, welche Europa aufwühlten, führen mochten. Das Festland mußte in Ruhe sein, wenn er den einzigen Gegner, der noch aufrecht stand, niederzwingen wollte. Kein fremder Wille durfte hier ihm widerstreben. An seinen Willen mußte er auch Alexander ketten, oder er mußte ihn in seinem Lande aufsuchen und vollends zu Boden werfen. In Italien, in Deutschland, in Spanien, wie in Frankreich selbst und überall, wo er zur Herrschaft gekommen war, hatte er es verstanden, einheimische Interessen zu befriedigen und so sich zu verbinden. Allein diese Länder lagen alle in seiner Machtsphäre, waren ihm erreichbar: während er Rußland durch jenen Entschluß von vornherein außerhalb der Grenzen seiner Macht ließ. Um so stärker mußten die russischen Interessen sein, die er zu befriedigen hatte. Denn wie wollte er sonst diese Großmacht an sein System fesseln, das an sich doch wahrlich nicht mit den Tendenzen der russischen Politik zusammenfiel? An drei Punkten lagen die Interessen Rußlands: in Finnland, in Polen und vom Pruth bis zum Bosporus. Finnland war Napoleon bereit an Rußland zu überlassen; denn die Schweden, denen es gehörte, waren seine Feinde. In Polen beschränkte er sich auf die Errichtung des Großherzogtums Warschau, das aus den preußisch-polnischen Provinzen, mit Ausnahme des für den Hohenzoller mit Mühe geretteten Westpreußens, gebildet und durch Übertragung der Krone auf Sachsen an den Rheinbund angeschlossen wurde. Hier wurde Alexander von den Hoffnungen, mit denen er in den Krieg

Abb. 57. Jérôme.
Stich von J. G. Müller nach M. de Kinson.

gezogen war, weit zurück-
geschleudert; aber bei seiner Lage konnte er bessere
Bedingungen kaum er-
warten. Um so größere
Aussichten eröffnete Na-
poleon dem neuen Freunde
auf der Balkanhalbinsel,
wo die Gestadeländer des
Schwarzen Meeres und,
wie Alexander ihn wenig-
stens verstehen wollte, sogar die Meerengen und
Konstantinopel, das höchste
Ziel des russischen Ehr-
geizes, der Anteil des Zaren
an der türkischen Beute
werden sollten. Indessen
waren die Veränderungen
im Norden und im Orient
nur Eventualbestimmungen
für den Fall, daß Schwe-
den im Kriege bleiben und
England den Frieden, den
man ihm anbieten wollte,
nicht annehmen würde.
Denn dies war das nächste
und jedenfalls das sicht-
bare Ziel, nach dem der
Friedensvertrag geregelt

Abb. 58. Königin Luise von Preußen.
Stich von Ruscheweyh.

wurde. Alle Höfe des Kontinentes, so kam man überein, sollten zum Anschluß
aufgefordert und, wenn sie nicht wollten, dazu gezwungen werden: nicht bloß
die neutralen, Dänemark, Österreich und Portugal, sondern auch die noch im
Kampf mit einem der beiden Paciszenten befindlichen, Schweden und die Pforte.
Bei letzterer wollte Napoleon für Rußland intervenieren, während der Zar sich
bereit erklärte, die Mediation bei England zu übernehmen. So der erste Akt, die
Exposition des Dramas, das der Imperator, denn von ihm ging ohne Frage alles
aus, ersonnen hatte, und das er dem Zaren auf jenem Floß in Memel, wo sie
zuerst zusammenkamen, und danach zu Tilsit in manchen vertrauten Unterredungen
vortrug. Sehr bemerkenswert sind die Bedingungen, welche in London offeriert
werden sollten: England hätte die französischen, spanischen und holländischen Kolonien, die es seit 1805 okkupiert hatte, an ihre Besitzer zurückerstatten müssen; dafür
versprach Napoleon, Hannover wieder in seine Hand zu stellen; auch die Seefestung im Mittelmeer, um die der Krieg von neuem ausgebrochen war, sollte
es behalten. Diese Bedingungen waren dem geheimen Vertrag, der den Schlüssel
zu dem offiziellen bildet, einverleibt und sollten in London nicht sofort genannt
werden. Wenn aber England den Frieden ablehnte? Dann würden die noch
geheim gehaltenen Artikel in Kraft treten, Finnland den Schweden entrissen
und die Türkei aufgeteilt werden. Hierzu sollte dann Österreich mit eingeladen
werden, England aber nicht nur ausgeschlossen, sondern mit seinem indischen Besitz
in die Katastrophe hineingerissen werden: vom Kaukasus her, wo die Russen
sich in jahrelangen Kämpfen die Straße gebahnt hatten, und über den Bosporus
hin sollten die verbündeten Heere zum Indus ziehen. Ich weiß nicht, ob Napoleon
zu diesen weltumspannenden Kombinationen in Tilsit gegriffen hätte, wenn er der

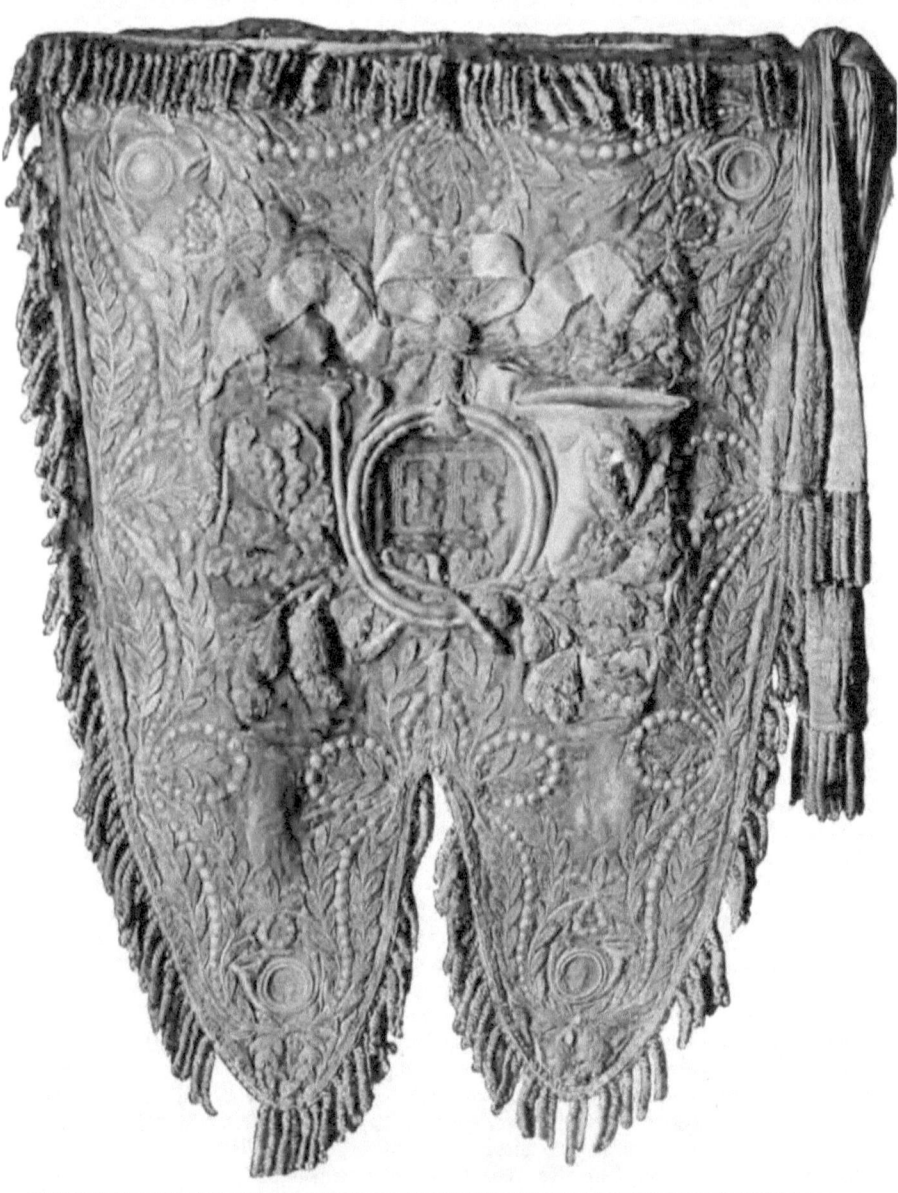

Abb. 59. Die Fahne der Chasseurs de la Garde.
Nach einer Photographie des Prinzen Victor.

Die Fahne ist von grüner Seide, gestickt mit Eichen- und Lorbeerblättern in Gold und Silber. In der Mitte befindet sich ein großes Jagdhorn von Silber und die Buchstaben E. F. in Gold. Darüber ist eine Schleife mit den Worten: „Chasseurs de la garde" (Gardejäger). Die dreifarbigen Fahnenbänder tragen in Goldstickerei die Worte: „vive l'empereur", sind reich in Silber und Gold gestickt und haben goldene Gehänge.

türkischen Freundschaft sicher gewesen wäre. Jedenfalls hat ihm eine Nachricht, die er erst im Beginn der Unterhandlungen, am 24. Juni, erhielt, etwaige Skrupel genommen; denn am 28. Mai war in Konstantinopel eine Palastrevolution ausgebrochen, welche Selim gestürzt und die französische Partei im Serail beseitigt hatte.

Dies ist der Bund von Tilsit, dessen Geheimartikel erst seit kurzem authentisch in unserem Besitz sind. Ungeheuer ist seine Bedeutung: er war die Basis für Napoleons Politik bis in den Februar 1810.

Neben diesen Verhandlungen traten alle anderen Festsetzungen zurück, und alle sind nur durch sie zu verstehen. Jedermann mußte von den beiden Beherrschern des Festlandes hinnehmen, was ihm gegeben oder gelassen wurde: Jérôme Westfalen, die Polen ihr Großherzogtum, Friedrich Wilhelm das, was Napoleon ihm von seinen Ländern zurückgab. Auch diese Abgrenzungen entsprachen den Interessen, die ein jeder der beiden Alliierten vertrat, und den Ansprüchen, die ihre Macht ihnen gab. Es wäre Alexanders eigenster Vorteil gewesen, wenn Friedrich Wilhelm im Besitz Magdeburgs geblieben wäre: um so weiter wäre die französische Macht von Rußlands Grenzen hinweggeschoben und um so wertvoller die preußische Freundschaft geworden, die ihm, wie er glauben durfte, auf jeden Fall gesichert war. Er selbst nahm es sich dabei nicht übel, ein Stück des preußischen Polen, den Kreis Bialystok, aus Napoleons Händen anzunehmen, und zwar keineswegs gezwungen, wie er dem alten Freunde „anvertraute"; er fühlte sich im Gegenteil enttäuscht, als der Kaiser ihm den Wunsch versagte, die russische Grenze noch weiter in Polen hineinzuschieben; sogar auf Memel hatte er sich Hoffnungen gemacht. Napoleon anderseits durfte das neue Großherzogtum nicht allzusehr beschneiden, um die polnischen Sympathien nicht zu verlieren, die ihm in Zukunft nötiger sein konnten als jetzt; indem er es mit Sachsen verband, dessen Kurfürst zum Lohn für seinen Abfall von Preußen überdies die Krone erhielt, schuf er sich daraus ein Außenwerk des Rheinbundes, eine Bastion zwischen Preußen und Rußland, die ihm stets zur Verfügung blieb, zumal wenn er die nationalen Hoffnungen der Polen rege erhielt. Preußen mußte er fortan niederhalten; er hatte ihm, er selbst gestand es, zu wehe getan, um etwas anderes als Haß von dort erwarten zu können. Die Vernichtung des Hohenzollernstaates jedoch plante er nicht. Es lag ihm nichts daran, einen der Nachbarn mit den Trümmern auszustatten, sei es Polen oder Sachsen oder auch den eigenen Bruder. Nachdem die Großmacht Norddeutschlands seine Freundschaft verschmäht und daher von ihm niedergeschlagen war, sah er seine Interessen am besten gewahrt, wenn dort drei Mittelstaaten an Stelle des einen Großstaates bestanden.

Mit Trauer und mehr noch mit Unwillen gedenkt der Patriot der Demütigungen unseres Staates und seines Königs, deren größte die Begegnung Luisens mit dem Eroberer war. Denn nicht daß der Staat dem Untergang fast entgegengeführt war, war das Ärgste, sondern daß der Besiegten hoffen konnten, durch die Anmut der schönen Frau auf das Herz des Mannes wirken zu können, der nur eine Herrin über sich erkannte, die Politik. Und wir dürfen nicht sagen, wie es so oft geschieht, daß Napoleon der Königin gegenüber die Grenzen der feinen Sitte überschritten habe. Wenn Luise am Abend des ersten Tages zu den Ihrigen mit dem Frohgefühl zurückkam, daß ihr Opfer nicht umsonst gewesen sei, so war das eine Selbsttäuschung, an der Napoleon schwerlich Schuld trug. Die Schuld trifft diejenigen, welche die hohe Frau in eine solche Lage gebracht haben.

Sechstes Kapitel.

Das Bündnis von Tilsit.
Bayonne. Erfurt. Schönbrunn.

Am 9. Juli reiste Napoleon von Tilsit ab, und nach kurzem Aufenthalt in Königsberg im Fluge über Dresden und Mainz nach Paris. Ihn riefen hierhin die Umänderungen in seinem System, die ihn schon im Lager beschäftigt und vielleicht mit zum Frieden bewogen hatten. Die Ministerien wurden zum Teil anders besetzt, überhaupt die Beamtenschaft gesäubert; so verlor Talleyrand das Ministerium des Auswärtigen. Das Tribunat wurde abgeschafft, die Finanzverwaltung reorganisiert, die französischen Rechtsbücher in den abhängigen Ländern eingeführt. Mit neuer Kraft wurden die öffentlichen Arbeiten fortgeführt, der Bau der Straßen über die Alpen und nach Deutschland, die Brücken über die großen Ströme, die Kanäle, welche den Ozean und das Mittelmeer mit dem Rhein verbanden, vor allem aber Paris mit glänzenden Bauwerken geschmückt.

Zum drittenmal hatte Napoleon Frankreich den Frieden gegeben, und wieder regten sich Millionen Hände, um die Reichtümer des Landes zu mehren. Stolze Worte waren es, mit denen der Kaiser am 16. August vor dem Corps législatif den Friedensvertrag verkündigte, der das Antlitz Europas verändert habe, und wohl können wir den Enthusiasmus verstehen, der ihm von seinen Untertanen brausend entgegenschlug. Auch Englands gedachte er in Wendungen, welche weder Krieg noch Frieden verrieten, um so stärker aber die Versicherung enthielten, daß der Kaiser mit seinen Völkern eins sei und bleiben werde.

Im August ließ Alexander dem englischen Kabinett die in Tilsit vereinbarte Note zugehen, in der er seine Vermittelung zum Frieden anbot. Er sprach darin, dem Geheimvertrage gemäß, von den „gerechten und billigen" Bedingungen, welche Frankreich stelle, ohne sich weiter über sie zu äußern. Die Engländer erwiderten ausweichend: man möge ihnen zunächst die Bedingungen mitteilen. Sie hatten aber längst eine Antwort vorbereitet, welche eine deutlichere Sprache redete. Seit Anfang August lag eins ihrer Geschwader mit einer Transportflotte vor Stralsund und in den Rügenschen Gewässern. Viel zu spät bereits für die Hoffnungen der Schweden und der deutschen Patrioten; alles Pulver, das von Emden bis Fulda und von Stralsund bis an die böhmische Grenze verzettelt war, hatten die Briten verderben oder nutzlos verpuffen lassen, während sie auf die spanischen und holländischen Kolonien erfolgreich Jagd machten. Um so sorgsamer hatten sie in der Ostsee ihr eigenes Pulver aufgespart. Ende August, acht Tage nachdem sie jene Antwort an Alexander gegeben, erschien jene Flotte, mit einem anderen Geschwader vereint, das aus dem Kanal gekommen war und sie schon erwartete, vor dem neutralen Kopenhagen. Ohne Hindernis schiffte man das Landungskorps aus und umringte von der See- und Landseite her die Hauptstadt, die einer solchen Übermacht gegenüber fast wehrlos war. Hinter den Teichen, welche Kopenhagen von der Landseite umgeben, waren die Angreifer selbst gedeckt und konnten ohne eigene Gefahr das Verderben in die unglückliche Stadt schleudern; mehr als zweitausend Menschen, viele Wehr- und Waffenlose, kamen um, Kirchen und Schlösser, die halbe Stadt sanken in Trümmer; was auf den Werften stand, ward geraubt oder zerstört; die Flotte führten die ruhmlosen Sieger mit sich. Das war Englands Antwort: wie bemerkt, eine solche Verachtung aller Regeln des internationalen Rechtes, daß heute auch wohl in England wenige Stimmen sich finden werden, die eine Entschuldigung dafür haben. Aber zweckmäßig war das Verfahren. Eins der Hauptziele der Allianz von Tilsit war die Schließung des Sundes gewesen. Wetteifernd mit der englischen Diplomatie hatte Napoleon Dänemark bestürmt, und seine Truppen standen an der Elbe seit langem bereit, um den Werbungen Nachdruck zu geben; er hätte den kleinen Staat, wenn es sein mußte, gewiß nicht anders behandelt als die Engländer. Nun waren diese zuvorgekommen und hatten den Sund, den Eingang zur Ostsee, für sich frei gemacht; sie hatten dem Gegner, gerade als er zum Schlage ausholte, den rechten Arm gelähmt.

Seitdem wußte Napoleon, woran er war. Keinen Moment durfte er noch zögern, um, da er den Norden nicht sperren konnte, wenigstens die Küsten des Mittelmeeres und der Atlantic zu sichern. In der Adria räumten die Russen, einer Bestimmung von Tilsit gemäß, ihm die Jonischen Inseln wieder ein. In Illyrien wurden Truppen angehäuft, die italienischen Vasallen gezwungen, die Sperrung ihrer Häfen aufs strengste durchzuführen, an allen Küsten Kriegsschiffe gebaut. Vergebens forderte Pius VII. Neutralität für den Kirchenstaat; Napoleon durchschaute sofort, daß ihn nicht die Friedensliebe, die er vorgab, sondern die Sympathie mit Frankreichs Feinden zu dieser Haltung bewog, und

Abb. 60. Napoleon.
Nach der Natur während der Messe in den Tuilerien gezeichnet.
Sammlung des Herrn Germain Bapst.

ließ ihn nicht aus den Fingern. Er verlangte zunächst die Abtretung der drei Legationen, Abschaffung der Mönche in Italien, Vermehrung der französischen Kardinäle, Einziehung Venezeins in das Konkordat. Im Dezember ward der päpstliche Legat in Paris zum Vertrage gezwungen; als Pius die Ratifikation verweigerte, zogen die Franzosen in Rom ein und nahmen den Staat der Kirche in die eigene Verwaltung.

Doch blieb Italien immer noch die stärkste Position in dem System der französischen Allianzen; ganz schwach aber war es um die pyrenäische Halbinsel bestellt. Auf Portugal hatten die Engländer es gerade so abgesehen, wie auf Kopenhagen. Admiral Smith blockierte mit seinen Schiffen die Tajomündung, und schwerlich wäre Lissabon dem Schicksal der dänischen Hauptstadt entgangen, wenn nicht hier König und Volk von vornherein mehr für England gewesen wären. Aber zum Widerstand gegen Frankreich war man doch nicht stark genug, und so entschloß sich die königliche Familie, die englischen Schiffe zur Flucht zu benutzen. Denn schon war ein französisches Korps, von Marschall Junot in Eilmärschen herangeführt, auf portugiesischem Boden. Am 27. November hatte sich die königliche Familie und Hunderte ihrer Landsleute mit ihnen nach Brasilien eingeschifft, unmittelbar nachdem ein englischer Kurier das Blatt des Moniteur vom 13. November überbracht hatte, worin das Dekret Napoleons, welches die Absetzung des Hauses Braganza aussprach. Drei Tage später kam Junot mit völlig abgehetzten Truppen an der Tajomündung an. Alsbald ward die portugiesische Armee aufgelöst, die Güter und Gelder des Landes wurden zu Millionen eingezogen und die kaiserlichen Adler allerorten angeschlagen.

Diese Ereignisse wirkten auch auf den Hof von Madrid, Frankreichs ältesten Alliierten im Kampfe gegen England, aufs tiefste ein. Und damit nähern wir uns dem Beginn der Katastrophe, die das Ende aller Triumphe des Welteroberers werden sollte: Spaniens Abfall, der zwar noch nicht der Stoß ins Herz, aber eine eiternde Wunde an der Ferse des Titanen wurde, die nicht zuheilen wollte und ihm sofort die Bewegungsfreiheit lähmte. Neben der Erschießung Enghiens hat nichts das Schuldkonto Napoleons stärker belastet, als der Verrat, den er an der spanischen Königsfamilie in Bayonne ausübte, die dämonische List, mit der er Vater und Sohn ins Garn lockte und, sie gegeneinander hetzend, zur Entsagung zwang, um ihr Land an sich zu bringen. Immer ist es als die gerechteste Nemesis angesehen worden, daß der Verächter der sittlichen Kräfte ihre Macht gerade von seiten des Volkes erfahren mußte, das ihm fast als das erbärmlichste („so feige, wie er die Araber kennen gelernt habe," nennt er es) erschienen war. Aber, so dürfen wir aufs neue fragen, ließen sich der Bruch und die Absetzung des Königs und seines Sohnes vermeiden, zweier Persönlichkeiten, die für sich jedenfalls jenes Urteil des Imperators überreich verdienten? War sonst eine Lösung denkbar, welche Spanien in Napoleons System festgehalten hätte? Denn, vergessen wir es nicht, der Abfall Spaniens von Frankreich war am Hofe von Madrid längst geplant worden, und die regierenden Kreise wie das königliche Haus selbst in voller Zersetzung, die Nation aber von keinem anderen Wunsche beseelt, als aus dem Kriege herauszukommen. Wir brauchen aber nicht zu sagen, welche Gefahr es für Napoleon gewesen wäre, wenn damit den Engländern alle Küsten der Halbinsel bis an die Pyrenäen heran offen gestanden hätten; sie würden in Coruña,

Abb. 61. Junot. Gemälde von J. L. David.
Nach einem Kohledruck von Braun, Clément & Cie. in Dornach i. E., Paris und New York.

Barcelona und San Sebastian bald genug, willkommen oder unwillkommen, Gäste der Spanier und Nachbarn Frankreichs geworden sein. Für Napoleon gab es nur ein Für oder Wider; er konnte in Wahrheit, wie einst Gustav Adolf von sich, sagen: „Was ist das für ein Ding, Neutralität, ich verstehe es nicht; Freund oder Feind — tertium non dabitur." Wäre eine der beiden Parteien, gleichviel ob die des Vaters oder des Sohnes, für ihn voll eingetreten, so hätte er wohl eine andere Lösung treffen können. Aber er konnte sich auf keinen von beiden verlassen; denn jeder rechnete mit der Friedensneigung der Nation. Der Bund mit Frankreich drohte den Kampf zu verewigen, der für Spanien nur Niederlagen, den Verlust seiner Flotte und Kolonien gebracht hatte und jede Selbständigkeit zu vernichten. Die klerikalen Kreise waren niemals für das Bündnis gewesen, und wer dachte in Spanien nicht klerikal? Die Regierung selbst wollte sich dem Einfluß der Geistlichen nicht entziehen, schon um der Opposition des Kronprinzen, für den die Masse des Klerus und der Bevölkerung eintrat, das Wasser abzugraben. Wie wenig Napoleon auf den Friedensfürsten rechnen konnte, der über die Herzen und die Krone des Königspaares verfügte, hatte bereits im Oktober 1806 in den Tagen von Jena das Manifest gezeigt, worin Godoy die spanische Bevölkerung zum Kampfe aufrief, ohne einen Feind zu nennen. Kein Zweifel, daß die Franzosen gemeint und das Ganze in Verbindung mit England begonnen war. Napoleon tat auch nach dem Siege über Preußen, als habe er nichts gesehen, zumal Godoy, wie sich versteht, alles ableugnete und jenen Schritt durch doppelte Unterwürfigkeit wieder gut zu machen suchte; er nahm nur die besten Truppen aus Spanien hinweg, um sie an die Elbmündung zu schicken, und ließ, was von der spanischen Flotte noch übrig war, nach Toulon bringen. Im Herbst 1807 versuchte er es damit, den Ehrgeiz der Spanier zu stacheln, indem er am 27. Oktober in dem Vertrage von Fontainebleau die Aufteilung Portugals zwischen Frankreich und Spanien verabredete. Um Godoy persönlich zu fangen, ward ihm ein Stück des Landes zur eigenen Herrschaft versprochen; auch die portugiesischen Kolonien sollten geteilt werden und der König von Spanien den Titel eines Kaisers von Amerika annehmen. Wenige Wochen darauf waren die Braganzas entflohen und mit den eigenen auch die portugiesischen Kolonien England preisgegeben, die französischen Truppen aber auf der Halbinsel die Herren. Und so zog eins das andere nach sich. Je mehr französische Regimenter von der Straße nach Lissabon in die spanischen Provinzen abbogen, desto größer die Angst und Aufregung in der Nation und die allgemeine Zersetzung. Napoleon konnte dagegen nichts anderes tun, als immer neue Truppen in das Land hineinschicken, das hieß die Wut des Volkes gegen die französisch gesinnte Regierung immer stärker entflammen. Schon im Herbst, an dem Tage von Fontainebleau, war in Madrid ein Komplott entdeckt worden, das den Prinzen kompromittierte. Der König ließ seinen Sohn verhaften und kündigte dem Volke durch ein Manifest den Verrat an, wich jedoch vor der allgemeinen Aufregung sofort zurück und nahm Ferdinand, der sich zur Abbitte verstand, wieder in Gnaden auf. Auch dies aber konnte die Katastrophe nur um wenige Monate hinausschieben. Im März war Spanien im Norden und Süden von französischen Truppen erfüllt; die Hauptstadt war noch frei, aber immer dichter zog sich der eiserne Ring um sie zusammen. Es hieß in Spanien allgemein, daß der König und die Seinen nach Amerika entfliehen wollten, und dies lag sicherlich im Plane; sehr möglich ferner, daß Napoleon seinerseits den König zum Fluchtversuch treiben wollte, vielleicht nur, um ihn dann in Cadix zurückzuhalten und so die Entscheidung in die Hand zu bekommen. Auf Mitte März war die Abreise festgesetzt; aber das Geheimnis ward verraten, und das Volk, außer sich über den Gedanken der Desertion seines Königshauses, und entschlossen, es nicht fortzulassen, begann zu tumultuieren. Das Palais des Friedensfürsten wurde zerstört, die Königin, die sich bei ihrem Geliebten befand, ins Schloß zurückgeführt, er selbst aufgespürt und von der Menge fast zerrissen. Das Ende war, daß der König in voller Verwirrung seine Abdankung aussprach und Ferdinand unter unermeßlicher Begeisterung zum König ausgerufen wurde.

So durfte Napoleon die Dinge nicht lassen. Wie aber sollte er sie ändern? Zunächst wurden das Königspaar und ihr würdiger Freund durch Murat, der in Spanien kommandierte, aus der Gewalt der Empörer befreit. Das konnte aber nur eine vorläufige Maßregel sein; man mußte eine Entscheidung treffen, und dazu boten Ferdinand und seine Partei selbst die Handhabe. In der Gewalt der Franzosen befindlich, gaben sie sich die Miene, als ob auch sie deren Freunde wären. Ferdinand verklagte seinen Vater bei dem Kaiser, wie jener ihn, und bat geradezu um seine Unterstützung. Und so geschah es, daß der Prinz, und hinter ihm her der Alte mit seiner Gemahlin und ihrem Liebhaber, von Napoleon eingeladen und mit Versprechungen und vielen Freundlichkeiten gelockt, die sich aber, je näher man der Grenze kam, in Zwang verwandelten — den Wettlauf in die Falle ausführten, welche jenseits der Pyrenäen aufgestellt war.

Um diesen verhängnisvollsten Entschluß, den der Kaiser je gefaßt hat, zu verstehen, können wir nicht umhin, von neuem der Abwandlung der alles beherrschenden

Frage, des Verhältnisses zwischen Napoleon und Alexander und des Konfliktes mit England zu gedenken.

Wie in Tilsit verabredet, hatte Napoleon sofort die Vermittelung zwischen Rußland und der Türkei in die Hand genommen. Am 24. August 1807 war es zu einem Vertrage gekommen, in dem die Russen die Donaufürstentümer zu räumen versprachen. Doch beeilten sie sich nicht mit ihrem Abzuge; unter dem Vorwand türkischer Feindseligkeiten wußten sie die Wirkung des Vertrages zu umgehen und den Krieg schleppend fortzuführen. Zugleich ward der Zar nicht müde, seinen erhabenen Freund an die großen Pläne im Orient, besonders an das angebliche Versprechen mit Konstantinopel zu erinnern, und sich in den weiten Aussichten eines Zuges nach Indien zu ergehen. Napoleon tat diesem stürmischen Werben gegenüber lange sehr spröde. Die Teilung der Türkei war der Hauptköder gewesen, mit dem er den Zaren an sich gelockt hatte; ihm selbst lag daran weit weniger, und nur für den Notfall wollte er darauf zurückkommen. Offenbar wünschte er zunächst die türkische Frage in der Schwebe zu lassen. In welcher Verlegenheit er sich befand, zeigt ein Gespräch mit Metternich am 22. Januar, über das dieser seinem Hofe berichtet hat. Nach einigen einleitenden Worten sei der Kaiser mit beiden Füßen in die türkische Frage hineingesprungen. Nur die Gewalt der Umstände, so habe er gesagt, könne ihn bewegen, gegen die Türkei vorzugehen, wenn nämlich England ihn dazu zwinge. Er habe nichts nötig; Ägypten und einige Kolonien seien zwar angenehm, aber kein Gegengewicht gegen die Vergrößerung Rußlands. Danach ein Hinweis auf die Absichten Rußlands auf Konstantinopel: hiergegen werde Österreich die Hilfe Frankreichs gebrauchen, und umgekehrt Frankreich die Österreichs. Und nun enthüllte der Kaiser dem Gesandten die moskowitische Gefahr und billigte dagegen die Ansprüche Österreichs auf das Donautal, die er ganz gerecht, weil „auf die Geographie gegründet", nannte. Für ihn komme, so schloß er das Gespräch, die Teilung der Türkei noch nicht in Frage; wenn aber, so werde er Österreich nicht bloß zulassen, sondern herbeirufen, damit beide Mächte ihre gemeinsamen Interessen gemeinsam verteidigen könnten.

Wenn Napoleon damals noch hoffte, daß die friedliche Strömung in England obsiegen und die Kontinentalsperre dessen Handel und Industrie mürbe machen würde, so sollte er bald eines Besseren belehrt werden. Ende Januar ward eine neue Session des Parlamentes eröffnet mit einer Thronrede, die so kriegerisch war wie jene von 1803. Unmittelbar nach Empfang dieser Nachricht, an demselben Tage, wo der Moniteur die Rede brachte, richtete der Kaiser an den Zaren einen höchst merkwürdigen Brief, in dem er, wie Alexander selbst es nannte, die Sprache von Tilsit wiederholte. Er stellte darin die Expedition nach Indien als eine Notwendigkeit dar, denn nur noch große und entscheidende Maßregeln würden England zum Frieden zwingen können. Zur Einleitung schlug er eine Entrevue vor, wie es für diesen Fall schon in Tilsit vereinbart war. Vor dem 15. März müsse alles fertig und am 1. Mai das vereinigte Heer in Asien, zugleich aber die Russen in Stockholm sein. Dann würde England auf die Knie sinken und beide Kaiser würden im Frieden in der Mitte ihrer ungeheuren Reiche herrschen können, ganz dem Ziele hingegeben, Leben und Glück zu verbreiten durch Pflege der Künste und die Wohltaten der Verwaltung.

Ohne Frage trat Napoleon damit dem großen Plan ernstlich nahe. Drei starke Flotten lagen in Lorient, Brest und Toulon zum Auslaufen bereit; zwei davon sollten um Afrika her nach Indien fahren, die dritte von Toulon aus 20 000 Mann nach Ägypten bringen. Durch Bedrohung Schwedens, Demonstrationen an der englischen Küste, vielleicht auch einen Landungsversuch in Irland hoffte der Kaiser die englische Flotte aus dem Mittelmeer abziehen zu können. Dazu nun der Marsch des Landheeres über Konstantinopel und durch Persien, mit dem Napoleon schon vor Tilsit ein Bündnis geschlossen hatte. Von Italien her gedachte er selbst das Unternehmen zu leiten. „Je mehr ich daran denke,"

Vor der Entscheidung in Spanien. 151

Abb. 62. Napoleon.
Stich von Henry nach Vigneux. Sammlung des Grafen Primoli.
Mit folgender handschriftlichen Notiz: "Unico ritratto dell' imperatore Napoleone Bonaparte che gli assomigli; comprato in Parigi dal principe Don Pietro Gabrielli en Decembre 1809".

schreibt er am 17. Februar seinem Marineminister Admiral Decrès, "um so weniger Schwierigkeiten kann ich darin sehen."

Dies waren die Wochen, in denen die spanischen Dinge der Entscheidung entgegen reiften. Wollte Napoleon den Orient gewinnen, so mußte er das Land, welches den Eingang zum Mittelmeer deckte, unbedingt zur Verfügung haben.

Noch immer spukt in den Geschichtsbüchern (ein unzuverlässiger Memoirenschreiber ist der Gewährsmann) die Auffassung, der Kaiser habe schon in Tilsit die Entthronung der spanischen Bourbonen beschlossen. Daß sich seinem Geiste damals, und wohl noch früher unter anderen Zukunftsmöglichkeiten auch diese dargestellt hat, braucht nicht in Abrede gestellt zu werden und ist sogar wahrscheinlich; auch mag er eine Andeutung darüber in vertrauten Kreisen gemacht haben: aber er hätte der Narr sein müssen, zu dem die populäre Auffassung ihn stempelt, wenn er gerade in dem Moment, wo er den Bund schloß, der die Ruhe des Kontinentes verbürgen sollte, diesen Entschluß und keinen andern unabänderlich im Sinne gehabt hätte. Nur der äußerste Zwang der Lage konnte ihn dazu bringen. Im Februar 1808, und, wie ich meine, vor allem seit der englischen Thronrede und der scharfen Wendung seiner Politik, die sie hervorrief, war dieser Moment gekommen. Wie alles nun im einzelnen sich in ihm entwickelt hat und zur Ausführung gelangt ist, wage ich nicht zu schildern. Niemand außer Napoleon war völlig, d. h. ununterbrochen in die Intrige eingeweiht; alle seine Helfer führten immer nur ein Stück seines Willens aus. Genug, daß die Spanier es ihm leicht genug machten, als sie in das von ihm ausgespannte Netz hineinliefen, und daß er, als er sie darin hatte, rasch wie er war, die Schlinge zuzog. Niemals wird die Tat von Bayonne entschuldigt werden können, aber auch niemals das Unglück derer beklagt werden, die ihr zum Opfer fielen: dieses trottelhaften Königs, der den Galan seiner Frau zum Minister hatte, dieser Königin, die den Sohn wie den Gatten betrog, und dieses Sohnes, dessen Brutalität nur durch seine Feigheit übertroffen wurde. Es kam zu Szenen, die jedes Mitleid ersticken mußten; vor den Augen des Kaisers überschütteten die Elenden sich mit Schmähungen und wären bald handgemein geworden — also daß Napoleon, der wohl die Heimat, aber nie die Sohnestreue vergaß, sich voll Ekel abwandte: „Welch eine Mutter," rief er aus, „und welch ein Sohn!" Aber die Krone Spaniens riß er ihnen nun doch aus den unwürdigen Händen. Ferdinand ließ sich nach langem Sträuben dazu bringen, sie dem Vater zurückzugeben, und dieser übertrug sie als ihr legitimer Inhaber freiwillig dem Kaiser. Napoleon fand ihn und seine Frau mit ein paar Schlössern und einigen Millionen ab und wies ihnen den Wohnsitz in Compiègne an; Ferdinand wurde nach Valençay gebracht und unter die Obhut Talleyrands gestellt; zu seinem Divertissement wurde ihm eine kleine Theatertruppe von Paris geschickt, auf deren weibliche Mitglieder er, wie Napoleon vermutete, besonderen Wert legen würde.

Der Kaiser wähnte am Ziel zu sein. Am 6. Juni übertrug er die Krone seinem Bruder Joseph; Murat erhielt dafür die von Neapel; Etrurien, dessen Königin längst verdächtig geworden war und das Schicksal ihrer Familie teilen mußte, wurde mit Frankreich vereinigt.

Nicht bloß den Zielen seiner auswärtigen Politik, sondern auch seinem politischen System wollte Napoleon Spanien unterwerfen, den liberalen Ideen, welche die Revolution in Frankreich entwickelt, und die mehr oder weniger die Regierung Godoys vertreten, die Partei Ferdinands immer bekämpft hatte. Eine Junta aufgeklärter Spanier beriet in Bayonne unter den Augen des Kaisers eine Verfassung, welche dem Lande eine Volksvertretung, Freiheit der Presse, Modernisierung der Rechtsprechung, Unterdrückung der Inquisition und eine Reihe segensreicher sozialer Reformen bringen sollte. Als dann aber Joseph nach Madrid kam, mit ihm ein Ministerium patriotisch gesinnter, bestunterrichteter Männer, stießen sie auf tobenden Aufruhr. Schon im Mai, noch vor der Schlußszene in Bayonne, hatte das Volk damit begonnen; in jedem Tal der Sierren sammelten sich, unter dem Vortritt der Priester, die Bürger und die Bauern, alle nur den einen Gedanken im Herzen, die Feinde Spaniens und der Kirche, die Verderber und Verräter ihres Königs Ferdinand, an dessen Abdankung niemand glauben wollte, der als der gefangene Märtyrer galt, bis aufs Messer zu bekämpfen. Sofort gingen

Agenten nach England, um Schiffe, Waffen und Mannschaften zu erlangen; bataillonsweise desertierten die Soldaten; auch dem nach dem Norden geschickten Korps gelang es im Herbst, von Fünen aus auf englischen Schiffen zur Heimat zurückzukehren. Die ganze Ordnung des Staates ging in dem ungeheuren Wirrwarr zugrunde.

Da sah nun der große Eroberer die Kraft des Enthusiasmus vor Augen, an den er nicht mehr geglaubt hatte, seitdem er in ihm selbst erstorben war. Nicht in den Formen des revolutionären Frankreich trat ihm diese „Ideologie" entgegen, sondern umgekehrt in der Art, die dem Kampf der Vendéer gegen die Revolution eigen ge-

Abb. 63. Joseph Bonaparte als König von Spanien.
Gemälde von J. P. J. Wicar im Museum zu Versailles.

wesen war. Diese Nation wollte keine Freiheiten, die für sie das Joch der Fremdherrschaft bedeuteten; sie kannte keine anderen Ideale als diejenigen, für welche ihre Väter in den Tod gegangen waren. Philipp II. und Ferdinand waren ihre großen Könige, Cid ihr vorbildlicher Held, Dominikus und Ignatius die Heiligen, die sie verehrten. Napoleons Reformen bedeuteten den Weg, auf dem die Zukunft Spaniens lag; alles, was diese Nation dem modernen Europa näher gebracht hat und lebenskräftig in ihr geworden ist, hat sich im Sinne der Verfassung von Bayonne entwickelt. In jenem Augenblicke aber wollten die Spanier nichts von der Zukunft wissen, und alle Erbietungen des Eroberers fielen platt zu Boden. Nur auf seine französischen Truppen konnte König Joseph sich verlassen. Überall bildeten sich Junten, die im Namen König Ferdinands die Regierung in die Hand nahmen. Auch in Portugal brach der Aufstand los, und Marschall Junot geriet mit seinen paar tausend Mann in die äußerste Bedrängnis. Am 22. Juli wurde General Dupont bei Baylen in Andalusien mit 17 000 Mann zur Kapitulation gezwungen, sechs Wochen später Junot ebenso bei Cintra. Joseph mußte seine Hauptstadt verlassen; seine Herrschaft war auf das Gebiet zwischen Ebro und Pyrenäen beschränkt.

Napoleon war aufs tiefste betroffen. Er hatte, wie er am 2. Mai an Talleyrand schrieb, gemeint, die spanische Tragödie sei beim fünften Akt angelangt, die

Lösung werde sofort da sein. Nun mußte er merken, daß eine neue Tragödie begonnen hatte, der noch eine ganzer Zyklus von Katastrophen folgen sollte. Er hatte davon geträumt, Gibraltar zu belagern und nach Afrika hinüber zu gehen; sein Siegeswagen sei im vollen Lauf, wehe dem, der sich ihm entgegenstelle! Nun waren alle diese stolzen Pläne über den Haufen geworfen. Jede Woche brachte schlimme Meldungen: Aufstand auch in Neapel, Landungen der Engländer an den portugiesischen und italienischen Küsten; in Konstantinopel eine neue Thronumwälzung, welche den Rest des französischen Einflusses zerstörte; der Kordon gegen England allerorten zerrissen; selbst König Louis von Holland schloß sich den Protesten gegen die Handelssperre an; im Norden Deutschlands, in Westfalen wie in Preußen, begann es zu gären. In Frankreich selbst war die Stimmung schlecht geworden; ein Komplott, an dem Offiziere teilnahmen, und von dem Talleyrand und sogar Fouché, der Polizeiminister, erfuhren, ohne ihren Herrn sogleich zu benachrichtigen, bewies, wie unsicher trotz allem der Boden war, der den Thron des Kaisers trug; die Masse selbst geriet in Unruhe. Vor allem Österreichs drohende Haltung mußte die Aufmerksamkeit des Kaisers auf sich ziehen. Seit dem Mai waren dort Rüstungen begonnen; eifriger als je meldeten sich Reserven und Landwehren zur Fahne; auch unter dem Zepter der Habsburger flammte etwas wie nationale Begeisterung auf.

Dies die Umstände, welche Napoleon dazu brachten, unmittelbar nachdem er von der spanischen Grenze in Paris eingetroffen war und die Flucht Josephs aus Madrid erfahren hatte, Zar Alexander nach Erfurt einzuladen. Es war die Zusammenkunft, die seit Tilsit für den Fall geplant war, daß die orientalischen Pläne zur Ausführung kommen sollten, und der Zar seinerseits behielt auch jetzt den Orient scharf im Auge; nur daß er nicht mehr an die Teilung oder gar noch an Indien dachte, sondern an die Donauprovinzen, das Stück aus der türkischen Beute, das er sich vorweg ausgesucht hatte. Seit Monaten hatte er den Kaiser bestürmt, ihm den Besitz dieser Länder zuzugestehen. Die neue Zusammenkunft bot ihm die beste Gelegenheit, sie dem Bundesfreunde abzupressen, und so nahm er die Einladung an.

Die Tage von Erfurt pflegen so recht als der Gipfelpunkt der Herrlichkeit Napoleons angesehen zu werden. Und freilich gab der Apparat, mit dem der Kaiser die Entrevue in Szene setzte, ein Bild des Glanzes und der Macht, wie es kaum ein anderer Moment seiner Laufbahn darbietet. Welch ein Anblick, als Talma und seine Truppe vor dem „Parkett von Königen" auf deutscher Bühne die französischen Tragödien aufführten, gegen deren steifen Regelzwang der deutsche Geist seit Lessing siegreich sich erhoben hatte. Unmittelbar vor der Rampe die beiden Kaiser, nahe aneinandergerückt auf einzelstehenden Sesseln, hinter ihnen erst der glänzende Troß der Vasallen und ihrer Höflinge, der Diplomaten, Minister und Generale. Bei den Worten im „Oedipe": „L'amitié d'un grand homme est un bienfait des dieux", erhebt sich Zar Alexander, er selbst ein besserer Schauspieler noch als Talma, und reicht dem Freunde mit zärtlicher Gebärde die Hand; eine Umarmung folgt und ringsum Händeklatschen und Jubel. Und darauf die Begegnungen mit Goethe, mit Wieland, die Fahrt nach Weimar, die Jagd bei Ettersberg und der Besuch des Schlachtfeldes von Jena: auf dem „Napoleonsberg", wie man einen Hügel getauft hat, vor dem „Siegestempel", den deutsche Hände errichtet, ein deutscher Professor mit einem Distichon geschmückt hat, sehen wir den Kaiser mit einer Karte in der Hand, wie er dem Zaren und den anderen hochgebornen Zuhörern den Verlauf der Schlacht schildert, die Friedrichs des Großen Heer vernichtete. In den Dörfern, an den Wegen aber das Landvolk und die Städter, die herbeigeströmt sind, um den Gewaltigen zu sehen und ihm zu huldigen; aus Jena selbst Deputationen des Magistrats und der Universität. Nirgends das Gefühl der Klage oder der Beschämung; überall ist es Er, der im Mittelpunkt der ununterbrochenen Reihe von Festlichkeiten, Bällen, Paraden, Theateraufführungen steht.

So der Schein und die Meinung der Welt.

In Wahrheit bedeuteten die Wochen von Erfurt für Napoleon einen neuen Schritt bergab. Nicht er gab noch das Gesetz, sondern Alexander. Der zwang den Kaiser, ihm Finnland, das er bereits fast in den Fingern hatte, und die Annexion der Donauprovinzen, wo der Kampf noch fortging, anzuerkennen. Dagegen wollte es wenig bedeuten, daß auch der Zar die Veränderungen in Spanien und Italien billigte, daß er das Bündnis von Tilsit erneuerte und abermals zu einem diplomatischen Schritt, einem gemeinsamen Schreiben an König Georg die Hand bot. Man wußte bereits in Wien und London, daß die Feindschaft Rußlands nicht unversöhnlich sei, und Alexander unterließ nicht, an beiden Höfen seine intimere Meinung zu insinuieren. Er verzichtete auf die Teilung der Türkei und versprach an der Donau halt zu machen: aber an diese Projekte hatte keiner von beiden recht ernstlich ge-

Abb. 64. Alexander I.
Gemälde von François Gérard im Museum zu Versailles.
Nach einem Kohledruck von Braun, Clément & Cie. in Dornach i. E., Paris und New York.

glaubt; das Zugeständnis aber, ihm die Donauprovinzen zu überlassen, das er Napoleon abzwang, brachte diesen endgültig mit der Türkei auseinander. Und ebenso wurde dies für Österreich ein Antrieb mehr, sich gegen den französischen Kaiser zu wenden. Napoleon hatte wirklich noch gehofft, auch Kaiser Franz in Erfurt begrüßen zu können, und war sehr verstimmt, als er gleich nach der Ankunft durch seinen Wiener Gesandten erfuhr, daß der Kaiser statt seiner den Herrn von Vincent schicken würde, und daß die österreichische Diplomatie in jeder Weise zum Bruch hindränge. „Ich verstehe jetzt," sagte er, „warum der Kaiser nicht gekommen ist: es ist schwer für einen Souverän, einem ins Gesicht zu lügen; er hat diese Aufgabe Herrn von Vincent überlassen." Als er dann den Österreicher empfing, sprach er zwar drohend vom Kriege, und daß er ihn für Österreich schrecklich machen werde, von seinen ungeheuren Mitteln, und daß der Zar sein Alliierter sei und bleiben werde: aber er erklärte dennoch, daß er den Krieg ebensowenig wünsche, wie er ihn fürchte, und daß er seine Truppen wegziehen, auch die Oderplätze aufgeben werde, sobald man in Wien eine friedlichere Miene annehmen werde. „Ich will," so schrieb er an Kaiser Franz, „Ruhe und Sicherheit."

Sechstes Kapitel.

Das Bündnis von Tilsit.
Bayonne. Erfurt. Schönbrunn.

Am 9. Juli reiste Napoleon von Tilsit ab, und nach kurzem Aufenthalt in Königsberg im Fluge über Dresden und Mainz nach Paris. Ihn riefen hierhin die Umänderungen in seinem System, die ihn schon im Lager beschäftigt und vielleicht mit zum Frieden bewogen hatten. Die Ministerien wurden zum Teil anders besetzt, überhaupt die Beamtenschaft gesäubert; so verlor Talleyrand das Ministerium des Auswärtigen. Das Tribunat wurde abgeschafft, die Finanzverwaltung reorganisiert, die französischen Rechtsbücher in den abhängigen Ländern eingeführt. Mit neuer Kraft wurden die öffentlichen Arbeiten fortgeführt, der Bau der Straßen über die Alpen und nach Deutschland, die Brücken über die großen Ströme, die Kanäle, welche den Ozean und das Mittelmeer mit dem Rhein verbanden, vor allem aber Paris mit glänzenden Bauwerken geschmückt.

Zum drittenmal hatte Napoleon Frankreich den Frieden gegeben, und wieder regten sich Millionen Hände, um die Reichtümer des Landes zu mehren. Stolze Worte waren es, mit denen der Kaiser am 16. August vor dem Corps législatif den Friedensvertrag verkündigte, der das Antlitz Europas verändert habe, und wohl können wir den Enthusiasmus verstehen, der ihm von seinen Untertanen brausend entgegenschlug. Auch Englands gedachte er in Wendungen, welche weder Krieg noch Frieden verrieten, um so stärker aber die Versicherung enthielten, daß der Kaiser mit seinen Völkern eins sei und bleiben werde.

Im August ließ Alexander dem englischen Kabinett die in Tilsit vereinbarte Note zugehen, in der er seine Vermittelung zum Frieden anbot. Er sprach darin, dem Geheimvertrage gemäß, von den „gerechten und billigen" Bedingungen, welche Frankreich stelle, ohne sich weiter über sie zu äußern. Die Engländer erwiderten ausweichend: man möge ihnen zunächst die Bedingungen mitteilen. Sie hatten aber längst eine Antwort vorbereitet, welche eine deutlichere Sprache redete. Seit Anfang August lag eins ihrer Geschwader mit einer Transportflotte vor Stralsund und in den Rügenschen Gewässern. Viel zu spät bereits für die Hoffnungen der Schweden und der deutschen Patrioten; alles Pulver, das von Emden bis Fulda und von Stralsund bis an die böhmische Grenze verzettelt war, hatten die Briten verderben und nutzlos verpuffen lassen, während sie auf die spanischen und holländischen Kolonien erfolgreich Jagd machten. Um so sorgsamer hatten sie in der Ostsee ihr eigenes Pulver aufgespart. Ende August, acht Tage nachdem sie jene Antwort an Alexander gegeben, erschien jene Flotte, mit einem anderen Geschwader vereint, das aus dem Kanal gekommen war und sie schon erwartete, vor dem neutralen Kopenhagen. Ohne Hindernis schiffte man das Landungskorps aus und umringte von der See- und Landseite her die Hauptstadt, die einer solchen Übermacht gegenüber fast wehrlos war. Hinter den Teichen, welche Kopenhagen von der Landseite umgeben, waren die Angreifer selbst gedeckt und konnten ohne eigene Gefahr das Verderben in die unglückliche Stadt schleudern; mehr als zweitausend Menschen, viele Wehr- und Waffenlose, kamen um, Kirchen und Schlösser, die halbe Stadt sanken in Trümmer; was auf den Werften stand, ward geraubt oder zerstört; die Flotte führten die ruhmlosen Sieger mit sich. Das war Englands Antwort: wie bemerkt, eine solche Verachtung aller Regeln des internationalen Rechtes, daß heute auch wohl in England wenige Stimmen sich finden werden, die eine Entschuldigung dafür haben. Aber zweckmäßig war das Verfahren. Eins der Hauptziele der Allianz von Tilsit war die Schließung des Sundes gewesen. Wetteifernd mit der englischen Diplomatie hatte Napoleon Dänemark bestürmt, und seine Truppen standen an der Elbe seit langem bereit, um den Werbungen Nachdruck zu geben; er hätte den kleinen Staat, wenn es sein wenn er im Frühling den Österreichern noch im Donautal begegnen wollte. Bisher hatten auf der Halbinsel meist neue Truppen gekämpft; jetzt zog der Kaiser die Veteranen, die im Osten standen, herbei, unter seinen besten Marschällen, einem Soult, Lannes, Bessières, Ney und Victor. Triumphierend in Frankreich empfangen, gingen sie neuen Triumphen entgegen. Doch blieb Deutschland nicht unbesetzt: 60000 Mann unter Davout in Norddeutschland, 30000 unter Oudinot im Süden, wo die Rheinbundsfürsten fest zu ihrem Protektor hielten; denn auch für sie galt es, ihre neuen Kronen zu verteidigen. Ohne Verzug eilte der Kaiser über die Pyrenäen; am 5. November traf er in Vittoria ein. Und sofort neigte sich das Übergewicht auf seine Seite. Ende des Monats waren bereits die beiden spanischen Armeen, die, von den Engländern unterstützt, das Feld zu halten suchten, geschlagen und zersprengt; erst in Andalusien sammelten sich ihre Reste. Ein Gefecht vor den Toren der Hauptstadt, von Napoleon selbst geleitet, lieferte ihm diese aus (4. Dezember) und führte Joseph in seine Residenz zurück. In den wenigen Wochen, die er hier der Ruhe gönnte, traf er eine Reihe von Anordnungen im Sinne der Reformen von Bayonne. Dann brach er von neuem gegen die Engländer auf, die von Coruña her, wo sie gelandet, einen Vorstoß ins Innere gewagt hatten. Über die verschneite Sierra Nevada hinweg trieb er sie gegen die Küste zurück, also daß sie mit Mühe entrannen.

Noch war Portugal frei, auch der Süden Spaniens unerobert, als Napoleon, die Verfolgung der Engländer dem Marschall Soult überlassend, so rasch wie er gekommen, nach Paris zurückeilte. In sechs Tagen durchmaß er die weite Strecke von Valladolid bis zur Seine; am 23.

Abb. 65. Talleyrand. Gemälde von Pierre Prudhon. Nach einem Kohledruck von Braun, Clément & Cie. in Dornach i. E., Paris und New York.

Januar acht Uhr morgens traf er in den Tuilerien ein, früher, als er es angekündigt hatte, und für jedermann unerwartet. Es waren neben den Rüstungen der Österreicher höchst bedenkliche Nachrichten aus Paris selbst, welche ihn aus Spanien fortgetrieben hatten. Den fremden Gesandten schien er düsterer und reizbarer denn je. Er hatte Grund dazu. Denn in der nächsten Umgebung des Thrones, unter den Höchststehenden selbst, mit denen er den Staat gebaut, auf die er sich noch jetzt verlassen mußte, in dem Kreise von Talleyrand und Fouché, war er, es scheint durch Eugen oder Josephine selbst, einer Intrige auf die Spur gekommen, die mit dem Ende seiner Herrschaft rechnete und in Murat einen Nachfolger bereit hielt. Man spricht oft von der wachsenden Despotenlaune des Kaisers, der eine Madame de Staël von Land zu Land trieb und jede Selbständigkeit zu Boden trat. Hier vor allem liegt die Erklärung. Der Boden, der das Kaisertum trug, begann in seiner obersten Schicht zu erzittern; je höher aber die Intriganten standen, desto schwächer war ihnen gegenüber die Stellung des Herrschers. Nichts kann dies besser illustrieren als die Szene, die Napoleon nach der Heimkehr aus Spanien am 28. Januar mit Talleyrand hatte, den er vor den Augen von Cambacérès und Decrès mit Vorwürfen und Beleidigungen überschüttete, einen Dieb, einen

Verräter, einen Niederträchtigen nannte — ohne ihm doch etwas weiteres zuleibe zu tun, als daß er ihm die Stelle des Großkämmerers, die er ihm vor einem Jahr nach seinem Abgang vom Ministerium gegeben hatte, wieder nahm. „Ich könnte Sie," sprach er zu ihm, „wie Glas zerbrechen, ich habe die Gewalt dazu; aber ich verachte Sie zu sehr, um mir dazu die Mühe zu nehmen." In Wahrheit wagte er sich nicht an ihn heran. Talleyrand nahm das Sturzbad stumm hin, ließ es an sich ablaufen wie Wasser am Wachstuch, ohne darum in seiner hinterlistigen Minierarbeit einen Augenblick inne zu halten. Wissen wir doch heute, daß er schon seit Erfurt die Österreicher gegen Napoleon gehetzt und die Sympathie Alexanders für sie ihnen denunziert hat, und daß er sich nicht entblödet hat, Geld von den Feinden Frankreichs anzunehmen. Metternich aber, Österreichs Gesandter in Paris, schrieb an seinen Hof bereits von einer Verschwörung gegen den Kaiser und trieb aus allen Kräften zum Kriege: Napoleon habe zum erstenmal unzureichende Kräfte; wenn der Krieg nicht in seinem Plane läge, so müßte Österreich ihn für sich aufnehmen.

Nun wäre es ja wohl für Napoleon denkbar gewesen, den Kampf zu vermeiden. Dann hätte er sich aber an dieser Stelle besiegt erklären müssen. Jeder Schritt jedoch, den er zurück tat, bedeutete nicht bloß, wie bemerkt, für die Feinde Frankreichs einen Schritt vorwärts, sondern regte auch die inneren Parteien, die wohl gebeugt, aber nicht vernichtet waren, von neuem auf. Der Kaiser blieb der Erbe der Revolution auch darin, daß seine Feinde, wie die ihrigen, unsterblich waren, und daß er siegen mußte oder fallen.

Zunächst stand er noch, der niemals Besiegte, nie zu Ermüdende, nie Verzagende, im Vollgefühl seines Machtbewußtseins, im Glanz strahlender Triumphe — so zog er aus zum Kampf gegen den Feind, den er schon dreimal niedergeschmettert hatte.

Mit höchster Umsicht und Energie ward alles vorbereitet. Neue Konskriptionen verstärkten die in Deutschland stehenden Korps; doch war auch ein Teil der spanischen Truppen, vor allem die Garde, mit herangezogen. Auch in Italien war eine Armee versammelt. Napoleon konnte hoffen, Mitte April an der Donau 200 000 Mann beisammen zu haben, freilich nur unter äußerster Anspannung der nationalen Kräfte und der Entblößung der Lande nördlich vom Main.

Die Österreicher hatten ihre Hauptstellung in Böhmen genommen, von wo es ihnen leicht war, nach allen Seiten vorzubrechen. Auch war so ihre Absicht, und waren sie dazu genötigt, weil sie nur so hoffen konnten, die Sympathien, die sie in der deutschen Nation wie in den Tiroler Bergen besaßen, für sich zu entflammen. So sprach es die Proklamation Erzherzog Karls aus, die er vom Inn aus am 9. April bei dem Übergang auf den bayerischen Boden erließ: nicht bloß für die eigene Selbständigkeit, sondern für Deutschlands Unabhängigkeit und Nationalehre habe Österreich das Schwert ergriffen. Schon aber waren auch die Franzosen zur Stelle. Als der Erzherzog am 17. April von Landshut nach Regensburg aufbrach, um Davout, der die Donau hier erreicht hatte, anzupacken, traf Napoleon eben in Donauwörth ein. Die Lage, die er vorfand, erinnert einigermaßen an die der deutschen Protestanten im Jahre 1546, als sie von demselben Punkte aus gegen ihren Kaiser ins Feld rückten. Auch Kaiser Karl, des Erzherzogs Karl Vorfahr, hatte damals den Abmarsch von Landshut auf Regensburg unternommen, um den Gegnern die Donau und die linke Flanke abzugewinnen. Daß die Protestanten es unterließen, gegen die Isar vorzustoßen, entschied den Feldzug gegen sie. Eben dies war das Manöver, welches Napoleon durchführte. Seine eigene Armee war, als er eintraf (nicht durch seine Schuld, denn Berthier hatte seine Befehle nicht beachtet), schlecht aufgestellt, die Abteilungen auseinandergezogen. Aber in wenigen Tagen hatte er den Fehler wieder gut gemacht. Er nahm zunächst Davout bis Ingolstadt zurück und brachte vom Lech her den rechten Flügel mit ihm in eine Linie; danach schob er sich zwischen den Erzherzog und das über Landshut vorgedrungene Korps, und nun legte er seine eisernen Zangen um Karls Armee. In fünf Tagen war er am Ziel, Karl in drei schweren Gefechten nach Böhmen abgedrängt und das Donautal bis Wien hin in Napoleons Händen; am 11. Mai war er in Schönbrunn.

Noch war der Krieg nicht entschieden. Wenige Stunden nordwärts, hinter der Donau, aber hart an ihrem Ufer, standen die Gegner. Der Versuch, bei Aspern hinüberzukommen und ihre Stellungen zu durchbrechen, mußte nach den blutigsten zweitägigen Kämpfen aufgegeben werden. Der heimatliche Strom war zum Bundesgenossen der Söhne Österreichs geworden: indem die Brücke, welche von der Insel Lobau auf das linke Ufer hinüber führte, zerbrach, wurde Davout verhindert, Lannes, der jenseits mühsam Boden gewonnen hatte, zur Hilfe zu kommen; und zum erstenmal hatte der Kaiser, wenn auch nicht geradezu die Schlacht, so doch das Schlachtfeld verloren.

Abb. 66. Lannes. Lithographie von Delpech.

Es waren furchtbare Stunden in der Nacht vor dem zweiten Schlachttage auf der Lobau, wo die Armee zusammengepreßt stand. Unter den Opfern des Kampfes auch Marschall Lannes, der seit Italien dem Kaiser gedient, der ihm liebste von den alten Waffengefährten, dem er noch das brüderliche Du der alten Zeiten bewahrt hatte. Aber das Unglück vermochte die Spannkraft des wunderbaren Mannes nicht zu lähmen; nur um so straffer reckte er sich empor. Alle Kräfte zog er zu dem neuen Schlage heran, den er führen mußte, wenn er sich behaupten wollte. In der Nacht zum 5. Juli brachte er die Armee auf das nördliche Ufer hinüber. Wieder machte es ihm die Tapferkeit der Österreicher bei Wagram schwer genug; erst am zweiten Tage und nur durch die Übermacht seiner Artillerie gelang es ihm, den Widerstand zu zerbrechen und damit das, was er wünschte, zu erlangen: den Frieden. Wohl hätte Österreich, wie die treuen Tiroler, welche gegen ihre bayerischen Herren aufgestanden waren, es forderten, den Krieg fortsetzen können; aber auch seine Staatslenker waren des Krieges, in dem sie allein gelassen waren, müde geworden. Ohne Bundesgenossen, ohne Geld verzweifelten sie daran, mit den geschlagenen, auch durch Krankheit gelichteten Truppen den Krieg fortzuführen. Am 14. Oktober bequemten sie sich zu dem Frieden von Schönbrunn, nachdem Napoleon die sehr harten Bedingungen um ein weniges ermäßigt hatte. Auch dann noch verlor Österreich mehr als 2000 Quadratmeilen. Die Beute aus dem alten Reich, die es selbst nach Campo Formio und Lüneville noch mit bekommen hatte, mußte es den Bayern zurückgeben, selbst Triest mit dem Hinterland bis zur Save und im Norden bis über das Pustertal hinweg, dazu das dalmatinische Küstenland abtreten; unter dem Namen der Illyrischen Provinzen unterwarf Napoleon jene Gebiete mit dem altvenezianischen Besitz an dieser Küste der eigenen Krone. Im Norden aber mußten sich die Besiegten die Abtrennung Galiziens gefallen lassen, dessen beste Stücke dem Großherzogtum Warschau angegliedert wurden, während der Zar mit einem Teil von Ostgalizien abgefunden wurde.

Die Hoffnung Österreichs, die Nation mit fortreißen zu können, war vergebens gewesen. Deutschland war kein Spanien. Der Süden folgte dem französischen

Kaiser, der die Interessen seiner Fürsten gegen ihren alten Kaiser vertrat. Ganz vereinzelt blieb die Tat eines armen Fanatikers, Friedrich Staps, der nach dem Friedensschluß, als Napoleon wieder in Schönbrunn war, bei einem Mordanschlag gegen ihn ertappt wurde, auch er übrigens ein Norddeutscher, ein Pastorsohn aus Naumburg. Und wenn im Norden des Mains Ferdinand von Schill, Dörnberg und Herzog Wilhelm von Braunschweig die hier weiter verbreitete Glut des Hasses zur Flamme anfachen wollten, so scheiterten sie weniger noch an der Macht des Gegners an der Schwerfälligkeit des Volkes, als an dem Widerstand der preußischen Regierung, die zu kleinmütig war, um den nationalen Kampf zu wagen, und zu stark, um von der entfesselten Bewegung fortgerissen zu werden. Einen Moment, noch vor Aspern, schien auch Friedrich Wilhelm bereit, dem Drängen der preußischen Patrioten nachzugeben und an dem Kriege teilzunehmen; jedoch bald fiel er in sein gewohntes Zagen zurück. Und als seine Ratgeber nach Wagram ihn noch einmal dahin brachten, Österreich Preußens Hilfe anzubieten, hatten auch sie kaum noch Hoffnung auf Erfolg. Es war, wie sie selbst bekannten, fast schon ein Rat der Verzweiflung, und entsprang kaum weniger der Furcht vor der schier unausbleiblichen Rache Napoleons an den Isolierten, als der heiß lodernden Empfindung für Ehre und Vaterland, die ihre kühnen Herzen erfüllte. Und wohl wäre es Napoleon jetzt nicht schwer geworden, den verstümmelten Staat zu vernichten. Denn Alexander, der schon im Frühling auf alle Weise den König zurückzuhalten versucht hatte, wäre ihm im Herbst gewiß nicht zu Hilfe gekommen. Die Engländer waren, statt, wie die preußischen Patrioten gewünscht und gehofft hatten, an der Weser zu landen, im Sommer gegen die Schelde vorgegangen, um Antwerpen wegzunehmen — ein Plan, der an sich Napoleon sehr gefährlich hätte werden können, denn er traf das Zentrum seiner ganzen Aufstellung und bedrohte nicht bloß die Niederlande, sondern hätte auf Frankreich selbst zurückwirken können; aber er war bereits an der Ignoranz und dem Ungeschick des Führers, Grafen Chatam, gescheitert. Österreich aber hätte Preußen, nachdem es einmal Frieden geschlossen, am allerwenigsten retten können oder wollen. König Friedrich Wilhelm wäre so verlassen gewesen, wie vor drei Jahren; und wie hätte er den Kampf aufnehmen können gegen einen Feind, der im Besitz fast aller Ströme und Festungen seines Landes war und halb Europa hinter sich hatte!

Dennoch geschah ihm nichts. Man kennt den Empfang, den Napoleon im November, als er eben in Paris eingetroffen war, dem General Krusemarck bereitete, der ihm die Glückwünsche seines Königs zum Frieden von Schönbrunn überbrachte. Mürrisch genug war die Aufnahme, die der Gesandte fand. Wer in Preußen regiere? herrschte der Kaiser ihn an: der in Schlesien (er meinte Graf Götzen) oder Schill oder Bluquaire? In Frankreich habe die Kanaille Revolution gemacht, in Preußen tue es die Armee. Warum die Königin, die doch Geist besitze, zu keiner anderen Politik geraten habe? Er drohte, nach Berlin zu kommen, um Ordnung zu schaffen. Dabei erklärte er aber doch, daß er keinen Krieg machen würde, wie sehr er dazu das Recht habe. Er wolle sich mit dem König von Preußen verständigen; dazu müsse aber dieser erst auf dem Platz sein, wohin er gehöre, d. h. in Berlin. Mit anderen Worten, Napoleon behandelte den Ohnmächtigen, wie im Januar Talleyrand. Er sagte ihnen die stärksten Sottisen, ließ sie aber im übrigen in Ruhe. Seine Erklärung war, wie Ranke richtig geurteilt hat, nicht kriegerisch, sondern friedlich: er wollte Preußen nicht vernichten, aber es im Gehorsam erhalten. Nicht anders verstand man es in Königsberg: Krusemarcks Heimkehr hob das letzte Bedenken gegen die Übersiedelung des Hofes nach Berlin. Darum ließ der Kaiser ein halbes Jahr später es zu, daß Hardenberg, den er selbst zu Tilsit aus dem Rate des Königs vertrieben hatte, wieder der führende Minister in Preußen wurde, und sah es mit an, daß die Zahlung der preußischen Kriegskosten, wie sehr er auch gerade damit die Berliner Regierung preßte und ängstigte, trotz allem immer weiter hinausgeschoben wurde.

Siebentes Kapitel.

Krisis und Peripetie.

Noch immer bestand der Bund von Tilsit. Auch Alexander war Österreichs Feind gewesen und hatte den Abmachungen von Erfurt gemäß in den Krieg eingegriffen. Freilich langsam genug; und mehr als die Russen hatten die polnischen Freunde getan, die unter Poniatowski mit Feuereifer in den Kampf gegangen waren. Erst als die Österreicher aus dem Großherzogtum Warschau, in das sie anfangs eindrangen, herausgeworfen waren und ihre Gegner in Galizien einbrachen, erschienen die Russen. Da aber wären diese beim Einzug in Krakau fast mit den Polen handgemein geworden, während sie die Österreicher ruhig abziehen ließen. Der Friede von Wien gab jedem das, was ihm für seine Leistungen gebührte: dem Zaren den Landstrich um Tarnopol, den Polen dagegen die alte Krönungsstadt ihrer Könige. Der Zar, der sich auf ganz Galizien Hoffnung gemacht hatte, war äußerst verstimmt. Zwar ließ Napoleon gleich nach dem Abschluß des Friedens die beruhigendsten Erklärungen in Petersburg abgeben: er denke nicht an die Herstellung Polens. Aber in der Tat hatte die Politik des Kaisers schon eine Tendenz gewonnen, die es ihm wünschenswert machte, die Sympathien dieser Nation für sich zu beleben; er war wirklich dem Gedanken näher getreten, eine andere Stütze zu suchen, nachdem die russische so gut wie versagt hatte. Das konnte aber nur die Macht sein, die er eben besiegt hatte, die einzige Großmacht, die neben Frankreich und Rußland auf dem Festlande noch aufrecht stand. Auch in Wien konnte diese Aussicht nicht ganz unwillkommen sein. Denn während der Zar mit Schweden, das ihm Finnland herausgab, Frieden schloß (September 1809), führte er den Krieg gegen die Pforte, der ihm die Donaufürstentümer verschaffen sollte, weiter: ein Eingriff in die Interessensphäre Österreichs, durch den es noch unangenehmer als bisher berührt werden mußte, nachdem Napoleon es gezwungen hatte, seinen Schwerpunkt in den Donauländern zu suchen. So bereitete sich die Wendung vor, welche zum Bruche des Tilsiter Bündnisses und zum Angriff des Kaisers auf Rußland führte, und deren erste Etappe die Heirat Napoleons mit Marie Luise war.

Jedoch ist dieser Schritt nicht bloß aus der europäischen Lage zu erklären, sondern auch aus den inneren Verhältnissen Frankreichs und überhaupt aus der Gesamtheit der Napoleonischen Politik. Wir sahen, daß zwar die Erblichkeit zum Grundgesetz des Kaisertums gemacht war, aber die Kinderlosigkeit Josephinens Napoleon gezwungen hatte, seine Brüder Joseph und Louis als Träger der neuen Dynastie zu bestimmen. Die Entwicklung seiner Politik brachte es dann mit sich, auch die Vasallenstaaten unter seine Verwandten zu verteilen, und dies System wurde noch verstärkt durch die Verbindungen, welche sie mit den Töchtern und Söhnen der mit Frankreich verbündeten Fürstenhäuser eingehen mußten. So erhielt Jérôme die Tochter Friedrichs von Württemberg, Eugen eine bayerische Prinzessin, Karoline Bonaparte gewann mit der Hand Murats erst ein deutsches Fürstentum, das Großherzogtum Berg, dann die Krone von Neapel, und Stephanie Beauharnais heiratete in das badische Haus.

Aber der illegitime Charakter, der dem Kaisertum anhaftete, wurde dadurch doch nicht verwischt, und vor allem die Nachfolge Napoleons selbst noch schwieriger gemacht, als Joseph und Louis mit fremden Kronen begabt wurden und an eine Personalunion ihrer Häuser mit dem französischen Kaisertum nicht wohl zu denken war. Der Kaiser hatte zuerst daran gedacht, den ältesten Sohn Louis' durch Adoption als seinen Nachfolger zu wählen, aber im Frühjahr 1807 starb der hübsche und begabte Knabe, den der Kaiser sehr in sein Herz geschlossen hatte. Die Brüder Napoleons kamen um so weniger in Betracht, als sie die Erwartungen, die er an ihre Beförderung geknüpft hatte, enttäuschten. Denn sie sowohl wie

Murat wurden fast wider Willen dahin gedrängt, die Sonderinteressen ihrer Länder geltend zu machen, auch da, wo diese der Gesamttendenz der kaiserlichen Politik entgegenliefen. Zumal König Louis machte sich zu einem zähen und sehr inopportunen Fürsprecher für die Interessen Hollands, welche durch die Kontinentalsperre allerdings schwer geschädigt wurden. Joseph geriet sehr bald mit den französischen Generalen in Reibung und beklagte bitter, daß ihm der Bruder nicht ver-

Abb. 67. Karoline Bonaparte.
Gemälde von Mme. Lebrun im Museum zu Versailles.

gönne, seinen Untertanen die Segnungen eines friedlichen Regiments zuteil werden zu lassen. Auch Jérôme gab Anlaß zur Klage und mußte es sich gefallen lassen, daß der Kaiser ihm in dem Gesandten Grafen Reinhard, dem Freunde Goethes, einen Aufpasser zur Seite setzte. Vollends Murat kam in den begründeten Verdacht, an den Umtrieben im Januar 1809 teilgenommen zu haben. Eugen, der Vizekönig von Italien, war der einzige, der seinem Stiefvater stets anhänglich geblieben war und seine Befehle ausführte. Der Gegensatz zwischen den Verwandten Napoleons und denen seiner Frau, der von Anfang an sichtbar war, trat dadurch besonders hervor. Aber auch für Eugens Haltung kam ein politisches Moment mit zur Geltung: die italienischen Hoffnungen waren von jeher an Frankreich geknüpft und die Siege Napoleons über Österreich hatten das Ziel, dem sie zustrebten, die Einigung der Nation, aufs beste gefördert; während in den Staaten der Bonapartes zentrifugale Tendenzen lebendig blieben. Napoleon verhehlte sich keinen Augenblick, daß letztere sich mit der Zeit noch mehr vertiefen würden; wie er es z. B. gegen den General Krusemarck in jener Unterredung vom November 1809 mit der verblüffenden Offenheit heraussagte, die er, wenn er es so wollte, zeigen

Abb. 68. Großherzogin Stephanie von Baden.
Lithographie von Lemercier nach H. Grevedon.

Abb. 69. Eugen von Beauharnais, Vizekönig von Italien.
Lithographie von T. Engelmann.

konnte: er wisse wohl, daß einmal eine Zeit kommen werde, wo Frankreich mit den Nachkommen seiner Brüder Krieg führen müsse. Um so dringender war es für ihn, die Erbfolge am Kaisertum selbst auf eine festere Grundlage zu stellen. Dazu veranlaßte ihn nicht bloß sein persönlicher und dynastischer Ehrgeiz, sondern das Interesse Frankreichs; sollte der Staat, den er gegründet hatte, Dauer haben, so mußte er ihm einen neuen Pfeiler, den der Legitimität, unterstellen.

Josephine hatte das Ende ihres Glückes, das damit herannahte, lange abzuwehren gesucht, weder Bitten noch Vorwürfe noch Tränen gespart; und auch Napoleon ist, wie man nicht anders sagen kann, der Entschluß, sich von der einst geliebten Gattin

11*

zu trennen, schwer geworden. Aber vor der unerbittlichen Notwendigkeit kapitulierte schließlich auch sie, und der Kaiser tat das seine, um ihr Los zu erleichtern. Sie behielt den Titel der Kaiserin, die Residenz in Malmaison, ihren Hofstaat und eine Apanage, die ihr Gelegenheit gab, ohne Einschränkung ihrer Trauer und ihrer Toilette zu leben.

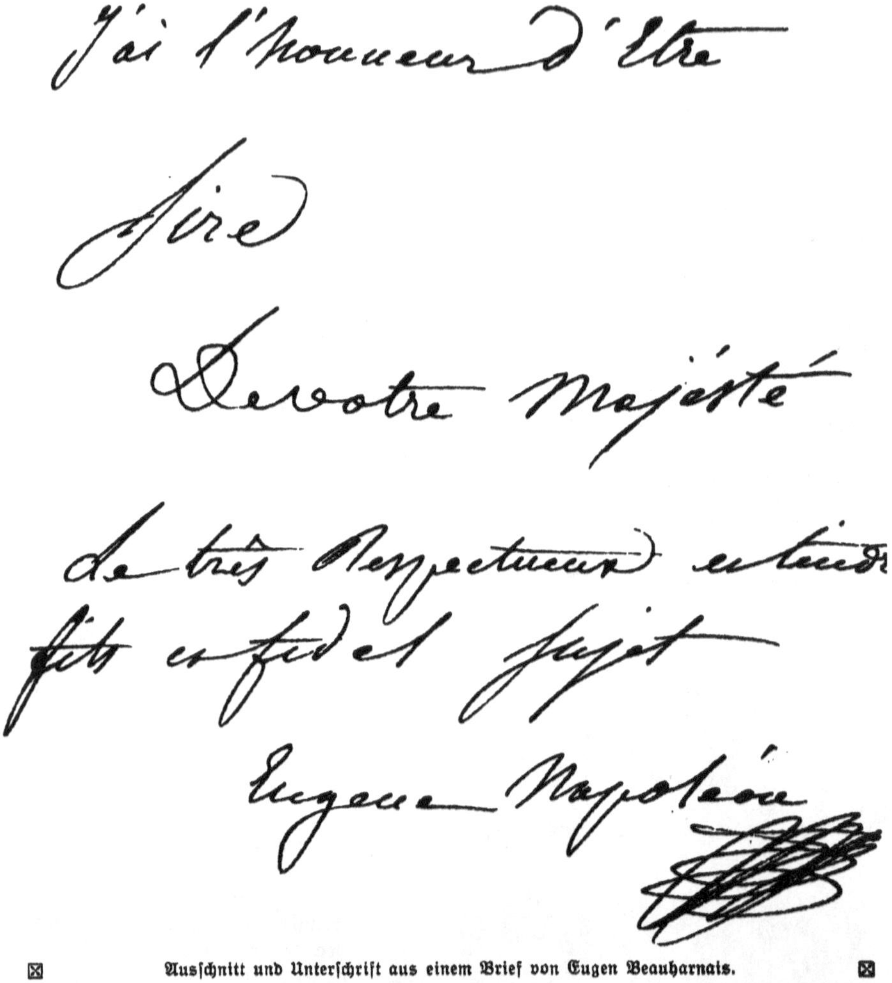

J'ai l'honneur d'être

Sire

De votre majesté

le très Respectueux et tendre

fils et fidel sujet

Eugène Napoléon

Ausschnitt und Unterschrift aus einem Brief von Eugen Beauharnais.

Für Napoleon war die Wahl unter den Fürstentöchtern Europas schwieriger als für seine Verwandten. Denn unter den Vasallen die Gemahlin zu wählen, stand ihm nicht an. Nur eine Prinzessin aus großmächtlichem Hause kam für ihn in Frage. Zunächst hatte er, und zwar sehr bald nach Tilsit, daran gedacht, sich zum Schwager seines russischen Freundes zu machen, der über zwei Schwestern, Katharina und Anna, verfügte. Dies Projekt ward nun einer der Bälle, die in dem diplomatischen Spiel zwischen Petersburg und Paris hin und her geworfen wurden. Alexander aber erwies sich auch hierbei als der gewandtere Jongleur, oder fand doch bessere Deckung als der Gegner, hinter seiner Frau Mutter, die, wie er mit Betrübnis konstatierte, fort und fort Schwierigkeiten machte. Doch ließ er bis Erfurt nicht ab, dem Kaiser Hoffnung auf die älteste zu machen. Kaum aber war er nach Petersburg zurückgekommen, als Katharina dem Prinzen Georg von Oldenburg gegeben wurde. Großfürstin Anna war erst vierzehn Jahre alt; trotzdem wurde über sie weiterverhandelt, obschon ihre Jugend und dann die

Abb. 70. Josephine. Gemälde von Pierre Prudhon im Louvre.
Nach einem Kohledruck von Braun, Clément & Cie. in Dornach i. E., Paris und New York.

Schwierigkeit der Bekenntnisfrage von den Russen fort und fort vorgeschoben wurden. Bis Napoleon Anfang Februar 1810, des weiteren Wartens müde, dem Zaren seinerseits erklärte, daß er auf die Hand seiner Schwester verzichte. Es geschah in Verbindung mit einer neuen Verwickelung in der polnischen Frage. Alexander hatte die Forderung einer urkundlichen Versicherung des Kaisers gestellt, niemals in öffentlichen Akten auch nur den Namen Polen anwenden zu wollen. An demselben Tage, wo Napoleon dies Begehren, das an das bekannte Vorgehen

Napoleons III. gegen König Wilhelm in der spanischen Frage erinnern könnte, kurzerhand abwies, brachte er (so genau hängen diese Dinge zusammen) die Verhandlungen mit Österreich über Marie Luise zum Abschluß. Sie waren seit Monaten geführt und wahrscheinlich durch Graf Metternich, der seit dem Frieden leitender Minister in Wien war, begonnen worden; doch mag man annehmen, daß ihm von seiten Napoleons entgegenkommende Andeutungen gemacht waren. Die Tochter Kaiser Franz' war in vielem das Gegenteil von Josephine. Eine

Abb. 71. Marie Luise. Gemälde von François Gérard im Louvre.
Nach einem Kohledruck von Braun, Clément & Cie. in Dornach i. E., Paris und New York.

achtzehnjährige Blondine mit frischen Farben, weder schön noch geistreich, noch von der koketten Grazie ihrer Vorgängerin, eine wohlerzogene Prinzessin, die als die Tochter des gemütsruhigsten Herrschers, der je auf einem Thron gesessen, ihres Schicksals wartete, dem Manne gegeben zu werden, den die hohe Politik ihr bestimmte. Nachdem ihr Los entschieden war, ging alles so schnell vor sich, wie Napoleon es liebte. Am 11. März 1810 ward die Ehe in Wien durch Prokuration eingesegnet, wobei Erzherzog Karl die Stelle seines Besiegers vertrat. Schon am 27. empfing der Kaiser die Erwählte in Compiègne, wohin er ihr entgegengeeilt war, und nahm, wie bestimmt versichert wird, alsbald von allen Rechten,

Abb. 72. Marie Luise mit ihrem Sohn, dem König von Rom.
Gemälde von François Gérard im Museum zu Versailles.
Nach einem Kohledruck von Braun, Clément & Cie. in Dornach i. E., Paris und New York.

Zweite Heirat. Arbeitsweise Napoleons.

die ihm die Ehe gab, Besitz, wohl eine der leichtesten seiner Eroberungen. Am 1. April ward in St. Cloud die Zivilehe geschlossen, am folgenden Tage unter Entfaltung des größten Pompes die kirchliche Trauung vollzogen. Sehr im Gegensatz zu Josephine gab Napoleon der Kaisertochter eine weit markantere Stellung als Genossin seines Thrones und seiner Macht. Gleich im Frühling nahm er sie auf eine Reise nach den Niederlanden mit, um mit ihr vereint die Huldigungen der Untertanen entgegen zu nehmen. Später, nach dem neuen Ausbruch des Krieges, hat er ihr die Regentschaft übertragen. Auch darüber ist nur eine Stimme, daß er seiner zweiten Gemahlin nicht nur den Glanz ihrer Stellung verlieh, sondern ihr auch mit ritterlicher Aufmerksamkeit und wirklich liebenswürdig begegnete. Niemals hat das Kaisertum so strahlende Feste gesehen als in diesem Jahr; ihren Gipfel erreichten sie nach der Geburt des Sohnes, dem der beglückte

Namenszüge Napoleons.

Namenszug Napoleons, mit dem er nach der Schlacht von Austerlitz die Proklamation am 3. Dezember 1805 unterzeichnete.

Schreiben Napoleons an Massena vom 18. April 1809 aus Donauwörth.

Vater die Krone von Rom in die Wiege legte, ihn dadurch gleich den Kaisern des Mittelalters zum Erben seiner Weltmacht designierend.

In dieser ganzen Zeit war Napoleon daheim geblieben. Zum erstenmal überließ er seinen Marschällen die Führung des Krieges, der in Spanien ununterbrochen weiter ging. Doch legte er darum nicht die Hände in den Schoß. Nach wie vor behielt er alles, das Kleine und das Große, Politik und Verwaltung, Kirche und Unterricht, unter seiner Leitung. Nur ein kleiner Teil seiner Akten ist bisher gedruckt, und doch besitzen wir schon weit über 20 000 Nummern an Briefen, Bulletins, Instruktionen und anderen Urkunden, die das rasch hingeworfene N., Nap. oder Napol. seiner nervös kritzligen Unterschrift tragen; selten, daß er sich die Zeit ließ, seinen Namen auszuschreiben. Täglich hielt er zwei Sekretäre in Atem, denen er seine Befehle, in der Fensterbrüstung seines Kabinetts stehend, oder mit leicht gebogenen Armen, die Fäuste geballt, auf und ab gehend, in die Feder diktierte. Er selbst war nicht zu ermüden, wenn die Geschäfte es forderten, und wann forderten sie es nicht? Im Frühling 1803 hat er einmal, so wird erzählt, drei volle Tage und Nächte hintereinander gearbeitet, darauf,

Persönlichkeit des Imperators.

Abb. 73. Schlafzimmer Napoleons im Schloß Fontainebleau.

immer noch Depeschen lesend, drei Stunden im Bade gesessen, um dann erst sich ein paar Stunden des Schlafes zu gönnen. Denn auch den Schlaf hatte der Starke sich untertänig gemacht. Sein Gehirn war so organisiert, oder der Wille des Eisernen hatte es so trainiert, daß er schlafen konnte, wann er wollte. Mitten im Donner von Wagram, am zweiten Tage der Schlacht, als er sah, daß der Sieg ihm gehöre, mußte ihm Roustan ein Bärenfell auf den Boden breiten, und zwanzig Minuten tiefen Schlafes genügten, um dem Imperator die volle Spannkraft wiederzugeben. Er war nicht mehr der Stürmische, der er bis zum 19. Brumaire gewesen; die Beruhigung, die organisierte Kraft, die er Frankreich gegeben, spiegelte sich in seinem eigenen Auftreten ab. Wenn er als junger Offizier und bis in die Zeiten des Konsulats heiterer Gesellschaft nicht fern geblieben war und sich gern einmal dem Genuß der Stunde hingegeben hatte, so war nun der dunkle Grundton seiner Natur, der immer in ihm vorgewaltet hatte, von Jahr zu Jahr stärker hervorgetreten. Er war wirklich der „Unamüsierbare" geworden, wie ihn Talleyrands boshafter Spott nannte. Das Lachen hatte er verlernt, und wenn einmal ein Lächeln um seine schmalen, geschlossenen Lippen spielte, so mischte sich ihm leicht ein Zug von Ironie und herber Spottlust, vielleicht auch ein Hauch von Schwermut bei. Zittern ging vor ihm her, wenn er durch die Reihen der Höflinge schritt und, in den Kreis der Damen tretend, im Befehlston kurze Worte an die eine oder die andere richtete, die dann seine oft brüske und mokante Art wohl verletzen konnte: ein Auftreten, in dem neben dem Herrscherbewußtsein und dem stets seine Miene umschattenden Ernst doch noch etwas von seinem alten Ungeschick den Frauen gegenüber sichtbar wurde. Sein Äußeres war soignierter als da er die Salons der Tallien und der Marquise Beauharnais besuchte. Glänzend bei den großen Festlichkeiten, in dem **impera-**

torischen Kostüm, dessen Zeichnung von Isabey entworfen war. In der Regel
aber erschien der Kaiser als Soldat, und so einfach wie früher, in der Uniform
seiner Grenadiere oder der Jäger zu Pferde, auf der Brust den Stern der
Ehrenlegion und etwa noch ein paar kleinere Orden. Mit den Jahren war er
stärker geworden. Das kurze kastanienbraune Haar gelichtet und von der Stirn
schon zurückweichend, der Teint so bleich wie früher und fast steinern die Züge.
Aus den blaugrauen Augen blitzte es nicht mehr wie an dem Tage von Arcole,
aber um so stärker war ihr Ausdruck kaltblickender Kraft und unnahbarer Hoheit.

* *

Aber alle Feste und alle Arbeiten des Friedens konnten nicht vergessen machen,
daß Frankreich noch im Kriege war. Zur Zeit der Heirat hatten die Dinge in
Spanien leidlich gestanden; seit dem Sommer begannen jedoch die Engländer, jetzt
unter Wellington, den Franzosen ebenbürtig zu werden. Im Herbst lagerte sich
Massena vor den gewaltigen Stellungen, welche Wellington an den Torres Vedras
zwischen Tajo und Meer aufgebaut hatte. Den ganzen Winter setzte er an ihre
Bezwingung. Dennoch mußte er nach fürchterlichen Verlusten im März nach
Spanien zurückweichen, wo schon der Guerillakrieg in allen Provinzen neu auf-
geflammt war. Die Engländer erschienen auch an anderen Küsten, und überall
mußte man auf der Hut sein.

Noch immer trug Napoleon sich mit Plänen maritimer Expeditionen nach
West- und Ostindien, und selbst an dem Angriff auf England hielt er fest; unablässig wurde an der Herstellung der Flotte gearbeitet; er hoffte, im Herbst 1812
so weit zu sein, um einen neuen Versuch wagen zu können. Bis dahin mußte
die Festlandsperre die stärkste Waffe gegen den unnahbaren Feind sein. Doch
diente diese nicht bloß zur Abwehr, sondern sollte auch als Schutzzoll wirken,
um die Wirtschaft Frankreichs zu heben und ihr den Kontinent zu unterwerfen.
Und diesen Zweck erreichte sie zunächst; überall dort, wo Napoleon unmittelbar
herrschte, empfand man jahrelang nur ihre Segnungen. Aachen, Crefeld, das
ganze Rheinland links vom Strome verdankte der Kontinentalsperre das Empor-
blühen seiner Industrien; und wenn hier, wie in Belgien und in Italien, auch
wohl die Konkurrenz der stärker entwickelten Wirtschafts- und Kapitalkraft Frankreichs empfunden wurde, so stellte sich doch das Gleichgewicht durch den Austausch
der beiderseitigen Produkte wieder her. Besonders blühte die Seidenindustrie von
Lyon, die durch die Revolution schwer gelitten hatte, seit dem Konsulat empor,
ähnlich wie die Wollindustrie, die in Aachen, Eupen, Verviers, Reims ihre
Hauptstätten hatte; selbst die Leinenindustrie, die mit der Konkurrenz der Baum-
wolle schwer zu kämpfen hatte, kam in Gent und Mülhausen zur Entfaltung.
Auch die Eisenindustrie wurde durch die Sperre begünstigt; und vollends die
Luxusindustrie mit Paris als Zentrum eroberte rasch und erfolgreicher als je
zuvor den kontinentalen Markt. Gingen die Seehäfen zurück, so kamen die
Binnenstädte um so höher, vor allem Straßburg als der Grenzplatz nach Süddeutschland und dem ganzen Donaugebiet. Desto schwerer lastete diese Wirtschaftspolitik auf den Ländern, deren Industrie unentwickelt war und deren Produkte
auf den Absatz über See, besonders nach England, angewiesen waren, sowie
auf den großen Emporien, die diesem Verkehre dienten, d. h. auf allen Staaten
der Nord- und Ostsee, die außerhalb der französischen Zollgrenzen lagen, überhaupt auf dem ganzen Osten bis nach Österreich und Rußland hin. Zu dem
politischen Druck kam hier die wirtschaftliche Schädigung hinzu, um die Übermacht
des Kaiserreichs von Jahr zu Jahr verhaßter zu machen. Nun aber begann in
Frankreich selbst das hochgespannte Protektionssystem zu versagen. Seit dem
Mai 1810 gewahrte man eine Reihe von Bankerotten, die an der Peripherie, in
Lübeck und Amsterdam begannen: die ersten Zeichen der Beunruhigung, welche

sich im Laufe eines Jahres bis zur völligen Erschütterung des Handels und der Industrie auch in Frankreich steigerte. Die nächste Ursache mochte in einer Krisis des Kolonialwarenhandels liegen; aber darin, wie in anderen Symptomen wirtschaftlicher Schwäche offenbarte sich doch wieder als letzte Ursache das politische System, für welches der Alleinherrscher seine ganze Kraft eingesetzt hatte. So wurde auch in Frankreich die Stimmung gegen die Kontinentalsperre gereizt; der Kaiser sah sich bereits selbst gezwungen, durch Gewährung hoher Lizenzen hier und da Erleichterung zu schaffen. Aber aufgeben konnte er die Sperre darum nicht. Er suchte durch Vorschüsse an bedrängte Fabrikanten, durch Hilfskassen und Bestellungen für Staat und Hof die Gewerbtätigkeit zu heben und stärkte dadurch, wie durch die Erhöhung der Zollgrenzen gegen den Kontinent, in der Tat wenigstens den inneren Markt Frankreichs: weniger um den Arbeitgebern als den Arbeitern selbst zu helfen, denn auf der Zufriedenheit der Massen ruhte seine Macht. Aber auf die Dauer wollte alles nichts helfen. Die Stagnation hielt an; in Paris kam man 1811 wieder so weit, Notstandsarbeiten einzurichten und direkte Zahlungen zu leisten, und ähnlich war es in den Provinzen. In den abhängigen Ländern aber war man längst zur Selbsthilfe geschritten. Der Schmuggel blühte und an hundert Punkten wurde die Kontinentalsperre durchbrochen, drangen die verpönten englischen Waren auf Schleichwegen in die Länder.

Nur wo die französischen Truppen und Zollwächter standen, konnte der Kaiser einigermaßen auf die Durchführung des Blocus rechnen. Da man ihm nicht zu Hilfe kam, mußte er sich selbst helfen, das hieß, die widerspenstigen Staaten annektieren. An sich war er keineswegs dazu geneigt; das zeigte er 1811 in Düsseldorf, als ihn die leitenden Kreise im Interesse ihrer Industrie um Einverleibung oder wenigstens um Zollverbindung baten; er blieb gegen diese Wünsche ganz unzugänglich. Aber die Küstenlandschaften konnte er nicht entbehren, und so ward Holland schon im Sommer 1810, dann, noch im Winter, auch das deutsche Küstengebiet bis zur Ecke von Lübeck hinüber zur Provinz gemacht; aus dem „Moniteur" erfuhr Jérôme, daß ihm der Bruder ein Viertel seiner Staaten und ein Drittel seiner Einkünfte abnehmen wolle. Ebenso geschah es mit den spanischen Ländern bis zum Ebro. Es war das alte Schauspiel: weiter und weiter wuchs diese Macht, solange ihr nicht die Grenzen von außen gesetzt wurden.

*   *   *

Auch im Innern Frankreichs begannen die Fugen des gewaltigen Baues auseinander zu weichen. Sehr bedrohlich war das Verhältnis zur Kirche geworden, die doch ein Eckstein des neuen Staates war. Seitdem Napoleon Rom und den Kirchenstaat okkupiert, hatte ihm der Papst seine Feindschaft erklärt. Unverhohlen zeigte Pius seine Sympathien mit den spanischen Empörern; kaum hatten sie losgeschlagen, so protestierte er gegen die Vergewaltigung und verbot den Bischöfen in den abgetretenen Legationen, dem Kaiser den Eid zu leisten. Dafür erklärte Napoleon im Mai 1809, gleich nach den ersten Siegen, von Schönbrunn aus den Kirchenstaat für eine Provinz, Rom für eine kaiserliche Freistadt; am 10. Juni erfuhr der Papst, was geschehen, und daß er unter ein Garantiegesetz gestellt sei, welches ihm ein Einkommen von zwei Millionen versicherte und seine Güter und Paläste ließ. Längst hatte er die Bannbulle bereit. Bevor die Sonne unterging, war sie unterzeichnet; den Bischöfen, welche der Kaiser ernennen werde, wurde die kanonische Institution versagt. Napoleon zögerte keinen Moment mit der Antwort. Da der Papst die Empörung predige, ließ er ihn verhaften, nach Grenoble, dann nach Savona bringen. In derselben Stunde, als die Kämpfer von Wagram sich zum Streite rüsteten, zogen die französischen Truppen in den Quirinal ein. Pius hatte auf den Sieg Österreichs gerechnet, das Gottesgericht der Schlacht aber entschied gegen ihn. Die Kardinäle und alle Monsignori, die Ordensgenerale, die päpstliche Kanzlei und das Archiv wurden nach Paris gebracht; im Februar 1810 dekretierte der Senat die Vereinigung des Kirchenstaates mit Frankreich. Ein Nationalkonzil sollte dem Willen des Kaisers Geltung verschaffen. Es fehlte nicht an Opponenten, aber Napoleon duldete keinen Widerspruch. Im Juni 1811 versammelte er die Prälaten Frankreichs, Belgiens und Italiens. Die Widerstrebenden wurden, zum Teil durch Verhaftung, mundtot gemacht, und die Väter votierten das Dekret, welches der Kaiser ihnen diktierte, und das den Metropolitanen das Recht der Institution für den Fall gab, wenn der Papst länger als sechs Monate mit der Instituierung eines vom Kaiser ernannten Bischofes zögern würde. Pius war gebrochen; unter heftigem Sträuben und mit bitterem Schmerz verzichtete er auf das Recht, das seine letzte Waffe gewesen war: auch er gehörte nun zu den Besiegten des Kaisers.

Nur widerstrebend ließ Napoleon sich in eine Richtung führen, die in die Bahnen der Jakobiner zurückzulenken drohte. Denn er setzte sich dadurch immer stärker in Widerspruch mit der Politik, durch die er seinen Thron gegründet hatte. Aber so wollte es nun einmal das Schicksal: der Träger des Systems, welches das Ende der Revolution hatte bedeuten sollen, mußte, um es nur aufrecht zu halten, wieder zu den Mitteln der Revolution greifen, die sie in die Ziellosigkeit und den Terrorismus hineingetrieben hatten.

Schon war auch das unmittelbare Fundament der kaiserlichen Macht, die Armee, brüchig geworden. Die Veteranen, die bei Marengo und Austerlitz gesiegt hatten, lagen unter dem Rasen oder pflegten daheim ihre Wunden. Die Masse bestand aus den Rekruten der Konskriptionen, welche der Senat dienstbeflissen bewilligte; mit ihnen hatte Napoleon die letzten Schlachten gegen Österreich schlagen müssen. Soldaten und Offiziere wünschten ebenso wie das Land das Ende des ewigen Kriegführens herbei. Schon zur Zeit von Tilsit war dies für den Kaiser ein Moment zum Abschluß des Friedens gewesen. Zu Tausenden entzogen sich die Stellungspflichtigen dem Dienst, und zu Tausenden desertierten die Eingezogenen. Es mußten förmliche Razzias abgehalten werden, um die Entlaufenen unter die Fahnen zurückzubringen. Auch die Chouans zeigten sich wieder in den westlichen Provinzen, und das Komplottieren der Royalisten mit den Engländern wollte nicht aufhören. Nur durch brutale Strenge konnte man diesen Unordnungen begegnen, aber die Stimmung, aus der sie hervorgegangen, war nicht zu fassen.

So tat sich der Riß zwischen der Regierung und der Nation, der seit dem 19. Brumaire beseitigt schien, wieder auf, und die Nation begann sich von ihrem Herrscher zu trennen. Gerade die Nächststehenden, die Minister, Marschälle und die eigenen Brüder des Kaisers, merkten die Gefahr am ersten. Natürlich, denn sie hatten am meisten zu verlieren; und so hielten sie sich zum Teil, wie Wallensteins Offiziere, bereit, im Moment, wo das Schiff den ersten Stoß erhalten würde, abzuspringen oder gar den Mann am Steuer über Bord zu stoßen. Talleyrand, der von allen die feinste Witterung hatte, meinte den Weg zu kennen, um Frankreich aus dem furchtbaren Dilemma herauszuführen: es war der, den er später eingeschlagen hat und der für ihn wenigstens nur gangbar war durch Verrat und Entehrung des eigenen Namens. Napoleon selbst sah viel zu klar, als daß er die Entfremdung der Gemüter und die Schwäche seines Systems nicht bemerkt hätte, und noch weniger glaubte er daran, daß sein Protektorat über halb Europa ewig dauern werde. Dies war eine Kampfesorganisation, die er selbst vielleicht mit einer anderen vertauscht haben würde, wenn die Politik es erfordert hätte. Um so mehr klammerte er sich an Frankreich an, und um so stärker suchte er Frankreich zu machen. Man muß immer wieder den nationalen Charakter betonen, den Napoleon seiner Krone geben wollte; wie auf wirtschaftlichem Gebiet, so trat er auch sonst überall in erster Linie für die Interessen der „großen Nation" ein. Darum gab er seinen Brüdern die fremden Kronen: er konnte von ihnen noch am ersten hoffen, daß sie ihm darin willig wären, in allem eine „französische Seele" zu zeigen. Als nach dem Wiener Frieden das Institut darüber beriet, ob es dem Kaiser den Titel „Augustus" oder „Germanicus" geben wollte, wies er die Huldigung mit den stolzen und nicht weniger treffenden Worten zurück: Augustus habe nur die Schlacht bei Actium gewonnen, Germanicus die Römer bloß durch sein Unglück interessiert; er könne sich nur den Titel ‚Cäsar' wünschen, doch sei dieser durch zu viele kleine Fürsten entehrt worden: sein Titel sei Kaiser der Franzosen. Auch darin sah Napoleon völlig klar, daß für ihn kein Platz gewesen wäre in einem Frankreich, das dem Gleichgewichte auf dem Festlande entsprach und Englands Seeherrschaft nicht mehr gefährlich wurde. Nur die Bourbonen konnten einen Frieden schließen, der Frankreich hinter das Jahr 1795 zurückwarf; „man muß ein legitimer Fürst sein", schreibt er einmal in bitterem Spott an König Friedrich von Württemberg, „um es sich gestatten zu können, die Hälfte seiner Untertanen aufzuknüpfen". Und will man etwa dem Titanen, der die Welt aus den Fugen hob, zumuten, daß er selbst sie wieder hätte einrenken und das Werk, das seine ungeheure Kraft errichtet, zerstören sollen? Um dann davonzugehen, wie ein Schauspieler von der Bühne? „Ich habe mir ein Reich geschaffen, ich will es erhalten," sagte er zu einem Emissär Lucians. „Der Himmel kann einfallen," sprach er zu dem Bruder, „ich werde meine Ansicht nicht ändern." „Ich habe Europa nicht besiegt, um vor Dir zurückzuweichen. Wer nicht für mich ist, ist wider mich. Fügst Du Dich nicht meinem System, so bist Du mein Feind und Europa ist zu klein für uns beide." „Man mag mich für ungerecht und grausam halten, wenn mein System nur vorwärts geht." Er war nicht ein Tyrann in dem Sinne, daß er keinen Widerspruch ertragen hätte; er ließ sich wohl durch seine mit den Jahren sich steigernde Heftigkeit fortreißen, aber wenn sie verflogen war, war er bereit, sich zu entschuldigen, sogar brieflich und in den liebenswürdigsten Formen. Ruhig vorgetragene Gründe hörte er an und diskutierte sie. Auch war er, wie gesagt, von Natur nicht grausam, und dankbar gegen den, der ihm anhing. Aber er kannte keine Gnade und scheute vor keiner Brutalität zurück, sobald seine Interessen, sein System in Frage kamen und seine Zwecke es ihm nötig zu machen schienen. Dann gab es für ihn immer nur das eine Mittel von Binasco: il faut brûler, fusiller, faire la terreur. Zu keiner Zeit häuften sich die Blutbefehle mehr, als in den Anfängen der spanischen Empörung, 1808 und 1809; im folgenden Jahre waren es beträchtlich weniger. Er nannte dies Energie, und weiberhafte Schwäche, wenn seine Brüder und Generale es unterließen, die Exempel zu statuieren, die er von ihnen forderte. Nur so könne man sich Vertrauen erwerben: „Die Canaille liebt und achtet nur diejenigen, welche sie fürchtet, und die Furcht der Canaille kann euch allein die Liebe und Achtung der ganzen Nation verschaffen" — so gegen König Joseph im Jahre 1809. „Man muß stark sein, um gut sein zu können," schreibt er ein andermal: das Wort, in dem wir den Leitsatz im „Discours de Lyon" kennen lernten. Aber das System brachte es mit sich, daß die Kreise, die Napoleon als Canaille bezeichnete, immer höher hinauf reichten, und daß am Ende niemand mehr unter ihm frei atmen konnte. Wie er selbst einmal zugab, als er Joseph Chénier für ein allzu freies Wort einsperren ließ: „Die Zeit der Scherze ist vorbei; mag er still sein, das ist das einzige Recht, was er hat." Wer ihm aber half, dem half er wieder; selbst wenn er wußte, daß er kaum auf ihn zählen könne und seine Gunst einem Unwürdigen schenke. „Ich will," sagte er von Massena und seinesgleichen, „sie so reich machen, daß sie nicht mehr stehlen." Und so zertrat er überall die Kräfte und Triebe, welche eines freien Wachstums bedurften, und zog die brutalen und gemeinen Instinkte groß, und erfüllte sich selbst immer mehr mit der Verachtung der Menschen, die schon auf dem Grunde der Seele des Jünglings gelegen hatte.

Er hatte die Macht des Schicksals über sich schon anerkannt, als er noch das stolze: „braver la mort et le destin" auf seine Fahne schrieb. Seitdem hatte er die Wucht der Verhältnisse, deren Träger er geworden war, immer stärker an sich erfahren. In immer neuen Wendungen hat er dies Gefühl der Abhängigkeit von dem Unabänderlichen bekannt. „Ich bin der größte Sklave unter den Menschen. Der Herr, dem ich gehorchen muß, hat kein Herz: es ist die Berechnung der Umstände und die Natur der Dinge," so schreibt er an jenen Friedrich von Württemberg, der selbst das Urbild eines Despoten war. Dennoch sah er in der Politik „den Stern, dem er folgen wollte, weil er ihm folgen mußte". Bis ans Ende wollte er den Kampf mit dem Schicksal, das er in ihr beschlossen sah, durchführen, und wäre es nur, um der Vollstrecker zu werden seiner eisernen Gebote.

* * *

Im Oktober 1810 ließ Napoleon den Zaren auffordern, die Dekrete, die er gegen die unter neutraler Flagge einkommenden englischen Waren erlassen hatte, auch in Rußland zur Durchführung zu bringen. Daß die Neutralen, d. h. die Amerikaner englisches Eigentum nach Rußland brachten, war zweifellos, es wäre also ein schwerer Schlag für die Engländer geworden. Alexander erklärte, daß er, an dem Vertrag von Tilsit festhaltend, alle nicht neutralen Schiffe abweisen werde; aber mit den neutralen Staaten dürfe er sich nicht entzweien, und die Kolonialprodukte könne er nicht entbehren. Dieser Entscheidung folgte nach der Annexion der Nordseeküste, der auch Oldenburg, das dem Zaren verwandte Haus, zum Opfer fiel, am letzten Tage des Jahres ein russischer Ukas, welcher einen Sperrzoll gegen Seide und Wein, ausschließlich französische Produkte, aufrichtete. Gegen den Protest des Kaisers hatte Alexander nur die Erklärung, daß diese Maßregel finanziell nötig sei. Die sehr gereizte Korrespondenz, die sich daran schloß, führte im April 1811 dahin, daß Napoleon es offen aussprach, eine Versöhnung Rußlands mit England werde für ihn den Krieg bedeuten. Diese Versuche des Zaren, die Kontinentalsperre für Rußland und damit für den ganzen Osten unwirksam zu machen, waren aber, so nötig sie für Rußlands Wirtschaft sein mochten, dennoch für die Petersburger Regierung mehr Vorwand als Motiv für den Umschwung ihrer Politik. Seit dem Sommer 1810 sah der Zar entschlossen dem Bruch mit dem Freunde von Tilsit ins Auge; im Frühling 1811 war er sogar, was Napoleon erst nachträglich erfuhr, drauf und dran, vorwärts zu gehen und Preußen mit in den Krieg hineinzureißen. Das Losungswort für Alexanders Politik war das alte, von seiner Großmutter ererbte: Polen. Er wollte nicht dulden, daß der Kaiser dem russischen Ehrgeiz eine Barriere an der Weichsel errichte. Obgleich Napoleon, der von seinem Botschafter in Petersburg Caulaincourt unvollkommen unterrichtet wurde, nicht alle Minengänge der Russen überschaute, sah er doch die Gefahr und die Nötigung, ihr zu begegnen. Er mußte eine Stellung einnehmen, von wo aus es ihm möglich war, dem Beherrscher des Ostens sogleich an den Leib zu kommen. Er durfte nicht Zwischenmächten, welche diesem zufallen konnten, die Neutralität gestatten. Österreich hoffte er durch die Heirat gewonnen zu haben. In Schweden war im Jahre 1810 durch den Thronwechsel, der seinem Verwandten Bernadotte dort die Krone in Aussicht stellte, eine Wendung eingetreten, von der er trotz der alten Rivalitäten zwischen ihm und dem Marschall zunächst noch Hilfe für sich erwartete. Vor allem aber kam es auf Preußen an, durch dessen Provinzen der Weg zur russischen Grenze ging. Dies mußte in eine Lage gebracht werden, die es ihm unmöglich machte, sich dem Anmarsch der französischen Armee in den Weg zu stellen. Napoleon lag, daran halten wir fest, nichts daran, Preußen zum Feind zu haben oder es gar, wie die Patrioten meinten, zu vernichten; mochte er auch bereits mit zukünftigen Kombinationen rechnen, die ihm einen Austausch dieser oder jener Provinz rätlich erscheinen lassen konnten. Aber er mußte es knebeln, völlig in seine Gewalt bringen, so daß es keine Nebensprünge machen konnte und ihm mindestens den Durchmarsch, und womöglich direkte Hilfe gewährte. Und dies erreichte er durch eine Politik, welche den Berliner Hof, wie nur er es verstand, zu ängstigen, zu pressen, zu überrumpeln und schließlich an seine Seite zu zwingen wußte. Am 24. Februar 1812 ward das Bündnis unterzeichnet, welches Preußen mit Frankreich zu Schutz und Trutz verband, dem Kaiser freien Durchmarsch durch seine Provinzen und ein Hilfskorps von 20 000 Mann in Aussicht stellte.

Man hat oft gefragt, ob Preußen schon in dieser schweren Krise gut daran getan und es vermocht hätte, das Schwert gegen den Welteroberer zu ziehen. Doch ist hier kaum der Ort, darüber zu diskutieren, wer von den leitenden Männern des Berliner Hofes das Rechte geraten hat, ob der König und Hardenberg oder Gneisenau, Scharnhorst und ihre Freunde. Nur auf eins wollen wir aufmerksam machen. Der Kriegsschauplatz wäre in einem solchen Falle nicht zwischen Niemen und Wolga, sondern zwischen Niemen und Elbe gewesen, unmittelbar an den Grenzen des Kaiserreichs, mitten unter seinen Vasallen, den Rivalen Preußens, in einem Lande, das zwar arm und ausgesogen war, dessen Straßen, Ströme und Festungen aber von Napoleon besetzt und für die Zufuhren frei waren. Und ob Alexander seine Truppen bis zur Elbe und noch weiter gebracht hätte? Freundschaft für Friedrich Wilhelm war es nicht, was ihn zum Kriege trieb, und nicht deutsche Interessen hat er später verteidigen wollen, als er aus den russischen Grenzen hervorbrach und seine Heere an den Rhein und nach Paris führte. Schwerlich wäre er diesmal weiter gegangen, als die polnischen Grenzen reichten. Und ob er Posen und Ostpreußen herausgegeben haben würde, wenn sie in seinen Besitz gekommen wären? Genug, er hat damals so lange gezögert, bis dem Kaiser der Franzosen der Bund mit Preußen es ermöglicht hatte, seine Angriffsbasis an den Niemen zu verlegen. Napoleon stand damit wieder an demselben Punkt, wo er im Juli 1807 umgekehrt war. Noch hatte Schweden sich nicht definitiv erklärt; erst im August hat Bernadotte den Vertrag von Åbo mit Alexander geschlossen, der ihn auf dessen Seite führte; denn Napoleon hatte ihm den Preis, den er gefordert, nicht zahlen können: Norwegen: weil er Dänemark, den einzigen seiner Alliierten, der es aufrichtig mit ihm meinte, nicht schädigen wollte; Alexander aber garantierte jenes Land dem schwedischen Thronfolger, der dadurch seine Stellung in Stockholm befestigen wollte. Auch auf die Türkei konnte Napoleon nicht mehr rechnen, da sie, besiegt und des Krieges müde geworden, im Mai einen Frieden annahm, der ihr die Fürstentümer ließ. Wohl aber ward die Hoffnung Napoleons, Österreich auf seine Seite zu ziehen, erfüllt. Am 14. März unterzeichnete Fürst Schwarzenberg in Paris die Vertragsurkunde, welche seinen Herrn unter Zusicherung territorialen Gewinns zur Stellung eines Hilfskorps verpflichtete.

Im Mai versammelte der Kaiser in Dresden die deutschen Fürsten um sich. Von Berlin war König Friedrich Wilhelm, von Wien Kaiser Franz herbeigekommen. Neben ihren Eltern sah man Napoleons Gemahlin. Es war ein Triumph für Napoleon ohnegleichen; Erfurt trat davor weit in den Schatten. Die Worte, die er an den König richtete und die man ihm heute so übel zu nehmen pflegt: „Sie sind Witwer?" hatten nicht die Absicht, Friedrich Wilhelm, der ihm freilich unsympathisch war, zu verletzen. Sie entsprachen eben der kurzen und ungeschickten Art, die wir an ihm kennen. Ein Brief des Prinzen Wilhelm, der sich entzückt über die Feste und den allgemeinen Jubel der Dresdner Tage äußert, gedenkt namentlich auch der Liebenswürdigkeit, welche der Kaiser gezeigt habe. Keine Spur in jener hohen Gesellschaft von der Stimmung, in der wir heute jener Tage gedenken. Beim Abschied war die Rührung allgemein; Napoleon sprach mit jedem Fürsten, mit jeder Prinzessin; er selbst war bewegt.

Hinter ihm standen Kräfte, wie sie niemals ein Herrscher in der Hand gehabt hatte. Bis in die ältesten Zeiten mit ihren sagenhaften Angaben muß man zurückgehen, um Heereszahlen zu nennen, die dem, was hier wirklich aufgeboten war, gleichen. Von Gibraltar und der sizilischen Meerenge bis zur Memel und den Karpathen hatten die Vasallen ihre Kontingente geschickt; kaum einer der Alliierten fehlte; zumal die Deutschen füllten die Korps, die unter den Adlern des Kaisers fochten: nicht bloß die Abteilungen Österreichs und Preußens, welche die Flügelkorps bildeten, sondern auch die Cadres der Großen Armee, die unter des Kaisers eigenem Befehl stand.

Am 28. Mai brach Napoleon von Dresden auf. Vier Wochen später, am 23. Juni, abends 11 Uhr, begann der Übergang über den Grenzfluß, genau fünf Jahre, nachdem ihn der Kaiser bei Tilsit erreicht hatte. So überwältigend aber auch die Macht war, die er, einem Bergstrom gleich, so sagte er selbst, an die Grenze Rußlands gebracht hatte, und mit der er sich nun auf die russischen Truppen stürzen wollte, lag es dennoch nicht in seinem Plan, dem Zaren das Schicksal der Bourbonen oder auch nur der Hohenzollern zu bereiten. Er wollte ihn nur soweit niederzwingen, daß er ihm Raum gäbe, um mit dem Gegner im Westen zu Ende zu kommen. Er hätte ihn wohl an seinen polnischen Besitzungen, vielleicht auch in den baltischen Provinzen verkürzt; aber daß er auch jetzt noch nicht an eine volle Vereinigung der polnischen Provinzen dachte, zeigt die Zurückhaltung, mit der er die Werbungen und Erbietungen des polnischen Reichstages aufnahm. Obwohl er die Richtung auf Moskau einhielt, war dies doch nicht sogleich das Ziel, das er erreichen wollte. Ihm hätte es genügt, den Zaren mit ein paar Schlägen von sich abzuschütteln. Auch die Russen hatten keineswegs die Scythen-Strategie im Sinne, als sie weiter und weiter vor den französischen Massen zurückwichen. Sie dachten vielmehr an Wellingtons Beispiel in Portugal und wollten an der Düna ein Lager aufschlagen, an dem sich der Feind die Hörner abstoßen sollte. Der Rückzug, den sie machten, war unfreiwillig, und Mißtrauen und Verwirrung unter den Führern begleiteten ihn. Je weiter aber Napoleon vorwärts drang, um so größer wurden die Schwierigkeiten, nicht bloß durch das Klima, das zuerst heiße, dann nasse Wetter, und die Unkultur des Landes, sondern ebensosehr durch die immer stärker wirkenden Mängel der Organisation. Erst vor den Toren der russischen Hauptstadt kam es zu der großen Schlacht bei Borodino (5. und 6. September 1812), die von beiden Seiten gewollt und von beiden mit einer Erbitterung ohnegleichen durchgefochten wurde, die blutigste aller Schlachten, welche Napoleon bisher bestanden hatte. Doch fesselte er noch einmal den Sieg an seine Adler. Die Russen mußten zurück; auch ihre Hauptstadt gaben sie dem Gegner preis und nahmen im Südosten von ihr Stellung.

Endlich sah Sisyphus das Ziel unmittelbar vor sich. Eine Linie, ein Ruck noch, und er hatte den Block auf der Gipfel gewälzt — und konnte nun, das Festland, das endlich fest gewordene, zu Füßen, seine Wurfgeschosse schleudern, wohin er wollte, nach Indien, oder zum Bosporus und Nil hin, oder auf die Hauptburg des furchtbaren Feindes, nach deren schimmernden Zinnen er von Boulogne aus so oft über das Meer hin vergebens gespäht hatte.

Achtes Kapitel.

Die Katastrophe.

Am 14. September zogen die Franzosen in Moskau ein, unmittelbar nachdem die feindliche Armee und die Einwohner selbst die Stadt verlassen hatten. Napoleon kam am Tage darauf und nahm sein Quartier im Kreml. An Lebensmitteln und Fourage fehlte es zunächst nicht; man konnte auch so wohl leben. Da nun begann es zu brennen, bald hier, bald da, vereinzelt zunächst und kaum beachtet. Nicht lange aber, so vereinigten sich die Brände; gleichzeitig und an verschiedensten Stellen sah man neue Feuer aufgehen; hier und da wurden Brandleger ertappt und erschossen: offenbar, es war Plan in der Sache. Immer dichter wuchsen die Flammen zusammen. Der Himmel verbündete sich der grausigen Tat des Patriotismus: ein rasender Nordost jagte das Flammenmeer über die Holzhäuser der Stadt hin und auf den Kreml zu, wo der Kaiser seit kaum vierundzwanzig Stunden residierte. Durch das Gewirr der Gassen kam er hinaus auf ein nahes Luftschloß: „Welch entsetzliches Schauspiel!" rief er aus. „Sie sind es selbst! Es sind Scythen."

Nur zum System von Tilsit hatte er Alexander zurückführen wollen. So schrieb er auch jetzt noch in Briefen, die er dem Zaren und dem General Kutusoff zutragen ließ; er möge, ließ er diesem sagen, dem Kaiser die Friedensabsichten Napoleons melden. Kutusoff erwiderte, das Wort „Friede" stehe nicht in seinen Instruktionen; er könne nichts tun, als den Antrag seinem Kaiser übermitteln. Alexander antwortete überhaupt nicht. Napoleon wartete bis in den Oktober auf die Erklärungen, um die er gebeten, fünf kostbare Wochen. Die Flammen hatten am 20. September aufgehört, aber die Russen kamen von allen Seiten verstärkt wieder herbei. Schon war Kutusoff wieder vorgerückt, hatte Murat schwere Verluste beigebracht. Die Armee, die schon bis Borodino auf weniger als die Hälfte ihrer anfänglichen Stärke gesunken war, ganz entmutigt, in unerhörter Zerrüttung; die Lebensmittel nahezu aufgezehrt, die Verbindung mit der Heimat fast unterbrochen. Blieb man noch länger, so ward es eine Lage wie in Ägypten nach Abukir, aber im russischen Winter. Es ging nicht anders, man mußte zurück. Drei Straßen standen zur Verfügung: an die eine, nach Petersburg, war nicht zu denken; die mittlere und kürzeste, diejenige, auf der man gekommen, führte durch völlig ausgesogene Provinzen. Man mußte die südliche wählen, an der Flankenstellung der Russen vorbei. Gleich am 24. Oktober aber wurde Eugen so empfindlich geschlagen, daß man nun doch auf die Straße des Todes und der Verwüstung hinüber mußte. Der Herbst war milde; um so schlechter die Wege. Seit Anfang November gab es stärkere Nachtfröste; um so schlimmer in den leichten Kleidern der Hunger zu ertragen. Denn die Lebensmittel, die von Moskau mitgenommen, waren bald aufgebraucht. Und ringsherum die Kosaken und bewaffneten Bauern, hinterher, zur Seite, vorweg, immer noch schneller als der lange Zug ihrer ermatteten Feinde, wie hastig sie auch vorwärts drängen mochten. Schon gab es wieder ein größeres verlustreiches Gefecht, bei Wiasma, wo das Korps Davouts fast aufgelöst wurde. Dann, am 6. November, begann die Kälte. Schnee und Glatteis machten das Vorwärtskommen fast unmöglich. Die Pferde, bereits die einzige Fleischnahrung, stürzten in Menge; die Geschütze blieben stecken; zu Hunderten erfroren die Menschen. Am 9. erreichte man Smolensk, wo Proviant aufgehäuft war; doch reichte er nur für eine Woche. An ein Überwintern in der verwüsteten Stadt war nicht zu denken. Denn die Verbindung nach Polen war bereits in Gefahr, nachdem Victor und St. Cyr, welche sie aufrecht halten sollten, angegriffen und geschlagen waren. So brach man am 13. November wieder auf, aber Tausende, alle Kranken und Verwundeten, blieben zurück und fielen der Rache der Feinde zum Opfer. Immer stärker setzte die Kälte den Unglücklichen zu; auch die Russen, Kutusoff selbst, waren wieder da, schon dreifach überlegen, und jeder Paß, den man erreichte, war von den Feinden besetzt. Wer zurückblieb, vom Wege abwich, war verloren; unaufhörlich schmolzen die Haufen fort. Der Dnjepr lag unter der Eisdecke; so kam man glücklich hinüber. Die Kälte ließ nach; man war wieder auf polnischem Boden: aber von den Freunden war nichts zu sehen. Auch dort nur immer die Russen; und der knietiefe Schlamm hinderte mehr fast als Eis und Schnee den Marsch. Und nun erst das grausigste Ereignis des Feldzuges, der Übergang über die Beresina am 27. und 28. November. Die Brücke fand man noch durch die Polen besetzt, aber die Pontons waren weit zurückgeblieben und zwei russische Armeen zur Stelle. Daß Napoleon trotz allem mit solchen Truppen manövrieren, den dreifach überlegenen Feind auf beiden Ufern abwehren, zwei Brücken über den hochgeschwollenen Strom, dessen Wasser mit Eis ging, schlagen und den größten Teil seiner Armee hinüberbringen konnte, bleibt einer der stärksten Beweise für die unbeirrbare moralische Kraft des wunderbaren Mannes. Keine Feder aber könnte das fürchterliche Nachspiel schildern, als nun hinter dem kämpfenden, noch leidlich geordneten Heer die wirre Masse der Zurückgebliebenen, der Kranken, Verwundeten über die Brücken nachdrängte und von allen Seiten die russischen Kugeln unter die wehrlos Zusammengepreßten schlugen: Bilder des Jammers, für die kaum der Pinsel eines Wereschtschagin oder die Phantasie eines Dante ausreichen. Die Hauptmacht der Russen begann seitdem zurückzubleiben, aber die vorschwärmenden Kosaken töteten und fingen die Zurückbleibenden noch zu Tausenden. Die Kälte, die jetzt bis 30 Grad stieg, Hunger und Typhus vollendeten das Werk der Vernichtung, und von allen Dämonen des Elendes und der Verzweiflung gepeitscht, wankten die wenigen Tausende, die dem Verderben entrannen, dem Niemen und der Weichsel zu.

Napoleon hatte, acht Tage nachdem die Beresina überschritten war, die Armee verlassen; am 5. Dezember stieg er in den Schlitten, der ihn mit Caulaincourt in rasender Eile durch das polnische Land nach Deutschland führte; am 14. war er in Dresden, am 18. in Paris. Keinen Moment hätte er länger zögern dürfen. Und nicht bloß wegen einer schlimmen Nachricht, die er schon in Smolensk aus Paris erhalten hatte, von einem Putsch jakobinischer Tendenz, den ein abgesetzter General, Malet, übrigens ein halber Narr, am 23. Oktober auf die Kunde von dem Brande Moskaus gewagt hatte. So bedenklich diese Nachricht war, denn sie zeigte aufs neue die Schwäche seiner Herrschaft an dem Sitze seiner Macht selbst, so hätte sie allein ihn wohl noch nicht zu jenem Entschluß gebracht: die Gefahr war bereits abgewandt; der Verschwörer war sofort festgenommen und erschossen worden. Aber die gesamte Lage machte seine Rückkehr zur unbedingten Notwendigkeit. Der Feldzug war zu Ende; als General hatte er seine Pflicht getan; was noch von Truppen vorhanden, konnte er der Führung Murats anvertrauen. Er aber war mehr als General, er war der Kaiser. Es galt jetzt die Gesamtheit seiner Macht, deren Grundlagen ins Wanken geraten waren, zu retten, bevor sie zusammenstürzte. Nur er allein konnte sie halten; er durfte nicht abwarten, bis die Flammen der Empörung Deutschland ergriffen, während er noch jenseits der russischen Grenze war.

* * *

Denn keinen Augenblick dachte er daran, auch nur ein Tüttelchen von seiner Macht und den Zielen, die er sich gesteckt hatte, aufzugeben. Doch sah er wohl, daß er jetzt mehr als je sich auf Frankreich verlassen müsse. Gedienter Soldaten gab es freilich nur noch einige Regimenter, aber an Nationalgarden und Rekruten war kein Mangel, und nachdem einmal Napoleon wieder da war, fügte sich alles seinem Willen. Der Senat gewährte zu der Konskription von 1813 und den Resten der vier letzten Aushebungen noch die Konskription des nächstkommenden

Jahrganges. Dazu kamen etwa 80000 Nationalgarden, so daß alles in allem mehr als eine halbe Million unmittelbarer Untertanen zur Verfügung stand. Auch Pferde, Geschütze und besonders Geld brachte die rastlose Energie des Imperators, wenn auch mit Mühe und unter Zwangsmaßregeln, zusammen. Die Nation hielt noch zu ihrem Herrscher, wenn man auch nicht eben von Enthusiasmus sprechen darf; doch war sie entschlossen, die Machtstellung, die der Kaiser ihr verschafft, aufrecht zu erhalten. Jener Senatsbeschluß war die Antwort auf die Nachricht von dem Abfall Preußens; die Franzosen, so erklärte Napoleon dem preußischen Gesandten, würden ihm unbedingt folgen; er werde im Notfall die Frauen bewaffnen. Die Armee, so jung und locker in ihrem Zusammenhang sie war (erst auf dem Marsch wurden die Rekruten recht einexerziert), fügte sich doch rasch in die Hand des Feldherrn. Gleich in den ersten Schlachten hat sich die junge Mannschaft mit der Verve alter Veteranen geschlagen.

Auch die Vasallen hielten noch fest. Vor allem die Italiener, die für die Zukunft ihrer Nation viel mehr von Frankreich als von Österreich hoffen konnten. In München gab es einen Moment des Schwankens (nahe an 30000 Bayern lagen unter dem russischen Schnee begraben); doch bequemte man sich bald dazu, eine Division an die Große Armee abzugeben. In Stuttgart, Karlsruhe, Frankfurt, Würzburg hielt man zu seinem Protektor. Diese Höfe waren fast williger als des Kaisers eigener Bruder in Kassel, dem freilich der Boden unter den Füßen heißer brannte, als seinen Bundesfreunden im Süden. Auch Sachsen, vor dessen Pforten die Feinde standen, dessen polnische Krone schon umgestoßen war, fühlte eine leise Regung nationaler Empfindung; der erste Sieg Napoleons überzeugte es jedoch von der Gerechtigkeit der Sache Frankreichs.

Die Absicht des Kaisers ging ursprünglich dahin, erst im Mai die Offensive zu ergreifen; er wollte über Stettin nach Danzig vorbrechen, wo Marschall Rapp mit 30000 Mann stand. So meinte er, den Krieg an die untere Weichsel, in die Nähe Polens und nach Ostpreußen verlegen, die Kampagne von 1807 wiederholen zu können. Noch immer rechnete er nicht genug mit den preußischen Kräften; und wie hätte er daran denken können, daß dieser zertrümmerte Staat sich wieder vom Boden als solch ein Riese erheben würde.

Hiervon brachte ihn die Entwicklung zurück, welche die Dinge im Osten nahmen, seitdem General York auf der Mühle von Poscherun die Konvention mit den Russen abgeschlossen hatte, welche das preußische Korps zunächst außer Gefecht brachte. Ähnlich machte es Schwarzenberg, als er den Russen Warschau überließ und nach Süden auswich. Doch hatte es hier nicht die Folgen, die sich an Yorks Tat anknüpften. Denn die Österreicher nahmen in Böhmen eine Flankenstellung zu beiden Gegnern ein, die ebenso zur Bedrohung als zur Unterstützung des einen wie des andern führen konnte. Immerhin war auch dies für Napoleon ein Motiv mehr, um seinen Stoß gegen das Zentrum der feindlichen Stellung zu lenken, wohin ihn neben der Rücksicht auf die deutschen Freunde, besonders die Sachsen, vor allem die rasch aufflammende und bereits über die Elbe hinweggreifende preußische Erhebung trieb, der Bernadottes Eintritt in den Krieg kräftigen Sukkurs in Aussicht stellte. Alles in allem hatte das System zunächst seine Probe bestanden. Napoleon konnte damit rechnen, daß Europa vom Ebro bis zu den Karpathen und zur Elbe hinter ihm stehen, und daß er den Krieg sofort über die Grenzen des Rheinbundes hinaus in die Gebiete der Oder und der Weichsel tragen würde, wo er seine in den Festungen eingeschlossenen Garnisonen und die polnischen Freunde gefunden hätte. Stellen wir uns die Dinge so vor, so können wir die Sorgen begreifen, die den preußischen Hof in Berlin und noch in Breslau beherrschten, und das Zaudern des Königs vor dem Entschluß, der über Sein und Nichtsein seines Hauses und Staates entscheiden mußte; denn zweimal pflegte Napoleon nicht zu begnadigen. Freilich, die armseligen Trümmer, die von den russischen Schneefeldern über die Grenze kamen, wären bald aufgerieben gewesen, und es war ein Leichtes, den Aufstand über die Elbe zu tragen: aber die Festungen blieben in den Händen der Bedrücker, und die feindlichen Grenzen waren nahe, näher noch als die der Freunde, welche selbst zögerten, ihre eigenen zu überschreiten. So lange man nur das Für und Wider der Chancen erwog, welche in der politischen Konstellation und den militärischen Machtmitteln lagen, hatte man allen Anlaß zur Besorgnis, und auch für uns würde es, wenn wir nichts anderes in Rechnung setzten, immer eine offene Frage bleiben müssen, ob der König nicht doch am Ende ein besserer Rechner gewesen sei, als die heißblütigen Männer, die ihn nicht früh genug in den Kampf treiben konnten. Dies aber ist nicht der Standpunkt, von dem aus wir die Lage Preußens und die Entschlüsse seiner Lenker beurteilen dürfen. Sondern nur von Gesichtspunkten aus, die jenseits der Welt des Sichtbaren liegen: wenn wir Faktoren in Ansatz bringen, die sich nicht messen und zählen lassen, Kräfte, die kaum erst an der Oberfläche erschienen und dem König und allen, die ihm zur Vorsicht rieten, verborgen, ja, in ihrem vollen Umfang und ihrer ganzen Tiefe kaum denjenigen bewußt waren, deren eigene Herzen sie bereits ganz erfüllten. Die Zeit war gekommen, wo nicht mehr der Kalkül half, sondern die Tat; wo die Kraft, die man einsetzte, neue Kraft erzeugte; wo die Hoffnung auf den Sieg, das Vertrauen zu sich selbst weder schwanken noch irren konnten, weil sie auf dem Glauben beruhten an die höchsten Güter der Nation und an den Gott, der sein Volk nicht verlassen werde.

Bisher hatte Napoleon sich sagen können, daß die Ideen des Jahrhunderts mit ihm wären. Ihnen hatte er in Italien und Polen, in Spanien und selbst in Deutschland Raum gegeben, sowie er sie in Frankreich gegen die andrängende Reaktion behauptet hatte. Auch die Bauern und Hirten Tirols hatte viel mehr, als die bis zur Hartnäckigkeit gesteigerte und schließlich ungewünschte Treue gegen ihren Kaiser, die Wut über die bayerischen Amtsdiener und Zollwächter, der Widerwille gegen die Aushebung und die Verhetzung durch ihre Pfaffen gegen

Abb. 74. Macdonald. Lithographie von Delpech.

die aufgeklärte Bureaukratie der Münchener Regierung unter die Waffen gebracht. Kein Freiheitssänger wie Schenkendorf und Körner focht in ihren Reihen, kein Schlachtgesang hat von Tirol her Eingang in die deutsche Literatur gefunden, die vielmehr ihrerseits dem Sandwirt von Passeier Worte geliehen und Ideale angedichtet hat, welche er und seine Leute niemals besessen haben. Nur im deutschen Norden, auf dem Boden, den Luthers Reformation bereitet hatte, über dem eben jetzt der Glanz unserer klassischen Epoche in ihrer Mittagshöhe lag, konnte diese reine Flamme der Begeisterung emporlodern, in der sich dem nationalen Hasse gegen die Unterdrücker der Glaube zu=

gesellte, für die höchsten Güter der Menschheit zu kämpfen.

Nun erst sollte Napoleon voll erfahren, was die Ideologen vermochten: als diese „bewaffneten Bauern", wie der Stolze das Aufgebot der preußischen Jugend nannte, rasch zusammengerafft und schlecht bewaffnet, wie sie waren, sich ihm auf dem Feld bei Lützen in die Flanke warfen. Noch blieb ihm der Sieg, aber er war teuer erkauft, und kein Geschütz, kaum Gefangene ließen die Gegner in seinen Händen. Schon drei Wochen darauf, bei Bautzen, stellten sie sich ihm von neuem in den Weg. Diesmal entgingen sie nur mit Mühe der Umklammerung, die eine Katastrophe hätte werden können, und ein Moment der Verwirrung trat in dem Hauptquartier der Alliierten ein. Ein dritter Sieg, viel leichter als die beiden ersten zu erfechten, hätte dem Eroberer vielleicht ein neues Austerlitz bringen und die vierte Koalition, die erst halb fertig war, noch einmal zerreißen können. Aber der Kaiser vermied die Schlacht und bewilligte am 4. Juni den Stillstand, der dem Feind Gelegenheit gab, seine Rüstungen zu vollenden und Österreich zu sich hinüberzuziehen. War es ein Nachlassen der Energie in Napoleon? Oder ein Fehler in seinen Berechnungen? Oder waren Chancen da, die er nicht übersehen konnte? Eins ist gewiß: er hielt seine Truppen zurück in Momenten, wo ihr Einsetzen den vollen Sieg hätte bringen müssen. So schon bei Bautzen, so auch jetzt. Er hatte Grund, sie zu schonen, denn es war die letzte Karte in seiner Hand, und er hoffte mehr, als der Erfolg es gut hieß, auf die Zertrennung seiner Gegner.

Abb. 75. Nicolas Charles Oudinot, Herzog von Reggio, Marschall von Frankreich. Gemälde von R. Lefèvre in Versailles.
Nach einem Kohledruck von Braun, Clément & Cie. in Dornach i. E., Paris und New York.

Von nun ab, seit dem Wiederausbruch des Kampfes, vollenden sich rasch die Geschicke. Der Kaiser hatte jetzt die zentrale Lage für sich, die innere Linie, die ihm so oft der Weg zum Siege gewesen war. Aber er hatte sie nicht gesucht, sie war ihm aufgedrängt worden; das Gesetz wurde ihm gegeben, seitdem die Gegner so aktiv waren, wie er selbst, sowohl dann, wenn sie den Stößen auswichen, die er gegen den einen oder den andern zu führen suchte, als wenn sie selbst ihn oder seine Marschälle zum Kampfe zwangen. Ja, wenn er an allen

Abb. 76. Ney. Stich von A. Tardieu nach F. Gérard.

Stellen zugleich hätte sein können! Aber während er Blüchers Armee in Schlesien vor sich her trieb, bedrohten die Österreicher von den böhmischen Bergen her, die sie überschritten, seine Zentralstellung bei Dresden und zwangen ihn, von dem Alten abzulassen und umzukehren. Der aber blieb Macdonald an der Klinge und packte ihn und seine Korps an der Katzbach so, daß sie das Wiederkommen vergaßen (26. August). Der Kaiser selbst wehrte den Feind von der Elbstadt ab; aber um seinen Erfolg auszunutzen, war er zu schwach, nachdem Oudinot bei Großbeeren (23. August) geschlagen war und nun seine, wie gleich darauf Macdonalds zerrüttete Truppen über die sächsischen Grenzen zurückfluteten. Und während er sich dann an Blücher hing, und dann wieder an Schwarzenberg, hin und her gezogen zwischen den bald weichenden, bald vorrückenden Gegnern, hatte bereits Vandamme bei Kulm jenseits der böhmischen Grenze Schlacht und Freiheit verloren, ward Ney bei Dennewitz aufs Haupt geschlagen und durchbrach York bei Wartenburg die Barriere, welche der Elbstrom zwischen dem Kaiser und seinen Feinden bilden mußte, wenn er die Stellung bei Dresden behaupten wollte. Nun war er aus seinem Bau getrieben. Er versuchte, die Eingedrungenen zu fassen, aber wieder entzogen sie sich seinen Griffen, und unterdes kamen die unter Schwarzenberg über das Gebirge. Damit war die Entscheidung gegeben: Napoleon mußte weichen, und dann hätte kaum der Rhein die Grenze seines Rückzuges werden können — oder er mußte die Schlacht dort annehmen, wo die Gegner es wollten. Er wählte das letztere. Denn einmal war es nicht seine Gewohnheit, ohne Kampf zu weichen. Sodann aber bedeutete der kampflose Rückzug den Abfall seiner deutschen Freunde. Für den Rheinbund, für die Herrschaft über den deutschen Boden wagte er auf den Feldern von Leipzig einen neuen und letzten Kampf. Gleich der erste Tag entschied gegen den Imperator; vor allem doch durch die stürmische Tapferkeit der Preußen, in der Landwehr und Linie jetzt wetteiferten. Und damit war der Rückzug bereits unvermeidlich. Auch wollte ihn Napoleon in der Frühe des 18. Oktober antreten, als die Verbündeten ihn, erst im Süden, und dann am Nachmittag auch im Nordosten angriffen und seine umklammerten Korps nach Leipzig hineinpreßten. So kam es am dritten Tage dieses Völkerringens, wie es Europa seit Attilas Zeiten nicht gesehen, zum Sturme auf die Stadt, der den Rückzug in wirre Flucht verwandelte. Nur die matte Verfolgung durch die Sieger gewährte den Geschlagenen in Erfurt zwei Ruhetage; dann wälzte sich der Strom der Flüchtigen fort, dem Rhein entgegen, durch Typhus und Ruhr schrecklicher dezimiert, als durch Schwerter und Kugeln der Feinde. Bis dahin war für uns Deutsche der Befreiungskrieg, gleich allen Kämpfen, die je auf deutschem Boden ausgefochten waren, ein Bürgerkrieg gewesen: Leipzig legte erst den Grund zur Einigkeit der Nation. Zunächst, wie es nicht anders sein konnte, durch Rebellion der Vasallen des Eroberers. Mit klingendem Spiel waren die Sachsen mitten in der Schlacht zu ihren deutschen Brüdern übergegangen, und lawinengleich wuchs der Abfall, als der Geschlagene auf der Straße nach Mainz durch die deutschen Lande zog. Noch einmal fand er Gelegenheit auf deutschem Boden zum Schlagen und zum Siegen: als General Wrede, Bayerns General, sich die Sporen an ihm verdienen und seinem König den Willkomm in dem Lager der Alliierten leichter gestalten wollte. Bei Hanau aber brach der Kaiser durch die Armee, die jener ihm entgegenstellte, hindurch und öffnete so sich den Weg in sein Reich.

Einen Moment schien es fast, als könnte ihm der Rhein Sicherheit gewähren. Die verbündeten Heere machten auf der rechten Seite des Stromes halt, und von Frankfurt aus boten ihre Diplomaten dem Kaiser den Frieden an, der Frankreich in den „natürlichen" Grenzen, d. h. wie es in der Note, die sie dem Unterhändler mitgaben, ausdrücklich heißt, dem Rhein, den Alpen und den Pyrenäen konstituieren sollte. Der Rhein war die Grenze, welche in Rastatt erreicht, in Lüneville bestätigt war. Auf sie hatte der Kaiser den Eid geschworen, durch den er die Integrität Frankreichs aufrecht zu erhalten versprach. Weshalb hat er die Verhandlungen, man darf nicht sagen abgelehnt, aber ihnen doch eigene entgegengesetzt und eine Wendung gegeben, die von der feindlichen Diplomatie sofort ergriffen und aufs geschickteste ausgenutzt wurde, um ihn bei seiner Nation zu diskreditieren und den Riß zwischen ihr und ihm zu erweitern? War es nichts als Stolz, was ihn zurückhielt? So groß dieser war, so sehr wir ihn als Motiv, auch in diesem Moment, mit anerkennen müssen, würden wir dem Imperator dennoch unrecht tun, wollten wir sagen, daß er allein es ihm unmöglich gemacht hätte, die Waffen niederzulegen. Zunächst war das Anerbieten keineswegs präzis gehalten oder definitiv; es war eine von mündlichen Erklärungen Metternichs begleitete Note, die auf jener Basis Verhandlungen in Aussicht stellte. Alles weitere sollte einem Friedenskongreß überlassen bleiben, zu dem England eine Einladung erhalten würde. Der englische Gesandte Lord Aberdeen war bei der Eröffnung zwar nicht zugegen gewesen und hatte im allgemeinen von der Bereitwilligkeit seiner Regierung gesprochen; irgendwelche Vollmachten aber besaß er nicht, und er unterließ noch vierzehn Tage später nicht, dem österreichischen Minister ausdrücklich zu erklären, daß England gegen den Paragraphen, der seiner Interessen Erwähnung tue, protestieren und überhaupt das Schriftstück als ein lediglich privates betrachten müsse: mit anderen Worten, England behielt sich alle weiteren Schritte vor. Hardenberg, Preußens Vertreter, war zu jener Unterredung gar nicht hinzugezogen, er nannte die Bedingungen in seinem Tagebuch „tolles Zeug". Auch behielt die Note die Fortsetzung des Krieges vor, wie denn die Mächte unmittelbar darauf einen Angriffsplan auf Frankreich feststellten, der die Besetzung Hollands und der Schweiz als erste Maßregel forderte; ferner enthielt sie nichts von den Entschädigungen, welche die Mächte für sich beanspruchen würden. Nur im allgemeinen hatte Lord Aberdeen von der Bereitwilligkeit Englands gesprochen, mit vollen Händen von dem zurückzugeben, was es erobert habe; doch würde es nichts bewilligen, was seine maritimen Rechte beeinträchtigte. Das Wort Italien war überhaupt nicht ausgesprochen. Es verstand sich aber, daß Österreich, dessen Truppen gerade jetzt in Venezien vordrangen, dort seinen Preis haben wollte. Sollte Napoleon nun das Land aufgeben, das ihm von allen seinen Vasallen die einzige Stütze bot und den Krieg mit Energie fortzusetzen entschlossen war? Und konnte er irgendwie darauf rechnen, daß die Engländer auf die natürlichen Grenzen, wie er sie verstand, also die Einbeziehung der Niederlande, eingehen würden? Mußte er nicht vielmehr voraussetzen, daß sie auf dem Kongreß ihre Forderungen anmelden und die alten französischen Grenzen, d. h. die Freilassung Belgiens prätendieren würden? Daß sie wirklich keinen anderen Gedanken hatten, beweist uns eine Note ihres leitenden Ministers Castlereagh vom 13. November an Aberdeen selbst, welche die strenge Einschränkung Frankreichs auf seine alten

Grenzen forderte, den Sturz Napoleons und die Wegnahme Antwerpens in Aussicht nahm, als das wesentlichste Objekt für die britischen Interessen.

Mit einem Wort, diese Anerbietungen konnten für Napoleon nur eine Pause bedeuten, an deren Ende eine neue Demütigung für ihn lag. Und hatte er selbst es jemals anders gemacht? Wer die Macht hatte, nützte sie aus — niemand hatte diesen Grundsatz rücksichtsloser in Anwendung gebracht, als er. So hatte er die Friedensschlüsse von Lüneville, Preßburg und Schönbrunn ins Werk gesetzt. Jetzt waren es die Gegner, die ihn in dieser Lage der Ohnmacht und der Unterwerfung unter immer gesteigerte Bedingungen zu bringen hofften. Wollte er seine Krone so behaupten, wie er es seiner Nation zugeschworen hatte, so blieb ihm nichts weiter übrig, als Kampf.

Dazu mußte er vor allem den Rücken frei haben. Der Krieg in Spanien hatte seit einem Jahr die schlimmste Wendung genommen. Wellington hatte die Franzosen vor sich hergetrieben und stand bereits in Bayonne. Nur wenn Napoleon Spanien zum Frieden brachte, konnte er hoffen, dem Engländer hier den Weg zu sperren. Am 8. Dezember machte er mit Ferdinand in Valençay den Vertrag fertig, der diesem die Krone zurückgab, falls die Cortes ihm beitreten würden. Ebenso bot er Pius VII., der jetzt in Fontainebleau interniert war, die Rückkehr nach Rom an. Aber der Papst antwortete, er werde nur in Rom verhandeln. Und im Januar erklärten die Cortes, daß sie auf keinen Vertrag mit dem Usurpator eingehen würden.

Also konnte der Kaiser, wenn er Frankreichs Macht und seine Krone vereint aufrecht erhalten wollte, nur noch auf Frankreichs Kräfte rechnen. In diesem Sinne wandte er sich an die nationalen Vertretungen und an sein Volk selbst. „Ganz Europa," so erklärte er am 14. November im Senat, „war vor einem Jahre mit uns — ganz Europa ist heute gegen uns ... wir haben also alles zu fürchten ohne die Energie und Kraft der Nation." Der Senat votierte eine nichtssagende Adresse. Im Corps législatif aber kam es zu offenen Demonstrationen, zur Forderung freiheitlicher Rechte. Hierauf, am 31. Dezember, schloß der Kaiser die Session. „Ich rufe," so wandte er sich jetzt an die Nation selbst" (denn schon waren die Grenzen überschritten), „die Franzosen zur Hilfe Frankreichs. Frieden und Befreiung unseres Territoriums muß das Feldgeschrei sein." Aber die Kräfte Frankreichs begannen zu versagen. Die Levée en masse scheiterte; schon Mitte November waren nur noch für dreißig Millionen Silber im Schatz, „die letzte Birne für den Durst", wie Napoleon seinem Schatzmeister Mollien ingrimmig schreibt.

Nur auf das eigene Genie und die militärische und administrative Organisation, auf die er seine Macht gegründet hatte, konnte er sich verlassen. Und niemals hat sich die persönliche Kraft des Herrschers glänzender bewährt, als in der Kampagne von 1814. Ungeheuer war die Übermacht seiner Gegner. Von Basel und darüber hinaus durch die Schweiz und den Jura drangen die Österreicher und die Süddeutschen ein, um die Kräfte des südlichen Frankreichs lahm zu legen und die Verbindung mit Italien zu zerreißen; am mittleren Laufe des Rhein kamen die Preußen und ihre Alliierten unter Blücher hinüber; von Holland her suchte Bülow den Norden Frankreichs zu erreichen, und ein leichter Anstoß genügte, um beide Niederlande völlig zu erschüttern. Immer dichter legte sich der eiserne Ring um den Kaiser und seine letzten Positionen. Noch einmal wurde er in die zentrale Stellung hineingedrängt, aus der heraus er seine ersten großen Siege errungen hatte. Wie in den glänzendsten Tagen seiner Jugend verband er in seinen Operationen Schnelligkeit und Kraft und jene Umsicht, die es ihm so oft ermöglicht hatte, auch bei einer schwächeren Gesamtzahl, als die der Gegner, dennoch an den entscheidenden Punkten sie mit Übermacht anzupacken und zu schlagen. Vielleicht hätte sein Volk, nun, da es den Feind im eigenen Lande sah, das, dank seinem Kaiser, seit zwanzig Jahren keinen Feind gesehen hatte, es ihm verziehen, wenn er auf einen Frieden eingegangen wäre, der Frankreich die alten

Grenzen ließ; wenigstens die Masse blieb ihm treu, und auch das Heer, die Gemeinen, die Unteroffiziere und die niederen Offiziere hingen ihm mit wachsender Begeisterung an. Der Druck der Invasion, die harte Kriegführung, welche der Haß der Gegner über das Land verhängte, erbitterten die Bauern, und manch einer der Fremden fiel ihren Kugeln zum Opfer. Er selbst hatte nach der Niederlage bei La Rothière (1. Februar) einen Moment der Depression, in dem er zu Opfern bereit war, die früher seinem Stolz unerträglich gewesen wären. Sein treuester Diener, Maret, der Herzog von Bassano, der soeben, als Anhänger des Widerstandes, das Ministerium des Auswärtigen an Caulaincourt hatte abgeben müssen und das Staatssekretariat übernommen hatte, beschwor ihn jetzt selbst, nach-

Abb. 77. Maret. Lithographie von Delpech.

zugeben. Er hat in seinen Aufzeichnungen die Szene beschrieben, die er in Troyes Anfang Februar darüber mit dem Kaiser hatte, und wir können dem Wahrhaftigen sie wohl nacherzählen. Napoleon habe, scheinbar ohne recht zuzuhören, in Montesquieus berühmtem Buche geblättert. „Lesen Sie," habe er auf eine Stelle hinweisend gesagt, „lesen Sie laut." Und Maret las: „Ich wüßte nichts Hochherzigeres als den Entschluß eines Monarchen unserer Tage, sich eher unter den Trümmern seines Thrones zu begraben, als Vorschläge anzunehmen, die ein König nicht hören darf; weil er zu stolz ist, um noch tiefer herabzusteigen, als sein Unglück ihn gebracht hat." „Ich aber," rief Maret aus, „weiß etwas Hochherzigeres: wenn Sie Ihren Ruhm hinwürfen und damit den Abgrund ausfüllten, der sonst Frankreich mit Ihnen verschlingen wird." Worauf der Kaiser: „Gut denn, Ihr Herren, macht Frieden; Caulaincourt soll ihn abschließen, ich will die Schande ertragen. Aber verlangt nicht von mir, daß ich meine Erniedrigung selbst diktieren soll." Der Kaiser habe hierauf Caulaincourt, der ihn auf dem Kongreß in Chatillon vertrat, Carte blanche gegeben, dann aber, auf dessen Einspruch, doch sich dazu verstanden, feste Bedingungen aufzustellen: Belgien und eventuell das linke Rheinufer sollten hingegeben, auch Italien und selbst die Kolonien geopfert werden.

In diesen Tagen aber nahm der Krieg eine überraschende Wendung. Der tüchtigste seiner Gegner, Blücher und seine Armee, kam dem Kaiser in den Wurf; in zehn Tagen schlug er ihn oder seine Untergenerale viermal, zum Teil vernichtend, um dann bei Montereau einem Korps der Großen Armee, den Württembergern, das gleiche Schicksal zu bereiten. Diese Aussicht, behauptet Maret, habe den Kaiser bereits am 8. Februar, einen Tag, nachdem jene Friedensbedingungen aufgesetzt waren, veranlaßt, seine Unterschrift zurückzuziehen. Nun hatte der Erfolg ihm recht gegeben, und der Stolze das Vertrauen zu sich wieder gewonnen. Der Friede mit den alten Grenzen, schreibt er am 18. Februar an Joseph, würde kein Friede gewesen sein, sondern eine Kapitulation, und ihn gezwungen haben, nach zwei Jahren wieder zu den Waffen zu greifen. Jetzt aber hoffe er, einen Frieden auf der Basis von Frankfurt zu erlangen als das Minimum, worauf er mit Ehren paktieren könne. Aber die Alliierten dachten nicht mehr daran, auf die Bedingungen von Frankfurt zurückzukommen, selbst diejenigen nicht, die, wie Kaiser Franz und zeitweise selbst Alexander, gemäßigteren Forderungen nicht ganz abgeneigt waren. Sie verlangten für einen Präliminarfrieden nicht weniger als die alten Grenzen, und als Garantie drei französische Festungen, darunter Belfort und Besançon. „Ich bin," gab Napoleon seinen Bevollmächtigten darauf zur Antwort, „so erregt, daß ich mich schon durch den Vorschlag selbst entehrt glaube." Schon aber wandte sich das Waffenglück wieder den Gegnern zu. Der Abmarsch Blüchers nach Norden, seine Vereinigung mit der Nordarmee brachte die entscheidende Wendung.

Abb. 78. Marmont. Gemälde von J. Guérin in Versailles. Nach einem Kohledruck von Braun, Clément & Cie. in Dornach i. E., Paris und New York.

Napoleon, der sofort gegen ihn zog, kam zu spät, um ihn allein zu fassen. Dennoch wagte er auf die Vereinigten, doppelt Starken bei Laon den Angriff. Er wurde geschlagen und damit ging es zu Ende. Vergebens versuchte der Kaiser das verwegenste aller seiner Manöver, als er sich in den Rücken der Alliierten warf. Die Preußen, dann auch die Österreicher, ihrer Übermacht vertrauend, rückten unbekümmert vorwärts gegen Paris. Gleich im Beginn ward Napoleon bei Arcis sur Aube (21. März) auch dieser Weg verlegt; und nur unter heroischen Kämpfen gegen die mehr als dreifache Übermacht gelang es ihm, hindurchzubrechen. Trotzdem hielt er an seinem Plan fest und rückte über Vitry bis St. Dizier vor. Noch einmal schenkte ihm das Schicksal einen Sonnenstrahl seiner Gunst, als er am 26. ein feindliches Korps niederschlug. Dann aber erhielt er die Gewißheit, daß die Feinde von ihm abgelassen hatten und im Anmarsch auf seine Hauptstadt waren. Einen Moment noch schwankte er. Die Bauern durchzogen bewaffnet das Land; mit den Besatzungen vereint hätten sie ihm vielleicht noch die Möglichkeit geboten, den Krieg in den Ostprovinzen fortzusetzen. Dennoch entschloß er sich, umzukehren. Am Morgen des 28. März brachen seine Truppen auf, und noch am Abend erhielt er Briefe, aus denen er sah, daß er keinen Moment mehr verlieren dürfe, wenn er seine Hauptstadt noch retten wolle. Auf die feindlichen Hauptstädte waren die Feldzüge Napoleons in der Regel angelegt gewesen. Man sieht, die Gegner hatten von ihm gelernt. Für sie selbst aber waren ihre Hauptstädte niemals die letzte Stütze gewesen. In Wien, Berlin und zuletzt noch in Moskau hatte Napoleon dies erfahren. Solange die alten Monarchen eine Armee kommandierten, eine Provinz behielten, hatten sie Zuflucht gefunden. Für den Usurpator bedeutete seine Hauptstadt mehr. Dort waren die Putsche, die Attentate gewagt worden, die ihm nach Thron und Leben gezielt hatten, dort

Abb. 79. Napoleon in Fontainebleau.
Gemälde von Delaroche. Städtisches Museum in Leipzig.

Abb. 80. Hafen von Portoferraio auf Elba.

lebten die Rivalen, alle heimlichen und offenen Gegner, von dort her drängte Joseph, der als General-Statthalter der Kaiserin zur Seite stand, täglich heftiger in den kaiserlichen Bruder, ein Ende zu machen, Friede zu schließen. Dort lauerte der Verrat. So rasch die Truppen marschierten, dem Kaiser ging es noch zu langsam. Die Feinde, so hört er, haben Meaux erreicht und seine Marschälle Marmont und Mortier besiegt; von Troyes ab reitet er, nur noch von der Leibgarde begleitet, voraus, um zuletzt, ohne jede Eskorte, im Wagen den Gegnern den Vorsprung abzugewinnen. Er war nur noch ein paar Stunden vom Ziel entfernt, als der Kurier mit der Nachricht kam, daß Paris gefallen sei. Am 29. März war Marie Luise mit ihrem Söhnchen nach Blois entflohen; am 30. erstürmten die Preußen den Montmartre; am 31. hielten Alexander und Friedrich Wilhelm den Einzug in die Residenz ihres Feindes. Der Kaiser war nach Fontainebleau zurückgekehrt, als Caulaincourt, den er zu dem alten Freund von Tilsit mit der Vollmacht zum Frieden nach den Bedingungen von Chatillon zugesandt hatte, ihm die Antwort zurückbrachte, daß der Zar seine Abdankung fordere. Er war noch nicht ganz von Truppen entblößt, und ein Krieg in den Provinzen bot immer noch Chancen. Er selbst dachte noch nicht an Ergebung. Auch wären die Soldaten und mancher von den Generalen ihrem Kaiser wohl bis zum bitteren Ende gefolgt. Aber andere, und gerade die Nächsten und die Höchsten, ein Marmont und Ney, dann auch Lefebvre, Macdonald und Oudinot hatten die Partie aufgegeben. Am 4. April traten die letzteren vier vor ihren kaiserlichen Herrn und legten ihm ein Dokument vor, zu dem sie von Paris her inspiriert waren, wonach der Kaiser erklären sollte, daß er bereit sei, zugunsten der Rechte seines Sohnes vom Throne herabzusteigen und aus Frankreich fortzugehen, weil die Mächte es so wünschten und des Vaterlandes Wohl es erheische. Und der Kaiser, der nun keinen Ausweg mehr fand, unterschrieb. Als aber die Marschälle nach Paris zurückkamen und dem Zaren vortrugen, daß die Armee die Herstellung des Königtums nicht mit ansehen könne, hörten sie von Alexander selbst, daß ein Teil ihrer Kameraden bereits abgefallen sei; Marmont, der Jugendfreund Napoleons, war der Verräter geworden. Wohin sollte nun, als er dies von Ney und Macdonald, die mit Caulaincourt noch einmal zu ihm zurückgekehrt waren, erfuhr, der Kaiser? Vielleicht an die Loire? Oder nach Italien? Auch daran hat er gedacht, aber die Marschälle weigerten die Heeresfolge. Und so entschloß er sich endlich zum Verzicht auf die Macht, die er geschaffen, für sich und seine Erben, und unterzeichnete den Vertrag, der ihm den Kaisertitel ließ und dazu die Souveränität über die Insel Elba. War es nun ein durch die Aufregung dieser Tage nur zu erklärlicher Nervenchoc, was ihn in der Nacht, die diesem Tage folgte, niederwarf? Oder ein erster Anfall der Krankheit, die seinen eisernen Körper später untergrub? Oder hat er, was oft behauptet worden ist, einen Moment des Sichselbstvergessens gehabt und Gift genommen? Sein vertrauter Sekretär, Baron Fain, hat dies überliefert, und auch Méneval erzählt Ähnliches. Aber dem widerspricht ein Wort, das der Kaiser noch am Tage vorher gegen einen anderen, einen Emissär seiner Gemahlin, geäußert hat: ein Tod, den er nur durch einen Akt der Verzweiflung finden könnte, wäre eine Feigheit; der Selbstmord entspräche weder seinen Grundsätzen, noch dem Range, den er in der Welt einnähme. Demselben Gewährsmann erschien er in diesem Moment von einer merkwürdigen Sorglosigkeit, einem eigentümlichen Vertrauen in das Schicksal, „welches alles regelt, und dem sich niemand entziehen kann". Man wird sagen dürfen: der Gedanke ist ihm in jenen furchtbaren Stunden gekommen, aber ohne daß er ernstlich an die Ausführung gedacht hätte. Sein Stolz, das Gefühl seiner historischen Stellung hielt ihn aufrecht; auch diese Katastrophe vermochte sein Selbstbewußtsein nicht zu zerbrechen. „Man table ihn," hat er bald darauf zu einem seiner Begleiter auf der Fahrt nach Elba gesagt, daß er seinen Fall hätte überleben können: „Mit Unrecht. Ich sehe nichts Großes darin, sein Leben zu endigen wie einer, der sein Geld im Spiel verloren hat. Es gehört ein viel größerer Mut dazu, unverschuldetes Unglück zu überleben."

Seine Generale, seine Räte, auch seine Diener zogen nun weg; selbst Roustan verließ ihn, und auch Corvisart, der Arzt, mit dem er so oft des Morgens bei der Visite gescherzt hatte, suchte bald auf der Gegenseite sein Glück. Am 20. April nahm Napoleon im Hofe des Schlosses Abschied von der alten Garde. Auch zu ihr sprach er davon, daß er seine Existenz hätte endigen können: aber er wolle weiterleben, um zu schreiben und der Nachwelt die Taten seiner Krieger zu verkünden. Er küßte den General, küßte die Fahne, rief seinen Braven noch einen letzten Gruß zu und fuhr davon.

Von Kommissaren der fremden Mächte begleitet, reiste er seinem Bestimmungsort entgegen, durch die Landschaften, die er als Knabe, da er nach Brienne gebracht wurde, zuerst gesehen und dann so oft als junger Offizier, als Konsul und als Kaiser durchzogen hatte, auf den Straßen, die er selbst gebaut, und auf denen er die Söhne Frankreichs dem Siege entgegengeführt hatte. Wieder wie in den Jahren der Revolution fand er den Süden in wilder Erregung. Jetzt waren es die Royalisten, die Klerikalen, zu deren Versöhnung er alles aufgeboten, die sich als Sieger fühlten und Rache an den Revolutionären nehmen wollten. Sie hätten bald ihn selbst ihre Wut fühlen lassen, und er mußte, um unerkannt zu bleiben, sich in eine österreichische Uniform kleiden und die weiße Kokarde anstecken: vielleicht die tiefste aller Demütigungen, die ihm beschieden gewesen sind. In Fréjus, der Stadt, in deren Nähe er den Boden Frankreichs bei der Heimkehr aus dem Orient zuerst betreten hatte, wartete seiner die englische Korvette, die ihn nach Elba bringen sollte. Am 28. April ging er an Bord, am 4. Mai landete er, nachdem er noch einmal die corsische Küste berührt hatte, in dem Hafen seines neuen Reiches, in Portoferraio.

Abb. 81. Napoleons Landhaus in San Martino auf Elba mit dem Baum, den der Kaiser selbst pflanzte.

Neuntes Kapitel.
Von Elba nach St. Helena.

„Ich bin geboren und gebaut für die Arbeit, ich kenne keine Grenze für die Arbeit, ich arbeite immer": so hat einmal, auf der Höhe seiner Macht, Napoleon von sich gesagt. Und nun war er verurteilt, sein Leben auf einer Insel zuzubringen, die in ein paar Tagen sich umreiten ließ. Kaum war er an Land, so saß er bereits im Sattel, um sein Reich kennen zu lernen. Fast sein erstes Anliegen war, ein paar Befestigungen, die er vorfand, zu verstärken, zwei Batterien aufzustellen, eine Wehrmacht zu bilden, zu der die 400 Gardegrenadiere, die ihm in Fontainebleau bewilligt waren, den Kern stellten und die er auf über 1000 Mann brachte. Zwei oder drei Fahrzeuge, die er mit ein paar Kanonen ausrüstete, waren die Flotte, welche dem Manne genügen mußte, der das Mittelmeer zu einem französischen See hatte machen wollen. Sein administratives Talent fand manches zu tun: die Eisengruben der Insel und ihre Salinen konnten besser eingerichtet, neue Wege gebaut werden, und Ähnliches, wofür Napoleon den ganzen Eifer seiner stets um das Detail sich bekümmernden Arbeit einsetzte. Doch kosteten diese Einrichtungen viel Geld, und so sah er sich genötigt, die Steuerschraube stärker anzuziehen, da die zwei Millionen, welche ihm sein Nachfolger auf dem Throne Frankreichs vertragsmäßig jährlich zu zahlen hatte, ausblieben. Beiläufig die erste Verletzung des Vertrages, zu dem die Mächte den Kaiser gezwungen hatten. Übrigens verfügte er persönlich über genügende Mittel; auf 200 Millionen hat er später in seinem Testament die Summe seiner Ersparnisse von der Zivilliste berechnet; dazu kamen die Millionen Lätitias, die auf die Insel hinüber gekommen war, um bei ihrem Sohn im Unglück zu sein, nachdem er sie zur Genossin seines

Glücks gemacht hatte. Auch seine Schwester Pauline war gekommen, und ebenso für eine Weile die schöne Polin, die ihm der Warschauer Adel in den langen Wintermonaten des preußisch-russischen Feldzuges zugeführt hatte, die Gräfin Walewska mit dem Sohn, den sie ihm verdankte. Marie Luise war fern geblieben; sie suchte nur allzubald in den Armen des Grafen Neipperg und als Herzogin von Parma den Glanz ihrer alten Stellung und den Mann, der ihn ihr gebracht hatte, zu vergessen. Alles in allem, und im Vergleich mit der un-

Abb. 82. Ausblick von Napoleons Wohnsitz auf Elba.

geheuren Last der Arbeit und Verantwortlichkeit, die hinter Napoleon lagen, das Leben eines sehr gut situierten Rentners, das aber diesen Mann, der die Welt beherrscht hatte, dessen Energie, man möchte sagen bis an die Sterne gegriffen, und der noch auf der Höhe seiner Kräfte stand, unmöglich ausfüllen konnte. Und die Arbeit, die er vorfand oder sich machte, war bald erschöpft. Was sollte er dann tun, und wohin die Rastlosigkeit dieses Willens wenden? Etwa mit der Erzählung seiner und seiner Krieger Taten beginnen, wie er es in Fontainebleau seinen Bärenmützen versprochen hatte? Oder gab es für ihn noch eine Gelegenheit, in der Welt zu wirken? Hat er alsbald daran gedacht, den engen Kreis, in den er gebannt worden, zu durchbrechen? Galten solcher Zukunft seine Rüstungen?

War er entschlossen, bei der ersten Gelegenheit den Frieden zu brechen," zu dem ihn die Übermacht der Gegner gezwungen hatte? Oder war es das Schicksal, die Notwendigkeit, stärker selbst als sein Wille, was ihn noch einmal auf den Schauplatz seiner alten Taten in den Kampf mit Europa geführt hat?

*Brief Napoleons an die Gräfin Walewska.
Sammlung des Herrn Brenot.*

Auf alle diese Fragen gibt es nur sehr ungewisse Antworten. Jedoch bemerken wir wohl, daß Napoleon noch immer nicht Herr seines Schicksals war. In Frankreich war der Friede, den er nicht hatte bringen können, auch unter dem legitimen Herrscher nicht aufrecht zu erhalten; vielmehr regten sich die Parteien dort stärker als je, und die Regierung Ludwigs XVIII. tat das Ihrige, um Öl ins Feuer zu gießen, mehr als es dem bequemen Herrn lieb sein mochte, der nun auf dem Throne seiner Vorfahren saß, und dem das Brot seiner Verbannung vortrefflich bekommen war. Die Priester und Edelleute, welche der König mit ins Land zurückgebracht hatte, waren die Heißsporne ihrer Partei, diejenigen, welche das meiste verloren und das meiste zu rächen hatten, und die nun, im Besitze der Macht, sie gegen ihre Feinde ausüben, jedenfalls aber ihre politischen und sozialen Anschauungen und Interessen durchsetzen wollten. Die Folge war eine weitere Zerklüftung der französischen Gesellschaft und eine Agitation, welche von Tag zu Tage schärfere Formen annahm und dem gestürzten Kaiser die Sympathien nicht bloß der Massen, sondern auch der führenden Schichten gutenteils wieder zuwandte. Kaum weniger günstig stand es in Italien, wo Murat, der im Jahr vorher durch den Abfall von seinem kaiserlichen Schwager sich die Herrschaft über Neapel gerettet hatte, das natürliche Bestreben zeigte, aus der prekären Lage, in die er durch die Restauration geraten war, herauszukommen, und — ehrgeizig wie er war — mit allen unruhigen Elementen der Halbinsel in Verbindung trat. Der Gedanke der italienischen Einheit, den Napoleon in die Nation geworfen, vertiefte sich um so mehr, je weniger Hoffnung war, daß die österreichische Vorherrschaft ihr die Erfüllung ihrer Träume brachte. Und mehr als alles — in Wien, auf dem Kongreß der Mächte, der versammelt war, um die Neuordnung Europas durchzuführen, waren die tiefsten Gegensätze hervorgetreten, und der Moment schien vor der Tür zu sein, wo die Höfe, die sich gegen den Friedensstörer vereinigt hatten, selbst die Waffen gegeneinander erheben würden. Wer immer ein Interesse daran hatte, die neuen Ordnungen in Italien und in Frankreich zu erhalten, mußte darum die Existenz eines Mannes, welcher der Träger der gestürzten Verfassungen gewesen und darum die Hoffnung aller ihrer Anhänger war, und der beiden Küsten so nahe weilte, als eine persönliche Gefahr empfinden — vor allem die Verräter, und unter diesen keiner mehr als Talleyrand, der in Wien sich fast zum Herrn der Situation gemacht hatte. Er war es, der zuerst den Gedanken faßte, den Gefürchteten, den er mit Spionen umgab, entführen zu lassen; und man sagt, daß schon der Versuch gemacht sei, einen der Schiffskapitäne des Kaisers zu gewinnen, daß aber Napoleon die Intrige gemerkt und vereitelt habe. Sicher ist, daß Talleyrand, und zwar schon im Oktober 1814, den Kongreßmächten den brutalen Vorschlag machte, den Kaiser 500 Lieues vom Festlande weg in den Atlantischen Ozean — er dachte an die Azoren — fortzuschaffen. Mit ihm arbeitete an demselben Ziel Pozzo di Borgo, der alte Rivale Napoleons von Corsica her, jetzt der vertraute Rat des Zaren, der seit Paolis Sturz nicht aufgehört hatte, seinen Feinden zu dienen, und jede Gelegenheit suchte, den trotz allem ungestillten Haß an seinem großen Gegner zu betätigen. Auch Castlereagh war ganz dafür, sich des Mannes von Elba und mit ihm Murats zu entledigen, wie Talleyrand es im Dezember seinem königlichen Herrn, der ganz damit einverstanden war, schrieb.

Sollte Napoleon abwarten, was seine Feinde über ihn verhängen würden? Oder dem Schicksal, wie er immer getan, entgegen gehen und noch einmal versuchen, es nach seinem Willen zu zwingen? Es fehlte nicht an Versuchern von Italien her, aus den österreichischen und päpstlichen Staaten, und aus Neapel, wo Murat jetzt den Weg zu seinem kaiserlichen Schwager zurückfand. Ihnen jedoch folgte Napoleon nicht; er konnte sein Schicksal nur wieder an Frankreich anknüpfen, wo er ebenfalls Freunde genug hatte, und wohin ihn nicht bloß die Masse seiner Anhänger, sondern seine Vergangenheit rief. So faßte er den Entschluß, der seiner würdig war: das Netz, das die Gegner ausspannten, zu zerreißen, bevor sie es ihm über den Kopf geworfen hatten.

In tiefstem Geheimnis ward alles vorbereitet. Am Abend des 26. Februar stach er mit seinem kleinen Heere in See. Madame Lätitia und die Schwester

Abb. 83. Napoleons Flucht von Elba. Auf der Höhe der Wohnsitz des Kaisers.
Nach einem Stich im Rathaus zu Portoferraio.

blieben zurück; die Mutter billigte das Unternehmen ihres großen Sohnes. Man war noch nicht weit gekommen, als ein französischer Kreuzer gesichtet wurde, der zur Bewachung der Insel bestimmt war, nun aber zu spät kam. Am 1. März erreichte der Kaiser bei Antibes die Küste, von der er zu seinen ersten Siegen aufgebrochen war. Es folgt der beispiellose Marsch nach Paris, die Szene vor Grenoble, wo er dem ersten Bataillon, das ihm begegnet, entgegentritt, er allein, und seinen grauen Überrock lüftend, die Brust den Grenadieren darbietend, ihnen zuruft: „Wer von Euch wird auf seinen Kaiser schießen wollen?" Ein brausendes „Vive l'empereur!" ist die Antwort; die Offiziere, der Chef selbst stürzen ihm zu Füßen und führen ihn unter unermeßlichem Jubel in die Stadt. Die Royalisten, die ihn vor einem Jahr bedroht, verschwinden; die Jakobiner rufen ihn zur Rache auf: er aber sieht wie damals, als er aus Ägypten heimkehrte, kein anderes Ziel vor sich als die Hauptstadt, die über den Parteien schwebende kaiserliche Krone. Und der gleiche Anblick nun, wohin er kommt: die Soldaten alle nur von einem Gefühl, ihrem Kaiser zu dienen, beseelt; so auch die niederen Offiziere, und nur die Generale zaudernd, ob sie dem neuen Eide treu bleiben oder ihn, gleich dem alten, brechen sollen. Marmont und seinesgleichen folgen dem König in die Verbannung; Ney aber, der bis Lyon gegen seinen alten Herrn ausgezogen, läßt sich noch einmal von dem Strom fortreißen, den er nicht mehr lenken kann, und dem er fortan auf Tod und Leben angehören wird. Es war, wie es die Proklamation, die der Kaiser von Grenoble unter das Volk warf, aussprach: im Sturmschritt zog der Sieg vor ihm her, und von Kirchturm zu Kirchturm flogen seine Adler bis hin zur Notre-Dame. Am Abend des 20. März traf er in Paris ein und bezog seine alten Gemächer in den Tuilerien.

* * *

Mit welchen Absichten, welchen Hoffnungen trug sich Napoleon, als er zum zweiten Male auf dem Throne Frankreichs Platz genommen hatte? Will man glauben, daß er, als er von Elba aufbrach, es in der Absicht tat, alsbald die Fackel des Krieges in den kaum beruhigten Kreis der europäischen Nationen zu schleudern? Daß die Eroberungsbestie noch immer nicht in ihm zur Ruhe gekommen sei? Daß er keinen anderen Gedanken mit hinübergenommen habe, als die Bahn aufs neue zu beschreiten, von der ihn der vereinigte Wille Europas hinweggedrängt hatte? Mag man über diese Frage in bezug auf seine frühere Laufbahn immerhin noch debattieren: in diesem Moment darf sie nicht einmal aufgeworfen werden. Vielmehr — wenn irgend je, so war jetzt das Stillschweigen Europas auf seine Schilderhebung das eigenste Interesse des Kaisers. Und von Frankreich aus gesehen, konnte er am Ende mehr als früher darauf rechnen. Denn den Frieden, den er von sich aus niemals hatte erreichen können, der ihm wie ein äffendes Gespenst jedesmal entwichen war, wenn er nach ihm griff, fand er nun vor: dem Bourbonen hatte England ihn bewilligt; es war nicht mehr seine Aufgabe, die Macht, welche die Revolution geschaffen, zu behaupten und zur Anerkennung zu bringen, sondern das Frankreich des Pariser Friedens, das Europas Zustimmung gefunden, unter seiner Krone zu erhalten. Darum war es für ihn nicht nur möglich, sondern notwendig, die Nation selbst zur Mitregierung heranzuziehen. Nur so konnte er den Mächten eine gewisse Garantie des Friedens bieten. Denn, wie unter der Herrschaft der Jakobiner, so waren auch bei ihm die erobernden Tendenzen immer Hand in Hand gegangen mit der Verstärkung seiner inneren Stellung und der Niederhaltung jedes freien Atemzuges in der Nation. Die Friedfertigkeit Frankreichs, die sich im letzten Jahr so überwältigend, bis zur Verleugnung des nationalen Stolzes gezeigt hatte, bot Europa um so bessere Garantien für die Erhaltung des Friedens, je freier sich das Volk seinem Herrscher gegenüber äußern durfte. So hatten bereits die Sieger selbst gerechnet, als sie den Thron Ludwigs XVIII. mit liberalen Institutionen umgaben, an die sie für ihre eigenen Untertanen kaum dachten. Was also dem Kaiser weder die Befriedigung der klerikalen Interessen noch der Ehebund mit der Tochter des legitimsten europäischen Hauses verschafft hatte: die Anerkennung Europas, konnten ihm die beschränkenden konstitutionellen Formen in Aussicht stellen, mehr jedenfalls, als es die absolute Gewalt vermocht hätte. Napoleon selbst war von dieser Notwendigkeit tief durchdrungen. Gerade das Ausland hatte er mit in Ansatz gebracht, als er die Verfassung plante, welche Benjamin Constant ihm ausarbeitete. Vor allem Österreich, das schon in der Zeit von Elba unter allen Mächten am gelindesten gegen ihn aufgetreten war. Das Band mit Italien mußte er dann natürlich lockern, denn dort lagen die besonderen Interessen Habsburgs. Auch in Deutschland mußte er dem Einfluß des Wiener Hofes mehr Raum geben und überhaupt den Zwiespalt zwischen den deutschen Vormächten zu vertiefen suchen. So mochte er hoffen, einen Keil in die Koalition treiben zu können, der er erlegen war. Ich zweifle nicht, daß so seine Rechnung war, als er dem Kaiser Franz die Hoffnung auf friedliche Vereinbarung zukommen ließ und den Wunsch aussprach, die Gattin und den Sohn an seiner Seite zu sehen.

Die neue Konstitution, welche am 1. Mai als Zusatzakte zu den Verfassungen des Kaiserreichs der Nation verkündet wurde, war ein Versuch, die cäsarischen Institutionen mit liberalen Formen zu verbinden, welche den Tendenzen der Revolution in ihren Anfängen entsprachen: Plebiszit und Wahlkollegium blieben, aber statt des Corps législatif wurde eine Kammer der Repräsentanten, statt des Senats eine erbliche Pairskammer mit öffentlicher Beratung, Budgetrecht, Verantwortlichkeit des Ministeriums und anderen konstitutionellen Rechten ins Leben gerufen. Wenn aber der Kaiser in der Zeit seiner absoluten Macht über den Parteien gestanden hatte, sie alle in gleichem Gehorsam haltend, so war dies dem konstitutionellen Herrscher nicht mehr möglich. Diejenigen, welche mit König Ludwig ins Land gekommen und mit ihm emigriert waren, und dazu die großen Verräter: die Augereau, Marmont, Talleyrand, standen fortan außerhalb des Gesetzes. Dadurch wurden nun die Kreise, die in dem Interregnum Frankreich regiert, den Frieden mit dem Ausland hergestellt hatten, und die noch jetzt gerade in Wien einflußreich waren, ausgeschlossen und der Kaiser mehr, als es ihm lieb sein konnte, zu den Männern der Revolution hinübergedrängt; auch Carnot nahm er wieder in seinen Rat. Aber wenn jene seine Adler wieder mit ihm aufrichteten, so wollten sie auch die Hand mit an der Stange behalten, und so mischte sich vom ersten Moment ab Zwiespalt und Mißtrauen in das Werk der Versöhnung. Dazu kamen die Furcht vor dem Ausland und das Ruhebedürfnis der Nation, welche um keinen Preis neue Abenteuer wollte. Dies besonders offenbarte sich in dem

Abb. 84. Joseph Fouché, Herzog von Otranto.
(Stich von Waltener nach Eugen Lami.

Plebiszit, dem auch diese Verfassung unterworfen wurde; kaum die Hälfte der Stimmen von früher wurden für das neue Regiment abgegeben.

Denn es war bereits klar geworden, daß Europa das Kaisertum auch auf seiner neuen Basis nicht dulden werde und daß Napoleon die neue Herrschaft so gut wie die alte nur im Kampfe werde behaupten können. Die Nachricht, daß er aus Elba entkommen sei, hatte die Mächte sofort wieder zum Kriegsbündnis zusammengeführt. Aus verschiedenen Gründen waren alle doch darin einig, daß mit Bonaparte kein Friede möglich sei; auch Kaiser Franz sprach sich sofort dahin aus. Am 13. März erfolgte die Ächterklärung: 900000 Streiter sollten aufgeboten werden, um den aus seinem Käfig ausgebrochenen Löwen wieder einzufangen.

Wenn Napoleon noch eine Trennung unter seinen Feinden herbeiführen wollte, konnte es einzig und allein durch das Schwert geschehen. Es galt, diejenigen Gegner anzugreifen, welche die größten Hasser seiner Macht waren, die, wie sie in Wien zum Urteilsspruch gedrängt, so die ersten auf dem Plan waren und jetzt in Belgien ihre Truppen bereit hielten, um sie auf dem kürzesten Wege gegen Paris zu führen: England und Preußen. Und zwar war Eile nötig. Nur in

Abb. 85. Herzog von Wellington.
Stich von J. Minast.

der Offensive lag das Heil. Auf der Linie, in die den Gewaltigen sein Wagemut immer gedrängt hatte.

Jedoch wirkte auf die Rüstungen selbst die Friedenssehnsucht der Nation sofort lähmend ein; auf den Appell zu den Waffen meldeten sich von den alten Soldaten nur 60000; die Konskription von 1815 wagte der Kaiser zunächst gar nicht einzuberufen, und als es geschah, war es zu spät. Im Süden erhoben sich die Royalisten, und 20000 Mann mußten gegen sie ziehen; auch der Schutz der Ostprovinzen und die Besetzung der Festungen absorbierten große Teile der militärischen Kräfte. Also, daß der Kaiser nicht mehr als 128000 Mann in der Hand hatte, als er im Juni den Vorstoß gegen Belgien machte. Sein Plan war, erst die einen, dann die andern anzufallen, Blücher und Wellington, die unter allen seinen Gegnern die gefährlichsten waren. Waren sie — so rechnete er — besiegt, so würde die Koalition zerfallen, Österreich, und vielleicht auch Rußland, das dann Polens wegen auf Preußen keine Rücksicht mehr zu nehmen brauchte, von den Besiegten abrücken. Ähnlich, wie Dumouriez während seines Ministeriums spekuliert hatte, als er im Frühjahr 1792 den Stoß gegen Belgien richtete; nur, daß er die Österreicher hatte treffen wollen, Napoleon aber die Preußen.

Und wirklich war es, als ob das Schicksal dem Willen des großen Kämpfers sich noch einmal fügen würde; nur ein paar Stunden hätte ihm der Gott des Sieges und des Glückes, den er am 19. Brumaire zur Hilfe gerufen, und der jahrelang sein Begleiter gewesen war, schenken müssen. Auch diese kampfbereitesten seiner Gegner hatten den Stürmischen nicht so bald erwartet. Am 15. Juni stieß er auf ihre Vorposten und drängte sie zurück. Am 16. Juni, am frühen Nachmittag, griff er bei Ligny die Preußen an und schlug sie aufs Haupt, da Wellington ihnen aus Unachtsamkeit, und weil er selbst bei Quatrebras angegriffen wurde, nicht zu Hilfe gekommen war. Am 18. trat er, in der Mittagsstunde, diesem zähesten seiner Gegner selbst bei Waterloo entgegen: der größte Stratege dem größten Taktiker der Epoche. Hier aber war der Ort, wo alles auf die Taktik ankam: auf die Geschicklichkeit, welche jede Terrainfalte auszunutzen, die Besonnenheit, welche jede Lücke in der eigenen Stellung auszufüllen wußte; auf die unerschütterliche Ruhe dem wütenden Ansturm der französischen Reitermassen und den immer neuen Stößen der kaiserlichen Grenadiere gegenüber. So konnte Wellington es abwarten, bis nun die Preußen Korps auf Korps in den Kampf eintraten und, immer stärker auf den rechten Flügel der Gegner drückend, die Erschütterten endlich ins Weichen und dann in wildeste Flucht brachten. „Was würde," schrieb Gneisenau nach dem Siege, „aus der Koalition geworden sein mit allen ihren Kongreßerinnerungen, wenn die Schlacht verloren gegangen wäre?" So war es in der Tat: erst das Blut von Ligny und Waterloo kittete die Allianz aufs neue und brachte die Mächte der Restauration zum Siege. Das Kaisertum der Revolution war zu Ende. Nicht bloß das Heer Napoleons war zerschmettert, auch der Thron, dessen einziges Fundament es auch diesmal gewesen war, brach in Stücke.

Er selbst wollte noch immer nicht die Hoffnung aufgeben. Wenn ihm nur die Vollgewalt, die Diktatur, von neuem in die Hand gelegt würde! So forderte er es von der Volksvertretung, als er, in der Frühe des 21. Juni, nach eiligster Flucht im Elysee eingetroffen war. Aber die Antwort, die ihm die zweite Kammer gab, ließ ihn nicht im Zweifel, daß sein Stern erloschen sei. Die alten Revolutionäre, die in diesem Augenblick um ihn waren, Carnot und sein Bruder Lucian, suchten ihn zu bewegen, sich an die Spitze ihrer Anhänger allen Feinden, von innen wie von außen, entgegenzuwerfen. Aber was die Parteimänner konnten, durfte er nicht tun; er durfte die Stellung nicht verlassen, die er eingenommen hatte, seitdem er die Revolution gebändigt. Nur der Sieger war die Nation zugefallen. Gegen den Besiegten konnten die Kammern rebellieren, ohne fürchten zu müssen, von Heer und Volk verleugnet zu werden. Die Abgeordneten der zweiten Kammer protestierten von vornherein gegen jedes Attentat, das der Kaiser auf ihre Stellung machen werde, und erklärten sich selbst in Permanenz; gleich als wollten sie den Konvent wieder herstellen. Sie duldeten keine Verhandlungen mehr und drohten, als Napoleon noch Schwierigkeiten machte, ihm mit dem Achtruf, der am 19. Brumaire so völlig von ihm abgeglitten war. Jakobiner, wie er diese Gegner in ohnmächtigem Grimm nannte, waren sie nicht; es waren die Bourgeois und die paar liberalen Edelleute und Akademiker, welche aus ihrer revolutionären Vergangenheit her es noch mit der liberalen Partei hielten, die Lafayette, Broglie, Constant und ihre Freunde: die Ideologen, die sich nach dem 18. Brumaire an ihn angeschlossen, und die er dann beiseite geschoben hatte. Jetzt war er den von ihm Verachteten gegenüber machtlos und mußte sich kampflos in sein Schicksal ergeben; am 22. Juni unterzeichnete er seine Abdankung, wieder, wie in Fontainebleau, zugunsten seines Sohnes. Seines Bleibens war nun nicht mehr, schon der Preußen wegen, die bereits drohend heranrückten, und von denen er noch weniger Schonung zu erwarten hatte als von seinen Untertanen. Noch einmal bot er von Malmaison aus, wohin er sich am 25. Juni begeben hatte, seine Führung an; als einfacher General wolle er kommen, nur um die Hauptstadt zu retten und die noch getrennten Feinde zu schlagen. Fouché, der an der Spitze der provisorischen Regierung stand, die von der Kammer eingesetzt war, ließ ihm erwidern, er möge keinen Augenblick zögern abzureisen, man könne sonst nicht für seine Sicherheit stehen. Und so trat der Kaiser die neue Fahrt an die Küste an, diesmal nach Westen und in Begleitung französischer Offiziere; langsamer als auf dem Wege nach Fréjus und immer noch den Blick rückwärts gewandt und mit dem Gedanken spielend, doch noch umkehren zu können. Am 3. Juli kam er in Rochefort an. Es war aber, als ob die Energie mit der Macht selbst von ihm gewichen sei. Vor dem Hafen kreuzten englische Kriegsschiffe, und die Gefahr bestand, daß der Kaiser bei einem Fluchtversuch in die Gewalt der Feinde käme. Von Paris her drängte man in ihn, den Boden Frankreichs zu verlassen. Er aber wagte sich nicht hinaus. Was ihm von Ägypten und Elba her ein Leichtes gewesen war, als er den Taten und der Macht entgegen ging, erfüllte ihn jetzt mit Furcht. Denn er wollte sich nicht der Gefahr aussetzen, wie ein Dieb aufgefangen zu werden. So wählte er einen Mittelweg, wie ihn sonst seine nie schwankende Natur haßte, der ihm aber jetzt allein seiner würdig zu sein schien, und der in der Tat ganz das Gepräge seines Geistes trug. Die Erinnerung an einen der plutarchischen Helden, deren Schicksale die Phantasie des Knaben erfüllt hatten, tauchte in ihm auf. Er beschloß, sich selbst den Feinden, mit denen er sein Leben lang gerungen, auszuliefern, und sie zu bitten, den Besiegten als freien Mann bei sich aufzunehmen. Er habe, so schrieb er dem Prinzregenten, seine politische Laufbahn vollendet; er komme gleich Themistokles, am Herde des britischen Volkes niederzusitzen, und stelle sich unter den Schutz seiner Gesetze. Am 15. Juli ließ er sich von dem Kapitän des englischen Linienschiffes „Bellérophon" aufnehmen. Acht Tage blieb das Schiff noch an der Küste Frankreichs liegen; erst am 26. Juli lief es in Portsmouth ein. Da also sah der Kaiser endlich Englands Boden vor sich. Aber er betrat ihn nicht. Am 30. ward ihm die Antwort zuteil, welche das englische Ministerium, nicht ohne darüber mit den Vertretern der Mächte in Paris beraten zu haben, aufgesetzt hatte. Um ihm, dem „General Bonaparte" (diesen Titel gab man dem Gestürzten), die Gelegenheit zu nehmen, den europäischen Frieden abermals zu stören, habe man die Insel St. Helena zu seinem künftigen Aufenthalt bestimmt. Napoleon protestierte gegen den Beschluß als einen Gewaltakt, einen Bruch des Völkerrechts, denn er habe sich freiwillig ausgeliefert und ungezwungen, da er den Krieg mit der Loirearmee habe fortsetzen können; er habe sich ergeben, um den Leiden der Menschheit ein Ende zu machen. Er wies seine Besieger auf den Makel hin, den sie mit der unrühmlichen Handlung ihrer eigenen Ehre zufügten, und auf ihre Verurteilung durch die Nachwelt. Das aber waren Töne, die bei den Engländern so wenig verfingen wie früher der Appell an ihre Großmut. Am 7. August mußte der Gestürzte mit den Gefährten, die ihm die Grausamen mitzunehmen gestatteten, an Bord des Kriegsschiffes gehen, das ihn in mehr als zweimonatiger Fahrt zu dem weltentlegenen Eiland brachte.

* * *

„Sainte-Hélène, petite île," so lautet eine Zeile in einem Exzerpt, das der junge Buonaparte als Unterleutnant sich aus einem geographischen Handbuche gemacht hatte. Klein in Wahrheit, zwei Quadratmeilen im Geviert, war das

Stück englischen Bodens, zu dem ihm das Schicksal endlich Zutritt gewährt hatte. Doch stand es mit nichten ihm ganz zur Verfügung. Zunächst mußte er nahe dem Städtchen, in dem sich die paar englischen Kolonisten und ihre schwarzen Diener zusammendrängten, in einem Hause eines englischen Kaufmanns ein paar Wochen zubringen. Dort, nicht weit von dem Gestade, das mit seinen Schluchten, in denen Myrte und Lorbeer standen, ihn an seine corsische Heimat erinnern mochte, fand er freundliche Aufnahme und eine kurze Zeit des Behagens. Ende des Jahres aber wurde das Anwesen bezogen, das ihm bestimmt war: das langgestreckte, niedrige und feuchte Haus eines Meierhofs, Longwood, auf der Höhe der Insel, über deren kahle Fläche die Stürme brausten, und wo die Wasserwüste ringsumher die Verlassenheit um so stärker zur Empfindung brachte. Doch war der Kaiser hier noch weniger allein, als er selbst es wünschen konnte. Eine

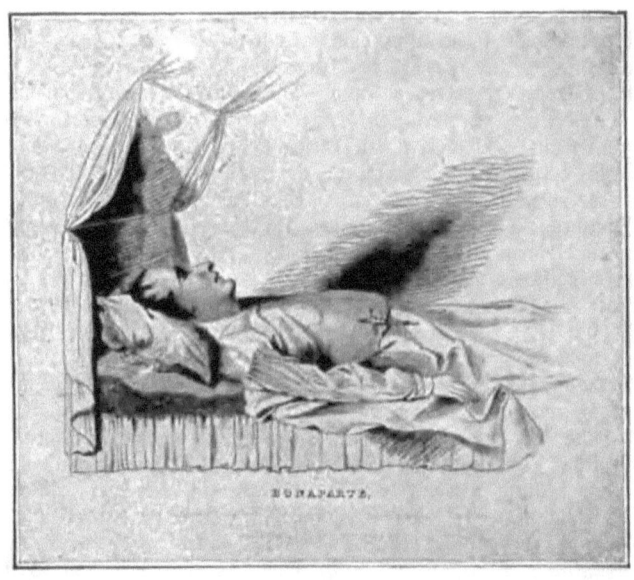

Abb. 86. Der Kaiser auf dem Totenbett.
Nach einer Zeichnung, welche am 6. Mai 1821 in Longwood von W. Crockatt für Lord Pannoer gemacht wurde.

Postenlinie umgab in nicht weiter Entfernung das Haus. Innerhalb ihrer durfte er sich frei bewegen; wollte er darüber hinausgehen, so mußte er die Begleitung eines englischen Offiziers annehmen. Denn noch immer fürchteten seine Überwinder, daß er ausbrechen könnte; ihre ganze Sorge war darauf gerichtet, ihm diese Möglichkeit zu nehmen. Man hat vieles von der Kleinlichkeit, ja von der hinterhaltigen und verlogenen Art geschrieben, mit der Napoleon den Kleinkrieg um die Reste von Freiheit, die man ihm gelassen, mit seinen Wächtern geführt habe; wie er den guten Hudson Lowe, den Gouverneur der Insel, der nichts als seine Pflicht getan und, wo er nur konnte, nachgegeben habe, geärgert und fast zugrunde gerichtet habe. Wir wollen den Helden hier so wenig wie sonst entschuldigen; aber auch die Tadler werden vielleicht milder urteilen, seitdem wir an dem Schöpfer unseres Reiches erlebt haben, wie der Sturz von der Höhe der Macht auf Männer, welche nur im Schaffen ihr Glück fanden, zu wirken pflegt.

Wie Bismarck in Friedrichsruh daran ging, der Nachwelt seine Erinnerungen und Gedanken über seine Politik, über das Werk, das er vollbracht, zu überliefern, so hat auch Napoleon, nur weit rastloser und umfassender als der deutsche Staatsmann, auf St. Helena seine Taten beschrieben, seine Gedanken über Welt und Politik geäußert und die Geschichte der Jahrhunderte selbst zum Gegenstand seiner Studien gemacht. Er kehrte damit zurück zu den Beschäftigungen und Plänen, mit denen er in seiner Jugend sich getragen. Aber wie damals jede seiner Zeilen ein praktisches Ziel und den Willen zur Tat verriet, so konnte er auch jetzt nicht von dem Wirkenwollen und dem Hoffen selbst ablassen. Nicht als ob er an Flucht gedacht hätte; er hat die Anträge, die ihm dahin gemacht sind, immer abgelehnt. Wie er sich freiwillig den Engländern ausgeliefert hatte, so erhoffte er Befreiung nur von einer neuen Wendung der allgemeinen Politik. Unablässig hat er den Kombinationen, die dahin führen konnten, nachgedacht; und fast alle seine Diktate, politische und historische, stehen irgendwie mit diesem Ziele in Verbindung.

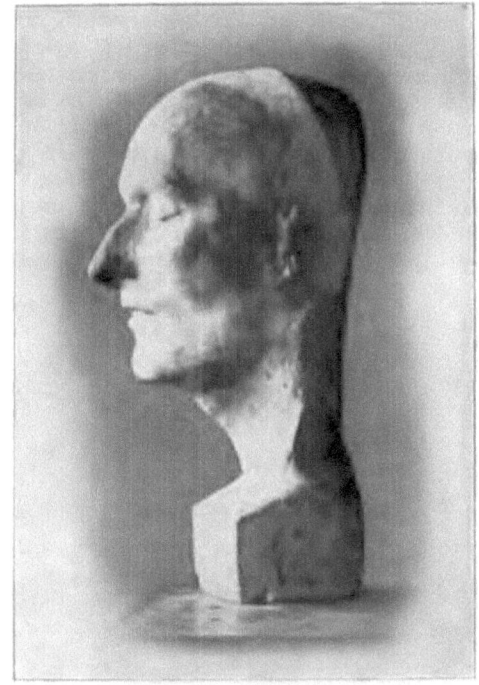

Abb. 87. Totenmaske Napoleons.
Sammlung des Prinzen Victor.

Daß die Bourbonen bleiben würden, schien ihm unmöglich; und darin wenigstens ist er ein wahrer Prophet gewesen. Er sah eine Zukunft Europas vor sich, wo die liberalen Ideen aufs neue zum Siege vordringen würden und dennoch der religiöse Geist seine Befriedigung fände: Gedanken, die an seine eigene Politik anknüpften und diese in der Richtung fortbildeten, die, in den „Napoleonischen Ideen" entwickelt, zu dem Programm des neuen französischen Kaisertums geführt hat. Ungebrochen war auch in der Gefangenschaft sein Selbstbewußtsein geblieben. „Ich habe," sagt er einmal (mit Bezug auf Cherbourg), „im Meere meine Pyramide errichtet." Niemals bereute er, was er gegen den Herzog von Enghien getan hatte. „Ich würde," so erklärt er noch in seinem Testament, „unter ähnlichen Verhältnissen ebenso handeln." Er blieb dabei, daß er den Frieden gewollt, und daß Europa ihn zu seinen Kriegen gezwungen habe. Und nichts war ihm auch im Exil klarer, als daß er das Geschöpf der Umstände, der Sklave der Politik gewesen sei. Er rief die Nachwelt auf, Zeugnis abzulegen über seine Taten, und seinen Gegnern zu, sie würden auf Granit beißen, wenn sie sein Andenken zu schmälern wagen wollten. In seinem politischen

Abb. 88. Totenmaske Napoleons.
Von der Brüderschaft Misericordia in Portoferraio aufbewahrt.

Testament bestellte er selbst die beiden Historiker, welche seine Politik und seine Kriegführung der Welt schildern sollten, und ermahnte den Sohn, mit dessen Zukunft er alle diese Gedanken verknüpfte, selbst immer wieder die Geschichte zu lesen und zu durchdenken, denn sie sei die einzige wahrhafte Philosophie.

Er war schon krank, als er auf der Insel ankam. Nicht lange, so wurden die Symptome schwerer und zeigten endlich sichtbar das Leiden, dem sein Vater erlegen war. Die Schmerzen, die Qualen, die es brachte, hat er ertragen als das Unvermeidliche, unter das er sich stets gebeugt hatte. Er hat seinem Tode mit der Ruhe entgegengesehen, wie damals, als er vor den Mündungen der Gewehrläufe bei Grenoble stand, oder wie im Karree seiner Gardegrenadiere vor Waterloo. In seinem Testament, das er nur wenige Wochen vor seinem Ende diktierte, bedachte er alle seine Freunde: die Generale, die ihm treu geblieben waren, die Grenadiere von Elba und die Verwundeten von Waterloo, seine Begleiter in St. Helena, seinen ersten Kammerdiener Marchand, dessen Dienste ihm die eines Freundes gewesen seien. Vor allem aber gedachte er Frankreichs, aus dem er zweimal gejagt war und an das er sich noch jetzt, im Hinblick auf die Zukunft seines Hauses und das Gedächtnis seiner Taten, aufs stärkste klammerte, stärker fast als in den Tagen seiner Größe. Am 5. Mai 1821 erlag er seiner Krankheit. Als letzte Gunst hatte er ein Begräbnis gefordert in der französischen Erde, an den Ufern der Seine. Aber auch dies versagten ihm die Feinde. Sein Leichnam wurde auf der Höhe des Felsens, in der Nähe von Longwood, bestattet; erst nach langen Jahren wurde sein Wunsch erfüllt, und seine sterblichen Reste dorthin überführt, wo sie heute ruhen, inmitten der Trophäen, die er in einer Heldenlaufbahn ohnegleichen Frankreich erworben hatte.

Abb. 89. Totenmaske des Herzogs von Reichstadt. Original in der Sammlung des Prinzen Roland Bonaparte.

* * *

Im Discours de Lyon hatte Napoleon, wie wir sahen, Alexander als das Opfer des sich selbst verzehrenden Ehrgeizes gezeichnet; später sah er in ihm den Helden, dem das Größte, was die Welt gesehen, geglückt sei. „Es gibt," so lautet ein bekanntes, halb im Scherz gesprochenes Wort von ihm, „nichts Großes mehr zu tun; würde ich mich, wie Alexander, zum Sohne Jupiter Ammons ausrufen lassen, jedes Fischweib würde mich auslachen." Vielleicht hatte er aber gerade an dem Punkte, den er hiermit berührte, am wenigsten Ursache, den Vergleich mit dem Makedonier zu scheuen. Denn der Zuwachs zu seiner Macht, den ihm seine Kirchenpolitik gewährte, war schwerlich geringer als der Einfluß, den Alexander durch die Verbindung mit den Priestern im Lande der Pharaonen

Abb. 90. Stein und Trauerweide von Napoleons Grab auf St. Helena.

zu erreichen suchte. Und überhaupt darf man sagen, daß die Summe der Gewalt, die Napoleon in seine Hand bekam, hinter keiner Weltmacht, von der die Geschichte weiß, zurückstand. Auch das Ende beider Heroen und das Schicksal ihrer Reiche sind noch vergleichbar, so viel schöner auch das Los Alexanders war, der dem Götterboten in der Blüte seiner Kraft und auf der Höhe seiner Stellung zum Hades folgen durfte und den unvermeidlichen Zusammenbruch seines Reiches nicht mehr zu erleben brauchte. In den Schatten vor ihm tritt Napoleons Gestalt

Abb. 91. Einschiffung der Leiche Napoleons an Bord der Fregatte „La belle Poule".
Gemälde von Eugen Isabey.

erst, wenn wir die Wirkungen ins Auge fassen, die von beiden ausgehen. Mit wenigen starken Stößen zerbrach der Griechenkönig die Pforten des Orients, die dem freien Hellas verschlossen geblieben waren: aber er schuf dadurch die Grundlage, auf der Morgen- und Abendland sich nähern und vereinigt neue Weltformen hervorbringen konnten: Römerherrschaft und Christentum haben seine Siege zur Voraussetzung. Von solcher Höhe her gesehen hat das Leben und Wirken Napoleons in der Geschichte nur den Wert einer Episode. Der Staat der Revolution, den er als Erster Konsul vollendet zu haben glaubte, ist weder durch ihn noch nach ihm fertig geworden. Er hat ebensowenig wie die Jakobiner den inneren Feind des nationalen Staates bändigen können, in dessen Fesseln Frankreich seit dem Untergange der Hugenotten liegt. Und die Mächte des alten Europas

Abb. 92. Sarkophag Napoleons im Invalidendom zu Paris.

triumphierten nach allen seinen Siegen am Ende über ihn. Es half ihm nichts, daß er den Abgrund der Anarchie schloß und die Franzosen zu der „Großen Nation" Europas erhob, daß er sich und seinem Hause Anerkennung und Bündnis, ja die Verwandtschaft selbst von den großen Familien des Festlandes erzwang: er blieb der Heimatlose in Frankreich und der Bastard unter den legitimen Monarchen. Einem Gebirgswasser hat ihn der Zar einmal, noch in den Tagen ihrer Freundschaft, verglichen: man müsse abwarten, bis sich die Flut verlaufen werde. Und in Wahrheit, einem Bergstrom gleich, dessen Wasser so schnell versiegen, wie sie zerstörend daherströmen, war Napoleon über Europa dahingebraust. Dennoch würden wir dem Helden unrecht tun, wenn wir in ihm nichts als die Kraft der Zerstörung anerkennen wollten. Er hat nicht bloß Schutt und Trümmer um sich gehäuft, sondern, wohin er kam, den Boden gelockert und fruchtbares Erdreich angetragen. Die nationale Idee in Italien hat in ihm, mehr als in

Alfieri, ihren Schöpfer zu sehen. Was in Spanien lebensfähig geworden ist, weist auf den Tag von Bayonne zurück. Die Staaten, welche heute neben Preußen das Dach des deutschen Reichsbaues tragen, ruhen auf den Fundamenten, die er ihnen verschafft hat. Es war wahrlich kein Schade um das historische Gerümpel, das er nördlich und südlich der Alpen, in Genua und Venedig wie in den Bischofssitzen und Abteien des Deutschen Reiches beseitigte. Wenn es heute im Lande der Glaubenseinheit, in Tirol, wie ein neuer Glanz aufgehen will, so sind auch das Strahlen des Lichtes, welches zur Zeit von Hofer und Speckbacher vergebens in seine Täler einzudringen suchte. So waren auch Staat und Heer des großen Friedrich wert, daß sie bei Jena zugrunde gingen; und wie vieles von dem Neuen, was in Preußen unter dem Druck des Eroberers selbst emporbrang, erscheint uns heute als ein Abglanz der Kräfte, welche die Revolution in Frankreich geweckt und Napoleon organisiert hatte. Vor allem aber in Frankreich selbst ruhen bis auf den heutigen Tag nicht bloß die Substruktionen in der Verwaltung, der Rechtsprechung, der Armee auf der Basis, die er gelegt oder im Sinne der Revolution verstärkt hatte, sondern alle Sphären des geistigen und nationalen Daseins tragen dort noch immer seine Spuren.

So erweckt auch er in der Seele des Beschauers den Eindruck jener echtesten Tragik, den wir nur aus dem Leben schaffender Persönlichkeiten empfangen. Auch auf ihn dürfen wir das Wort von dem zwiefachen Geschick des Genies anwenden, das er als Zweiundzwanzigjähriger geprägt hat:

Les hommes de génie sont des météores destinés à brûler, pour éclairer leur siècle.

Personen-Register.

Aberdeen 189.
Addington 115. 135.
Alexander I. 101. 122. 130. 134. 137. 142. 145f. 150. 154f. 164. 165. 174ff.
Alopaeus 133.
Andréossy 81.
Anna, Schwester des Zaren 165.
Arena 27f.
Argenteau 49.
Artois, Graf 114. 123.
— sein Sohn, Herzog von Berry 123.
Aubry 37. 38.
Augereau 48. 54. 61f. 86f. 195.
Azara 51. 54.

Bagration 133.
Barras 39. 42ff. 47ff. 60. 62. 63. 68. 84. 86. 89f.
Barthélemy 60.
Beauharnais, Josephine 45ff. 61. 82f. 84. 86. 108. 157. 161. 168f. 166. 168.
— Alexander 43. 44.
— Eugen 46. 129. 157. 161ff.
— Stephanie 161.
Beaulieu, österr. General 49. 51. 54.
Benedetti, Graf 63.
Bernadotte 44. 62. 72. 86f. 133. 174f. 179.
Berthier 46. 61. 81. 87. 96. 158.
Berthollet 73. 81. 84.
Bertrand 140.
Bessières 157.
Biron, Herzog 30.
Blücher 138. 160. 182. 184f. 197.
Bonaparte, Karoline 161.
— Jérôme 43. 135. 145. 161. 162. 171.
— Joseph 6. 7. 9. 14. 15. 21. 24. 27ff. 38. 40. 41. 44f. 49. 88. 110. 127. 129. 152f. 157. 161f. 173f. 185f.
— Louis, Sohn Louis' 161.
— Louis 14. 45. 57. 127. 129.
— Lucian 7. 24ff. 30. 45. 83. 85ff. 91. 174. 198.
— Marianna (Elisa) 24. 29. 43. 129.
— Pauline 61. 129. 190. 198.
Bottot 63. 89.
Boulay de la Meurthe 87. 92.
Bourrienne 28. 81. 89.
Broglie, Herzog von 198.
Brueys 66. 73. 75.
Bruix 80. 87. 89.

Bülow v. Dennewitz 184.
Buonaparte, Carlo 3. 5. 8. 46.
— Lucian, der Archidiakon, Großoheim Napoleons 8. 21.
Buttafuoco, Graf 12. 16.

Cabarrus, Therese, spätere Gattin Talliens 45.
Cadoudal, George, 108. 114. 123.
Cambacérès 39. 87. 108. 158.
Carnot 45. 48. 49. 60. 68. 195. 198.
Carteaux 32. 33.
Casabianca, Vetter Napoleons 7.
Castlereagh 189. 198.
Caulaincourt 174. 178. 185f. 189f.
Chatam, Graf von, Herzog von York 160.
Chénier, Joseph 109. 173.
Choiseul, Duc de 70.
Clary, Désirée 45.
Cobenzl, Ludwig, Graf von 64ff. 72. 100. 121. 122. 133.
— Philipp, Graf v. 127.
Colonna de Cesario Rocca, Graf 13.
Constant, Benjamin 109. 195. 198.
Corvisart 189.
St. Cyr 177.
Czartoryski, Graf Adam 130.

Dalberg, Karl Theodor von, Erzbischof von Mainz, später Großherzog von Frankfurt 127. 136.
Danton 58.
Daunou 92.
Davidowitsch 55.
Davout 157f. 177.
Debry, Jean 40.
Decrès 151. 158.
Desaix 74. 77. 98f.
Desmazis 9. 46.
Djezzar, Pascha von Syrien 76.
Dommartin 33. 48.
Dörnberg 160.
Ducos 87. 89.
Dugommier 34.
Dumerbion 35ff.
Dumouriez 29. 114. 125. 198.
Dupont 153.
Dupuy 12.
Duroc 117. 133.

Enghien, Duc d' 124. 148. 201.

Ferdinand IV., König von Neapel 99. 135.
Ferdinand, Sohn Karls IV. von Spanien 148f. 153f. 184.
Fesch 21. 38. 45. 129.
Fouché 87. 109. 154. 157. 198.
Fox 135.
François von Neufchâteau 61. 72.
Franz II. 98. 111. 127f. 155. 159. 166. 175. 186. 197.
Fréron 39.
Friedrich von Württemberg 136. 161. 174.
Friedrich Wilhelm III. 122. 134f. 137f. 140. 145. 156. 160f. 175f. 180. 188.

Georg III. von England 35. 137. 155.
— Prinz von Oldenburg 165.
— Prinz von Wales 135.
Gneisenau 137f. 175. 198.
Godoy 99. 142. 152.
Gohier 84. 86. 89.
Götzen, Graf 160.

Hamilton, Lady 74. 76.
Hardenberg 122. 134. 140. 160. 175. 183.
La Harpe 48.
Haugwitz Graf von 134.
Hébert 58.
Hoche 46. 61f. 68. 69.
Hofer 180. 205.
Hohenlohe, Fürst von 138.
Hompesch, Graf 73.
Hudson Lowe 200.

Ibrahim, Mameluckenbei 74.
Ilaria, Camilla, Amme Napoleons 82.
Isabey 169.

Joubert 77. 86.
Jourdan 35. 54f. 77. 79. 86f.
Junot, Madame, Herzogin von Abrantes 46. 149. 153.

Karl IV., König von Spanien 148f. 152.
— Erzherzog 55. 57. 130. 158. 167.
— Friedrich von Baden 136.
Katharina II. Kaiserin von Rußland 63. 99f.
— Schwester des Zaren 164f.
Kellermann 49ff. 98.
Kleber 74. 81.
Knobelsdorf, preußischer Gesandter 137.

Konstantin, Bruder Alexanders I. 142.
Krusemarck 160. 163.
Kutusoff 177 f.

Laclos 70.
Lätitia, Madame, Mutter Napoleons 3. 5. 8. 31. 45. 61. 108. 190. 193.
Lafayette 25. 94. 198.
Lameth, Alexandre 94.
Lannes 61. 81. 87. 98. 157. 159.
Lavalette 62. 81.
Lebrun 108.
Leclerc 61. 112.
Lefebvre 87. 89 ff. 188.
Levie, Giovanni Girolamo 31.
Louis Ferdinand 185. 188.
Ludwig XV., 6. 8.
— XVI. 12. 15. 24. 27. 31. 95. 115.
— XVIII. 106. 190. 193 f.
Ludwig, Landgraf von Hessen-Darmstadt 186.
Luise, Königin von Preußen 145. 160.

Macdonald 86 f. 182. 189.
Mack 180. 183 f.
Magallon 70.
Malet 178.
Marat 25.
Marbeuf 6.
Maret 185 f.
Maria Theresia 76.
Marie Antoinette 76.
— Karoline, Königin von Neapel 76. 185.
— Luise, Gemahlin Napoleons 88. 161. 166. 175. 188. 191. 195.
— Luise, Gemahlin Karls IV. von Spanien 149. 152.
Marmont 46. 48. 61. 75. 81. 188. 194 f.
— Madame 84.
Masséna 48. 57 f. 76. 97. 170. 179.
Mayard 23 f.
Max Joseph, Kurfürst von Bayern 136.
Menou 42.
Metternich 150. 158. 166. 183.
Mirabeau 95.
Mollien 184.
Monge 73. 78. 81 84.
Moreau 54 f. 68. 86. 88 f. 97. 98. 124.
Mortier 122. 188.
Moulin 89 f.

Murad, Mameluckenbei 74.
Murat 41. 61. 79. 81. 90. 133. 138. 149. 152. 157. 161 f. 177 f. 193.
Napoleon, Sohn Napoleons 188. 188. 193.
Necker 12. 13.
Neipperg, Graf 191.
Nelson 96. 73 ff. 79. 82. 100. 134.
Ney 110. 157. 182. 189. 194.

Oranien, Prinz von 111.
Oubril 137.
Oudinot 157. 182. 188.

Paoli 3. 5. 8. 13. 14. 16. 18. 21. 24. 27 ff. 35. 71. 193.
Parma, Herzog von 52.
Paul I., Kaiser von Rußland 99 f.
Peraldi, Abbate 21. 23. 27.
Permon, Madame 38 f. 46.
Perretti della Rocca 13.
Persien, Schah von 79.
Le Picard de Phélipeaux 8. 79.
Pichegru 34. 60. 68. 114. 123.
Pitt, William 96. 100. 130. 135.
Pius VII. 56. 106 ff. 128 f. 135. 147. 171. 184.
Poniatowski, Fürst von 161.
Pontécoulant, Doulcet de 40.
Pozzo di Borgo 21. 23. 27. 30. 193.

Quenza, Giovanni Battista 22 f.

Rapp 179.
Raynal 13. 16. 70.
Reinhard 162.
Reubell 60.
La Réveillière 60.
Ricord 35 ff.
Robespierre, Augustin 35 f. 43. 50. 106.
— Maximilian 35. 39. 44. 50. 53. 97. 106.
Rocca della Serra 22.
Roederer 92. 105.
Rohan, Charlotte von 125.
Rossi 22.
Roustan 169. 189.

Saliceti 13. 29. 33. 37 f.
Savary 125. 156.

Scharnhorst 156. 175.
Schenkendorf 180.
Scherer 46. 61. 79.
Schill 160.
Schwarzenberg 175. 182.
Sebastiani 87. 95.
Selim III. 40 f. 71 ff. 76. 138. 145.
Serrurier 48. 87.
Sieyes 3. 85 ff. 92 f. 94.
Smith, Sir Sidney 79. 147.
Solger 101.
Soult 140. 157.
Speckbacher 205.
Staël, Madame de 149.
Staps, Friedrich 160.
Stein 135. 156.
Suworow 76. 86. 96.

Talleyrand 61. 64. 68. 71 f. 76. 87. 89. 98. 132. 146. 152. 153. 157 f. 160. 169. 172. 193. 195.
Tallien 45 f.
Talma 154.
Du Teil, der Ältere 10.
— der Jüngere 32. 34.
Thugut 58. 62. 63. 76. 96. 99.
Tippo Sahib 77.
Toscana, Großherzog von 99.
Le Tourneur 59.
Toussaint-Louverture 112.

Vandamme 182.
Vercelli, Bischof von 106.
Victor 98. 157. 177.
Villeneuve 75. 132.
Vincent 155.
Visconti, Erzbischof von Mailand 52.
Vittorio Amadeo, König von Sardinien 49.
Volney 70.

Walewska, Gräfin 191.
Wellington 70. 170. 176. 184. 197 f.
Whitworth 117 ff.
Wieland 154.
Wilhelm von Braunschweig 160.
— Prinz von Preußen 156.
Wittgenstein, Fürst von 156.
Wrede 188.
Wurmser 54 f.

York 179. 182.

Zastrow 138.

www.ingramcontent.com/pod-product-compliance
Lightning Source LLC
Chambersburg PA
CBHW031550300426
44111CB00006BA/254